MIMOS

Sonderband 2025

Numéro spécial 2025

Numero speciale 2025

Numer spezial 2025

MIMOS

Schweizer Theater-Jahrbuch – Sonderband 2025
Annuaire suisse du théâtre - Numéro spécial 2025
Annuario svizzero del teatro – Numero speciale 2025
Annuari svizzer dal teater – Numer spezial 2025

Herausgegeben von der
Édité sous la direction de la
A cura della
Edì da la

Schweizerischen Gesellschaft für Theaterkultur
Société suisse du théâtre
Società Svizzera di Studi Teatrali
Societad svizra per cultura da teater

Mit Unterstützung von
Avec le soutien de
Con il sostegno di
Cun il sustegn da

Schweizerische Akademie der Geistes- und Sozialwissenschaften
Académie suisse des sciences humaines et sociales
Accademia svizzera di scienze umane e sociali
Academia svizra da scienzas umanas e socialas
Swiss Academy of Humanities and Social Sciences

Philosophisch-historische Fakultät der Universität Bern
Institut für Theaterwissenschaft der Universität Bern

Institute for the Performing Arts and Film | IPF
Zurich University of the Arts

Burgergemeinde Bern

FONDATION OERTLI STIFTUNG

UNIL | Université de Lausanne
Faculté des lettres

Berner Fachhochschule
Haute école spécialisée bernoise

Hochschule der Künste Bern
Haute école des arts de Berne
Bern Academy of the Arts

MIMOS

Theaterforschung in der Schweiz
La recherche en Suisse sur le théâtre
La ricerca in Svizzera sul teatro

Herausgegeben von
Édité sous la direction de
A cura di
Edì da

Michael Groneberg
Demis Quadri
Yvonne Schmidt

PETER LANG

Lausanne · Berlin · Bruxelles · Chennai · New York · Oxford

In der gleichen Reihe, beim gleichen Verlag
Dans la même collection, chez le même éditeur
Nella stessa collana, presso lo stesso editore
En la medema collecziun, dal medem editur

MIMOS 2011: Christoph Marthaler
MIMOS 2012: Daniele Finzi Pasca
MIMOS 2013: Yvette Théraulaz (avec DVD)
MIMOS 2014: Omar Porras
MIMOS 2015: Rimini Protokoll
MIMOS 2016: Theater HORA
MIMOS 2017: Ursina Lardi
MIMOS 2018: Theater Sgaramusch
MIMOS 2019: Cie Yan Duyvendak
MIMOS 2020: Jossi Wieler
MIMOS 2021: Martin Zimmermann
MIMOS 2022: Barbara Frey
MIMOS 2023: Cindy Van Acker

Bibliografische Information der Deutschen Nationalbibliothek
Die Deutsche Nationalbibliothek verzeichnet diese Publikation in
der Deutschen Nationalbibliografie; detaillierte bibliografische
Daten sind im Internet über http://dnb.d-nb.de abrufbar.

Umschlagsabbildung © Rémy Héritier

ISSN: 0026-4385
ISBN: 978-3-0343-5043-3
ISBN eBook: 978-3-0343-5438-7
ISBN ePub: 978-3-0343-5439-4
DOI: 10.3726/b22409

PETER LANG

2025 Peter Lang Group AG, Lausanne

Verlegt durch: Peter Lang Group AG, Lausanne, Schweiz

INHALTSVERZEICHNIS

A.
Der Stand der Theaterforschung in der Schweiz / L'état de la recherche suisse sur le théâtre / Lo stato della ricerca in Svizzera sul teatro

Die Deutschschweiz

La Suisse romande

La Svizzera italiana

B.
Theaterstudien zwischen Disziplin und Transdisziplinarität / Les études théâtrales entre discipline et transdisciplinarité / Gli studi teatrali tra disciplina e transdisciplinarità

MICHAEL GRONEBERG
DEMIS QUADRI
YVONNE SCHMIDT

Einleitung

Introduction

Introduzione

Einleitung

Die Theaterforschung in der Schweiz ist durch zwei Besonderheiten geprägt: die Mehrsprachigkeit sowie das Nebeneinander von Universitäten und Fachhochschulen, die Lehre und Forschung *über*, *mit* und *durch* Theater betreiben. Bereits bevor sich 1992 mit der Gründung des Instituts für Theaterwissenschaft (ITW) der Universität Bern die Theaterwissenschaft in der Schweiz institutionalisierte, war die Schweiz national und international in die Entwicklung der Theaterforschung involviert. Die Schweizerische Gesellschaft für Theaterkultur (SGTK), 1927 gegründet, war vor der Gründung von Berufsverbänden und Theaterstudiengängen an Hochschulen eine zentrale Akteurin in der Beschäftigung mit Theaterschaffen in der Schweiz. Zunächst mit Schwerpunkt auf der deutschsprachigen Schweiz, führten ihre Bestrebungen u.a. zur Gründung der Schweizerischen Theatersammlung in Bern, der Durchführung der Reihe *Lenker Theatertage* und der Herausgabe der Zeitschrift *MIMOS*, heute eine Buchreihe zur Dokumentation der Preisträger:innen des Grand Prix Darstellende Künste / Hans Reinhart Ring in Kooperation mit dem Bundesamt für Kultur.

Doch auch auf dem internationalen Parkett war die Schweiz aktiv an der Entstehung der Theaterwissenschaft beteiligt. So war Edmund Stadler, 1946 bis 1977 Vorstandsmitglied der Schweizerischen Gesellschaft für Theaterkultur (SGTK), Mitglied des provisorischen *Executive Committee der International Federation for Theatre Research* (IFTR), dem weltweit grössten Netzwerk für Theaterforschung, dessen erste Konferenz 1956 in Bern stattfand (siehe https://iftr.org/organisation/history [01.07.2024]).

Während in der deutschsprachigen Schweiz die Theaterwissenschaft von Beginn an in Netzwerke im deutschsprachigen Raum involviert war, etwa über die Deutsche Gesellschaft für Theaterwissenschaft (gtw), orientieren sich die *Études théâtrales* in der Westschweiz vorwiegend an Ansätzen aus dem französischsprachigen Fachdiskurs. Eine besondere Stellung nimmt das Tessin ein, dessen Accademia Teatro

Dimitri durch ihr spezifisches Profil per se international ausgerichtet ist. Während die Accademia der institutionelle Bezugspunkt für die Theaterforschung in der italienischsprachigen Schweiz ist, wurden andere Bereiche der darstellenden Künste im Tessin (z. B. das Prosa-Theater italienischer Abstammung oder die Erfahrungen des Monte Verità und seiner Nachfolger) von einzelnen Kulturjournalisten oder Forschern untersucht, die oft mit anderen Instituten als dem ITW verbunden waren.

Das ITW Bern war lange Zeit der einzige Standort, der einer forschenden Auseinandersetzung mit Theater gewidmet war – in der Westschweiz fand diese Forschung die längste Zeit punktuell im Rahmen der Literaturwissenschaft statt.

1998 erhielten die Fachhochschulen einen expliziten Forschungsauftrag, so dass sich an der Zürcher Hochschule der Künste, der *Manufacture* in Lausanne, der Hochschule der Künste Bern und der *Accademia Teatro Dimitri* sukzessive Forschungsabteilungen bildeten, die komplementär zur universitären Theaterwissenschaft praxisorientierte Forschung verfolgen. Während die Theaterwissenschaft die historische und systematische Erforschung des Theatergeschehens betreibt und ihren Studierenden die ‹klassische› theoretische Auseinandersetzung mit Theater vermittelt, untersuchen die Kunsthochschulen Theater in Forschung und Lehre in engem Bezug zur Praxis, was sich in ihren Ausbildungsgängen dokumentiert.

2018 wurde in der französischsprachigen Schweiz schliesslich auch die Forschung in Form einer Institution sichtbar, als an der Geisteswissenschaftlichen Fakultät (Faculté des lettres) der Universität Lausanne das *Centre d'études théâtrales* gegründet wurde. Dieses ist im Unterschied zum ITW interdisziplinär aufgebaut – beteiligt sind neben den Wissenschaften verschiedener Literaturen wie französischer, italienischer und englischsprachiger, auch die Philosophie, Altgriechisch sowie Geschichte und Ästhetik des Kinos. Das Zentrum verfügt nicht über einen eigenen Lehrstuhl, sondern wird von Beiträgen aus den beteiligten Fachbereichen gespeist und arbeitet eng mit denen der anderen Hochschulen in der Westschweiz sowie mit der *Manufacture* und der *Accademia Dimitri* zusammen.

Hinzu kommt neuerdings die Forschung in der Theaterpädagogik als ein aufstrebendes Feld, das insbesondere an der Fachhochschule Nordwestschweiz und der Zürcher Hochschule der Künste vorangetrieben wird.

Zwischen diesen Institutionen und ihren Dispositiven bestand – über die Ebene einzelner Projekte hinaus – lange Zeit relativ wenig Austausch, es lässt sich jedoch in den letzten Jahren ein Trend zu zunehmender Kooperation erkennen, was ebenso für den Kontakt zwischen den Sprachregionen gilt. Vor allem die SGTK spielt in dieser Hinsicht eine wichtige Rolle als Vermittlungsplattform. Zum Beispiel hat sie die dreitägige Gründungstagung *Le corps acteur – Il corpo attore – Schauspielerkörper – The Acting Body* des *Centre d'études théâtrales* der Universität Lausanne im November 2021 mit organisiert, an der die Vernetzung zwischen den Sprachregionen und den verschiedenen Hochschularten vorangetrieben wurde. Die vorliegende Publikation setzt diese Bestrebungen fort, indem sie dort gehaltenen Vorträge präsentiert und an dort begonnene Gespräche anknüpft.

Ziel dieses Bandes ist es, in Richtung dieser Dialoge zu gehen und sie weiterzuführen, auch mit Beteiligten ausserhalb der Landesgrenzen. Am Beispiel der Schweiz als Mikrokosmos ist es möglich, verschiedene Forschungstraditionen in den deutsch-, französisch- und italienischsprachigen Gebieten sowie im Wechselverhältnis zwischen Theatertheorie und -praxis eine Landschaft zu skizzieren, die epistemologische Perspektiven auf Dispositive der Theaterforschung eröffnet. Als erste Publikation, die die Entstehungsgeschichte sowie aktuelle Entwicklungen der Theaterforschung in der Schweiz aufarbeitet, möchten wir einen Beitrag leisten zum Diskurs über Episteme der Theaterforschung im Vergleich verschiedener Sprachregionen und institutioneller Kontexte.

Die Theaterforschung in der Schweiz ist einerseits geprägt von institutionellen Rahmenbedingungen, andererseits von Persönlichkeiten, die als Akteur:innen die forschende Auseinandersetzung mit Theater prägen. Einige von ihnen konnten wir für diesen Band als Autor:innen gewinnen.

Der Band gliedert sich in zwei Teile: Während der erste Part die Entstehung, Geschichte und gegenwärtige Entwicklungen aus den Perspektiven der Institutionen skizziert, zeigt der zweite Teil verschiedene epistemologische Ansätze, Probleme und Entwicklungsfelder auf, die in den aktuellen Diskursen um Dispositive der Theaterforschung eine Rolle spielen. Nicht ausser Acht gelassen wird der internationale Blick auf die Schweiz als ein Forschungsstandort «im Dazwischen»: zwischen den verschiedenen Sprachregionen, zwischen Theatertheorie und -praxis, zwischen verschiedenen Nachbarländern (vor allem Deutschland, Österreich, Frankreich und Italien).

Entstanden ist eine Momentaufnahme der Theaterforschung, die durch die Berücksichtigung diverser Methoden und historischer Perspektiven auch über die Schweiz hinaus relevant ist.

Bern / Lausanne / Verscio, Juli 2024

Introduction

La recherche théâtrale en Suisse se caractérise par deux particularités : le multilinguisme et la coexistence d'universités et de hautes écoles spécialisées qui pratiquent l'enseignement et la recherche *sur*, *avec* et *par* le théâtre. Avant même que les études théâtrales ne s'institutionnalisent en Suisse avec la création de l'*Institut für Theaterwissenschaft* (ITW – Institut d'études théâtrales, littéralement Institut pour la science du théâtre) de l'Université de Berne en 1992, la Suisse était déjà impliquée dans le développement de la recherche théâtrale au niveau national et international. La Société suisse du théâtre (SST), fondée en 1927, était un acteur central dans l'étude de la création théâtrale en Suisse, avant la création d'associations professionnelles et de filières d'études théâtrales dans les hautes écoles. Tout d'abord centrée sur la Suisse alémanique, ses efforts ont abouti à la création de la Collection suisse du théâtre à Berne, à l'organisation de la série *Lenker Theatertage* et à la publication de la revue *MIMOS*, aujourd'hui une série de livres documentant les lauréats du Grand Prix des arts de la scène / Anneau Hans Reinhart en coopération avec l'Office fédéral de la culture.

Mais la Suisse a également participé activement à l'émergence des études théâtrales sur la scène internationale. Ainsi, Edmund Stadler, membre du comité directeur de la Société Suisse du Théâtre de 1946 à 1977, était membre du comité exécutif provisoire de l'*International Federation for Theatre Research* (IFTR), le plus grand réseau mondial de recherche théâtrale, dont la première conférence s'est tenue à Berne en 1956 (voir https://iftr.org/organisation/history, [01/07/2024]).

Alors qu'en Suisse alémanique, les études théâtrales ont été impliquées dès le début dans les réseaux de l'espace germanophone, par exemple par le biais de la *Deutsche Gesellschaft für Theaterwissenschaft* (gtw), en Suisse romande les *Études théâtrales* s'orientent plutôt vers des approches issues du discours professionnel francophone. Le Tessin occupe une position particulière, son Accademia Teatro Dimitri étant, par son profil spécifique, orientée vers l'international. Alors que l'Accademia est le point de référence institutionnel pour la recherche théâtrale en Suisse italophone, d'autres domaines des arts de la scène au Tessin (par exemple le théâtre en prose d'origine italienne ou les expériences du Monte Verità et de ses successeurs) ont été étudiés par des journalistes culturels ou des chercheurs individuels, souvent liés à des instituts d'autres sites comme l'ITW. L'ITW Berne a longtemps été le seul site consacré à une approche de recherche sur le théâtre – en Suisse romande, cette recherche a eu lieu le plus longtemps de manière ponctuelle dans le cadre des études littéraires.

En 1998, les hautes écoles spécialisées ont reçu un mandat de recherche explicite, de sorte que des départements de recherche se sont successivement formés à la Haute école des arts de Zurich, à La Manufacture de Lausanne, à la Haute école des arts de Berne et à l'*Accademia Teatro Dimitri*, qui poursuivent une recherche orientée vers la pratique, en complément des études théâtrales universitaires. Alors que les études théâtrales s'occupent de l'étude historique et systématique des événements théâtraux et transmettent à leurs étudiants l'approche théorique 'classique' du théâtre, les hautes écoles d'art étudient le théâtre dans la recherche et l'enseignement en relation étroite avec la pratique, ce qui est documenté dans leurs filières de formation.

En 2018, la recherche s'est enfin aussi manifestée en Suisse romande sous la forme d'une institution, avec la création du Centre d'études théâtrales (CET) à la Faculté des Lettres de l'Université de Lausanne. Contrairement à l'ITW, ce centre est interdisciplinaire – il regroupe non seulement les sciences de différentes littératures comme le français, l'italien et l'anglais, mais aussi la philosophie, le grec ancien ainsi que l'histoire et l'esthétique du cinéma. Le centre ne dispose pas d'une chaire propre, mais est alimenté par les contributions des disciplines concernées et travaille en étroite collaboration avec celles des autres universités de Suisse romande ainsi qu'avec La Manufacture et l'*Accademia Dimitri*.

S'y ajoute depuis peu la recherche en pédagogie théâtrale, un domaine en plein essor, notamment à la *Fachhochschule Nordwestschweiz* et à la *Zürcher Hochschule der Künste*.

Pendant longtemps, il y a eu relativement peu d'échanges entre ces institutions et leurs dispositifs – au-delà du niveau des projets individuels –, mais on constate ces dernières années une tendance à une coopération croissante, ce qui vaut également pour les échanges entre les régions linguistiques. A cet égard, la SST joue un rôle important en tant que plateforme de médiation. Par exemple, elle a co-organisé et co-financé le colloque fondateur de trois jours *Le corps acteur – Il corpo attore – Schauspielerkörper – The Acting Body* du Centre d'études théâtrales de l'Université de Lausanne en novembre 2021, qui a permis de faire progresser les réseaux entre les régions linguistiques et les différents types de hautes écoles. La présente publication poursuit ces efforts en présentant des conférences qui y ont été données et en continuant les discussions qui y ont été entamées.

L'objectif de ce volume est d'aller dans le sens de ces dialogues et de les poursuivre, également avec des participants en dehors des frontières nationales. En prenant l'exemple de la Suisse en tant que microcosme, il est possible d'esquisser un paysage qui ouvre des perspectives épistémologiques sur les dispositifs de la recherche théâtrale en s'appuyant sur différentes traditions de recherche dans les espaces linguistiques germanophone, francophone et italophone ainsi que sur les interactions entre la théorie et la pratique théâtrales. En tant que première publication qui retrace l'histoire de la naissance ainsi que les développements actuels de la recherche théâtrale en Suisse, nous souhaitons apporter une contribution au discours sur les épistémès de la recherche théâtrale, dans la comparaison des différentes régions linguistiques et contextes institutionnels.

La recherche théâtrale en Suisse est marquée d'une part par des conditions cadres institutionnelles, d'autre part par des personnalités qui, en tant qu'acteurs, marquent de leur empreinte l'étude du théâtre. Nous avons pu convaincre quelques-unes d'entre elles de participer à ce volume.

L'ouvrage est divisé en deux parties. Tandis que la première partie esquisse la genèse, l'histoire et les développements actuels des points de vue des institutions, la deuxième partie montre différentes approches épistémologiques, problèmes et champs de développement qui jouent un rôle dans les discours actuels sur les dispositifs de la recherche théâtrale. Ne sont pas oubliées les perspectives internationales sur la Suisse en tant que lieu de recherche « entre les lieux »: entre les différentes régions linguistiques, entre la théorie et la pratique théâtrales, entre les différents pays voisins (surtout l'Allemagne, l'Autriche, la France et l'Italie).

Il en résulte un instantané de la recherche théâtrale qui, grâce à la prise en compte de diverses méthodes et perspectives historiques, est également pertinent au-delà de la Suisse.

Berne / Lausanne / Verscio, juillet 2024

Introduzione

La ricerca sul teatro in Svizzera è caratterizzata da due peculiarità: il multilinguismo e la coesistenza di università e scuole universitarie professionali che offrono programmi formativi e conducono ricerche *sul*, *con* e *attraverso il* teatro. Anche prima che gli studi teatrali venissero istituzionalizzati in Svizzera nel 1992 con la fondazione dell'*Institut für Theaterwissenschaft* (ITW) presso l'Università di Berna, il paese era già coinvolto nello sviluppo della disciplina a livello nazionale e internazionale. La Società Svizzera di Studi Teatrali (SSST), fondata nel 1927, ha avuto un ruolo centrale nello studio del teatro nella Confederazione prima dell'istituzione di associazioni professionali e di corsi di teatro a livello universitario. Inizialmente focalizzati sulla Svizzera tedesca, i suoi sforzi hanno portato, tra le altre cose, alla fondazione della Collezione svizzera del teatro a Berna, all'organizzazione della rassegna *Lenker Theatertage* e alla pubblicazione della rivista *MIMOS*, oggi una serie di libri che documentano il lavoro dei vincitori del Gran Premio delle arti sceniche / Anello Hans Reinhart in collaborazione con l'Ufficio Federale della Cultura.

Ma la Svizzera era appunto anche attivamente coinvolta nello sviluppo degli studi teatrali a livello internazionale. Edmund Stadler, membro del comitato direttivo della SSST dal 1946 al 1977, ha fatto parte del comitato esecutivo provvisorio della *International Federation for Theatre Research* (IFTR), la più grande rete mondiale per la ricerca teatrale, la cui prima conferenza si è tenuta a Berna nel 1956 (vedi https://iftr.org/organisation/history [01.07.2024]).

Se gli studi teatrali nella Svizzera tedesca sono stati coinvolti fin dall'inizio nelle reti di paesi di lingua tedesca, come la *Deutsche Gesellschaft für Theaterwissenschaft* (gtw), nella Svizzera francese essi si basano piuttosto su approcci legati al contesto francofono. Il Ticino, la cui Accademia Teatro Dimitri (SUPSI) è di per sé orientata a livello internazionale grazie al suo profilo specifico, occupa una posizione particolare. Mentre l'Accademia è il punto di riferimento istituzionale per la ricerca sul teatro nella Svizzera italiana, altre aree delle arti sceniche in Ticino (ad esempio il teatro di prosa di discendenza italiana, o le esperienze del Monte Verità con le loro successive declinazioni) sono state studiate da singole/i giornaliste/i culturali o ricercatrici/tori, spesso associate/i a enti basati in altri luoghi come l'ITW.

Per molto tempo, l'ITW di Berna è stato l'unica sede dedicata alla ricerca sul teatro del paese. Nella Svizzera francese, la ricerca nello stesso ambito si è svolta a lungo essenzialmente nella sfera degli studi sulla letteratura.

Nel 1998 le scuole universitarie professionali hanno espressamente ricevuto un mandato di ricerca che ha portato alla graduale creazione di dipartimenti specifici presso la *Zürcher Hochschule der Künste* (ZHdK) di Zurigo, *La Manufacture* (HES-SO) di Losanna, la *Hochschule der Künste Bern* e l'*Accademia Teatro Dimitri*, che conducono ricerche orientate alla pratica che affiancano gli studi teatrali delle università. Mentre gli studi teatrali universitari si occupano di ricerche storiche e sistematiche sulle vicende del teatro e trasmettono ai loro studenti un confronto teorico «classico» con il teatro, le scuole d'arte affrontano il teatro nella ricerca e nell'insegnamento in stretta relazione con la pratica, che viene documentata nei loro programmi formativi.

Nel 2018, la ricerca accademica sul teatro nella Svizzera francese ha finalmente preso forma istituzionale visibile con la fondazione del *Centre d'études théâtrales* (CET) presso la Facoltà di Lettere e Filosofia dell'Università di Losanna. A differenza dell'ITW, questo centro ha una struttura interdisciplinare: oltre agli studi su varie letterature come quella francese, italiana e inglese, comprende anche la filosofia, il greco antico e la storia e l'estetica del cinema. Il CET non ha una cattedra propria, ma si nutre dei contributi dei dipartimenti coinvolti e lavora a stretto contatto con quelli delle altre università della Svizzera francese, oltre che con *La Manufacture* e l'*Accademia Dimitri*.

Di recente è emersa inoltre la ricerca sulla pedagogia teatrale come un nuovo campo di indagine, promosso in particolare dalla *Fachhochschule Nordwestschweiz* (FHNW) e dalla ZHdK.

Per molto tempo gli scambi tra tutte queste istituzioni e i loro programmi sono stati relativamente scarsi, al di là di singoli progetti, ma negli ultimi anni si è assistito a una tendenza verso una crescente cooperazione, che riguarda anche scambi tra le diverse regioni linguistiche. A questo proposito, la SSST svolge un ruolo importante come piattaforma di mediazione. Ad esempio, ha co-organizzato e co-finanziato il convegno inaugurale di tre giorni *Le corps acteur – Il corpo attore – Schauspielerkörper – The Acting Body* presso il CET dell'Università di Losanna nel novembre 2021, durante il quale è stata promossa la creazione di reti tra le regioni linguistiche e i vari tipi di enti di istruzione superiore. La presente pubblicazione prosegue questi sforzi riprendendo le conferenze tenute in quell'occasione e basandosi sulle discussioni avviate in tale sede.

L'obiettivo di questo volume è quello di proseguire quei dialoghi, coinvolgendo anche voci provenienti dall'esterno dei confini nazionali. Utilizzando l'esempio della Svizzera come microcosmo, è possibile delineare le varie tradizioni di ricerca nelle aree di lingua tedesca, francese e italiana, nonché le interrelazioni tra la teoria e la pratica teatrale, al fine di aprire prospettive epistemologiche sui fondamenti della ricerca sul teatro. Essendo la prima pubblicazione che esamina la storia e gli sviluppi attuali degli studi teatrali in Svizzera, intendiamo dare un contributo al discorso sulle caratteristiche epistemologiche della ricerca sul teatro confrontando regioni linguistiche e contesti istituzionali diversi.

Gli studi teatrali in Svizzera sono caratterizzati, da un lato, da specifiche condizioni quadro istituzionali e, dall'altro, dalle personalità che contribuiscono a dare forma a queste indagini. Siamo riusciti a coinvolgere alcune di loro per la costruzione di questo volume.

Il volume è diviso in due parti: mentre la prima delinea le origini, la storia e gli sviluppi attuali degli studi teatrali dal punto di vista delle istituzioni, la seconda mette in luce diversi approcci epistemologici, problemi e aree di sviluppo che giocano un ruolo negli attuali discorsi sulle disposizioni della ricerca sulle arti sceniche. Non vengono però ignorate prospettive internazionali sulla Svizzera intesa come sede «intermedia» di ricerca: tra le diverse regioni linguistiche, tra la teoria e la pratica teatrale, tra i diversi paesi confinanti (in particolare Germania, Austria, Francia e Italia).

Ne emerge un'istantanea della ricerca attorno al teatro che, nel suo considerare prospettive storiche e metodologie diverse, risulta rilevante anche al di fuori della Svizzera.

Berna / Losanna / Verscio, luglio 2024

A.

Der Stand der
Theaterforschung in der
Schweiz

L'état de la recherche
suisse sur le théâtre

Lo stato della ricerca in
Svizzera sul teatro

Die Deutschschweiz

YVONNE SCHMIDT

I.

Theaterforschung in der deutschsprachigen Schweiz – Einleitung

27

La recherche théâtrale en Suisse alémanique – Introduction

31

La ricerca sul teatro nella Svizzera tedesca – Introduzione

35

Yvonne Schmidt

Theaterforschung in der deutschsprachigen Schweiz – Einleitung

Die Theaterwissenschaft als relativ junge Disziplin im deutschsprachigen Raum blickt auf eine etwa 100-jährige Geschichte zurück. In den 1920er Jahren wurden in Deutschland in Berlin, Köln und München erste theaterwissenschaftliche Institute gegründet. Wie Beate Hochholdinger-Reiterer in ihrem Beitrag zur Fachgeschichte aufzeigt, fanden jedoch bereits viel früher, im 19. Jahrhundert, theaterwissenschaftlich orientierte Vorlesungen statt. In den Bestrebungen um die Etablierung einer eigenen Disziplin rückte – in Abgrenzung zur Literaturwissenschaft – der Moment der Aufführung in den Fokus.

In der Schweiz wurde erst 1992 das erste und bislang einzige Institut für Theaterwissenschaft an der Universität Bern gegründet. Dem vorausgegangen waren langjährige Bemühungen, in die auch die Schweizerischen Gesellschaft für Theaterkultur (SGTK) massgeblich involviert war. Während andere Institute, die insbesondere seit den 1980er Jahren im deutschsprachigen Raum entstanden, sich teilweise mit der Film- und Medienwissenschaft verbanden, blieb das ITW bei seiner Ausrichtung auf Theater, die später um Tanzwissenschaft erweitert wurde. Die Aufarbeitung des Theaters in der Schweiz war von Anfang an ein Ziel, das u.a. durch das *Theaterlexikon der Schweiz* (erschienen 2005 in drei Bänden, liegt es seit 2013 in einer Onlineversion vor) und die Buchreihe *Teatrum Helveticum* vorangetrieben wurde.

Wie der Gründungsdirektor des ITW Bern, Andreas Kotte, in seinem Beitrag darlegt, war die Theaterwissenschaft im Laufe der Jahrzehnte geprägt von verschiedenen Abgrenzungs- und Aneignungspraktiken im Verhältnis zu anderen Disziplinen – etwa der Semiotik, der Medienwissenschaft, den anglophonen *Performance Studies*. Immer wieder befragte sich die Disziplin zu ihrem Verhältnis zu anderen Künsten, zum Alltag, zu Medien und Technologien. Vor einigen Jahren beschäftigte sich die Konferenz der Deutschen Gesellschaft für Theaterwissenschaft schliesslich mit den *Epistemen des Theaters* (cf. M. Cairo et al. 2016) und längst erweiterte sich das klassische Methodenrepertoire, etwa die Aufführungsanalyse, um eine Vielfalt von Ansätzen hin zu einem Methodenpluralismus (cf. B. Wihstutz / B. Hoesch 2020; B. Hochholdinger-Reiterer et al. 2023).

Seit den 2000er Jahren kamen die Kunsthochschulen in der deutschsprachigen Schweiz als Player ins Spiel: *DORE – Do Research* lautete das Motto eines neuen Förderprogramms des Schweizerischen Nationalfonds (SNF), das Fachhochschulen dazu aufrief, Forschungsförderung zu beantragen. Während an der Zürcher Hochschule der Künste (ZHdK) das *Institute for the Performing Arts and Film* (IPF) als ein eigenes Forschungsinstitut am Departement Darstellende Künste und Film ins Leben gerufen wurde, bildeten sich an der Hochschule der Künste Bern (HKB) Forschungsschwerpunkte – inzwischen ebenfalls Institute –, die transversal zu den Fachrichtungen situiert sind. Anders als an den Universitäten ist an den Kunsthochschulen Forschung strukturell getrennt von der Lehre. Die Forschung folgt zudem einem praxisorientierten Ansatz und ist – trotz Zusammenarbeiten mit dem ITW –, nicht notwendigerweise theaterwissenschaftlich orientiert, sondern bezieht sich auf die internationalen Forschungsansätze der künstlerischen Forschung (cf. Y. Schmidt 2023) oder wendet praxeologische Ansätze aus der Ethnografie und Soziologie an, u.a. die Probenforschung. Die Kunsthochschul-Forschung ist tendenziell interdisziplinär durch Zusammenarbeiten mit verschiedensten Disziplinen: von der Soziologie, über die Psychologie bis hin zur Medizin/ Hirnforschung. Priska Gisler, Wolfram Heberle und Anton Rey zeigen in ihren Beiträgen das Spannungsfeld auf, das sich durch die institutionellen Rahmungen der Theaterforschung an den Kunsthochschulen bildet.

Ein Austausch und Wissenstransfer zwischen ITW und den beiden deutschsprachigen Kunsthochschulen findet von Beginn an statt, u.a. indem eine Reihe von ITW Absolvent:innen an der ZHdK und an der HKB tätig sind. Eine wichtige Rolle spielt dabei auch die Förderinstitution SNF, die von Gesuchsteller:innen einen akademischen *Track Record* verlangt. Im Unterschied zu Kunsthochschulen in Österreich und in weltweit zahlreichen anderen Ländern besitzen die Kunsthochschulen in der Schweiz kein Promotionsrecht. Durch kooperative Promotionsprogramme mit Partnerhochschulen kommen die Kunsthochschulen ihrem Auftrag der Nachwuchsförderung nach.

Mittels praxeologischer Ansätze in der universitären Theaterwissenschaft wird die im deutschsprachigen Raum fachgeschichtlich geprägte Trennung zwischen Theater*wissenschaft* bzw. Tanz*wissenschaft* an den Universitäten und Theater- und Tanz*praxis* an Kunsthochschulen und Akademien aufgeweicht, indem eine wechselseitige Annäherung zwischen praxisorientierten und forschungsbasierten Ausrichtungen festzustellen ist. An den Universitäten in Hildesheim und Gießen wurden beispielsweise Studiengänge der Angewandten Theaterwissenschaft gegründet, ebenso 2012 der Studiengang Szenische Forschung an der Ruhr-Universität Bochum. Auch mit diesen Institutionen stehen die Schweizer Kunsthochschulen im Austausch, indem nicht selten Professuren und Mittelbaustellen mit Absolvent:innen, insbesondere aus Gießen und Hildesheim, besetzt werden.

In den Narrativen der Fachgeschichte im deutschsprachigen Raum und besonders in der Schweiz sowie bei den verschiedenen institutionellen Akteur:innen – ITW, IPF und HKB – lassen sich verschiedene Legitimierungsstrategien erkennen: Die Abgrenzung von der Literaturwissenschaft hin zum Fokus auf die Aufführung als das Spezifikum des Theaters; die Erforschung des Schweizer Theaterschaffens als ein Alleinstellungsmerkmal des ITW; die praxisorientierte Forschung der Fachhochschulen als Komplement zur universitären theaterwissenschaftlichen Forschung.

Die institutionellen Rahmen bestimmen dabei, *wie* geforscht wird: Während an der Universität Karrierewege von der Promotion zur Professur eher klar strukturiert sind, sind die Werdegänge der Forscher:innen an der Kunsthochschule sehr heterogen. Durch die Trennung von Forschung und Lehre gibt es praktisch ausschliesslich «Teilzeit-Forscher:innen», oftmals mit Kleinstpensen und in befristeten Anstellungsverhältnissen. Der Praxiserfahrung wird ein hoher Stellenwert beigemessen, so dass lineare Forscher:innenkarrieren die Seltenheit sind. Gleichzeitig sind die Kunsthochschulen – nach der Abschaffung von DORE – mit den Universitäten im Wettbewerb um dieselben SNF-Fördertöpfe. Sie sind dabei überdurchschnittlich erfolgreich in der Akquise von Forschungsprojekten – vielleicht auch gerade durch die strukturelle Trennung von Lehre und Forschung?

Den Unterschieden zum Trotz sind die Annäherungen grösser: Jüngst formierte sich in der Deutschen Gesellschaft der Theaterwissenschaft (gtw) eine Arbeitsgruppe mit «theaterwissenschaftlich informierten Mitarbeiter:innen an Kunsthochschulen» im deutschsprachigen Raum. In der Graduiertenschule *SINTA Studies in the Arts* der

Universität Bern und der HKB bilden beide Hochschulen gemeinsam Doktorierende aus.

Ein wesentlicher Faktor ist auch die Internationalisierung der Theaterwissenschaft im deutschsprachigen Raum. Während etwa mit *Forum Modernes Theater* bislang nur ein einziges deutschsprachiges Journal mit Peer-Review-Verfahren existiert, ist das Publizieren auf Englisch sowie die Einbindung in anglophone Diskurse insbesondere bei jüngeren Forscher:innen-Generationen unverzichtbar geworden.

Yvonne Schmidt

La recherche théâtrale en Suisse alémanique – Introduction

Les études théâtrales, discipline relativement jeune dans l'espace germanophone, ont une histoire d'environ 100 ans. Dans les années 1920, les premiers instituts de sciences théâtrales ont été fondés en Allemagne à Berlin, Cologne et Munich. Comme le montre Beate Hochholdinger-Reiterer dans sa contribution à l'histoire de la discipline, des cours orientés vers les sciences théâtrales ont toutefois déjà eu lieu bien plus tôt, au XIXᵉ siècle. Dans le cadre des efforts visant à établir une discipline propre, l'accent a été mis, en opposition aux études littéraires, sur le moment de la représentation.

En Suisse, le premier et jusqu'à présent unique institut d'études théâtrales, l'*Institut für Theaterwissenschaft* (ITW) n'a été fondé qu'en 1992 à l'université de Berne. Il a été précédé par des efforts de longue haleine dans lesquels la Société suisse du théâtre (SST) a joué un rôle déterminant. Alors que d'autres instituts, créés notamment depuis les années 1980 dans l'espace germanophone, se sont en partie associés aux sciences du cinéma et des médias, l'ITW a conservé son orientation vers le théâtre, qui a été élargie plus tard aux sciences de la danse. La présentation et la réflexion du théâtre en Suisse a été dès le début un objectif, qui a été poursuivi entre autres par le *Dictionnaire du théâtre en Suisse* (paru en 2005 en trois volumes et depuis 2013 disponible en ligne) et la série de livres *Teatrum Helveticum*.

Comme le directeur fondateur de l'ITW Berne, Andreas Kotte, l'explique dans son article, les études théâtrales ont été marquées au cours des décennies par différentes pratiques de délimitation et d'appropriation par rapport à d'autres disciplines – par exemple la sémiotique, les sciences des médias ou les *Performance Studies* anglophones. La discipline s'est régulièrement interrogée sur son rapport aux autres arts, à la vie quotidienne, aux médias et aux technologies. Il y a quelques années, la conférence de la Société allemande des études théâtrales s'est finalement penchée sur les *épistémès du théâtre* (cf. M. Cairo et al. 2016) et depuis longtemps, le répertoire classique des méthodes, comme l'analyse des représentations, s'est élargi à une multitude d'approches vers un pluralisme des méthodes (cf. B. Wihstutz / B. Hoesch 2020; B. Hochholdinger-Reiterer et al. 2023).

Depuis les années 2000, les hautes écoles d'art de Suisse alémanique sont entrées en jeu en tant qu'acteurs : *DORE – Do Research* était le slogan d'un nouveau programme d'encouragement du Fonds national suisse (FNS), qui invitait les hautes écoles spécialisées à demander des subventions de recherche. Alors que la Haute école des arts de Zurich (ZHdK) a créé l'*Institute for the Performing Arts and Film* (IPF) en tant qu'institut de recherche propre au département Arts du spectacle et cinéma, la Haute école des arts de Berne (HKB) a mis en place des pôles de recherche – entre-temps également des instituts – qui sont situés transversalement par rapport aux disciplines. Contrairement aux universités, dans les hautes écoles d'art la recherche est structurellement séparée de l'enseignement. La recherche suit en outre une approche praxéologique et – malgré des collaborations avec l'ITW – n'est pas nécessairement orientée vers les Études théâtrales, mais se réfère aux approches internationales de la recherche artistique (cf. Y. Schmidt 2023) ou applique des approches praxéologiques issues de l'ethnographie et de la sociologie, notamment dans la recherche sur les répétitions. La recherche dans les écoles d'art a tendance à être interdisciplinaire grâce à des collaborations avec les disciplines les plus diverses : de la sociologie à la médecine/recherche sur le cerveau en passant par la psychologie. Dans leurs contributions, Priska Gisler, Wolfram Heberle et Anton Rey montrent le champ de tension qui se forme dans les hautes écoles d'art en raison des cadres institutionnels de la recherche théâtrale.

L'échange et le transfert de connaissances entre l'ITW et les deux hautes écoles d'art germanophones à Zurich et à Berne ont lieu depuis le début, notamment parce qu'un certain nombre de diplômés de l'ITW travaillent à la ZHdK et à la HKB. L'institution de soutien FNS, qui exige des requérants un *track record* académique, joue également un rôle important. Contrairement à la situation en Autriche et dans de nombreux autres pays, les hautes écoles d'art en Suisse n'ont pas le droit de délivrer des doctorats. Elles remplissent leur mission d'encouragement de la relève par le biais de programmes de doctorat coopératifs avec des hautes écoles partenaires.

Grâce à des approches praxéologiques dans les études théâtrales universitaires, la séparation entre d'une part les études théâtrales et les sciences de la danse dans les universités et d'autre part la pratique du théâtre et de la danse dans les hautes écoles d'art et les académies, marquée par l'histoire de la discipline, s'estompe dans la mesure où l'on constate un rapprochement mutuel entre les orientations basées sur la pratique et celles basées sur la recherche. Les universités de Hildesheim et de Gießen ont par exemple créé des filières d'études théâtrales appliquées, tout comme la filière de recherche scénique à l'université de la Ruhr à Bochum en 2012. Les écoles supérieures d'art suisses entretiennent également des échanges avec ces institutions, car il n'est pas rare que des postes de professeurs et du cadre intermédiaire soient occupés par des diplômés notamment de Gießen et de Hildesheim.

Dans les récits de l'histoire de la discipline dans l'espace germanophone et en particulier en Suisse, ainsi que chez les différents acteurs institutionnels – ITW, IPF et HKB – on peut reconnaître différentes stratégies de legitimation : la démarcation par rapport aux études littéraires et la focalisation sur la représentation en tant que spécificité du théâtre ; l'étude de la création théâtrale suisse en tant que caractéristique unique de l'ITW ; la recherche orientée vers la pratique des hautes écoles spécialisées en tant que complément à la recherche universitaire en études théâtrales.

Les cadres institutionnels déterminent la *manière* dont la recherche est menée : alors qu'à l'université, les carrières sont plutôt clairement structurées, du doctorat au poste de professeur, les carrières des chercheurs dans les écoles supérieures d'art sont très hétérogènes. En raison de la séparation de la recherche et de l'enseignement, il n'y a pratiquement que des « chercheurs à temps partiel », souvent avec des taux d'occupation très bas et des contrats de travail à durée déterminée. Une grande importance est accordée à l'expérience pratique, de sorte que les carrières linéaires de chercheurs sont rares. Parallèlement, les hautes écoles d'art sont – après la suppression de DORE – en concurrence avec les universités pour les mêmes fonds de soutien du FNS. Si elles obtiennent un succès supérieur à la moyenne dans l'acquisition de projets de recherche, est-ce peut-être justement grâce à la séparation structurelle de l'enseignement et de la recherche ?

Malgré les différences, les rapprochements sont plus importants : récemment un groupe de travail s'est formé au sein de la Société allemande des sciences du théâtre (gtw) avec des « collaborateurs/ trices des hautes écoles d'art informés sur les sciences du théâtre » dans l'espace germanophone. Dans l'école doctorale *SINTA Studies in the Arts* de l'Université de Berne et de la HKB, les deux hautes écoles forment ensemble des doctorants. L'internationalisation des études théâtrales dans l'espace germanophone est également un facteur essentiel. Alors qu'il n'existe jusqu'à présent qu'une seule revue germanophone, le *Forum Modernes Theater*, avec une procédure d'évaluation par les pairs, la publication en anglais et l'intégration dans les discours anglophones sont devenues indispensables, en particulier pour les jeunes générations de chercheurs.

Yvonne Schmidt

La ricerca sul teatro nella Svizzera tedesca – Introduzione

Come disciplina relativamente giovane nel mondo di lingua tedesca, gli studi teatrali possono vantare una storia di circa cento anni. Negli anni Venti del Novecento sono stati fondati in Germania i primi istituti di studi teatrali a Berlino, Colonia e Monaco. Tuttavia, come sottolinea Beate Hochholdinger-Reiterer nel suo articolo sulla storia della disciplina, i corsi di studi teatrali si tenevano molto prima, nel XIX secolo. Nel tentativo di creare una disciplina separata, l'attenzione si è spostata sulla fase performativa dello spettacolo, a differenza di quanto accade negli studi letterari.

In Svizzera, solo nel 1992 è stato fondato presso l'Università di Berna il primo e finora unico Istituto di Studi Teatrali (ITW). Questo è stato preceduto da molti anni di sforzi, in cui anche la Società Svizzera di Studi Teatrali (SSST) è stata significativamente coinvolta. Mentre altri istituti sorti nei paesi di lingua tedesca, soprattutto a partire dagli anni '80, erano in parte legati agli studi sul cinema e sui media, l'ITW ha mantenuto la sua focalizzazione sul teatro, che in seguito è stata ampliata per includere gli studi sulla danza. Gli studi sul teatro in Svizzera, promossi dal *Dizionario teatrale della Svizzera* (pubblicato in tre volumi nel 2005, disponibile dal 2013 in versione online) e dalla collana *Teatrum Helveticum*, sono stati un suo obiettivo fin dall'inizio.

Come spiega il direttore fondatore dell'ITW, Andreas Kotte nel suo articolo, gli studi teatrali sono stati caratterizzati nel corso dei decenni da varie pratiche di delimitazione e di posizionamento rispetto ad altre discipline come la semiotica, gli studi sui media e gli anglofoni *performance studies*. La disciplina si è ripetutamente interrogata sul suo rapporto con le altre arti, con la vita quotidiana, con i media e con le tecnologie. Alcuni anni fa, la conferenza della Società Tedesca per gli Studi Teatrali si è finalmente occupata delle epistemologie del teatro (cfr. M. Cairo et al. 2016) e del repertorio classico di metodologie come l'analisi della performance, in un ampliamento volto a includere una varietà di approcci a favore di un pluralismo di metodi (cfr. B. Wihstutz / B. Hoesch (eds.) 2020; B. Hochholdinger-Reiterer et al. 2023).

A partire dagli anni Duemila, gli istituti d'arte della Svizzera tedesca sono entrati in gioco come attori della ricerca: *DORE – Do Research* era il motto di un nuovo programma di finanziamento del Fondo Nazionale Svizzero per la Ricerca Scientifica (FNS) che invitava le scuole universitarie professionali a richiedere finanziamenti per la ricerca. Mentre l'*Institute for the Performing Arts and Film* (IPF) è stato creato presso la scuola universitaria professionale delle arti di Zurigo (ZHdK) come istituto di ricerca separato all'interno del Dipartimento di Arti dello Spettacolo e del Cinema, la scuola universitaria professionale delle arti di Berna (HKB) ha creato specializzazioni di ricerca – ora anche istituti – che sono trasversali alle discipline. A differenza di quanto accade nelle università, nelle scuole universitarie professionali d'arte la ricerca è strutturalmente separata dall'insegnamento. Anche la ricerca segue un approccio prasseologico e – nonostante le collaborazioni con l'ITW – non è necessariamente orientata agli studi teatrali, ma fa riferimento agli approcci internazionali della ricerca artistica (cfr. Y. Schmidt 2023) o applica approcci prasseologici dell'etnografia e della sociologia, ad esempio nella ricerca sulle prove. La ricerca nelle scuole d'arte tende a essere interdisciplinare grazie alla collaborazione con un'ampia gamma di discipline: da sociologia e psicologia a medicina e neuroscienze. Nei loro contributi, Priska Gisler, Wolfram Heberle e Anton Rey mostrano il campo di tensione creato dall'inquadramento istituzionale della ricerca teatrale nelle scuole universitarie professionali delle arti.

Lo scambio e il trasferimento di conoscenze tra l'ITW e le due accademie d'arte di lingua tedesca è avvenuto fin dall'inizio, ad esempio grazie a un certo numero di laureati dell'ITW che hanno cominciato a lavorare presso la ZHdK e la HKB. Anche l'organizzazione dei finanziamenti SNF, che richiedono ai candidati un curriculum accademico, svolge un ruolo importante. A differenza degli istituti d'arte in Austria e in numerosi altri paesi del mondo, in Svizzera le scuole universitarie professionali non hanno il diritto di conferire dottorati. Le scuole d'arte adempiono alla loro missione di promuovere giovani talenti attraverso programmi di dottorato sviluppati in collaborazione con università partner.

Grazie agli approcci prasseologici negli studi teatrali universitari, la storica divisione nei paesi di lingua tedesca tra gli *studi* sul teatro e sulla danza nelle università e la *pratica* del teatro e della danza nelle scuole d'arte e nelle accademie viene attenuata da una reciproca convergenza tra gli orientamenti alla pratica e quelli basati sulla ricerca. Nelle università di Hildesheim e Gießen, ad esempio, sono stati istituiti corsi di laurea in Studi teatrali applicati, così come il corso di laurea in Ricerca scenica dell'Università Ruhr di Bochum nel 2012. Anche le scuole universitarie professionali d'arte svizzere dialogano con queste istituzioni, poiché non è raro che cattedre e posizioni di medio livello siano occupate da laureati, in particolare di Gießen e Hildesheim.

Si possono individuare diverse strategie di legittimazione nelle narrazioni della storia accademica nei paesi di lingua tedesca e soprattutto in Svizzera, nonché tra i vari attori istituzionali – ITW, IPF e HKB: la differenziazione dagli studi letterari per concentrarsi sulla performance come caratteristica specifica del teatro; la ricerca sulla produzione teatrale svizzera come punto di forza dell'ITW; la ricerca orientata alla pratica delle scuole universitarie professionali come complemento alla ricerca universitaria sugli studi teatrali.

Il quadro istituzionale determina *come* viene condotta la ricerca: mentre i percorsi di carriera dal dottorato alla cattedra sono strutturati in modo piuttosto chiaro nelle università, le carriere dei ricercatori delle scuole universitarie professionali d'arte sono molto eterogenee. A causa della separazione tra ricerca e insegnamento, esistono praticamente solo «ricercatori part-time», spesso con carichi di lavoro molto ridotti e contratti temporanei. L'esperienza pratica è molto apprezzata, il che significa che le carriere di ricerca lineari sono rare. Allo stesso tempo, dopo l'abolizione del DORE, le scuole universitarie professionali sono in competizione con le università per gli stessi fondi del FNS. Se hanno un successo superiore alla media nell'acquisizione di progetti di ricerca, è forse anche a causa della separazione strutturale tra insegnamento e ricerca?

Nonostante le differenze, le convergenze sono maggiori: di recente, nell'ambito della Società Tedesca di Studi Teatrali (gtw), è stato costituito un gruppo di lavoro con «dipendenti informati sugli studi teatrali presso gli istituti d'arte» nei paesi di lingua tedesca. Nella scuola di specializzazione *SINTA Studies in the Arts* dell'Università di Berna e della HKB, entrambe le università formano congiuntamente dottorandi.

Anche l'internazionalizzazione degli studi teatrali nei paesi di lingua tedesca è un fattore chiave. Mentre *Forum Modernes Theater*, ad esempio, è l'unica rivista in lingua tedesca con un processo di *peer-review*, la pubblicazione in inglese e il coinvolgimento nei dibattiti anglofoni sono diventati indispensabili, soprattutto per le giovani generazioni di ricercatori.

Bibliografie / Bibliographie / Bibliografia

Cairo, Milena / Hannemann, Moritz / Haß, Ulrike / Schäfer, Judith (Hg.) (2016): *Episteme des Theaters. Aktuelle Kontexte von Wissenschaft, Kunst und Öffentlichkeit*. Bielefeld: Transcript.

Hochholdinger-Reiterer, Beate / Thurner, Christina / Wehren, Julia (2023): *Theater und Tanz. Handbuch für Wissenschaft und Studium*. Baden-Baden: Rombach.

Schmidt, Yvonne (2023): Künstlerische Forschung. In: B. Hochholdinger-Reiter / Ch. Thurner (Hg.): *Handbuch Theaterwissenschaft und Tanzwissenschaft*. Baden-Baden: Rombach Wissenschaft.

Wihstutz, Benjamin / Hoesch, Benjamin (Hg.) (2020): *Neue Methoden der Theaterwissenschaft*. Bielefeld: Transcript.

II.

Zur Fachgeschichte der deutschsprachigen Theaterwissenschaft

L'histoire de la discipline de la *Theater-wissenschaft* (littéralement : science du théâtre) en langue allemande

Sulla storia degli studi teatrali in lingua tedesca

41

ZUSAMMENFASSUNG

Der Beitrag bietet einen Überblick über die Vorgeschichten und die akademische Etablierung der deutschsprachigen Theaterwissenschaft im Verlauf des 20. Jahrhunderts. Ein besonderer Fokus liegt auf den unterschiedlichen Bestrebungen, einen Lehrstuhl für Theaterwissenschaft in der Schweiz zu begründen. Der Beitrag basiert auf meinen bisherigen Artikeln zur Fachgeschichte der Theaterwissenschaft (2015, 2016, 2023b).

RÉSUMÉ

L'article offre un aperçu des antécédents et de l'établissement académique des études théâtrales en langue allemande au cours du XXe siècle. Un accent particulier est mis sur les différentes tentatives de créer une chaire pour la *Theaterwissenschaft* en Suisse. Cette contribution se base sur mes articles précédents sur l'histoire de la discipline des études théâtrales (2015, 2016, 2023b).

RIASSUNTO

L'articolo offre una panoramica della preistoria e dell'affermazione accademica degli studi teatrali in lingua tedesca, la *Theaterwissenschaft*, nel corso del XX secolo. Un'attenzione particolare è rivolta ai vari tentativi di istituire una cattedra di studi teatrali in Svizzera. L'articolo si basa sui miei precedenti articoli sulla storia degli studi teatrali (2015, 2016, 2023b).

Obwohl die Theaterwissenschaft innerhalb des universitären Kontextes noch immer als junge Disziplin gilt, kann das Fach mittlerweile auf eine 100-jährige institutionelle Verankerung zurückblicken. Laut gängigem institutionsgeschichtlichen Narrativ beginnt die Geschichte der Theaterwissenschaft an deutschsprachigen Universitäten mit den drei «Gründervätern»: Max Herrmann in Berlin (ab 1923), Carl Niessen in Köln (ab 1924/25) und Artur Kutscher in München (ab 1926). Das erste theaterwissenschaftliche Institut wurde – diesem Narrativ zufolge – 1923 in Berlin gegründet, der Jude Max Herrmann leitete dieses alternierend mit dem Literaturwissenschaftler Julius Petersen bis zur Machtübernahme der Nationalsozialisten 1933. Herrmann wurde erst zwangspensioniert, dann entlassen und verstarb 1942 im sogenannten «Altersghetto» in Theresienstadt. De facto gab es aber bereits seit 1921 in Kiel ein Institut für Literatur- und Theaterwissenschaft, das von Eugen Wolff geleitet wurde. Auch lassen sich theaterwissenschaftliche Vorlesungen im deutschsprachigen Raum bereits seit dem letzten Drittel des 19. Jahrhunderts belegen. Diese fanden nicht nur im Rahmen der Germanistik statt, sondern ebenso innerhalb der Philosophie, Kunstgeschichte, den Klassischen Philologien, den diversen Literaturwissenschaften oder der Volkskunde. So sind beispielsweise in Berlin ab 1900 erste theaterwissenschaftliche Übungen und Vorlesungen an der Friedrich-Wilhelms-Universität (heute: Humboldt-Universität), durchgeführt von Max Herrmann, oder zeitgleich Vorlesungen über theoretische und praktische Dramaturgie, über Regie und Inszenierung von Hugo Dinger in Jena bezeugt.[1]

Theaterwissenschaftlich orientierte Lehre und Forschung wurde also schon Jahrzehnte vor den Institutsgründungen an Universitäten betrieben und war von zentraler Bedeutung, um neben Musikwissenschaft und Kunstgeschichte die Notwendigkeit einer eigenständigen Kunstwissenschaft für Theater zu belegen.

Herrmann und Kutscher waren Literaturwissenschaftler und setzten sich von ihrer Herkunftsdisziplin ab, indem sie ins Zentrum der Theaterwissenschaft die Aufführung (und eben nicht den aufzuführenden *Text*) stellten. Niessen, der Kunst- und Kulturwissenschaft studiert hatte, vertrat das Konzept einer «völkerkundliche[n] Grundierung»[2] der Theaterwissenschaft, deren Kern «*das Mimische*» sei, welches wiederum aus «dem mimischen Urtrieb»[3] resultiere.

Bereits 1914 schrieb Herrmann in der viel zitierten Einleitung seiner *Forschungen zur deutschen Theatergeschichte des Mittelalters*

---

1 Vgl. H. Klier 1981, 327.
2 C. Niessen 1956/1981, 151.
3 C. Niessen 1956/1981, 152 (Hv. wie im Orig.).

und der Renaissance, dass es an der Zeit sei, eine «theatergeschicht-
liche Wissenschaft zu besitzen»[4], die auch eine eigene Methode be-
nötige. Wenige Jahre später vertrat Herrmann in einem Artikel der
Vossischen Zeitung (1918) die Ansicht, dass «Theater und Drama [...]
ursprünglich Gegensätze» seien, «das Drama ist die wortkünstle-
rische Schöpfung des Einzelnen, das Theater ist eine Leistung des
Publikums und seiner Diener.»[5] In seinem Vortrag *Über die Aufgaben
eines theaterwissenschaftlichen Institutes* (1920) warb er schliesslich
für die Notwendigkeit, ein von der Germanistik abgegrenztes eigenes
Fach auch institutionell an den Universitäten zu etablieren, da jedes
akademische Institut neben der praktischen auch eine symbolische
Aufgabe habe. Der symbolische Wert eines Instituts bestehe darin,
«den Selbständigkeitscharakter einer Wissenschaft zu vertreten»[6].
Durch Aufnahme der Theaterwissenschaft würde die Universität «ein
Geschenk» erhalten, denn die Theaterwissenschaft stehe «an der le-
bendigsten Grenze zwischen Theorie und Praxis»[7]. Praxis meint hier
nicht die Ausbildung zu Schauspielenden, was die Aufgabe der Fachhochschulen sei. Mit Praxis meint Herrmann vielmehr den direkten
Bezug zum Gegenwartstheater, der auch für den Theaterhistoriker
unabdingbar sei: «Nur derjenige kann Werke der Vergangenheit verstehen, der die Gegenwart beherrscht.»[8] Diese Orientierung hin zur
Gegenwart war im damaligen universitären Kontext eine absolute
Innovation. Die Theaterwissenschaft in Herrmanns Entwurf ist eine
historisch ausgerichtete Wissenschaft und gleichzeitig auch eine an
der Praxis des Gegenwartstheaters interessierte Disziplin, woraus
ihre besondere Lebendigkeit resultiere. Das Studium der Theaterwissenschaft befähige die Studierenden zur Arbeit in leitenden Positionen der Theaterpraxis, namentlich genannt werden Theaterbeamte,
Theaterleiter, Dramaturgen, Regisseure, Theaterkritiker.[9]

Während Herrmann Theater als «ein soziales Spiel»[10] begreift, die
Erscheinungsformen von Theater historisiert und – im Gegensatz zu
seiner Herkunftsdisziplin Germanistik – auch am internationalen
Theater interessiert ist, fokussieren Niessen und Kutscher in ihren
Abgrenzungsversuchen von den Philologien auf den sogenannten
«Mimus» als überzeitliche anthropologische Konstante eines Spiel-
und Nachahmungstriebs.

---

4 M. Herrmann 1914, 3.
5 M. Herrmann 1918, o. S.
6 M. Herrmann 1920/1981, 15.
7 M. Herrmann 1920/1981, 16.
8 M. Herrmann 1920/1981, 18.
9 M. Herrmann 1920/1981, 22.
10 M. Herrmann 1920/1981, 19.

Die universitäre Verankerung der deutschsprachigen Theaterwissenschaft in den 1920er-Jahren ging einher mit den theatralen Experimenten und theoretischen Debatten der historischen Avantgarden sowie den Veränderungen in der dominierenden Literaturtheaterpraxis, die durch die Entwicklung der modernen Regie zur eigenständigen Kunstform vorangetrieben wurden. Die Theaterpraxis sensibilisierte für die – heute unbestrittene – Differenz zwischen Theatertext und Theateraufführung.

Während der NS-Herrschaft kam es zur Etablierung der Theaterwissenschaft: Carl Niessen wurde 1938 beamteter ausserordentlicher Professor in Köln, womit im deutschen Sprachraum der erste Lehrstuhl speziell für Theaterwissenschaft geschaffen wurde; 1943 – mitten im Zweiten Weltkrieg – wurde in Wien ein gut dotiertes Zentralinstitut für Theaterwissenschaft unter der Leitung von Heinz Kindermann gegründet, im selben Jahr wurde in Berlin Hans Knudsen, Herrmanns ehemaliger Assistent, ausserordentlicher Professor für Theaterwissenschaft und Direktor des Instituts. Die ideologisch und propagandistisch verwertbare Bedeutung der Theaterwissenschaft stand für die Nationalsozialisten und diese Professorengeneration ausser Zweifel. Niessen beispielsweise widmete sich den Forschungen zum sogenannten Thingspiel, mit denen ein völkisches Theater begründet werden sollte; Kindermann legte 1939 mit seiner Publikation *Das Burgtheater. Erbe und Sendung eines Nationaltheaters* das Exempel einer «politisch und weltanschaulich begründeten Theatergeschichte» vor, die «von den Grundwerten: Rasse, Volk, Reich ausgeht»[11].

Nach 1945 wurden die Lehrstuhlinhaber ihrer Ämter enthoben, innerhalb von neun Jahren aber allesamt wieder eingesetzt: Knudsen begründete 1948 ein theaterwissenschaftliches Institut an der neu eingerichteten Freien Universität Berlin, Niessen konnte ab 1950 seine Karriere in Köln, Kindermann ab 1954 in Wien fortsetzen. Bis zur Emeritierung dieser Professorengeneration wurde die nationalsozialistische Verstrickung der Disziplin von Fachvertreter:innen nicht thematisiert oder grob verharmlost.[12] Bis heute werden die *inhaltlichen* Fortschreibungen, also die thematischen und systematischen Grundlegungen aus der NS-Zeit, nur vereinzelt problematisiert.[13] Besonders «nachhaltig» erwies sich beispielsweise Heinz Kindermanns monumentale 10-bändige *Theatergeschichte Europas*, für die er nach-

---

11 H. Kindermann 1939, 6.
12 Vgl. dazu die fachhistorischen Abrisse von C. Niessen 1949 sowie H. Knudsen 1950, 1955.
13 Vgl. dazu B. Peter / M. Payr 2008; S. Hulfeld / B. Peter 2009.

weislich auf Gedankengut seines NS-Schrifttums zurückgriff.[14] Die *Theatergeschichte Europas* dient als viel zitierte Basis von Manfred Braunecks Theatergeschichte *Die Welt als Bühne*, für die dieser 2010 mit dem Balzan-Preis ausgezeichnet wurde.

Ab den 1970er-Jahren kam es innerhalb der Theaterwissenschaft zu einer Umorientierung. Das Fach wurde in Deutschland und nur äusserst zögerlich in Österreich einer grundlegenden ideologischen und wissenschaftstheoretischen Befragung unterzogen.[15] Ab den 1980er-Jahren erlebte das Fach eine institutionelle Expansion. Neben den etablierten Instituten in Berlin, Köln, München, Erlangen und Wien entstanden in rascher Folge Neugründungen in Bayreuth (Schwerpunkt Musiktheater), Gießen (Angewandte Theaterwissenschaft), Bochum, Frankfurt am Main, Mainz, Leipzig und Bern. 1991 wurde zum Zweck der Vernetzung und zur Förderung der Theaterwissenschaft in Forschung und Lehre die Gesellschaft für Theaterwissenschaft (gtw) als Fachgesellschaft in Wien gegründet. Der erste Kongress der gtw fand 1992 in Leipzig, der Folgekongress 1994 in Bern statt. Die gtw führt seither im Zweijahresrhythmus Kongresse an wechselnden Standorten durch und besteht mittlerweile aus zehn Arbeitsgruppen (Archiv, Bildungs- und Vermittlungsprozesse, Dramaturgie, Gender, Historiografie, Institutioneller Wandel, Musiktheater, Schauspieltheorie, Theater & Theorie, Theorie & Praxis), welche die Breite der theaterwissenschaftlichen Forschung im deutschsprachigen Raum widerspiegeln.[16]

Ab den 2000er-Jahren erfolgte eine verstärkte Ausweitung hin zur Medien- und/oder Kulturwissenschaft, die sich in zahlreichen Umbenennungen niederschlug. So heisst z. B. das bezogen auf die Anzahl der Studierenden grösste Institut in Wien nunmehr Institut für Theater-, Film- und Medienwissenschaft. Das zahlenmässig kleinste und eines der jüngsten theaterwissenschaftlichen Institute in Bern machte damals unter Andreas Kottes Leitung diese Umbenennungswelle nicht mit. Es gibt auch heute bewusst keine Öffnung hin zur Medienwissenschaft, obwohl eine solche mit Sicherheit die Studierendenzahlen in die Höhe treiben würde. Stattdessen setzte sich Kotte im Rahmen der Bologna-Reform für die Einrichtung einer Professur für Tanzwissenschaft ein, die seither von Christina Thurner vertreten wird. Für das Fach Theaterwissenschaft war Kottes Entscheidung eindeutig richtig. Auch nach seiner Emeritierung konnte

---

14 Vgl. B. Hochholdinger-Reiterer 2023a.

15 Für den aktuellen Forschungsstand vgl. B. Hochholdinger-Reiterer / Ch. Thurner 2023b.

16 Derzeit entsteht anlässlich des 30-jährigen Bestehens der gtw ein Jubiläumsband (vgl. Darian u.a. 2025 i. E.).

die dritte Professur neu besetzt werden, in Wien hingegen reduzierte sich nach der Umbenennung bei Neubesetzungen die Anzahl der theaterwissenschaftlichen Professuren von fünf auf eine, die übrigen erhielten film- oder medienwissenschaftliche Denominationen.

Die derzeitigen Herausforderungen der Theaterwissenschaft bestehen – einhergehend mit der veränderten gesellschaftlichen Bedeutung und gesunkenen Wertschätzung von Theater – in den rückläufigen Studierendenzahlen, welche das kleine Fach (wieder) zunehmend in Legitimationszwang bringen, in der Positionierung gegenüber Kunsthochschulen bzw. Kunstuniversitäten und in der fortwährenden Notwendigkeit, den eigenen Gegenstand zum Beispiel angesichts zunehmender Hybridisierung der unterschiedlichen Genres bzw. Auflösung der Genregrenzen auszubalancieren.

Zur Institutionalisierung der Theaterwissenschaft in der Deutschschweiz

Zur Fachgeschichte der Theaterwissenschaft in der Schweiz liegen erst wenige Publikationen vor.[17] Wie auch in den übrigen deutschsprachigen Ländern lassen sich bereits seit dem 19. Jahrhundert an den Schweizer Universitäten Lehrveranstaltungen zu theaterwissenschaftlichen Themen feststellen. An der Universität Zürich hielt beispielsweise Friedrich Salomon Vögelin, der Inhaber des 1870 neu gegründeten Lehrstuhls für Kultur- und Kunstgeschichte, über einen Zeitraum von 13 Jahren regelmässig Vorlesungen *Ueber das Theater im Alterthum, im Mittelalter und in der Neuzeit*, *Ueber Theatergebäude und Theatereinrichtungen im Alterthum, im Mittelalter und in der Neuzeit* und *Ueber Theatergebäude und scenische Einrichtungen im Alterthum, im Mittelalter und in der Neuzeit*.[18] In Bern sind ab Ende des 19. Jahrhunderts theaterwissenschaftlich ausgerichtete Lehrveranstaltungen vor allem in der Altphilologie, der Romanistik, der Germanistik, der Anglistik und der Philosophie verzeichnet. Anna Tumarkin, die erste Professorin Europas, hielt am philosophischen Institut u. a. Vorlesungen zur Ästhetik des Dramas im 19. Jahrhun-

---

17 Vgl. die einschlägigen Berichte über den Stand der Theaterwissenschaft in der Schweiz von E. Stadler 1947; K. G. Kachler 1977; C. Jauslin 1977, 2002; B. Engler 1990 sowie die fachgeschichtlichen Studien von B. Hochholdinger-Reiterer 2015, 2016; S. Marinucci 2018; I. Haffter 2022; B. Hochholdinger-Reiterer / Ch. Thurner 2023b. Im November 2023 startete am Institut für Theaterwissenschaft der Universität Bern das SNF-geförderte bilaterale Forschungsprojekt *History of Theatre Studies – Swiss/Austrian Networks and Contexts* (Projektleitung Bern: B. Hochholdinger-Reiterer, Projektleitung Wien: Birgit Peter).

18 Vgl. Historische Vorlesungsverzeichnisse der Universität Zürich 2012.

dert, zur Theorie des Dramas und zu Grundproblemen der Poetik sowie zu den ästhetischen Schriften Lessings, Goethes und Schillers.[19] Ab den 1910er-Jahren wurden in der Schweiz Dissertationen zu theaterwissenschaftlichen Themen verfasst: z. B. Eugen Müllers Arbeit *Eine Glanzzeit des Zürcher Stadttheaters. Charlotte Birch-Pfeiffer 1837 bis 1843* (Zürich 1911) oder Bernhard Diebolds Untersuchung zum *Rollenfach im deutschen Theaterbetrieb des 18. Jahrhunderts* (Bern 1913).

An der Universität Freiburg/Fribourg lehrte von 1912 bis 1925 der für seine *Literaturgeschichte der deutschen Stämme und Landschaften* (1912–1928) berühmte und später einer der führenden NS-Literaturwissenschaftler Josef Nadler, der 1928 von der Gesellschaft für innerschweizerische Theaterkultur «als Begründer der schweizerischen Theaterwissenschaft»[20] zum Ehrenmitglied ernannt wurde, weil er den Anstoss zur Gründung der Gesellschaft gegeben habe und als Ausländer kein Vereinsmitglied werden durfte.[21] Eines der aktivsten Gründungsmitglieder dieser Gesellschaft war der als Theaterpraktiker und Theaterwissenschaftler tätige Oskar Eberle, der bei Nadler 1927 mit der Arbeit *Theatergeschichte der innern Schweiz 1200–1800* promoviert hatte.[22]

Am 21. August 1927 wurde in Luzern die Gesellschaft für innerschweizerische Theaterkultur anlässlich der Luzernischen Theaterausstellung gegründet.[23] Die Gesellschaft benannte sich 1930 in Gesellschaft für schweizerische Theaterkultur um. Retrospektiv wird die Umbenennung mit den «immer stärker werdenden nationalistischen Einflüsse[n] vom Ausland (insbesondere von Deutschland)» begründet, denen man versuchte, ein «eigenständiges ‹schweizerisches Theater› entgegenzustellen»[24]. Anlässlich des 20-jährigen Gründungsjubiläums 1947 gab sich die Gesellschaft den auch heute noch gültigen Namen Schweizerische Gesellschaft für Theaterkultur (SGTK). Als Zweck der Gesellschaft wurden 1927 in § 1 der Satzungen «1. Erforschung der schweizerischen, insbesondere der innerschwei-

---

19 Vgl. Verzeichnis der Vorlesungen an der Hochschule Bern 1836–1874; 1874–1968.

20 O. E. [Oskar Eberle] 1929/30, 82.

21 Im Protokoll der 2. Vorstandssitzung in Luzern am 30. September 1927 wird unter Punkt 9 festgehalten: «Prof. Josef Nadler hat sich als Mitglied angemeldet. Ausländer dürfen aber nicht aufgenommen werden. Da aber Prof. Nadler eigentlich die Grundlagen der schweizerischen Barock-Theaterforschung schuf, wird beschlossen, ihn an der nächsten Jahres-Versammlung zum Ehren-Mitglied zu ernennen.» (Nachlass SGTK, Sitzungsprotokolle der Gesellschaft für innerschweizerische Theater-Kultur 1927, 1928, 1929, 1930, 1931; gebundenes Buch u.a. mit handschriftlichen Eintragungen und eingeklebten Zeitungsausschnitten; Stiftung SAPA).

22 Vgl. H. Greco-Kaufmann / T. Hoffmann-Allenspach 2024.

23 Zur Vorgeschichte der Gründung vgl. P. Niederhauser 2018, 3–8 und H. Greco-Kaufmann / T. Hoffmann-Allenspach 2024, 139–152.

24 K. G. Kachler 1977, 231.

zerischen Theatergeschichte. 2. Förderung der innerschweizerischen Volksbühne in Spielplan und Bühnengestaltung»[25] genannt. In späteren Eigendarstellungen der Gesellschaft wird neben diesen Zielen stets auch die Errichtung eines theaterwissenschaftlichen Instituts als Gründungsthema genannt, was insofern verifiziert werden konnte, als dieses zwar in den *Entwürfen* für die Satzungen 1927 aufscheint, in den verabschiedeten Satzungen allerdings fehlt.[26] In der 2. Vorstandssitzung vom 30. September 1927 findet sich im Protokoll unter Punkt 5 «Wie kann in Luzern ein Theatermuseum verwirklicht werden» der Hinweis, dass Oskar Eberle vorgeschlagen habe, «das Theatermuseum mit der Bürgerbibliothek zu verbinden und eine Art theater-Seminar [!] einzurichten, wo auch wirklich gearbeitet wird.»[27]

Aber erst 1953 wird in der Jahresversammlung eine umfangreiche Änderung der Satzungen vorgenommen. Als neue Ergänzung wird in Paragraf 2c dezidiert festgehalten: «Schaffung eines theaterwissenschaftlichen Instituts, wenn möglich in Verbindung mit einer Hochschule».[28]

In den Anfängen wollte sich die Gesellschaft zum einen historischer Grundlagenforschung widmen, zum anderen verstand sie sich als Anlaufstelle für die Theaterpraxis. Der Fokus lag in den ersten Jahren eindeutig auf dem Bemühen, die Definition eines spezifisch schweizerischen Theaters zu entwickeln, wovon die einschlägigen Themen der Jahrbücher eindrücklich zeugen.[29] Diese Binnenorientierung ist Ausdruck der zeittypischen Suche nach einem spezifisch «schweizerischen Nationalstil» und entspricht dem Postulat einer «politischen, kulturellen und auch wirtschaftlichen Sonderstellung der Schweiz»[30], die durch die Erfahrungen des Ersten Weltkriegs zur nationalen Identität avancierte. Die kulturelle Orientierung der verschiedenen sprachlichen Regionen der Schweiz an den grossen Sprach- und Kulturnationen Deutschland, Frankreich und Italien wurde durch den Ausbruch des Ersten Weltkriegs problematisch und setzte die neutrale Schweiz einer nationalen Zerreissprobe aus.

---

25 Satzungen der Gesellschaft für innerschweizerische Theaterkultur 1927, o. S., Stiftung SAPA.
26 Ich danke Andreas Kotte für diesen wertvollen Hinweis.
27 Nachlass SGTK, Sitzungsprotokolle der Gesellschaft für innerschweizerische Theater-Kultur 1927, 1928, 1929, 1930, 1931; gebundenes Buch u.a. mit handschriftlichen Eintragungen und eingeklebten Zeitungsausschnitten; Stiftung SAPA.
28 Nachlass SGTK, Schachtel 17; Stiftung SAPA. Ich danke meiner Projektmitarbeiterin Isabel Sulger Büel, die im Zuge der Grobinventarisierung des SGTK-Nachlasses auf die handschriftlichen Notizen der Satzungsänderungen sowie die Druckfahnen der ergänzten Satzungen gestossen ist.
29 Vgl. u.a. *Das vaterländische Theater* (1928), *Erneuerung des schweizerischen Theaters* (1934), *Wege zum schweizerischen Theater* (1943).
30 U. Amrein 2007, 14.

Die Anfänge einer Fachgeschichte der Theaterwissenschaft in der Schweiz sind daher eng verknüpft mit der durch die Weltkriegserfahrungen forcierten nationalen kulturellen Identitätssuche, die über den Begriff einer genuin schweizerischen Theaterkultur abgehandelt wurde und deren Nähe zu den Grundzügen der Geistigen Landesverteidigung differenziert untersucht werden muss. Die Suche nach Grundzügen schweizerischen Theaters kann daher nicht nur als Ausdruck nationalistischer Bestrebungen interpretiert werden.

Die Geistige Landesverteidigung wurzelt im Ersten Weltkrieg, «der den totalen Charakter des modernen Krieges offenbarte und Verteidigungsanstrengungen auch in nichtmilitärischen Bereichen wie Wirtschaft und Kultur notwendig erscheinen liess.»[31] Durch die Machtübernahme der Nationalsozialisten 1933 wurde die Bedrohung «der kulturellen Grundwerte der Schweiz»[32] evident. Nach dem «Anschluss» Österreichs an NS-Deutschland im März 1938 formulierte Bundesrat Philipp Etter in der bundesrätlichen Botschaft vom 9. Dezember 1938 die Grundzüge der Geistigen Landesverteidigung. Als Grundwerte der Schweiz wurden «die Zugehörigkeit zu drei europäischen Kulturräumen, die kulturelle Vielfalt, der bündische Charakter der Demokratie und die Ehrfurcht vor der Würde und Freiheit des Menschen»[33] deklariert, während Führerstaat, Rassismus, völkischer Nationalismus und staatliche Kulturpropaganda abgelehnt wurden. «Die Verteidigung dieser geistigen Werte wurde primär als Aufgabe des Bürgers, nicht des Staates, deklariert.»[34] Ausserdem wurde zur «Förderung der geistigen Werte des Landes» und zur «Kulturwerbung im Ausland»[35] die Stiftung Pro Helvetia ins Leben gerufen.

Auch die Gesellschaft für schweizerische Theaterkultur identifizierte sich mit den Werten der Geistigen Landesverteidigung und verwob diese mit ihrem Engagement für die universitäre Etablierung der Theaterwissenschaft in der Schweiz. Am 22. Oktober 1939, also nur wenige Wochen nach Kriegsbeginn, hielt Oskar Eberle an der Jahresversammlung der Gesellschaft einen Vortrag mit dem Titel *Eine schweizerische Theaterakademie?*, der sechs Jahre später im *Jahrbuch der Gesellschaft für schweizerische Theaterkultur* abgedruckt wurde. Das Jahrbuch zum Thema *Theaterschule und Theaterwissenschaft* (1945) versammelte u. a. Eberles Vortrag von 1939, die Ansprache von Fritz Weiss, dem damaligen Präsidenten zur Eröffnung der

---

31 M. Jorio 2006, o. S.
32 M. Jorio 2006, o. S.
33 M. Jorio 2006, o. S.
34 M. Jorio 2006, o. S.
35 R. Keller 2012, o. S.

Theaterausstellung *Volk und Theater* in Basel 1942, die Eingabe der Gesellschaft an den Verwaltungsrat der Schweizerischen Theaterschule A.G. in Zürich von 1945 mitsamt der inhaltlichen Vorträge, welche sich der Frage nach dem schweizerischen Theater und der Aufgabe einer schweizerischen Theaterakademie widmeten, sowie ein Nachwort, das die Situation rund um die geforderte Schweizer Theaterakademie 1945 resümierte.[36]

Eberles Vortrag von 1939, der eine konkrete Utopie dieser schweizerischen Theaterakademie entwirft, argumentiert in den ersten Wochen nach Kriegsbeginn für den praktischen Bereich zwar durchaus im Sinne der Geistigen Landesverteidigung, für welche das Schweizer Theater verständlicherweise einen zentralen Platz einnehmen sollte; Theaterwissenschaft und Theatersammlung hingegen sollen international ausgerichtet sein. Eberle plädiert für eine schweizerische Theaterakademie, welche aus drei Abteilungen, einem theaterwissenschaftlichen Institut, einer Theatersammlung und einer Theaterschule bestehen sollte. De facto existierte 1939 keine dieser drei Abteilungen in der Schweiz, so dass weder eine wissenschaftliche noch eine konservatorische noch eine praktische Beschäftigung mit Theater in der Schweiz möglich war. Interessierte mussten ins Ausland ausweichen. In Kriegszeiten wurde der Mangel an nationalen Ausbildungsmöglichkeiten für den Theaterbereich wieder besonders evident.

> «Er [der junge theateraffine Schweizer; BHR] findet an keiner Hochschule ein theaterwissenschaftliches Institut und somit keine Forschungsstätte und keine ernstliche Arbeitsmöglichkeit. Er findet keine Theaterschule, die in ausgesprochen schweizerischem Geiste geführt würde und als Ziel die Förderung des schweizerischen Volkstheaters oder gar die Schaffung eines schweizerischen Kunsttheaters erstrebte.»[37]

Die Gesellschaft für schweizerische Theaterkultur betonte stets den engen, auch örtlichen Zusammenhang von Theatersammlung und theaterwissenschaftlichem Institut, da eine Theatersammlung «den Grundstock für ein theaterwissenschaftliches Institut»[38] bilde. Daher stellte die Gesellschaft auch die Bedingung auf, die von ihr initiierte Theatersammlung nur jener Stadt zu überlassen, in der auch ein universitäres theaterwissenschaftliches Institut gegründet würde.

---

36 Vgl. *Jahrbuch der Gesellschaft für schweizerische Theaterkultur* 15 (1945).
37 O. Eberle 1945, 7.
38 F. Weiss 1943–1944, 201.

Ab den 1940er-Jahren intensivierten sich an Schweizer Universitäten theaterwissenschaftlich ausgerichtete Lehrangebote. So wurden
an der Universität Zürich im Rahmen der Vergleichenden Literaturwissenschaft Lehraufträge an die Theaterpraktiker Oskar Eberle und
Oskar Wälterlin vergeben. Ebenfalls an der Zürcher Universität hielt
der Germanist Robert Faesi Lehrveranstaltungen zu theaterwissenschaftlichen Themen ab.[39] Ab 1945 wurde an der Universität Bern
ein ständiger Lehrauftrag für Theaterwissenschaft an Karl Gotthilf
Kachler, den Konservator der Schweizerischen Theatersammlung
(1943–1946), Direktor des Stadttheaters St. Gallen (1946–1956) und
langjährigen Präsidenten der Schweizerischen Gesellschaft für Theaterkultur (1967–1980) vergeben, der von 1946 bis 1955 auch Lektor für
Theaterwissenschaft an der Handelshochschule in St. Gallen wurde.
Ab 1946 wurde Edmund Stadler, Kachlers Nachfolger als Konservator
der Schweizerischen Theatersammlung (1946–1977) und vormaliger
Assistent von Carl Niessen in Köln (1937–1946), Lehrbeauftragter für
Theaterwissenschaft an den Universitäten Zürich und Bern. Bis zur
Gründung des Berner Instituts für Theaterwissenschaft 1992 fanden
schweizweit immer wieder theaterwissenschaftliche Lehrveranstal-
tungen statt, z. B. ab den 1970er-Jahren an der Basler Anglistik durch
Rudolf Stamm und später Balz Engler. Beide Professoren waren Präsidenten der SGTK.

Bisher noch weitgehend unbekannt, fachgeschichtlich aber äussert relevant ist eine Initiative von Pro Helvetia, die sich zum Jah-
reswechsel 1942/1943 an die Universitäten Basel, Bern und Zürich
wandte, um die theaterwissenschaftliche Forschung an Schweizer
Hochschulen zu fördern. Laut Jahresbericht 1943/1944 der Gesellschaft für schweizerische Theaterkultur habe Oskar Eberle «in Fragen
der Gründung einer Theaterschule und eines theaterwissenschaftlichen Forschungsinstitutes Gutachten zuhanden der Arbeitsgemein-
schaft Pro Helvetia ausgearbeitet»[40]. Die Initiative von Pro Helvetia
scheiterte nach den bisherigen Forschungen Isabelle Haffters an der
föderalistischen Souveränität der Schweizer Universitäten in hoch-
schulpolitischen Fragen, der Degradierung der Theaterwissenschaft
zur Hilfswissenschaft der Literaturwissenschaften, einer Priorisie-
rung anderer Fächer und auch aus Mangel an qualifizierten Kandi-
daten für einen theaterwissenschaftlichen Lehrstuhl.[41]

Ein weiterer Anlauf zur Gründung eines theaterwissenschaftlichen Institutes erfolgte im Nachgang des 1975 veröffentlichten Clot-

39 Vgl. B. Engler 1990; C. Jauslin 2002.
40 F. Weiss 1943–1944, 205.
41 Vgl. I. Haffter 2022, 11–21.

tu-Berichts zur schweizerischen Kulturpolitik. Darin wurde u. a. der Ausbau des Fachs Theaterwissenschaft an den Hochschulen gefordert – es verblieb aber bei einer Randnotiz, da der Fokus «auf der Professionalisierung der Schauspielausbildung sowie anderen theaterpraktischen Belangen lag»[42].

1983 veranstaltete die SGTK mit Vertretern aus Wissenschaft und Praxis eine Arbeitstagung zu Grundfragen der Theaterwissenschaft, zwei Jahre später formulierte sie einen Diskussionsbeitrag zur Theaterwissenschaft in der Schweiz, der an die Behörden und Medien verschickt wurde. Daraus resultierte eine vom damaligen Bundespräsidenten Alphons Egli in Auftrag gegebene Abklärung durch die Schweizer Hochschulkonferenz, bei der herauskam, dass «derzeit an keiner Hochschule Theaterwissenschaft gezielt gelehrt und erforscht wurde»[43]. Als Antwort darauf wurde der Verein Lenker Tage für Theaterwissenschaft gegründet. Der Verein, der zwischen 1985 und 1994 existierte, versuchte die Lücke, die durch das fehlende theaterwissenschaftliche Institut in der Schweiz vorhanden war, durch Tagungen, Vorträge und Publikationen zu füllen.[44]

Ins Rollen kam die letztlich erfolgreiche Gründungsinitiative erst aufgrund einer politischen Akzentverschiebung im Kanton Bern. 1986 zerfiel nach dem Bekanntwerden einer Reihe von ungesetzlichen Machenschaften das SVP-FDP-Bündnis, und die beiden grünen Kandidierenden wurden in die Berner Regierung gewählt. Der Berner Regierungswechsel liess die SGTK wieder in Sachen Theaterwissenschaft aktiv werden. Der neu gewählte Präsident und Basler Professor für Anglistik Balz Engler sprach bei der grünen Erziehungsdirektorin Leni Robert-Bächtold vor und erläuterte ihr die Notwendigkeit, einen Lehrstuhl für Theaterwissenschaft zu gründen. Robert-Bächtold reagierte positiv und nahm sich vor, dieses Vorhaben innerhalb ihrer vierjährigen Amtszeit umzusetzen. Sie erkannte in der Einrichtung eines Lehrstuhls für Theaterwissenschaft ein bildungspolitisches Ziel, da sie dadurch ein Gegengewicht zu den traditionell stark geförderten medizinischen und wirtschaftswissenschaftlichen Fakultäten schaffen konnte.

Im Mai 1987 wurde in der Schweizerischen Theatersammlung die permanente Ausstellung *Theater in Gegenwart und Geschichte* eröffnet. In ihrer Rede forderte Robert-Bächtold die Philosophisch-historische Fakultät der Universität Bern offiziell dazu auf, endlich einen

---

42 S. Marinucci 2018, 129.
43 S. Marinucci 2018, 129.
44 Im ersten Jahr 1985 widmeten sich die Lenker Tage für Theaterwissenschaft *Faust II*, 1986 stand eine Inszenierung von Richard Wagners *Parsifal* im Fokus.

theaterwissenschaftlichen Lehrstuhl zu errichten. Damit waren die Weichen gestellt. 1989 beschloss der Regierungsrat des Kantons Bern definitiv die Schaffung eines Lehrstuhls für Theaterwissenschaft, im Frühjahr 1990 wurde die Professur ausgeschrieben. Im November 1991 schliesslich erfolgte der Ruf der Universität Bern an Andreas Kotte von der Humboldt-Universität zu Berlin, der am 1. Februar 1992 die Professur antrat und das Institut bis zu seiner Emeritierung am 31.07.2020 leitete.

Folgende Voraussetzungen haben dazu beigetragen, dass sich die Theaterwissenschaft im deutschsprachigen Raum etablieren konnte: Ausgehend von Veränderungen in der Theaterpraxis, die zu Beginn des 20. Jahrhunderts die ästhetische Autonomie von Theater proklamierten, entstand der Bedarf, auch eine Wissenschaft vom Theater auf universitärer Ebene zu initiieren. Es wurden Gründungen von wissenschaftlichen Gesellschaften durchgeführt, die sich vor allem um Publikationen und Lobbying für die Disziplin Theaterwissenschaft verdient machten: Da sich die neue Disziplin nicht nur auf schriftliche Quellen stützen wollte und konnte, wurde mit dem Aufbau von Theatersammlungen zur Archivierung und Dokumentation unterschiedlichster Quellen und Materialien begonnen: z. B. 1910 Theatermuseum in München, 1912 bühnengeschichtliche Sammlung in Leipzig, initiiert von Albert Köster, 1919 Theatersammlung in Köln durch Carl Niessen, 1922 Theatersammlung der Österreichischen Nationalbibliothek, ab 1927 Anstrengungen für eine Schweizerische Theatersammlung (seit 2017 fusioniert mit dem Schweizerischen Tanzarchiv zur Stiftung SAPA Schweizer Archiv der Darstellenden Künste). Mit der Errichtung von Theatersammlungen ging meist eine rege Ausstellungstätigkeit einher, welche die Akteur:innen auch international miteinander vernetzte. Nicht zuletzt mussten jedoch stets politische und universitätspolitische Konstellationen und Akteur:innen vorhanden sein, die sich für die Einführung der neuen Disziplin engagierten.

Bibliografie

Amrein, Ursula (2007): *Phantasma Moderne. Die literarische Schweiz 1880 bis 1950.* Zürich: Chronos.

Darian, Veronika / Hochholdinger-Reiterer, Beate / Müller-Schöll, Nikolaus / Umathum, Sandra / Büsing, Elsa / Rosarius, Raimund / Roth, Hans / Schulte, Philipp / Trachsel, Ekaterina / Voss, Hanna (Hg.) (2025 i. E.): *IN TRANSFORMATION. 33 Jahre Gesellschaft für Theaterwissenschaft. Positionen, Arbeitsgruppen, Netzwerke.* Darmstadt: Wissenschaftliche Buchgesellschaft.

O. E. [Eberle, Oskar] (1929/30): Mitteilungen: In: *Jahrbuch der Gesellschaft für schweizerische Theaterkultur 2,* 80–85.

Eberle, Oskar (1945): Eine schweizerische Theaterakademie? In: *Jahrbuch der Gesellschaft für schweizerische Theaterkultur* 15, 7–12.

Engler, Balz (1990): Theaterwissenschaft in der Schweiz – Chronologie und Dokumentation der historischen Entwicklung des Faches. Eine (fast) unendliche Geschichte. In: *MIMOS* 42/1, 8–9.

Greco-Kaufmann, Heidy / Hoffmann-Allenspach, Tobias (2024): *Theaterpionier aus Leidenschaft. Oskar Eberle (1902–1956)*. Zürich: Chronos.

Haffter, Isabelle (2022): Die transnationale Fachgeschichte der Theaterwissenschaft in der Schweiz. Ein Forschungsdesiderat. In: Beate Hochholdinger-Reiterer / Annemarie Matzke / Nikolaus Müller-Schöll / Sandra Umathum (Hg.): *Zwischenstand: Was heißt es, sich im Forschungsfeld Theaterwissenschaft zu orientieren?*, 11–21 (= Thewis. Online-Zeitschrift der Gesellschaft für Theaterwissenschaft, 9/1), DOI 10.21248/thewis.9.2022.106, CC BY 4.0 [19.06.2023].

Herrmann, Max (1914): *Forschungen zur deutschen Theatergeschichte des Mittelalters und der Renaissance*. Berlin: Weidmannsche Buchhandlung.

Herrmann, Max (1918): Bühne und Drama. In: *Vossische Zeitung*, 30.07.1918, o. S.

Herrmann, Max (1920/1981): Über die Aufgaben eines theaterwissenschaftlichen Institutes [1920]. In: Helmar Klier (Hg.): *Theaterwissenschaft im deutschsprachigen Raum. Texte zum Selbstverständnis*. Darmstadt: Wissenschaftliche Buchgesellschaft, 15–24.

Historische Vorlesungsverzeichnisse der Universität Zürich (2012): Vögelin, Friedrich Salomon, Online: www.histvv.uzh.ch/dozenten/voegelin_fs.html [19.06.2023].

Hochholdinger-Reiterer, Beate (2015): Theaterwissenschaft in der Schweiz. Vorgeschichte der Institutsgründung. In: *Maske und Kothurn* 61/3–4, 101–107.

Hochholdinger-Reiterer, Beate (2016): Gründungsgesten der Schweizer Theaterwissenschaft. In: Milena Cairo / Moritz Hannemann / Ulrike Haß / Judith Schäfer (Hg.): *Episteme des Theaters. Aktuelle Kontexte von Wissenschaft, Kunst und Öffentlichkeit*. Bielefeld: transcript, 619–623.

Hochholdinger-Reiterer, Beate (2023a): «Geben und Nehmen». Das Europäische als Brücke Heinz Kindermanns vom Nationalsozialismus in den Postnazismus. In: Birgit Peter / Sara Tiefenbacher / Klaus Illmayer (Hg.): *Demaskieren. Fachgeschichte und Erinnerungspolitik als Vita activa*. Wien: Böhlau, 63–89 (= Journal for Theater, Film and Media Studies 2023/1–2).

Hochholdinger-Reiterer, Beate / Thurner, Christina (2023b): Fachgeschichte(n). In: Beate Hochholdinger-Reiterer / Christina Thurner / Julia Wehren (Hg.): *Theater und Tanz. Handbuch für Wissenschaft und Studium*. Baden-Baden: Nomos 2023, 17–28.

Hulfeld, Stefan / Peter, Birgit (Hg.) (2009): *Theater/Wissenschaft im 20. Jahrhundert. Beiträge zur Fachgeschichte*. Wien / Köln / Weimar: Böhlau (= *Maske und Kothurn* 55/1–2).

Jahrbuch der Gesellschaft für Schweizerische Theaterkultur 15 (1945).

Jauslin, Christian (1977): Theaterwissenschaft in der Schweiz. Ein Diskussionsbeitrag. In: *Neue Zürcher Zeitung*, 24./25.09.1977, 39.

Jauslin, Christian (2002): 75 Jahre SGTK. In: *MIMOS* 3/4, 47–55.

Jorio, Marco (2006): Geistige Landesverteidigung. In: *Historisches Lexikon der Schweiz (HLS)*, Version vom 23.11.2006. Online: https://hls-dhs-dss.ch/de/articles/017426/2006-11-23/ [18.06.2023].

Kachler, Karl Gotthilf (1977): 50 Jahre Schweizerische Gesellschaft für Theaterkultur. In: *Schweizer Theaterjahrbuch* 40, 231–241.

Keller, Rolf: Pro Helvetia. In: *Historisches Lexikon der Schweiz (HLS)*, Version vom 12.01.2012. Online: https://hls-dhs-dss.ch/de/articles/010994/2012-01-12/ [19.06.2023].

Kindermann, Heinz (1939): *Das Burgtheater. Erbe und Sendung eines Nationaltheaters*. Wien / Leipzig: Adolf Luser.

Klier, Helmar (Hg.) (1981): *Theaterwissenschaft im deutschsprachigen Raum. Texte zum Selbstverständnis*. Darmstadt: Wissenschaftliche Buchgesellschaft.

Knudsen, Hans (1950): *Theaterwissenschaft. Werden und Wertung einer Universitätsdisziplin*. Berlin / Hamburg / Stuttgart: Christian.

Knudsen, Hans (1955): Max Herrmann. In: *Maske und Kothurn* 1/1–2, 167–170.

Marinucci, Sarah (2018): Die Gründung des Instituts für Theaterwissenschaft in Bern. Die Folgen einer politischen Akzentverschiebung, in: Andreas Härter / Beate Hochholdinger-Reiterer / Anne Fournier (Hg.): *Schweizer Theaterwelten – La Suisse – ses théâtres en scène – Universi teatrali svizzeri*. Bern u. a.: Peter Lang, 125–136.

Niederhauser, Peter (2018): Übergreifen auf die Schweiz? Annäherungsversuche zwischen Theaterwissenschaft und Volkskunde 1926. In: *Schweizer Volkskunde. Korrespondenzblatt der Schweizerischen Gesellschaft für Volkskunde* 108, 3–8.

Niessen, Carl (1949): *Handbuch der Theater-Wissenschaft*. Bd. 1. Emsdetten: Lechte.

Niessen, Carl (1956/1981): Theaterwissenschaft. Das Daseinsrecht eines jungen Faches [1956]. In: Helmar Klier (Hg.): *Theaterwissenschaft im deutschsprachigen Raum. Texte zum Selbstverständnis*. Darmstadt: Wissenschaftliche Buchgesellschaft, 149–155.

Peter, Birgit / Payr, Martina (Hg.) (2008): *«Wissenschaft nach der Mode»? Die Gründung des Zentralinstituts für Theaterwissenschaft an der Universität Wien 1943*, Wien: Lit.

Stadler, Edmund (1947): Die europäische Theaterwissenschaft und die Schweiz. In: *Jahrbuch der schweizerischen Gesellschaft für Theaterkultur* 17, 93–97.

Verzeichnis der Vorlesungen an der Hochschule Bern (1836–1874). Bern: o.V.

Verzeichnis der Vorlesungen an der Hochschule Bern (1874–1968). Bern: Jent und Reinert.

Weiss, Fritz (1943–1944): Jahresberichte der Gesellschaft für schweizerische Theaterkultur. In: *Jahrbuch der Gesellschaft für schweizerische Theaterkultur* 14, 200–206.

Archivalien

Satzungen der Gesellschaft für innerschweizerische Theaterkultur (1927). Staatsarchiv Luzern Signatur: 44/3597.

Nachlass SGTK, Schachtel 17; Stiftung SAPA.

Nachlass SGTK, Sitzungsprotokolle der Gesellschaft für innerschweizerische Theater-Kultur 1927, 1928, 1929, 1930, 1931; gebundenes Buch u.a. mit handschriftlichen Eintragungen und eingeklebten Zeitungsausschnitten; Stiftung SAPA.

III.

Die Institutionen der Deutschschweiz

ANDREAS KOTTE

1.

Gründung und Funktionsweise des
Instituts für Theaterwissenschaft (ITW)
in Bern

Création et fonctionnement de l'Institut
des études théâtrales (*Institut für
Theaterwissenschaft : ITW*) à Berne

Fondazione e funzionamento dell'Istituto
di Studi teatrali (ITW) di Berna

59

Das Institut nahm im Februar 1992 seine Tätigkeit auf, nachdem sich die Schweizerische Gesellschaft für Theaterkultur (SGTK) und zahlreiche Persönlichkeiten jahrzehntelang für Theaterwissenschaft in der Schweiz eingesetzt hatten. Der Beitrag legt seinen Schwerpunkt auf die Anfänge des Instituts, als sich der Studiengang parallel zu Grossprojekten entfaltete, die die Ressourcen exorbitant überstiegen. Dargestellt wird, wie durch komplexe Lehre, breite Publikationstätigkeit, Zusammenarbeit mit zahlreichen Verbänden, Lehr- und Forschungseinrichtungen in Bern, der Schweiz und Europa der Studiengang im öffentlichen Bewusstsein verankert werden konnte. Als förderlich erwies sich dabei die schöpferische Atmosphäre im Berner StudentInnen-Theater (BeST), die durch Offenheit gegenüber der Theaterpraxis entstand und das ITW prägte.

RÉSUMÉ

L'institut a commencé ses activités en février 1992, après que la Société suisse du théâtre (SST) et de nombreuses personnalités se soient engagées depuis 1927 en faveur des études théâtrales en Suisse. L'article met l'accent sur les débuts de l'institut, lorsque la filière se développait parallèlement à de grands projets qui dépassaient de manière exorbitante les ressources. Il montre comment un enseignement complexe, une large activité de publication, une collaboration avec de nombreuses associations et institutions d'enseignement et de recherche à Berne, en Suisse et en Europe ont permis d'ancrer la filière dans la conscience publique. L'atmosphère créative qui règne au sein du théâtre d'étudiants BeST, qui s'est développée grâce à l'ouverture à la pratique théâtrale et qui a marqué l'ITW, s'est révélée être un facteur favorable.

RIASSUNTO

L'Istituto ha iniziato le sue attività nel febbraio 1992, dopo che la Società svizzera di studi teatrali (SSST) e numerose personalità avevano sostenuto gli studi teatrali in Svizzera dal 1927. L'articolo si concentra sugli inizi dell'Istituto, quando il corso di studi si svolgeva parallelamente a progetti su larga scala che superavano in modo importante le risorse. L'articolo mostra come la complessità dell'insegnamento, l'ampia attività di pubblicazione, la collaborazione con numerose associazioni, istituzioni didattiche e di ricerca a Berna, in Svizzera e in Europa siano state in grado di imporre il programma di studi all'attenzione del pubblico. L'atmosfera creativa del teatro studentesco BeST, nata dall'apertura alla pratica teatrale e che ha marcato l'ITW, si è rivelata un fattore favorevole.

1. Der Duft von Schokolade

Anlässlich der Verhandlungen über den Ruf nach Bern führte mich ein Vertreter des Amts für Hochschulen am 16. September 1991 in den im Umbau befindlichen Komplex Unitobler am Lerchenweg. Wir stiegen in den zweiten Stock. Alle Aussenwände des Fabrikgebäudes fehlten. Eine Schnur lief um die senkrechten Betonsäulen, die die waagerechten Etagen stützten. Es war schwachwindig, trotzdem roch es intensiv nach Schokolade. Tabula rasa, und dennoch geschichtsträchtig. Das Sinnbild für eine Institutsgründung.

Auf dieses Gebäude wiesen die drei Fenster des Wohnhauses Lerchenweg 35, in welchem, wiederum im 2. Stock, das Institut am 3. Februar 1992 in einem Studio mit Küche und Dusche seinen Betrieb aufnahm. Für mich war es ein Weltenwechsel. In Dresden geboren, erst Bauzeichner, dann Beleuchter, kam ich doktoriert und habilitiert direkt aus jenem Institut für Theaterwissenschaft, das Max Herrmann 1923 an der Friedrich-Wilhelms-Universität, später Humboldt-Universität zu Berlin, als das weltweit erste gegründet hatte. Als erste Aktion war das Klingelschild mit «ITW» zu kennzeichnen, der erste Antrag an den Verwaltungsdirektor der Universität Bern lautete auf Einrichtung eines elektrischen Öffners für die Haustür. 1993 erfolgte gemeinsam mit der Musikwissenschaft der Umzug in die Fabrikanten-Villa an der Hallerstrasse 5, die in Bernischer Bescheidenheit als «Bürgerhaus» bezeichnet werden sollte. 2017 bezog das ITW Räume an der Mittelstrasse 43, im ehemaligen Hauptsitz der Schweizerischen Bundesbahnen. Die materielle Ausstattung war in jedem Fall grundsolide, nach heutigem Wortgebrauch nachhaltig. Davon zeugt der Drehstuhl, auf dem sitzend ich diese Zeilen schreibe. Er stammt aus dem Lerchenweg 35.

2. Gründung per Mehrheitsentscheid

Wenn nicht Theaterfreund:innen um Oskar Eberle die reichen Schweizer Traditionen ganz unterschiedlicher Theaterformen als einen Schatz erkannt hätten, den es zu heben gilt, wäre die heutige Schweizerische Gesellschaft für Theaterkultur nicht entstanden. Eberle schrieb im Mai 1926 in seinen Satzungsentwurf: «Die Gesellschaft für das schweizerische Theater schafft sich a. eine eigene Bücherei, vielleicht in Anschluss an ein zu gründendes Institut für Theaterwissenschaften». Für den gleichen Entwurf schlug Paul Lang die «Finanzierung eines theaterwissenschaftlichen Instituts» als Aufgabe der neuen Gesellschaft vor. Wohl aufgrund der Aufgabenfülle gelangten beide Vorschläge nicht gleichlautend in die Gründungsstatuten von 1927, dort figurieren insbesondere «Theaterbücherei», «Theatermuseum» und «Jahrbuch». Aber spätestens am 5. Januar 1930, auf der 3. Jahresversammlung der Gesellschaft für Theaterkultur, forderte Eberle öffentlich «für irgendeine schweizerische Hochschule einen Lehrstuhl für Theaterwissenschaften». Davon zeugen Zeitungsartikel im Vaterland und in der National-Zeitung.[1] Die SGTK schuf zunächst die Schweizerische Theatersammlung und unternahm immer wieder Vorstösse zugunsten eines theaterwissenschaftlichen Instituts.[2] Erst als ihr Drängen – besonders das ihres Präsidenten Balz Engler – in den ausgehenden 1980er Jahren auf das Interesse der Berner Regierungsrätin und Erziehungsdirektorin Leni Robert-Bächtold und auf jenes einer kleinen Gruppe von Professoren und Professorinnen um den Germanisten Hubert Herkommer und den Anglisten Werner Senn stiess, wurde das Institut durch die Philosophisch-historische Fakultät der Universität Bern realisiert.[3] Nun waren die Schweizer und Schweizerinnen, die sich für diese Fachrichtung interessierten, nicht mehr gezwungen, in München, Wien, Paris oder in anderen Städten zu studieren. Eine der drei ersten Doktorandinnen des ITW, Anne-Catherine Sutermeister, studierte zum Beispiel in Wien und in Montpellier, bevor sie ihr Doktorat über die Freie Szene in der Suisse Romande in Bern realisierte. Noch gravierender war der Umstand, dass nun die vielfältige Schweizer Theaterlandschaft und Theatergeschichte systematisch erforscht werden konnten und die Ergebnisse in den internationalen Diskurs eingingen.

Die Gründungsmodalitäten schlossen allerdings zwei Herausforderungen ein: Erstens stimmte zwar eine Mehrheit der Fakultät für die Einrichtung des Instituts, aber eine Minderheit war dagegen, was die Anfangsjahre überschattete. Zweitens spiegelte der Stellenetat nicht die wegweisende Entscheidung, statt eines Nebenfaches sofort ein Haupt- und Nebenfachstudium zu etablieren: eine Professur und eineinhalb Stellen Infrastruktur. Die Professur wurde von der Fakultät insbesondere aus Lehraufträgen zusammengespart – ein solidarischer Akt sondergleichen, für den ich nie wieder eine Entsprechung erlebt habe. Die Assistenz und die halbe Sekretariatsstelle übernahm

---

1 SAPA, Bestand SGTK, Sitzungsberichte der Jahresversammlungen. – 1928 hatte Eberle in einem Beitrag über *Theaterwissenschaftliche Grundbegriffe* Eckpunkte für eine schweizerische Theaterwissenschaft entworfen und am Ende gefragt: «Forschungszentren sind die theaterwissenschaftlichen Institute der Hochschulen. […] Anfänge sind da. […] Wer wird es tun? […] In der Schweiz die Gesellschaft für Theaterkultur?» O. Eberle 1928, 73.
2 Ausführlich zum Wirken Oskar Eberles vgl. H. Greco-Kaufmann / T. Hoffmann 2023.
3 B. Engler 1990, 8–9; resp. das gesamte Heft.

der Bund im Sinne einer Anschubfinanzierung, die über vier Jahre in geplanten Schritten auf null sank. Für etwaigen Ausgleich stand wiederum die Fakultät in der Pflicht. Als grosse Unbekannte galt die Studierendenzahl. Niemand wusste im März 1990, als die Professur ausgeschrieben wurde, ob sich für ein Lizentiatsstudium der Theaterwissenschaft Interessierte einschreiben würden.

Das erste Semester startete mit 12 Studierenden, im Herbst 1992 waren es 63. Zur Eröffnung des neuen Domizils an der Hallerstrasse 5 am 25. Oktober 1993 waren alle Personen eingeladen, die zur Etablierung des Instituts beigetragen hatten. Sie erhielten vor dem Apéro Informationen zur Lage:

> «Wir haben gegenwärtig 90 Studentinnen und Studenten sowie 5 Hörer. [...] Eine Studentenbühne – BeST = Berner StudentInnentheater – hat sich als Verein gegründet. Nach *Prinzessin Maleine* und *Leonce und Lena* erarbeitet sie gegenwärtig in Gruppen die Produktionen 3, 4 und 5. [...] Mit dem Konservatorium für Musik und Theater (Abteilung Schauspiel) wird nun zum dritten Mal je eine Lehrveranstaltung ausgetauscht, also für die Studierenden der anderen Institution offenstehen. [...] In der Forschung kennen wir nur eine Aufgabe: die Vorbereitung einer Schweizer Theatergeschichte. Dazu haben wir bisher zwei je zweitägige gesamtschweizerische Kolloquien abgehalten. [...] Das 3. Kolloquium ist geplant für den 11. und 12. März 1994 auf Schloss Waldegg im Kanton Solothurn. Ausserdem ist eine EDV-Gesamtbibliographie zum Theater in der Schweiz in Arbeit, weil eine Theatergeschichte der Schweiz seriös nicht mehr auf der Basis zufällig zugänglicher Materialien, sondern nur noch vom Gesamtfundus her geschrieben werden kann. [...] Um zu zeigen, dass nun in Bern ein kleines theaterwissenschaftliches Institut existiert, auf das man zählen kann, werden von Stefan Koslowski, Anne-Catherine Sutermeister und mir im Juni 1994 auf dem Weltkongress der Fédération Internationale pour la Recherche Théâtrale[4], diesmal in Moskau, drei Vorträge gehalten werden. [...] Anfang November 1994 veranstaltet das ITW hier in Bern [...] den 2. Kongress der Gesellschaft für Theaterwissenschaft. [...] Die Theaterwissenschaft in Bern soll den Diskurs über Theater und Theatralität in der ganzen Schweiz befördern, fundieren und qualifizieren. Sie soll langfristig die Theaterkritik, die Ausbildung von Schauspielschülern, Studenten der unterschiedlichsten Fachrichtungen, Theaterpädagogen und Medienfachleuten qualitativ beeinflussen, aber nicht im lehrhaften Gestus, sondern im Dialog.»[5]

---

4 Heute: International Federation of Theatre Research (IFTR).
5 Kotte 1993, 3–4.

Diesen Ansprüchen stand der Graben zwischen möglicher Lehrleistung und den Anforderungen des Studienplanes entgegen, der sich mit dem Übertritt der ersten Studierenden ins Hauptstudium weiter öffnen würde. Jeder Antrag auf Ausgleich der sinkenden Fördermittel des Bundes bestätigte die Warnungen der Skeptiker in der Fakultät. Ihr Fokus wechselte nun von fehlender Reife als akademisches Fach zur offensichtlich fehlenden Überlebensfähigkeit. Die Universitätsleitung half sporadisch mit Mitteln aus ihrem Sonderpool. Fakultätsmittel waren damals nicht ins Folgejahr übertragbar. Deshalb bewarb sich der ewige Bittsteller Theaterwissenschaft nach jeder Evaluation der Finanzen im Oktober regelmässig um nicht benötigte Restmittel anderer Institute. Wir bezahlten davon Lehrbeauftragte für November und Dezember, die ihre Lehrveranstaltungen erst im nächsten Frühjahrssemester hielten. Zusätzlich mussten Drittmittel für Lehre eingeworben werden.

3. Das Grossprojekt TLS

Die Kolloquien zur Schweizer Theatergeschichte erbrachten riesige ungesichtete Materialmengen. Unter anderem stapelten sich Hunderte Archivschachteln mit Nachlässen in der Schweizerischen Theatersammlung und ihren beiden Aussenlagern. Die Gesamtbibliografie schwoll am Ende auf 20.180 Titel an. Viele hunderte substanzielle Manuskriptseiten, z.B. von Edmund Stadler zur Berner Theatergeschichte, wurden dem ITW überreicht, leider mit rudimentären oder ohne Quellennachweise. Der Anspruch, zügig eine Theatergeschichte in Kenntnis des Gesamtfundus zu schreiben, wandelte sich im Jahr 1994 in die Einsicht, dass die Fülle und der Rohzustand des Materials zunächst ein Schweizer Theaterlexikon in vier Sprachen erforderten, um Tausende Daten zu sichern. Die Theatergeschichte sollte dennoch bewerkstelligt werden, allerdings in Teilen, d.h. in der neuen Buchreihe Theatrum Helveticum, die 1995 mit dem Band *Sondierungen zum Theater / Enquêtes sur le théâtre* eröffnet wurde.

Innerhalb von zwei Jahren entstand in den Sprachregionen eine Liste von 9500 möglichen Lemmata mit Grunddaten für ein Theaterlexikon. Sie wurde einer Evaluation unterzogen, an der SGTK-Mitglieder, Kritiker und Kritikerinnen sowie Theater- und Tanzschaffende und einzelne theateraffine Personen aus dem akademischen Bereich mitwirkten, begleitet von der späteren Chefredaktion des TLS/DTS/LTS, Simone Gojan und Thomas Blubacher. Parallel begann die Suche nach Finanzierungsmöglichkeiten. Auf der 91. Jahresversammlung des Zentralverbandes Schweizer Volkstheater am 31. Mai 1997 in Naters gab das ITW den offiziellen Beginn der Arbeit am *Theaterlexikon der Schweiz* bekannt. 236 Autor:innen verfassten in sieben Jahren rund 3500 Artikel zum Schweizer Theater und Tanz, zu Personen, Spielstätten, Gruppen und Einzelthemen. Die Beiträge konnten nur symbolisch vergütet werden. Das enzyklopädische Werk von 2168 Seiten, mit 800 Fotografien versehen, erschien im Chronos Verlag Zürich, war das erste seiner Art in der Schweiz und ist seit 2012 online kostenlos zugänglich.[6] Zunächst waren nur anderthalb Stellen für die Chefredaktion möglich, dann zweieinhalb mit dem Leiter der französischsprachigen Redaktion, Joël Aguet und Pierre Lepori, Leiter der italienischsprachigen Redaktion. Eine Aufstockung dieser Personaldecke gelang erst ab dem Jahr 2002, so dass die dreisprachige Redaktion mit weniger als fünf vollen Stellen die endredaktionelle Bearbeitung und die Herausgabe des Werks bewältigte. Der Schweizerische Nationalfonds übernahm in mehreren Tranchen ein Viertel der 2,2 Millionen Franken, mehr als 50 weitere Geldgeber deckten den Rest der Ausgaben. 2023 startete die neue Leitung des ITW ein Aktualisierungs- und Ergänzungsprojekt für das Online-TLS.

4. Die Bologna-Reform

2005, im Jahr der drei regionalen Vernissagen des Theaterlexikons, erfolgte der Übergang vom Lizentiatsstudium zum europäisch initiierten Bachelor-/Master-Studium, die Durchsetzung der sogenannten Bologna-Reform. Die Auswirkungen auf das ITW waren sehr spezifisch und nicht vergleichbar mit anderen Instituten. Vorher hatte strikte Besitzstandsgarantie geherrscht, wonach die Höhe der Mittel eines Instituts im Folgejahr fortgeschrieben oder bei guter Finanzlage auf Antrag erhöht wurden. Im Lauf der Jahrzehnte hatten einige Institute viele Anträge gestellt, andere keine. Dadurch waren enorme Unterschiede innerhalb der Fakultät entstanden, die 2004, in der Vorbereitung auf Bologna, erstmals in einer Evaluation zutage traten. Neu wurden die Studierendenzahlen und die zu erbringende Lehre in den Schlüssel für eine Neuorganisation einbezogen.

Die Zahl der Haupt- und Nebenfachstudierenden des Instituts war bei mehreren temporären Hilfsmassnahmen, aber im Ganzen unverändertem Etat (Besitzstand) auf ein Maximum von 225 angestiegen. Über 50 Studierende aus Genf, Lausanne, Fribourg, aus Basel und

---

6   Siehe https://tls.theaterwissenschaft.ch/wiki/Hauptseite [14.07.2024].

Zürich belegten in Bern ihr Nebenfach. Sie nahmen die Bahnfahrten auf sich und waren besonders hoch motiviert. Die Bologna-Reform verbesserte zwar ganz erheblich die Anrechnung von Studienleistungen aus dem Ausland (Erasmus-Semester), führte aber im Inland – aus Sicht unseres Instituts – zu einem Absturz der Mobilität. Wir verloren diese Studierenden innerhalb zweier Jahre vollständig, weil sie an den Heimat-Universitäten immer mehr obligatorische Studienleistungen zu absolvieren hatten und deshalb nicht mehr nach Bern kommen konnten. Allerdings verringerte dies die inzwischen unerträgliche Überlast. Gab es vorher hoch intelligente, das Niveau prägende Studierende, die teilweise 14 und mehr Semester ohne Abschluss studierten, änderte sich das mit der Durchsetzung der Regelstudienzeit. Waren Lizentiatsarbeiten wie jene von Tobias Hoffmann: *Theaterkritik in der deutschsprachigen Schweiz*, welche die SGTK als Buch von 347 Seiten veröffentlichte, zwar selten, aber nicht unüblich, so galten neu für den Master 70 und für eine Dissertation 150 Seiten als Richtwert, der in Absprache überschritten werden konnte. In der Abwägung von Licht und Schatten überwog jedoch für das ITW das Licht. Denn die in der Evaluation nun aktenkundige Not des Instituts führte schon 2005 zu einer Assistenzprofessur Theaterwissenschaft (Gerald Siegmund), die 2009 in eine ausserordentliche Professur umgewandelt wurde (Peter W. Marx; 2013 Beate Hochholdinger-Reiterer). 2007 kam mit einer Assistenzprofessur Tanzwissenschaft (Christina Thurner; jetzt ausserordentliche Professur) ein neues Lehr- und Forschungsgebiet hinzu, exklusiv in Bern wie einst die Theaterwissenschaft. Der neue Master-Studiengang vermittelte ein vertieftes kulturtheoretisches Verständnis von Volks- und Bühnentanzformen für künftige Tanzdramaturg:innen, -publizist:innen und -organisator:innen. Gesamthaft hatte sich mit dem Übergang zum Bologna-System die Ausstattung des ITW deutlich verbessert in Richtung einer Vergleichbarkeit mit den anderen Instituten der Philosophisch-historischen Fakultät.

Mit der Konsolidierung strebte das Institut ein nationales Kompetenzzentrum für Theater und Tanz an. Die Fusion des Tanzarchivs mit der Theatersammlung im Jahre 2017 zum Schweizer Archiv der Darstellenden Künste (SAPA) und die Gründung des *Centre d'études théâtrales* (CET) 2018 an der Universität Lausanne deuten auf eine Bündelung der Kräfte für die Erforschung szenischer Vorgänge im umfassenden Sinne und der Darstellenden Künste im speziellen hin. Die vielfältigen personellen Beziehungen zur praktischen Forschung an der Manufacture in Lausanne, der Hochschule der Künste in Bern, der Accademia Dimitri in Verscio und der Zürcher Hochschule der Künste haben sich inzwischen zu einem lebendigen Netzwerk verdichtet.

5. Die Öffnung zur Praxis

Das studentische Leben ist das *Punctum saliens* für die Atmosphäre an einem Institut. Je mehr Zeit die Studierenden sinnvoll miteinander verbringen, desto offener und intensiver fällt ihre Auseinandersetzung auch mit den Lehrinhalten aus. Das hatte ich während meines Studiums in Berlin erfahren, wo nicht nur wöchentlich drei Stunden Inszenierungspraxis zum Curriculum gehörten, sondern auch eine Studentenbühne existierte. Im Herbst 1991 erhielt ich eine Anfrage eines potentiellen Studierenden mit Regieambitionen, ob das ITW Bern eine Theatergruppe bilden würde. Ich fragte ein Berner Fakultätsmitglied an, das sich bei den Kollegen und Kolleginnen erkundigte. Die Antwort war negativ: Eine Hinwendung zur Praxis würde eventuell die Vorbehalte gegen Theaterwissenschaft als Wissenschaft stärken. Deshalb gründeten die zukünftigen Studierenden vier Tage vor der offiziellen Eröffnung des Instituts die Theatergruppe BeST, Berner StudentInnentheater, als einen Verein. Sehr bald unterstützte die Universitätsleitung BeST durch die Bereitstellung eines Probenraumes, der der Gruppe noch heute gehört, es ist der so genannte «Probenbunker». Trotz der Fluktuation durch Abschlüsse blieb immer ein Kern von Studierenden erhalten, der praktisch vertiefen wollte, was im Studium angeboten wurde. In den Studienplan für den Master im Hauptfach integrierte das ITW ein mindestens vierwöchiges Praktikum an einer Kulturinstitution, das für viele Studierende auf natürliche Weise den Weg in die Praxis ebnete.

Ausserdem wurden zur Horizonterweiterung Lehrveranstaltungen in Intensivwochen ins Ausland verlegt. Die wichtigste davon war ab 1994 die jährliche Exkursion zum Theatertreffen in Berlin, mehrmals von Assistentin/Oberassistentin Beate Schappach durchgeführt. Eine Woche lang konnten einige der zehn bemerkenswertesten Theaterproduktionen des deutschsprachigen Raums sowie andere Berliner Inszenierungen visioniert werden. Am Vormittag wurden Besuche in der Schweizer Botschaft, im Berliner Institut für Theaterwissenschaft und in Ausstellungen angeboten. Der Nachmittag gehörte der Aufführungsanalyse zum Vortag, der Abend der nächsten Inszenierung und anschliessendem Nachtleben, je nach Kondition. Eine auf 25 Personen beschränkte Gruppe quer durch alle Semester nahm teil, in der Studierende von Studierenden lernten. Seit 2008 alternierte die Veranstaltung zwischen Berlin und den Wiener Festwochen. Das Studium bot bleibende Erlebnisse. Wenn im Theatergeschichtszyklus das Thema Renaissance behandelt wurde und seitens der Studierenden besonderes Interesse bekundet wurde, fuhren wir mehrere Tage zu den oberitalienischen Renaissance-Theatern. Das geschah dreimal in jeweils anderer Theater-Kombination. Als die Studierenden darauf drängten, die griechischen Theaterbauten im Original zu sehen, kam es zum Ortstermin. Die Effekte für die Gruppenbildung, die der Vereinzelung in den diversen Kursen widersteht, waren enorm. Bei solchen Veranstaltungen bilden sich jene Kerngruppen, die sich zu einem Fachschaftsvorstand formieren, zum Partner der Institutsleitung bei der Gestaltung des Studiengangs.

6. Ein Berner Institut

Wie Stephen Dedalus sich schon als Elementarklässler in einen grösseren Bezug setzte zu «Sallins, County Kildare, Irland, Europa, Die Welt, Das All»[7] so steht es auch jedem universitären Fach gut an, sich seiner gesellschaftlichen Position bewusst zu werden. Das All lacht am Ende über Dedalus wie über jedes Fachwissen. Aber die Weltgesellschaft für theaterwissenschaftliche Forschung (IFTR)[8] nahm vom ITW zumindest Kenntnis über die Konferenzen und die sich daraus ergebende Zusammenarbeit in der *Working Group Theatrical Event* und bei zahlreichen Publikationen. Bern, die Schweiz und Europa waren die wichtigen Kontaktfelder des ITW.

In Bern existierte die Schweizerische Theatersammlung, geleitet von Martin Dreier. Eine grosse, zur Forschung einladende Fachbibliothek stand zur Verfügung. Dieser Standortvorteil beförderte auf politischer wie universitärer Ebene die Gründung des ITW. Der überwiegende Teil der ersten Lemmataliste für das TLS wurde in der Sammlung erstellt, aber auch mehrere grosse Projekte wie *Antike Theater und Masken* von 2003 mit 1400 Fotos von Karl Gotthilf Kachler, elektronisch aufbereitet, thematisch gruppiert und kommentiert in Lizentiatsarbeiten von Sara Aebi und Regula Brunner, online ab 2014.

Als 2008 nach der Stadt auch der Kanton Bern aus der Finanzierung ausstieg und die Schliessung der Sammlung drohte, schien der Leistungsausweis des ITW insofern erbracht, als sich die Universität veranlasst sah, die nichtuniversitäre STS zu retten und aufrechtzuerhalten, bis die Fusion mit dem Tanzarchiv zum Schweizer Archiv der Darstellenden Künste (SAPA) 2017 gelang.

Nach Stefan Hulfeld, zwölf Jahre Assistent/Oberassistent am ITW, seit 2006 Professor für Theaterwissenschaft in Wien, habilitierte sich

---

7 J. Joyce 1979, 17.
8 IFTR (International Federation of Theatre Research).

als zweite Person des ITW 2008 Heidy Greco-Kaufmann in Bern zur Luzerner Theatergeschichte.[9] Im gleichen Jahr übernahm sie die Leitung der Theatersammlung und startete ein umfangreiches Nationalfonds-Projekt zur Berner Theatergeschichte, publiziert 2017. Bern war Thema des ITW für zwei weitere Bücher zur Theatergeschichte des 18. und 19. Jahrhunderts von Susanna Tschui und Manfred Veraguth, für die Berner Almanache Theater, Tanz, Performance und natürlich für zahlreiche Artikel. Wie Stephen Dedalus schauten wir aber auch über das County hinaus.

7. Ein Schweizer Studiengang

Im ersten Jahr empfand ich es als naturgegeben, mich im Stadttheater und bei den verschiedenen Verbänden vorzustellen. Beim Schweizerischen Bühnenverband nahm ich an der Jahrestagung teil, ebenso etwas später beim Zentralverband Schweizer Volkstheater. Als ehemaliger Beleuchter besuchte ich selbstverständlich den Schweizer Verband technischer Bühnen- und Veranstaltungsberufe. In allen drei Fällen kam es zur Zusammenarbeit mit dem ITW. Am 15. Februar 1993 war ich zu Gast bei der ASTEJ, dem Schweizerischen Verband für Kinder- und Jugendtheater. Ich hatte wie üblich das Institut vorgestellt und erwartete Fragen; die ersten lauteten: Wozu machen Sie diese Theaterwissenschaft? Was springt für uns dabei heraus? Werden Sie Lobby-Arbeit betreiben für die freie Theaterszene oder nicht? Ich fühlte mich in das Antrittsgespräch mit dem (deutschen) Intendanten des Stadttheaters Bern zurückversetzt, dessen Einstiegsfrage lautete: Wieviel kostet eigentlich ihr Institut? Meinen Sie nicht, das Geld wäre in der Theaterpraxis besser aufgehoben? Diese beiden unerwarteten Statements brachten das Credo des ITW hervor: Wir sind nicht die Lobby für eine Theaterform, sondern wir sind die einzige Institution in der Schweiz, die sich gezielt für die Vielfalt der Theaterszene einsetzt.

Internationales Theater besprechen kann jeder: Man holt sich die besten Spezialistinnen für Lehraufträge an die eigene Hochschule. Aber wer kann substanziell Auskunft geben über die Schweiz? Durch das Theaterlexikon und aufgrund internationaler Anfragen für grössere Beiträge über die nationalen Theatersysteme in Europa oder für eine Welt-Enzyklopädie des Bühnenbildes war schnell klar, dass Graduierungsarbeiten zur Schweizer Theaterlandschaft kein

---

9 Bis 2022 verzeichnete das ITW 47 abgeschlossene Dissertationen (siehe Homepage).

Selbstzweck sind, sondern Grundlagenforschung, die Studierenden zu ersten Publikationen verhilft. Den Beweis, dass die Besonderheit des Schweizer Theaters in seiner Vielfalt liegt, vor allem in der gegenseitigen Durchdringung der drei wichtigsten Theaterformen, des Stadttheaters, der professionellen Freien Szene und des Amateurtheaters, führten wir in den 27 Beiträgen des Buches *Bühne & Büro* vom Jahr 2012, an welchem auch ehemalige Studierende und Doktorierende mitarbeiteten. Es enthielt u. a. statistische Annäherungen, die niemand unternimmt, wenn die Theaterwissenschaft sich darum foutiert. Weniger bekannte Theaterformen wie Laienoperette, Poetry-Slam oder Behinderten- und Gefängnistheater wurden aufgenommen wie auch Organisationsformen, Produktions-, Distributions- und Rezeptionsbedingungen von Theater in verschiedenen Regionen der Schweiz. Bei den Inhalten von Lehre und Forschung pendelte sich über die Jahre ein Verhältnis von knapp fünfzig Prozent schweizerischen zu anderen Themen ein.

8. Europäische Vernetzung

Kurz vor dem eigenen Start gehörte das ITW im November 1991 in Wien zu den Gründungsmitgliedern der Gesellschaft für Theaterwissenschaft (GTW), die sich im deutschsprachigen Raum als Ergänzung zur IFTR verstand und zunächst im Zweijahresrhythmus zwischen den internationalen Grosskonferenzen tagte. Nach dem ersten Kongress in Leipzig 1992 fand der zweite unter dem Titel *Theater der Region – Theater Europas* im November 1994 in Bern statt. 149 Fachvertreter:innen aus 14 Instituten sowie aus Frankreich, Russland, Ungarn und den Niederlanden nahmen teil. Die Doktorandin Claudia Rosiny bereitete diesen Kongress in Eigenregie vor. Zum Auftakt konnte der erste Band der neuen Reihe Materialien des ITW Bern unter dem Titel *Theaterwissenschaft* präsentiert werden. Sehr praxisnah wurde der Sinn, Zweck und die Relevanz von Lehre und Forschung erläutert, was nicht nur über die Teilnehmenden am Kongress auf andere Institute wirkte, sondern künftig für Studienberater sowie Studieninteressentinnen den Erstkontakt mit dem neuen Fach erleichterte. Der zweite Band der Reihe enthielt 26 ausgewählte Vorträge des Kongresses, der das Institut in der Community verankerte.

Erhielt der Institutsleiter ein Forschungssemester, wurde sein Gehalt reduziert, was Mittel freimachte für ausländische Professoren als Lehrstuhlvertretung. So 1997 für Patrice Pavis von der Universität Paris VIII, einen Spezialisten für die Methodologie der Aufführungsanalyse. Oder 2004 für Hans-Peter Bayerdörfer aus München. Der exzellente Theaterhistoriker offerierte die Neue Dramatik der letzten zehn Jahre. Ausserdem konnten 2004 drittmittelgestützt Lehraufträge beispielsweise an die Professorinnen Gerda Baumbach (Leipzig; Meyerholds Rekonstruktion des Theaters), Claudia Jeschke (Köln; Stabile Notate? Zur Re.Konstruktion von TanzTheaterTexten des 19. Jahrhunderts) und Monika Meister (Wien; Das Theater des Antonin Artaud) vergeben werden, was das prekäre Angebot nur einer Professur entspannte. 2011, als sich nach Bologna das Lehrangebot in Bern schon deutlich erweitert hatte, kam Hans van Maanen, Leiter des *Department of Arts, Culture & Media Studies* der Universität Groningen, vertretungsweise an das Institut.

Er war Ko-Leiter von *STEP – Project on European Theatre Systems*, eines von Groningen und dem ITW Bern 2005 initiierten internationalen Forschungsprojekts. In der IFTR bildeten die grossen Theaternationen wie Frankreich, England, Deutschland sowie die amerikanischen Forschenden Standards heraus, von welchen aus man auf die kleinen Länder extrapolierte. Die Besonderheiten, die prägende Vielfalt in der Schweiz oder das einmalige niederländische Distributions-System (Theaterhäuser der Städte kaufen Vorstellungen zirkulierender Gruppen) sowie die damit zusammenhängenden finanziellen Bedingungen fielen unter den Tisch. STEP nahm die Theatersysteme interessierter kleinerer europäischer Länder in den Blick: die Niederlande, Dänemark, Estland, Irland, Slowenien, Ungarn, Malta, Island und die Schweiz. Europäischer Vergleich wurde realisiert. Was charakterisiert die Theatersysteme der Länder? Welche Prozesse verlaufen selbstregulativ und welche sollten wie beeinflusst werden? Unter welchen Bedingungen entstehen welche künstlerischen Leistungen? 2009 legte die Forschungsgruppe unter dem Titel *Global Changes – Local Stages* ihre erste grosse Publikation vor. Für Teilprojekte wie dem *City-Project* (2015), das Theaterstrukturen in vergleichbar grossen Städten analysierte, folgten weitere Veröffentlichungen. Auf die Lehre in Bern wirkte sich das Projekt nachhaltig aus, indem immer wieder Seminare zum Schweizer Theater im Vergleich zu kleineren europäischen Ländern stattfanden und Forschende aus diesen Ländern empfangen wurden, weil sich die Gruppe jährlich ein- oder zweimal in einem der beteiligten Länder traf.

9. Öffentlichkeitsarbeit

Für das ITW entwarf unser Student Kaspar Manz im Oktober 2003 ein Logo, das uns durch zahlreiche Buchvernissagen und Jubiläen begleitete und hier als Reminiszenz abgedruckt wird.

Friedemann Kreuder, Professor für Theaterwissenschaft an der Universität Mainz, deutete es in einer Ansprache als *Immer-tapfer-weiter.* Da Fakultät und Universität uns neben zahlreichen Stiftungen oft in schwierigen Situationen unterstützt hatten, achteten wir bei den Anlässen die Corporate Identity der Universität durch eine Koexistenz beider Logos. Viel mehr Werbung war nicht möglich, im Unterschied zu den nach Bologna gegründeten Fachhochschulen, mit denen wir von Anfang an einen engen Austausch pflegten. Als ich 2007 für einen Vortrag zur Forschung in den Gegenwartskünsten an der neuen Zürcher Hochschule der Künste auf dem Hauptbahnhof eintraf, traute ich meinen Augen nicht: Auf den riesigen elektronischen Werbeflächen im Bahnhof flimmerten die Studienangebote. Augenscheinlich gab es für Fachhochschulen Werbeetats, für Universitätsinstitute aber keine. Universitäten werben mit Publikationen. Deshalb hatten wir bereits 1994, ein Jahr vor *Theatrum Helveticum,* die Reihe *Materialien des ITW Bern* ins Leben gerufen. In bisher 23 Bänden *Theatrum Helveticum* ist inzwischen eine kleine «Theatergeschichte der Schweiz in Teilen» entstanden. In den 21 Bänden der Materialien wurden weitere Forschungsergebnisse der Öffentlichkeit zur Verfügung gestellt. Ergänzend gibt Beate Hochholdinger-Reiterer, ab 2020 meine Nachfolgerin in der Institutsleitung, seit 2015 in Zusammenarbeit mit der SGTK mit *itw: im dialog – Forschungen zum Gegenwartstheater* eine neue Reihe heraus, in der mittlerweile bereits sechs Bände erschienen sind.

In dieser selektiven Rückschau wurde versucht nachzuvollziehen, wie sich aus einer Anhäufung von Ideen, Inhalten und Forschungsabsichten ein stabiler Studiengang herausbildete. So etwas gelingt, indem man sich nicht vor Grossprojekten scheut, die die tatsächlichen Ressourcen zunächst übersteigen; indem man Lehre anbietet, die in ihrer Komplexität über einzelne Forschungsinteressen hinausgeht; indem man breit publiziert, um den Studiengang in der Öffentlichkeit zu verankern; indem man sich gegenüber der Theaterpraxis öffnet; indem man den Enthusiasmus der Studierenden durch gemeinsame Erlebnisse fördert und indem man neben der internationalen Öffnung das Schweizspezifikum etabliert.

Die grössten Auswirkungen auf einen Studiengang aber haben die jeweilige Bestimmung des Gegenstandes von Theaterwissenschaft und die Auseinandersetzung darüber im Team der Forschenden und Lehrenden. Darüber gibt der Beitrag in diesem Band zur *Typologie der deutschsprachigen Theaterwissenschaft* ein wenig Auskunft. Am ITW gilt Theater weder als Dienerin der Dichter, noch der Gesellschaft, kaum als deren Spiegel, sondern bildet eine eigene, andere Wirklichkeit, ein ambivalentes Verhältnis zwischen Agierenden und Schauenden. Eine Botschaft zu übermitteln, ist nur die eine Problematik, die unter dem Bedeutungsaspekt zu untersuchen ist. Die andere betrifft dieses sonderbare Handeln selbst, das keine handhabbaren Produkte hervorbringt. Im Theaterspiel wird – wie im Tanz – die Bearbeitung des eigenen Körpers der Agierenden thematisiert, was wir als Qualität ihres Spiels bewerten. Ob eine solche Sicht auf Theater, Tanz und ihre Wissenschaften hilfreich und nützlich ist, beantworten letztlich die Studierenden nach ihrem Studium in der Praxis.

Bibliografie

Eberle, Oskar (1928): Theaterwissenschaftliche Grundbegriffe. In: *Das vaterländische Theater*, 1. Jb. der Gesellschaft für Innerschweizerische Theaterkultur, hg. O. Eberle. Basel / Freiburg: J.&F. Hess, 59–73.

Engler, Balz (1990): Chronik. In: *MIMOS* 1/1990. Willisau: SGTK.

Greco-Kaufmann, Heidy (2009): *Zuo der Eere Gottes, vfferbuwung dess mentschen vnd der statt Lucern lob. Theater und szenische Vorgänge in der Stadt Luzern im Spätmittelalter und in der Frühen Neuzeit. Theatrum Helveticum 11.* 2 Bde. Zürich: Chronos.

Greco-Kaufmann, Heidy / Hoffmann, Tobias (2023): Theaterpionier aus Leidenschaft. Oskar Eberle (1902–1956). *Theatrum Helveticum 23.* Zürich: Chronos.

Hulfeld, Stefan (2007): *Theatergeschichtsschreibung als kulturelle Praxis. Wie Wissen über Theater entsteht.* Materialien des ITW Bern 8. Zürich: Chronos.

Joyce, James (1979): *Ein Porträt des Künstlers als junger Mann.* Übersetzt von Klaus Reichert. Berlin: Volk und Welt (Orig. 1964: *A Portrait of the Artist as a Young Man.* London: Estate of James Joyce).

Kachler, Karl Gotthilf / Aebi, Sara / Brunner, Regula (2003): *Antike Theater und Masken. Eine Reise rund um das Mittelmeer.* Katalog und 1'400 Bilder auf DVD. Zürich: Chronos. Online ab 2014: https://tls.theaterwissenschaft.ch/atm/000/start/menu/home.php [29.07.2023].

Kotte, Andreas (1993): *Eröffnungsrede.* Unveröff. Manuskript.

Kotte, Andreas (Hg.) (2005): *Theaterlexikon der Schweiz – Dictionnaire du théâtre en Suisse – Dizionario Teatrale Svizzero – Lexicon da teater svizzer.* 3 Bde., Zürich: Chronos.

Kotte, Andreas / Gerber, Frank / Schappach, Beate (Hg.) (2012): *Bühne & Büro. Gegenwartstheater in der Schweiz.* Theatrum Helveticum 13. Zürich: Chronos.

Maanen, Hans van / Kotte, Andreas / Saro, Anneli (Eds.) (2009): *Global Changes – Local Stages. How theatre functions in smaller European countries.* Amsterdam / New York: Rodopi.

ANTON REY

2.

**Entwicklung der Theaterforschung an der
ZHdK – eine Art Geschichte des IPF**

**Développement de la recherche théâtrale
à la ZHdK – une sorte d'histoire de l'IPF**

**Lo sviluppo della ricerca sul teatro
alla ZHdK – una sorta di storia dell'IPF**

75

ZUSAMMENFASSUNG

Eine konkrete Form der Theaterforschung beginnt in Zürich 1937 mit der Gründung des «Bühnenstudio Zürich». Als anwendungsorientierte Theorie entwickelt sie sich über die Schauspiel-Akademie und danach im Verbund der Hochschule Musik und Theater 2007 zum eigenständigen Forschungs-*Institute for the Performing Arts and Film* (IPF) der Zürcher Hochschule der Künste (ZHdK). Dieser Rückblick erinnert an die verschiedenen Entwicklungsstufen, mit besonderer Berücksichtigung der praxisbasierten, künstlerischen Forschung und beleuchtet die wechselseitige Beziehung zwischen Theater und Wissenschaft, darin insbesondere die Rolle der Theaterschulen und -ausbildungsstätten. Er ist zugleich eine kurze Geschichte produktionsästhetischer Forschung als Ort der Reflexion und des Austauschs in internationaler Zusammenarbeit.

RÉSUMÉ

Une forme concrète de recherche théâtrale commence à Zurich en 1937 avec la fondation du *Bühnenstudio Zürich*. En tant que théorie orientée vers l'application, elle se développe via l'Académie d'art dramatique, puis dans le cadre de l'association de la Haute école de musique et de théâtre, pour devenir en 2007 un institut de recherche autonome pour les arts du spectacle et le cinéma (IPF) de la Haute école des arts de Zurich (ZHdK). Cette rétrospective rappelle les différentes étapes de développement, avec une attention particulière pour la recherche artistique basée sur la pratique, et met en lumière la relation réciproque entre le théâtre et la science, en particulier le rôle des écoles de théâtre et des centres de formation. Il s'agit également d'une brève histoire de la recherche en esthétique de la production en tant que lieu de réflexion et d'échange dans le cadre d'une collaboration internationale.

RIASSUNTO

Una forma concreta di ricerca sul teatro è iniziata a Zurigo nel 1937 con la fondazione del *Bühnenstudio Zürich*. Come teoria orientata all'applicazione, essa si è sviluppata attraverso la *Schauspiel-Akademie* e poi, nel 2007, in collaborazione con la *Hochschule Musik und Theater* per diventare l'*Institute for the Performing Arts and Film* (IPF) della *Zürcher Hochschule der Künste* (ZHdK). Questo articolo retrospettivo ripercorre le varie fasi di sviluppo, con particolare attenzione alla ricerca artistica basata sulla pratica, e mette in evidenza il rapporto reciproco tra teatro e ricerca, segnatamente il ruolo delle scuole di teatro e dei centri di formazione. È anche una breve storia della ricerca estetico-produttiva come luogo di riflessione e scambio nella cooperazione internazionale.

Forschung hat viele Gesichter. *It is the shape that matters*, der Adressat, die Community, die Peer Group. Wann und wo ist für wen, warum und was innovativ, relevant, nachvollziehbar, wissenswert und vermittelbar? Was ist neues Wissen, angemessen vermittelt?

Neues erkennbar gemacht, geteilte Reflexion – das ist auch eine Definition von Theater. Die griechische Tragödie baut darauf, Shakespeares Stücke leben davon, viele Theater, im Moment der Aufführung.

Seit gut einhundert Jahren, – etwa so lange wie der Film als photochemische Emulsion und als wissenschaftliches Format gehandelt wird – verhalten sich im deutschsprachigen Raum Theater und Wissenschaftlichkeit in einer wechselseitig wahrnehmenden Abgrenzung.[1] Noch komplexer gestaltet sich die aufgeladene Zweierbeziehung zwischen Theater und Wissenschaft durch eine dritte Perspektive, jene der Theaterschulen und -ausbildungsstätten. Dies gilt besonders, wenn diese zu Hochschulen werden und damit einen Forschungsauftrag erhalten.

1. Von der hohen Schule des Theaters zur Hochschule der Künste (1937–2007)

Am 6. September 1937, zwei Jahre vor der Schweizer Mobilmachung als Reaktion auf Hitlers Einmarsch in Polen, gründet die Gesangslehrerin Paulina Treichler das «Bühnenstudio Zürich». Dieses besteht im ersten Jahrgang aus vier zahlenden Schüler:innen und einem fünfköpfigen Vorstand. 1939 stossen Oskar Wälterlin, der Leiter des Schauspielhauses, und weitere dazu. Witwe Treichler nutzt Teile ihrer Wohnung an der Krautgartenstrasse 2 und lindert mit den CHF 300 im Monat ihre finanzielle Not.[2] Deutschsprachige Schauspielschulen finden sich in diesen Jahren nur in Deutschland und Österreich, wo viele Schweizer:innen nicht mehr hin wollen oder können. Oder man lernt im Meister-Schüler-Verhältnis von den Profis, als «Lanzenträger», *learning by doing* mit individuellem Verlauf.

Theatergeschichte und Dramaturgie sind Teil des Lehrplans im Bühnenstudio, unterrichtet von Emigranten wie Bernhard Diebold, Professor Eugen Müller und Dr. Walter Keller. Weitere Lehrende, Ensemblemitglieder des Schauspielhauses oder Theaterfachleute bes-

---

1   Siehe hierzu u.a. A. Kotte o. D., 15: «Die Theaterwissenschaft will langfristig die Theaterarbeit, die Theaterkritik, die Ausbildung von Schauspielschülern, Theaterpädagogen und Medienfachleuten im Dialog qualitativ beeinflussen.»

2   Die ausführliche Geschichte der Zürcher Schauspielausbildung findet sich in A. Rey / H. Wickert 2012.

sern mit dem Unterricht am Rand des Probenalltags ihre mageren Gagen auf. Abends grosse Rollen, die halbe Nacht Texte lernen, früh zur Probe und vor der nächsten Vorstellung ein paar Stunden unterrichten. Das Schauspielhaus Zürich bietet im Schnitt alle vierzehn Tage eine Premiere an.[3] Die Ausbildung bei Frau Treichler und Co. dauert zwei Jahre und schliesst mit einer staatlichen Prüfung in Anwesenheit der schweizerischen Theaterdirektoren ab.

Das Bühnenstudio wird bald zur landesweit führenden Ausbildungsstätte für Theaterpraxis und erweist sich auch als Pionierin in der Innovation anwendungsorientierter Berufsbilder wie Regie und Theaterpädagogik.[4] Das kommt in den 40er Jahren nicht überall gleich gut an. Oskar Eberle, auch als «Vater» der schweizerischen Theaterwissenschaft bezeichnet, verfolgt als Konkurrenzunternehmen die Idee einer von der 1939 gegründeten Pro Helvetia getragenen Schweizer Theaterakademie. Anders als das Bühnenstudio soll diese im Zeichen der geistigen Landesverteidigung ausschliesslich von Schweizer:innen für Schweizer:innen laufen. Schwerpunkte bilden forschungsbasierte Theaterwissenschaft, eine systematische Dokumentation des Theatergeschehens und eine Berufstheaterschule mitsamt Probebühne. Nach Jahren kulturpolitischer Debatten wird der Versuch 1945 fallen gelassen – nicht zuletzt, weil die Universität Zürich der Theaterwissenschaft weder eine helvetische Theatersammlung noch einen ordentlichen Lehrstuhl einrichten will. Diesen ermöglicht erst 1992 die Universität Bern, während sich die Schweizerische Theatersammlung (STS) bereits 1978 etabliert, ebenfalls in Bern. Bis heute kann der Eindruck nicht ganz von der Hand gewiesen werden, dass Zürich im performativen, Bern im universitären Theaterdiskurs die Nase vorne haben.

Im typisch schweizerischen dualen Bildungssystem gedeihen theaterwissenschaftliche Forschung an Universitäten und Hochschulen unabhängig voneinander und kämpfen um Ressourcen und Anerkennung.[5] Beide suchen ausserdem den Kontakt zu den Theaterhäusern,

---

3 Siehe SAZ 1987.

4 A. Rey / H. Wickert 2012, 105.

5 Nikolaus Müller-Schöll, seit Oktober 2011 Professor für Theaterwissenschaft der Goethe-Universität Frankfurt/Main und Leiter der MA Studiengänge Dramaturgie und *Comparative Dramaturgy and Performance Research*, gegenwärtig ausserdem Präsident der Gesellschaft für Theaterwissenschaft fasst die 100 Jahre Theaterwissenschaft zusammen als „ein Universitätsfach […], das hierzulande auf kaum mehr als 100 Jahre Tradition zurückblicken kann, von denen pi mal Daumen die ersten fünfzig durch die Okkupation des Feldes durch eine deutsch-national, antisemitisch und nazistisch geprägte Professorenschaft gekennzeichnet waren, von Lehrstuhlinhabern, die ihren Posten zu Zeiten der NS-Zeit erhielten und mit, wenn überhaupt, kurzer Unterbrechung bis Ende der 1960er Jahre innehatten." Müller-Schöll beschreibt in seinem Essay auch die Entwicklung kritischer Theatertheorie respektive interna-

bilden diese doch Ziel und Gegenstand ihrer Lehre. Aufführung und Reflexion stellen ein trautes Paar, aber erst gemeinsam erreichen Kunsthochschulen und Kunstuniversitäten diese «Reibung zwischen Realprozess und Reflexion», wie Andreas Kotte, der erste Leiter des ersten Instituts für Theaterwissenschaft in der Schweiz den produktiven Widerspruch zwischen beiden beschreibt, samt Lücken und Tücken.[6] Wenig erstaunlich, dass der spätere Professor als Beleuchter anfing und aus der Theaterpraxis kam. Felix Rellstab wiederum, als Nachfolger von Paulina Treichler der zweite Leiter der Theaterausbildung von 1960–1991, studiert Philosophie und Sprachheilpädagogik, bevor er unterrichtet, die Schulleitung übernimmt und 1965 auch das Theater am Neumarkt gründet. Für Rellstab ist Theater gleich Forschung, im Probenalltag nicht weniger als in seinen zahlreichen Publikationen. Dank seiner Leitung werden neue Schwerpunkte installiert wie Kinder- und Jugendtheater, Medien- und Theaterpädagogik. Theorien von Aristoteles, Diderot, Stanislawski und Artaud, sowie dramatische Texte von Shakespeare, Kleist und Brecht werden als Lehrbücher der Praxis verstanden, die Theater-Wissenschaft als Theorie des Theater-Spielens.[7] Reflektieren inspiriert das Ausprobieren und umgekehrt, erst zusammen bilden sie die forschende Methode.

> «Mehr Kenntnisse über das eigene Spiel, ein besseres Verstehen dessen, was der Schüler über Spielen, Reden und Handeln lernt, ist ein erstes Ziel der Theorie. Das Erfassen und Überblicken von Zusammenhängen ist ein weiteres und der Gewinn von einem beweglichen, tieferen und persönlicheren Umgang mit Spielaufgaben ein drittes.»[8]

1973 wird das Bühnenstudio in Schauspiel-Akademie Zürich (SAZ) umbenannt. Theorie wird vermehrt verschriftlicht und als Kunst des Beschreibens verstanden. Das analytische Verstehen hebt die Qualität des Spielens. «Sie lehrt unterscheiden, ordnen, Zusammenhänge stiften, und sie hilft der Verständigung über das Spiel.»[9] Theorie heisst Reflexion über das eigene Tun. Bruno Ganz erinnert sich später:

---

tionaler Theaterwissenschaft in den vergangenen Jahrzehnten als „von einem in erster Linie empirisch und historiographisch ausgerichteten Fach zu einem philologischen und philosophischen" und wirft damit „in jedem einzelnen Fall die grosse Frage auf, wie eine solche, an ihren Gegenständen orientierte Theorie dem unverzichtbaren Anspruch der Wissenschaftlichkeit noch genügen kann." (*Theater heute* Nr. 5, Mai 2023, 65 f.)

6 A. Kotte 2013, 16.
7 Siehe Rellstab 1998.
8 SAZ 1987, 157.
9 SAZ 1987, 154.

«Ich hatte Glück! Grosse, wunderbare Schauspieler gesehen. General-proben. Hinterher haben wir Schüler mit unserem kleinen Verstand das Gesehene bekrittelt. Das musste wohl so sein. Lernprozess. Auf-führungen bis zu zehnmal gesehen. (Gibt es das noch?)»[10]

Und Paul Weibel, ehemaliger Schüler des Bühnenstudios und späte-rer Präsident der Vereinigten Theaterschaffenden der Schweiz (VTS), spricht 1987 vom «absoluten Freiraum» der Forschung und deren Verbindung zur Lehre an der SAZ,

«[...] in dem Dinge ausprobiert werden können, die trotz des Wissens am Ende möglicherweise misslingen. Es ist wie in der Chemie: Es braucht die praktische Erfahrung, dass durch die Verbindung von zwei noch unbekannten Stoffen eine Explosion die logische Folge ist.»[11]

1991 übernimmt die Leitung wieder ein Schauspieler, Mitglied des bekannten Frankfurter Ensembles, Peter Danzeisen. Die Institution versteht sich weiterhin gut in kritischer Theorie und übt sich in der Kunst der Debatte, aber der einzige aktive Theoriedozent quittiert seine halbe Stelle, um sich als Lektor und Herausgeber an einen lokalen Verlag zu binden. Die Lehrdeputate der Theorie drohen zur Marginalie zu werden.

Das ändert sich erst, als 1999 die Akademie in den Kreis der Zür-cher Fachhochschulen aufgenommen wird und in einem weiteren Schritt mit dem vormaligen Musikkonservatorium zur Hochschule Musik und Theater (hmt) fusioniert. Endlich wird der Forschungs-auftrag obligatorisch. Die Musik forscht zu diesem Zeitpunkt bereits auf fünf Gebieten: Computermusik, Musikmedizin, Instrumentenbau, Musikpädagogik und historisch-analytische Forschung. Letztere, übernommen aus einer akademischen Tradition und bisheriger The-oriekunde mit Themen wie Klangsynthese, Bach-Interpretationen, Klangprojektionen, Musikphysiologie oder Geschichte der Soloka-denz. Das könnte zum Modell werden. Aber am Sprechtheater hat die akademische Forschung ein schwaches Standbein und spielt lieber mit Alternativen. Ende 2001 legen der Rektor der hmt Daniel Fueter und der Vorsitzende des Schulrats H.H. Coninx fest, dass dringend als «Übergangsregelung bis zur möglichen Gründung der Zürcher Hoch-schule der Künste» eine Leitung für Forschung und Entwicklung im Theater an der Sihl (TAS) eingerichtet werden muss. Diese Personalie soll im TAS, der Aufführungsstätte der Schauspiel-Akademie, die im

---

10 SAZ 1987, 69.
11 SAZ 1987, 173.

erweiterten Leistungsauftrag definierte Forschung und Entwicklung (F&E) lostreten, welche die Bühne offiziell zum Forschungslabor deklariert. Es folgt 2002 die staatliche Anerkennung auf Tertiärstufe und damit eine weitere Umbenennung von Schauspiel-Akademie zur Theaterhochschule. 52 Studierende belegen in dem Jahr den Studiengang Darstellende Kunst und weitere 23 Studierende die Ausbildung zum Leitenden Künstler bzw. zur Leitenden Künstlerin. Die hmt besitzt jetzt einen vierfachen Leistungsauftrag, der nebst Lehre, Forschung und Dienstleistung auch die Weiterbildung umfasst. Die neue rechtliche Grundlage sichert langfristig die finanzielle Grundausstattung, aber auch Infrastruktur, Qualitätssicherung und eine Gehaltsanpassung an kantonale Richtwerte.

Andererseits ist die ungewohnte Flughöhe verbunden mit Auflagen wie der Eingliederung einer angewandten Forschung und Entwicklung (aF&E): «Es ist zügig ein Forschungskonzept zu erarbeiten» – lautet summarisch die Empfehlung der Kommission für die Anerkennung kantonaler Fachhochschuldiplome.[12]

Ein Forschungsteam, bestehend aus der künstlerischen Leitung, der Dramaturgie und diplomierten Regisseurinnen und Regisseuren, Theaterpädagoginnen und Theaterpädagogen macht sich an die Arbeit, ein Forschungskonzept zu entwerfen, das ab Schuljahr 2003/04 greifen soll. Die ersten Forschungsideen scheinen dafür

> «einerseits sehr, eventuell *zu* ambitioniert zu sein. Andererseits werden Forschungsprojekte genannt, die nach Ansicht der Subkommission eher den Dienstleistungen zuzuordnen sind. Die Besetzung der bewilligten 50%-Stelle für einen Forschungsbeauftragten scheint der Subkommission dringlich. / Das Theater an der Sihl soll zum Forschungs- und Kompetenzzentrum erweitert werden. Der Gedanke eines Theaterlaboratoriums, wo die verschiedenen Theaterkünste unter wissenschaftlicher Begleitung experimentieren, sollte geprüft werden. Die Forschungsstätte könnte gleichzeitig ein- bis zweijährige Nachdiplomstudien für ausgewiesene Interessierte anbieten, die nicht an Staatstheatern arbeiten wollen.»[13]

Die Subkommission rät ausserdem «dringend zu Partnerschaften mit den anderen schweizerischen Theaterhochschulen und zur Zusam-

---

12 Schweizerische Konferenz der kantonalen Erziehungsdirektoren EDK, Kommission für die Anerkennung kantonaler Fachhochschuldiplome. Verfahren zur schweizerischen Anerkennung der Studiengänge Darstellende Kunst und Künstlerische Leitung an der Hochschule für Theater Zürich, Bericht der Subkommission. Bern, 27.08.2002.
13 Ebenda, § 4.3.1, 4.3.2, 5 und 8.2, 10.

menarbeit mit dem Institut für Theaterwissenschaft der Universität Bern.» Endlich wird eine Stelle ausgeschrieben in der Fachgruppe 4, dem sanierten Bereich Recherche-Dramaturgie-Konzept-Theorie. Diese soll «anteilig auch Angebote in Forschung und Entwicklung, Nachdiplomstudiengängen und -kursen sowie in Dienstleistungsaufträgen [enthalten]. Das durchschnittlich vereinbarte wöchentliche Unterrichtspensum beträgt 22 Stunden pro Woche...»[14]

22 Semesterwochenstunden, zumal in Theorie und Historiographie des Theaters, lassen nicht viel Raum für Forschung übrig. Erschwerend wirkt, dass ein Mittelbau im universitären Sinn nicht existiert, weder in der Lehre noch für die Forschung. Dennoch bewerben sich Dutzende um die Stelle. Nachdem der Autor dieses Beitrags zufällig erfährt, dass er die Stelle mit sofortiger Wirkung erhalten habe, und um schnell einen Beginn der Forschung zu statuieren, werden spontan bereits existierende Projekte und Netzwerke als anwendungsorientierte Forschung und Entwicklung (aF&E) deklariert und in den Theorieunterricht integriert. Die Zielsetzung ist klar – nur, dass sich keine Vorbilder finden, keine Referenz, wie aF&E an einer Theaterhochschule aussehen könnte.[15]

Anfang des Jahrhunderts ist künstlerische Forschung noch ein Fremdwort, zumal in der Schweiz. Die Debatte über Fragen und Diskurse, Methoden und Publikationsweisen einer Forschung an Fach-

---

14 Arbeitsvertrag vom 27.02.2002.

15 Kurz darauf folgt mit der sogenannten Bolognareform eine weitere Umstellung – nicht nur der Lehre – hin zu gestuften Studiengängen. So empfiehlt die Konferenz der Fachhochschulen (KFH) der Schweiz im gleichen Strategiepapier: «Die Forschungsprojekte der FH unterstützen die Umsetzung der Strategien der FH und damit die angestrebte Entwicklung der fachlichen, praxisbezogenen Kompetenzen der FH. Die Ergebnisse dieser Forschungsaktivitäten sind in die Lehre einzubauen. [...] Bezüglich der Gleichwertigkeit der Lehre an FH im Vergleich zu den Universitäten steht am Anfang der Grundsatz, dass an Hochschulen Forschung und Lehre in enger Verknüpfung zu stehen haben. Dies ist am besten gewährleistet, wenn die Lehrenden auch Forschende sind. Das kann selbstverständlich nicht in jedem Einzelfall in dieser stringenten Form realisiert werden, sollte aber als Zielgrösse immer im Auge behalten werden. [...] Je mehr die Dozierenden in Forschungsaktivitäten integriert sind, umso besser können sie ihre eigenen fachlichen Kompetenzen pflegen und umso aktueller können sie den zu vermittelnden Stoff gestalten. Sie sichern ihnen auch den unverzichtbaren Anschluss an die neuesten Ergebnisse der Grundlagenforschung. Durch die eigene Forschungserfahrung der Dozierenden ist den Studierenden zu vermitteln, dass auch wissenschaftliche Wahrheiten nichts Statisches sind und dass die selbständige Erarbeitung von Wissen und das Suchen nach neuen Lösungen eine ständige Aufgabe ist – auch in der Berufspraxis nach Abschluss des Studiums. Dieser Aspekt nimmt an Bedeutung zu, da die Halbwertszeit des Wissens kontinuierlich abnimmt. [...]» Das war klug und vorausschauend formuliert und kulminiert in dem Verdikt und Schlusssatz «Bei der Rekrutierung von Dozierenden ist neben der Praxiserfahrung ein ebenso starkes Gewicht auf ihre wissenschaftliche und Forschungskompetenz zu legen.» (KFH Kommission Bologna: *Die Konzeption gestufter Studiengänge. Best Practice und Empfehlungen*. Version Juli 2003, 8 f.).

hochschulen steckt in ihren Anfängen.[16] Keine Modelle zu kennen hat den grossen Vorteil, dass keine Regularien vorschreiben, wie diese aF&E durchzuführen sei. Wir erkunden international, welche mit uns vergleichbaren Ausbildungsstätten interessante Erfahrungen vorzuweisen haben. Tatsächlich existiert eine aktive Bewegung insbesondere in Großbritannien und im skandinavischen Raum, in Cardiff (PARIP), Bergen (*Sensuous Knowledge*), Amsterdam (THIRD) und Helsinki (CARPA). Die *Society of Artistic Research* (SAR) mit dem *Journal for Artistic Research* (JAR) und dem *Research Catalogue* (RC) wird erst 2010 in Bern gegründet, das *Swiss Artistic Research Network* (SARN) 2011, weitere Organisationen und Impulse folgen. Erste internationale Netzwerke entstehen, die skandinavischen Impulse ermutigen zu vergleichbaren Experimenten, später zu Kooperationen.

An der hmt baut sich allmählich eine Theaterforschung auf, die produktionsästhetische Fragen ins Zentrum rückt. Die ersten Versuche sind noch naiv, aber bereits richtungsweisend. Das beginnt mit der 4000 Bücher umfassenden Theaterbibliothek mit Dramen, Nachschlagewerken und Monografien, die dringend geordnet und ergänzt werden muss. 1500 Videoaufzeichnungen werden digitalisiert und das Inventar um aktuelle Erscheinungen und Periodika ergänzt, in diesen Jahren insbesondere die Lawine an theaterwissenschaftlichen Publikationen, u.a. aus Frankfurt, Gießen, Hildesheim und der FU Berlin – viel Theorie im Zeichen von Postmoderne und Performativität, nun auch in Zürich.

Im Rahmen der Expo.02 soll eine Recherche zu innerschweizerischen Sprachgrenzen als Aufführung präsentiert werden. Das Projekt «Kombat» an der Arteplage in Biel/Bienne wird kurzerhand als Forschungsprojekt deklariert. Nach je drei Wochen Probenzeit in Lausanne und Zürich und Endproben in Biel mit je acht Schauspieler:innen aus dem Conservatoire und der hmt, alles finanziert durch die Oertli-Stiftung, präsentiert sich das forschende Theater an der Schweizer Landesausstellung als reflexive Praxis. Das Ergebnis kommt der Stiftungssatzung nahe: «Stärkung des inneren Zusammenhaltes des Landes durch bessere Information über die Sprachgruppen [...und] das Verständnis für die Lebens- und Denkart der Schweizer je auf der anderen Seite der Sprachgrenzen».[17] Die überraschend erfolgreiche Aufführung entpuppt sich als «ethno-anthropologische Begegnung»,

---

16 Siehe dazu insbesondere Marc-Antoine Camp: «Forschung an Schweizer Kunsthochschulen 2008. Bericht und Empfehlungen» und «Forschung an Fachhochschulen in der Schweiz – Einblicke in den Entwicklungsstand: Empfehlungen des Schweizerischen Wissenschafts- und Technologierats SWTR» (*SWTR Schrift* 2/2010).

17 Programmheft, Premiere 09.10.2002.

ebenso unterhaltsam wie lehrreich, die mit langen Diskussionen belohnt wird.

Als nächstes wird der internationale Austausch intensiviert. Ein frühes Beispiel ist «Avenida Asia», eine Zusammenarbeit mit dem japanischen Forschungszentrum Morita Office und dem Performer Issei Ogata. Workshops, Recherchen und Aufführungen in Tokio werden durchgeführt und Vergleiche schauspielerischer Methoden unter Anleitung des Regisseurs Yuzo Morita. Das Verfahren ähnelt jenen der vergleichenden Literaturwissenschaft, nutzt aber eine Komparatistik der Spielpraxis für produktionsvergleichende Analysen. Arbeitsphasen mit Präsentationen in Kokura 2003 und Tokio 2004 folgen, dann wieder im hochschuleigenen Theater an der Sihl (TaS) in Zürich. Gemeinsamkeiten wie Unterschiede zwischen asiatischer und europäischer Schauspielpraxis werden dokumentiert, die unmittelbare Gegenüberstellung der schauspielerischen Mittel entlarvt kommunikative Codes des asiatischen wie des deutschsprachigen Theaters zu Emotionen, Gesten und Sprachlauten. Nach Präsentationen an Tagungen und Konferenzen wird das Verfahren 2007–2009 wiederaufgenommen und als «Avenida Asia» publiziert.[18]

Ebenfalls in dieser Anfangsphase um 2004 beginnt die Auseinandersetzung mit Phänomenen der menschlichen Stimme, die später zu einem langjährigen Schwerpunkt wird: «Stimme versus Körper», eine Untersuchung über Hierarchien der Wahrnehmung, Orte der *Voice Over*, Loslösung der Stimme vom Körper unter Einsatz modernster Technik; zu Beginn konzipiert in Zusammenarbeit mit der Abteilung für Computermusik, dem späteren *Institute for Computer Music and Sound Technology* (ICST), dazu mit Tonmeister:innen, Raumakustiker:innen. später auch als vom SNF gefördertes Instrument, zusammen u.a. mit der Freien Universität Berlin.

Die Anfänge sind erfolgt, ohne die universitären Methoden und Diskurse einfach übernommen zu haben. Nur scheinen diese ersten Versuche nicht auszureichen, die Themen und Formate beim Auftraggeber nicht anzukommen. Im Februar 2004 erreicht eine Warnung den Direktor, dass das Hochschulamt den budgetären Rahmen zu kürzen drohe, falls keine aF&E ausgewiesen werde. «Ich mache mir Sorgen, dass wir unglaubwürdig werden, wenn die Gelder aus der Forschung gestrichen werden, da wir in unserem Forschungskonzept mehrere Projekte im Studienjahr 04/05 beginnen lassen wollen.»[19]

---

18 Siehe Erfahrungsberichte der beteiligten Peers unter https://www.zhdk.ch/forschungsprojekt/avenida-asia-426806 [13.07.2024].
19 E-Mail-Wechsel 16.–24.02.2004 zwischen Robert Schneiter, Leiter Finanzen, und Peter Danzeisen, Direktor Hochschule Musik und Theater.

Ein Zwischenbericht an die Departementsleitung aus dem Jahr 2004 hält fest, dass deutlich höhere finanzielle Reserven zur Verfügung gestellt werden müssten, damit mehr Kolleg:innen in diesen Prozess eingebunden werden können. Die Nebentätigkeit eines Einzeltäters würde nicht ausreichen. Allerdings stehen weitere Ressourcen auch 2005 nicht zur Verfügung. Das Sprechtheater bleibt im Schatten der Musikforschung, die hauptsächlich Bücher publiziert. Erst 2006 folgt die «Abnabelung» vom Forschungspartner Musik mit eigenem Budget über CHF 40'000.–.

Die Zürcher Theaterforschung experimentiert nun auch mit medialen Formaten der Dissemination, wie DVDs, CDs, Webpublikationen, die die diversen Forschungsthemen visuell, textuell, filmisch und akustisch adäquat vermitteln. So wird zum Beispiel das SNF-Projekt *Ästhetische Kommunikation im Kindertheater* im Rahmen eines interaktiv begehbaren Raums präsentiert, oder ein E-Learning zur Lage der Theaterwissenschaft mit dem Titel *Denken hilft* programmiert: Drei Interventionen, drei Diskussionen und drei Theorien zu drei Aufführungen werden aufgezeichnet und verlinkt. *DNA* der Theatergruppe Klara, *Tip of the Tongue* von Plasma und *RAF unplugged* von Barbara Weber, dazu Vorträge, Kommentare und Analysen von Erika Fischer-Lichte, Stefan Hulfeld und Hans-Thies Lehmann. Das interaktive *Blended Learning* kombiniert ausgewählte Szenen mit den Publikumsdiskussionen und den Vorträgen der drei Theoretiker:innen. Dadurch werden letztere zu Performer:innen. Immersiv lassen sich die 55 Sequenzen aus 3 Referaten, 71 Sequenzen aus 3 Aufführungen und 61 Diskussionsteile mit Publikum und den drei Positionen anklicken. Die Theorie als Sprech- und Präsentationsweise wird vermenschlicht, was aber nicht etwa die Illusion der Wissenschaftlichkeit zerstreut, sondern im Gegenteil sie für Theaterstudent:innen zugänglicher macht. Hans-Thies Lehmanns Grauzonen zwischen Begeisterung und Wissenschaftlichkeit, Stefan Hulfelds theaterhistoriografische Insistenz, Erika Fischer-Lichtes Gesten am Rande des Scheinwerferkegels machen die Theorien sichtbarer als jedes Buch. Kurze Zeit später erscheint das Tool www.theatertheorie. net auch als Essay im Sammelband *Theater und Medien* von Henri Schoenmakers und kann fortan von Theaterschulen und -instituten für Unterricht genutzt werden.[20]

---

20 H. Schoenmakers et al. 2008, 531 ff. Wie schnell digitale Errungenschaften altern haben wir inzwischen daran erkannt, dass das aufwendig erstellte Tool technisch bereits so überholt ist, dass es online nicht mehr funktionstüchtig ist. Siehe dazu auch https://www.zhdk.ch/forschungsprojekt/internet-plattform-www-theatertheorie-net-426812 [13.07.2024].

2007 steht die Fusion zwischen der hmt und der Kunstgewerbe-schule bevor. Ein Master-Studiengang Theater wird entworfen, mit dem departementseigenen Theater als dem zentralen «Labor für pra-xisorientierte Forschung [...]. Ausgewiesene Produktionen können wissenschaftlich definierte Forschungsfragen untersuchen und die Ergebnisse ergänzend in Form einer Aufführung / Installation / Prä-sentation etc. veröffentlichen.»[21] Im Entwurf ist weder methodisch noch mithilfe der zunehmenden Beispiele trennscharf erkennbar, wo und wie sich die praxisbasierte Forschung der Fachhochschule (FH) von jener einer Universität unterscheidet. Alle Forschenden der FH haben einen universitären Hintergrund, mindestens Hochschul-abschluss, viele promoviert, einzelne auch habilitiert. Als Kriterien gelten hier wie dort Generierung neuen Wissens, Eignung des me-thodischen Vorgehens und Interessen von Seiten externer Partner, dazu die Wahrscheinlichkeit, dass Resultate erzielt werden, die ge-sellschaftliche Relevanz mit einem hohen Nutzen für die berufliche Praxis aufweisen. Aber das Theater gilt in den Nullerjahren nicht als zwingend gesellschaftlich relevant, wie später die COVID 19-Krise bestätigen wird.

Die Entwicklung von Masterstudiengängen an der FH verlangt nebst einer hohen Professionalität die Entwicklung einer Forschungs-landschaft sowie Innovationsfähigkeit, die bezüglich Aktualität, Ni-veau und Qualität internationalen Normen (*State of the Art*) genügt und den Studierenden die Möglichkeit der Mitwirkung bieten. Leider fehlt noch immer, eigentlich bis heute, ein qualitativ und quantitativ angemessener Mittelbau, der die Verbindung von Forschung und Leh-re garantiert. «In der Regel sollen deshalb Master-Studiengänge nur in jenen Bereichen angeboten werden, in denen die betreffende Fach-hochschule über strategische Forschungsschwerpunkte verfügt.»[22]

2. Institutionalisierung und Internationalisierung (2007–2017)

Im Kunstbereich stehen das eigene künstlerische Schaffen und die Verpflichtung zu einer Plattform künstlerischer Produktion – und da-mit zur permanenten Auseinandersetzung mit dem Schaffen anderer

---

21 A. Rey: aF&E im Master. Profil anwendungsorientierte Forschung und Entwicklung in den Master-Studiengängen. hmt, 26.01.2007.

22 KFH-Empfehlungen: «Profil für MA Studiengänge an Fachhochschulen» vom 27.01.2005 und «Die Entwicklung von MA Studiengängen an FH. Ein Leitfaden». Januar 2006, 17, siehe www.kfh.ch.

Künstler:innen – im Vordergrund. Die vier akkreditierten Schweizer Theaterhochschulen in Zürich, Lausanne, Bern und Verscio sind sich allerdings nicht einig über *Toolbox*-Module, Master-Projekt-Module oder *Masterthesis*-Kriterien. Noch weniger finden sie eine gemeinsame Definition anwendungsorientierter Forschung und Entwicklung. Der Master-Campus-Theater-CH wird trotzdem beantragt mit einer Formulierung, die den Stellenwert des künstlerischen Schaffens innerhalb forschungsorientierten Arbeitens «aus der Richtung des produzierenden Laboratoriums der Darstellenden Künste» offen lässt.[23] Das Quartett erlangt 2007 die Bewilligung der Masterstudiengänge, verbunden mit Auflagen. Bundesrätin Doris Leuthard schreibt der zuständigen Regierungsrätin Regine Aeppli stufengerechte Kompetenzprofile vor und fordert: «Forschungsschwerpunkte von mindestens nationaler Bedeutung müssen für alle Vertiefungen innerhalb eines Masterstudiengangs erfüllt sein.»[24]

Ab der Fusion ist die Forschung amtlich und kontrolliert. Noch immer schreibt niemand vor, wie das genau ablaufen soll – zum Glück. Schon in der Vorbereitung waren sich die Schweizer Kunsthochschulen einig:

> «Die gesetzlichen Bestimmungen tragen einem kunstspezifischen Forschungsbegriff aktuell kaum Rechnung. Der naturwissenschaftlich geprägte Forschungsbegriff ist den Künsten in mehrfacher Hinsicht fremd. Obwohl der Praxisbezug auch hier in vielen Forschungsprojekten zentral ist, muss die Möglichkeit für Forschung über die Anwendungsorientierung hinaus gegeben sein. Einzelne Forschungsvorhaben sind als Grundlagenforschung ausschließlich im Umfeld von Kunsthochschulen anzugehen. Die universitäre Forschung ist dazu nicht in der Lage.»[25]

Ein Jahr vor der Gründung der Zürcher Hochschule der Künste (ZHdK) wird eine Forschungskommission gebildet. Der amtierende Rektor der hmt Daniel Fueter empfiehlt, dringend ein Theaterinstitut zu gründen. Viel Zeit bleibt nicht, die Fusion ist für Sommer 2007 geplant und mit grossem administrativem Aufwand verbunden. Der Direktor der Theaterausbildung, Peter Danzeisen, gibt ein Konzept in Auftrag und Martin Dreier, Leiter der Theaterwissenschaftlichen

---

23 Master-Campus-Theater-CH. Rahmenkonzept 5.10.2004, 7.

24 EVD, Bern 20.12.2007: *Bewilligung von Masterstudiengängen der Zürcher Fachhochschule (ZFH)* § 8.4 Absatz 2.

25 KHS Medienmmitteilung. Stellungnahme der KHS zur Hochschullandschaft Schweiz. Neue Rahmenbedingungen für Kunsthochschulen. Verabschiedet an der KHS-Tagung vom 18./19. November 2005 in Sierre.

Sammlung in Bern, warnt nach Lektüre eines ersten Entwurfs, diesen lesefreundlicher zu verfassen: «kürzer, konziser, einfacher formuliert für jene, die es zu prüfen haben (Bundesbedienstete haben eine Unmenge von Akten zu lesen, man muss ihnen den Zugang erleichtern)».[26]

Erst zum 1. August 2007, einen Monat vor dem offiziellen Startschuss der ZHdK, wird das *Institute for the Performing Arts and Film* (IPF) genehmigt und in einer Nebenbemerkung Anton Rey als Leiter berufen. Das IPF soll weiterhin ein Jahresbudget von 40'000.– CHF erhalten und eine 50 %-dotierte Stelle. Dazu kommen viele Ideen und Projekte, bald auch eine wissenschaftliche Mitarbeiterin und mehrere Anträge um finanzielle Unterstützung, auch beim Schweizerischen Nationalfonds (SNF).

Gespräche mit Dozierenden folgen, eine Internetseite wird aufgeschaltet, ein Forschungsbeirat gegründet, Netzwerke geknüpft, eine Geschäftsordnung mit Finanzplan erstellt, Öffentlichkeitsarbeit lanciert, Protokolle verfasst, Ziele formuliert und «operative Dringlichkeiten» organisiert. Hemmungslos werden interessante Partner kontaktiert, vom Berner Institut für Theaterwissenschaft über den Schweizerischen Wissenschaftsrat (SWTR), das Bundesamt für Kultur (BAK), Migros Kulturprozent, Bund und Kanton, die Schweizerische Akademie für Geistes- und Sozialwissenschaften (SAGW), sogar das Staatssekretariat für Bildung und Forschung. Das Bundesamt für Bildung und Technologie wird um sogenannte Impulsförderung gebeten; eine Infrastruktur wird aufgebaut, neue Arbeitsplätze geschaffen, Flyer gedruckt, Strategien entworfen, erste Tagungen, Kolloquien, Symposien organisiert. Auch der Ressortleiter des Eidgenössischen Volkswirtschaftsdepartements und Leiter KTI Ressort Projektförderung F&E empfängt uns. Das ist oberste Liga – sind wir da richtig? Aber es existiert jetzt ein Forschungsinstitut des Departement Theater, IPF[27], mitsamt Institutsordnung, Logo und Einverständnis des Schulrats. Operativer Gründungstermin ist der 1.9.2007.[28] Nur über die Höhe der zu akquirierenden Drittmittel wird noch gestritten. Klar ist, dass zumindest die Dozierenden im Master nicht mehr um den Forschungsauftrag herumkommen werden. Ende des Jahres erstellt das Generalsekretariat der ZHdK eine Liste mit Informationen

---

26 Notiz aus dem Gespräch mit Martin Dreier, März 2007.

27 Das ipf wurde bis zur offiziellen Akkreditierung durch den Fachhochschulrat klein, danach gross geschrieben.

28 Erst unter der Traktandenliste steht nach Varia: *Unter Trakt. 9 ist noch ein weiterer Punkt einzufügen, hat sich kurzfristig ergeben: Institute im Dept. Musik und im Dept. Theater.* Schulrat vom 28.06.2007, Florhofgasse 6, Zürich.

zu neun Forschungsinstituten zuhanden des Fachhochschulrats, der diese provisorisch genehmigt.[29]

Am IPF wird eine Reihe «zu Gast am IPF» eröffnet mit William Forsythe. Weitere Gäste im ersten Jahr sind Heiner Goebbels, Komponist, Regisseur und Direktor des Instituts für Angewandte Theaterwissenschaft der Justus-Liebig-Universität Gießen, Andreas Kotte, Direktor des ITW der Universität Bern, Brigitte Arpagaus, wissenschaftliche Mitarbeiterin des SNF/DORE. Von allen wollen wir wissen, wie sie es halten mit der praxisbasierten, der künstlerischen Forschung. Vielleicht wie Christopher Frayling, der die drei Ausrichtungen «Forschung über Kunst, Forschung für Kunst und Forschung in Kunst» unterscheidet?[30] Auch die erste Tagung «Anderes Theater?» verweist auf die Auseinandersetzung zwischen praxisrelevanter Ausbildung und theaterwissenschaftlichen Fragen, integriert aber auch Fragen und Diskussionen um Ausbildung, Hierarchien, Handwerk oder Experten des Alltags wie bei der Gruppe Rimini Protokoll, mit denen wir kooperieren.

2008 werden Impulse gesetzt, von denen einige auch 15 Jahre später noch verfolgt werden. Aus «Rollenspiele und Assessments» werden «Performing Arts in Contexts», dem Thema «Brennpunkt Theater mit nichtprofessionellen Darsteller:innen» folgen insgesamt drei SNF-Projekte mit und über nichtprofessionelle Akteur:innen; städtische wie ländliche Festspiele werden untersucht und Fallbeispiele des immateriellen Kulturerbes. Dem Nachlass Georgette Boner folgt eine Tagung zu Michael Tschechow, dann zwei Publikationen verloren geglaubter Manuskripte und 2024 sogar eine brasilianische Neuinterpretation für Bloomsbury Academic; *Cinémémoire* beginnt 2006 und wird 2023 – vorläufig – abgeschlossen; *Voice Over* wird zu *Disembodied Voice* und über neun Jahre lang erforscht; Milo Rau realisiert am IPF sein erstes SNF-gefördertes Forschungsprojekt zu *Reenactment*; «Hirnforschung und Ethiktheater» startet 2004 und mäandert über vier SNF-Projekte und 19 Jahre bis zur Publikation «Actor & Avatar»; auch die «Wirkungsmaschine Schauspieler» bleibt aktuell und eine der beherrschenden Fragen in Ausbildung und Forschungskontexten, von «Attention Artaud» (2007) bis Manuel Hendrys «Die Gefühlsmaschine» (2024).[31] Ähnlich wie in «Kombat» bildet eine Bühnenaufführung

29 Ursula Akmann, Generalsekretariat ZHdK: Die Institute der ZHdK. Zuhanden des Fachhochschulrats. Zürich, 17.12.2008.

30 Gesa Ziemer: Gutachten. Aktivitäten des IPF am DDK der ZHdK von 2007–2011, 8 (zitiert aus Christopher Frayling: Research in art and design. In: *Royal College of Art Research Papers series* 1.1, London 1993).

31 s. Wissenschaftlich-künstlerische Dissertation, verteidigt Dezember 2024 an der Filmuniversität Babelsberg Konrad Wolf; s. https://www.filmuniversitaet.de/artikel/detail/the-emotion-machine und https://www.hendry.me/works/research/ (30.12.2024)

oder Installation die eine Hälfte des Forschungsoutputs, die andere Hälfte, in Form einer schriftlichen Reflexion, begründet die instituts-eigene Reihe *subTexte*.[32] Diese vereinigt Originaltexte zu jeweils einem Untersuchungsgegenstand aus den beiden Forschungsschwerpunkten «Performative Praxis» und «Filmwissen» des IPF und bietet Raum für Texte, Bilder oder digitale Medien, die zu einer Forschungsfrage über, für oder mit Darstellender Kunst oder Film entstanden sind. Als Publikationsgefäss trägt die Reihe dazu bei, Forschungsprozesse über das ephemere Ereignis und die Einzeluntersuchung hinaus zu ermöglichen, Zwischenergebnisse festzuhalten und vergleichende Perspektiven zu öffnen. Wo der erste kleine Band zu Beginn eher spekulativ angelegt war, wurden 2024 mit den Nummern 29 bis 33 gleich fünf Bände als Forschungsoutput publiziert.

THEATER DER KÜNSTE, ZÜRICH: „ATTENTION ARTAUD"
18.6.2008 EINE SÉANCE ZU ANTONIN ARTAUD / IM RAHMEN DER ZÜRCHER FESTSPIELE
MIT: ALICIA AUMÜLLER, DANIELA BRITT, HEIKE MARIANNE GÖTZE, ANNA MÄDER, ANN-KATHRIN STUDER, BENJAMIN MATHIS,
LOU BIHLER, LUKAS KUBIK, THOMAS LUZ, KRUNOSLAV SEBREK, SIMON HELBLING UND
SPECIAL GUEST HANSPETER MÜLLER-DROSSART / REGIE: STEPHAN MÜLLER / TANZ: JOACHIM SCHLOEMER

FOTO: BERNHARD FUCHS, CH-8135 LANGNAU AM ALBIS (MIT NAMENSNENNUNG HONORARFREI)

Attention Artaud

Chronologisch und thematisch gruppiert finden sich all diese Projekte und Aktivitäten in «Die erste Dekade. 10 Years of Artistic Research in den Performing Arts and Film», herausgegeben zum zehnten Jah-

---

32 Siehe eine Auflistung mit allen Links der bisher 33 Titel unter subtexte.ch oder https://blog.zhdk.ch/subtexte/subtexte-19/ [13.07.2024].

restag des IPF als *subTexte* Band 16.[33] Die aus interner Perspektive als goldene Jahre bezeichnete Zeit des Aufbruchs ist darin ausführlich dokumentiert. Das junge Forschungsinstitut lanciert in den zehn Jahren über 60 Projekte und zählt zwischenzeitlich 21 Mitarbeitende. 42 Anträge werden beim Schweizerischen Nationalfonds (SNF) eingereicht und mehr als die Hälfte bewilligt, was 5,8 Mio. CHF und einer Verdoppelung der Grundfinanzierung entspricht.

Dennoch stellen sich dem kleinen Institut viele Fragen. Wie viel *required research*, also bedarfsorientierte Forschung muss, wie viel exploratives Forschen darf, welche Imponderabilien und Unwägbarkeiten sollten noch möglich sein?

Selfie einer Teamsitzung mit (vlnr) Stefan Schöbi, Charlotte Baumgart, Felizitas Ammann, Monika Gysel, Anton Rey. ZH 2008.

2010 deklariert der Rektor Thomas Meier das Dossier Forschung zur Chefsache und erreicht beim Fachhochschulrat die offizielle Akkreditierung des IPF. Insgesamt sei die Forschung bei den Dozierenden zwar noch ungenügend verankert und die Erkenntnisse aus der Forschung würden nur punktuell in die Lehre einfliessen, aber das Engagement aller Beteiligten wird honoriert und der Transfer zwischen Forschung und Lehre sei sichergestellt.

---

33 A. Rey / Y. Schmidt 2018.

Team IPF, Zett Magazin Feb. 2013

Hier ist nicht der Platz, auf alle Projekte einzeln einzugehen. Ein nicht repräsentatives Beispiel sei dennoch erwähnt: *DisAbility on Stage*. Zuerst vom SNF mit der Begründung zu gross und nicht relevant abgelehnt, weisen wir beide Argumente zurück: Warum sollen Kunsthochschulen keine millionenschwere Forschungsprojekte durchführen, wenn die Mittel angemessen und verantwortungsvoll eingesetzt werden? Und wer entscheidet nach welchen Kriterien, was für die Kunstforschung relevant ist? Warum ist 2014 für den SNF Inklusion noch kein Thema? Ein Folgeantrag wird, getarnt als Wiedererwägung, 2015 bewilligt. Zusammen mit dem Theater HORA, der Partnerhochschule Accademia Teatro Dimitri aus Verscio, zwei Schweizer Universitäten und zwölf weiteren internationalen Partner:innen kann die Recherche 2015–2019 durchgeführt werden.

Eigentlich schade, dass wir zu diesem Zeitpunkt wie schon die Jahre zuvor bei der Antragstellung höher gewertet werden, wenn wir den Umweg über die Kooperation mit einer oder mehreren Universitäten wählen. Bei der Durchführung sind diese nicht selten hinderlich oder zumindest auf Standards pochend, die alle Forschenden des IPF aus früheren Studien- oder Promotionszeiten kennen, aber nur partiell für angemessen empfinden. Am IPF werden gerne risikofreudigere Verfahren ausprobiert – explorativer, mit offenem Ende. Ausbildungsintern ermöglicht *DisAbility on Stage* aber die Zusammenarbeit mit dem BA *Contemporary Dance*. Diese wird durch Drittmittel zwar nicht gefördert, erzielt aber die nachhaltigste Wirkung.

Nebst einer langen Reihe wissenschaftlicher Publikationen entsteht ein Schlussbericht in einfacher Sprache:

«In unserer Arbeit haben wir etwas
heraus•gefunden über Kraft.
Über Energie.
Über Behinderung.
Über Grenzen.
Darüber, wie man Grenzen überwindet.
Wir haben mehr verstanden.
Über Kunst.
Und über unser eigenes Denken.
[...]
Aus diesen Forschungs•ergebnissen
können viele Menschen etwas lernen.
Man kann damit weiter•arbeiten.
Sie stehen jetzt im Lehr•Plan.
Das heißt: Studenten und
Studentinnen lernen in ihrer
Ausbildung etwas darüber.
Das macht uns stolz und glücklich.»[34]

3. Verstetigung (2018–2024)

«Es ist, zumindest für Wissenschaftler verblüffend, wie sehr die Künste im Theater, in der Performance, im Tanz, im Roman, im Bild, in der Musik, im Film und im Gedicht Recherche geworden sind» fasst Dirk Baecker die jüngere Entwicklung zusammen.[35]

---

34 «Wer Theater macht, muss verrückt sein. Darum lieben wir es.» Siehe Projektseite *DisAbility on Stage. Exploring the Physical in Performing Arts Practice* auf https://www.zhdk.ch/forschungsprojekt/disability-on-stage-429144 [18.08.2023].

35 Die Künste spenden keinen Trost; NZZ 07.12.2017, 37.

IPF

Die erste Dekade

10 Years of Artistic Research in the Performing Arts and Film

Anton Rey und Yvonne Schmidt (Hg./Eds.)

Theater der Zeit

IPF – Die erste Dekade

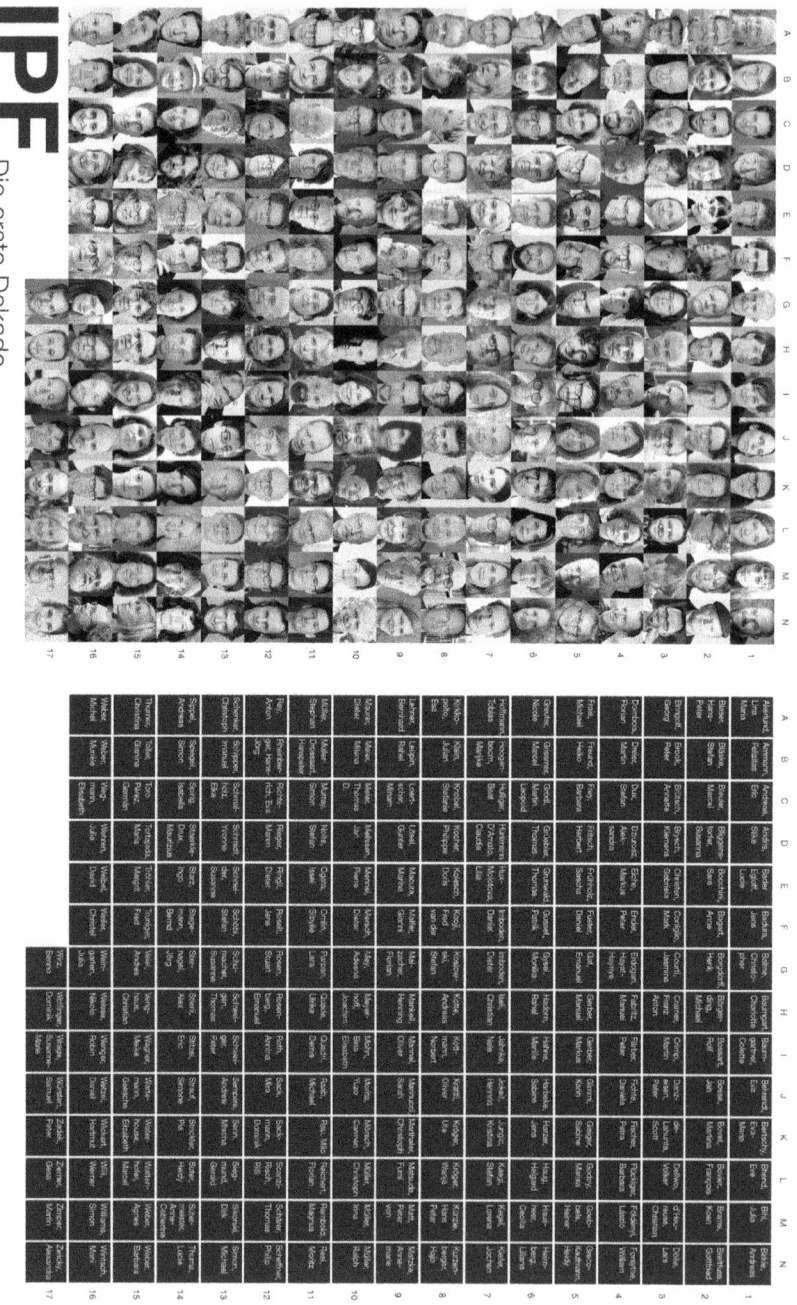

Die Theaterforschung ist in zehn Jahren am IPF von zwei auf 31 Mitarbeitende gewachsen mit insgesamt über 1000 Stellenprozenten. Das ist eine direkte Folge der Drittmittelakquise. Gleichzeitig spiegeln die Jahresberichte einen Paradigmenwechsel von der Projekt- zur Personenförderung. Zu schnelles Wachstum hat seinen Preis, Burnouts vermehren sich im Verhältnis zu den neu aufgegleisten Projekten. 2019 werden noch drei internationale Tagungen durchgeführt, aber diese stehen bereits im Zeichen einer Ressourcenverlagerung hin zur Nachwuchsförderung. Nach all den zumeist durch Einzelinitiativen lancierten Projekten soll endlich etwas gegen den dringend benötigten Mittelbau erreicht und das Feld für die nachfolgenden Generation geebnet werden. Statt Drittmittel für ausgefallene Projekte rücken die disziplinären Ausrichtungen in den Fokus und die neurechtlichen FH-Professorinnen und Professoren in die Pflicht. Welches sind ihre brennenden Fragen, wie lässt sich die Forschung unmittelbar aus der Hochschullehre generieren? Dafür muss endlich auch der offiziell nicht vorhandene forschende Nachwuchs installiert werden, also Doktorierende. Gezwungenermassen, weil den Schweizer FH nach wie vor das Promotionsrecht verweigert wird, binden die Doktorierenden sich an die Theaterforschung via internationale Kooperationen.

Finanziell unterstützt durch die *Swissuniversities*, ein hochschulpolitisches Organ mit projektgebundenen Beiträgen «für innovative Programme und Projekte von gesamtschweizerischer hochschulpolitischer Bedeutung», promovieren am IPF derweilen neun Personen.[36] Für die Jahre 2021–2024 wird so der Aufbau eines 3. Zyklus ermöglicht, um eine Promotionsordnung der Theaterforschung an der ZHdK zu etablieren. Kooperationsprogramme für neun PhD-Kandidat:innen am IPF und weitere zehn Individualpromotionen der rund einhundert aktuellen Promovend:innen der ZHdK, die allesamt den Titel an einer der Partnerhochschulen ausserhalb der Schweiz verteidigen müssen. Die Schweiz, als eines der letzten Länder Europas, verweigert pauschal den Fachhochschulen das Promotionsrecht. Das ist hinderlich, ungerecht und unzeitgemäss. «Gleichwertig, aber andersartig» sollten sie werden. Vergleichbar sind sie geworden, anders auch. Artig nicht, und die Entscheidungsträger fordern Gleichmachung. Was für praktizierende Künstlerinnen und Künstler als forschungsrelevant erscheint, wird noch immer von Theater-, Kunst- und Medienwissenschaftler:innen entschieden. Das wirkt wie ein Verbot von künstlerischer Forschung.

---

36 Siehe https://www.swissuniversities.ch/themen/hochschulpolitik/programme-und-projekte [29.08.2023].

Flyer für drei Tagungen, Herbst 2019.

Der konzeptuelle Stellenwert einer praxisbasierten künstlerischen Forschung ist aber deshalb für die Kunsthochschule wichtig, weil in einer künstlerischen Forschung dezidiert Expert:innen der Herstellung von Kunst, d.h. im Normalfall Künstler:innen, für ihresgleichen forschen. Daraus wird Forschung nicht primär für Zuschauer:innen, Zuhörer:innen, Rezipient:innen, sondern für die Ausübenden, die Schaffenden, die Kreativen – nicht anders eigentlich als Naturwissenschaftler:innen für Naturwissenschaftler:innen forschen, *peers for peers*, publiziert innerhalb und für die jeweilige Community. Alle Forschung hofft auf Relevanz, in zweiter Instanz für alle, in erster für die eigenen disziplinären Wissensbereiche und Expert:innen.

Was passiert, wenn die Kunst nicht mehr nur als Gegenstand der Forschung wahrgenommen wird, sondern, auch unter Einbezug des theaterwissenschaftlichen Kontextes, als eigenständige Perspektive, die mit angemessenen Methoden ihre eigenen Fragen verfolgt? Was, wenn die Ausbildungsstätten für Theaterschaffende ihre Wissenschaftlichkeit etablieren, die körperlich, filmisch, lautmalerisch, etc., und immer künstlerisch erfolgt? Was, wenn tatsächlich vom Mainstream abweichende Fragen gestellt würden, wie Prof. Kotte in seinem 2013 erschienenen Band Theatergeschichte fragt, wenn sich «Differenzbemühungen und Problembewusstsein» für Performer:innen anders auswirken als im Rahmen der Rezeptionsforschung, wenn auch für Kunsthochschulen gilt *Study problems, not periods? Whose problem is yours?*

Während im Normalfall wissenschaftliches Arbeiten einer Standardisierung unterworfen ist, zumal an Universitäten, die sich zu oft von Ermöglichungsräumen zu kontrollierten Wirtschaftsförderern entwickelt haben, wird der Kunst und in speziellem Masse der Bühnenkunst die Erkenntnisgewinnung und facheigene Wissensvermittlung abgesprochen (abgeschrieben sollte hier stehen). Dabei braucht der oder die aufmerksame Betrachtende nur Sinn und Zweck der beiden Ausbildungen zu vergleichen: während die einen im historisch-analytischen Beschreiben mit Blick auf ein Theater nachdenken, produzieren die anderen diese Momente. Kompatibel oder Kombat?

Am Ende ist die Relevanz künstlerischer Forschung wie jede Forschung nicht an ihren Behauptungen, sondern allein an ihren Wirkungen zu beurteilen. Ob die Erkenntnisse als solche rezipiert und angewendet werden, stellt sich erst lange nach deren Veröffentlichung heraus. Welche Bedeutung eine solche Forschung noch erhalten wird, lässt sich schwerlich voraussagen. Ausserhalb der Lehre wird sie wahrgenommen, aber am aktiven, überregionalen Austausch kann noch viel verbessert werden. Ganze Paletten an Themen bleiben zu untersuchen von Inklusion bis Exotismus, *Black Facing, Othering, Voyeurismus, Queer* bis *Fear*, Theaterchöre von Arbeitslosen und Flüchtlingen auf der Bühne. Othello ist auch Othello-Komplex, Wald, Wasser und Wiesen auch Aktion, Migration, Reparation, Kolonisation, das Anthropozän und Triggerwarnungen prallen auf Imagination, auf Partizipation, auf Konzepte, Diskurse und Praktiken der Repräsentation und Präsentation des «Anderen» – im Brennpunkt auch die KI und Avatare, Partner und Plattformen. Die Bühne als Spielraum möglicher und unmöglicher Welten lässt unzählige Identitäten zu, vor wie hinter oder ganz ohne Rampe.

Am Ende, wenn alles gesagt ist, bleibt die Nicht-Reduzierbarkeit von Welt auf Worte, sie heisst Kunst.

Die Theaterforschung des IPF verfolgt neben wortlastiger Beweis- und Überprüfbarkeit nach produktionsästhetisch vermittelbar relevanten Erkenntnissen. Tänzer:innen sprechen mit Körpern, Theaterschaffende mit Gesten, Mimik, Subtexten – mit vielen Gesichtern. «With faces fit for masks, or rather fairer / Than those for preservation cas'd, or shame.» (William Shakespeare, Cymbeline 5.3.21) Auf dem allerersten Flyer des IPF findet sich ein Zitat aus Peter von Matts im IPF Gründungsjahr erschienenen Buch DIE INTRIGE, das sich auf unseren Forschungsbegriff übertragen lässt:

> «Die Kunst, alle Kunst der Welt, ist nichts anderes als eine immer neu geschaffene Möglichkeit, in Bildern, Melodien und Gefühlen zu denken und so die klaffenden Risse, die das Denken in Begriffen übrig lässt, zu schliessen.»[37]

---

37 P. v. Matt 2007, 288.

Bibliografie

Kotte, Andreas (ohne Datum): *Das Theaterspiel und seine Wissenschaft*. In: Theaterwissenschaft an der Universität Bern, Broschüre.

Kotte, Andreas (2013): *Theatergeschichte*. Köln / Weimar / Wien: Böhlau Verlag.

Rellstab, Felix (1998): *Handbuch Theaterspielen. Band 3. Theorien des Theaterspielens. Aristoteles, Shakespeare, Diderot, Kleist, Stanislawski, Brecht, Artaud*. Wädenswil: Verlag Stutz Druck.

Rey, Anton / Schmidt, Yvonne (Hg.) (2018): Die erste Dekade. 10 Years of Artistic Research in the Performing Arts and Film. In: *subTexte* Bd. 16. Berlin / Zürich: Verlag Theater der Zeit.

SAZ (1987): *50 Jahre Schauspiel-Akademie Zürich. 1937–1987. Festschrift zum 50jährigen Jubiläum der Schauspiel-Akademie Zürich (SAZ)*. Hg. von der Genossenschaft Schauspiel-Akademie Zürich.

Schoenmakers, Henri / Bläske, Stefan / Kirchmann, Kay / Ruchatz, Jens (Hg.) (2008): *Theater und Medien/Theatre and the Media. Grundlagen – Analysen – Perspektiven. Eine Bestandsaufnahme*. Bielefeld: Transcript Verlag Bielefeld.

Rey, Anton / Wickert, Hartmut (2012): *75 Jahre Schauspielschule in Zürich – vom Bühnenstudio zur Zürcher Hochschule der Künste*. Zürich.

Theater heute Nr. 5, Mai 2023.

Von Matt, Peter (2007): *Die Intrige*. München: Hanser.

PRISKA GISLER
WOLFRAM HEBERLE

3.

Theaterforschung – Forschung zu, am, mit Theater und den performativen Künsten
Ein Dialog zu ihrer Geschichte an der Hochschule der Künste Bern

Recherche théâtrale – recherche sur, au, avec le théâtre et les arts performatifs
Un dialogue sur leur histoire à la Haute école des arts de Berne

Ricerca teatrale – ricerca sul, nel e con il teatro e le arti performative
Un dialogo sulla loro storia all'*Hochschule der Künste Bern*

99

ZUSAMMENFASSUNG

In einem Dialog zwischen Wolfram Heberle, Studiengangsleiter Theater und Priska Gisler, Leiterin des Instituts Praktiken und Theorien der Künste, beide an der Hochschule der Künste Bern (HKB), werden Erinnerungen an die Entwicklung der Forschung in den performativen Künsten am Institut Praktiken und Theorien der Künste der HBK aufgerufen. Dabei zeigt sich, dass über eine *Tabula Rasa*, die in Bezug auf Forschung an der neu gegründeten Kunsthochschule noch um 2010 herum bestand, kontinuierlich, interdisziplinär und methodisch innovativ ein Weg gesucht wurde, aktuellen und gesellschaftlich relevanten Fragen im Bereich der performativen Künste mittels praxeologischer Ansätze nahe am künstlerischen Tun nachzugehen.

RÉSUMÉ

Dans un dialogue entre Wolfram Heberle, directeur de la filière Théâtre, et Priska Gisler, directrice de l'*Institut Praktiken und Theorien Künste*, les deux à la *Hochschule der Künste Bern* (HKB), les souvenirs de l'évolution de la recherche dans les arts performatifs à l'Institut pratiques et théories des arts de la HKB sont évoqués. Il en ressort qu'au-delà de la *tabula rasa* qui existait encore vers 2010 en ce qui concerne la recherche dans la nouvelle école d'art, on a cherché en permanence, de manière interdisciplinaire et méthodiquement innovante, une manière d'aborder les questions actuelles et socialement pertinentes dans le domaine des arts performatifs au moyen d'approches praxéologiques en proximité de l'activité artistique.

RIASSUNTO

In un dialogo tra Wolfram Heberle, direttore di Studi Teatrali, e Priska Gisler, direttrice dell'*Institut Praktiken und Theorien der Künste*, entrambi presso la *Hochschule der Künste Bern* (HKB), vengono rievocati i ricordi sullo sviluppo della ricerca sulle arti performative presso l'*Institut Praktiken und Theorien der Künste* della HKB. In questo modo si dimostra che, al di là della *tabula rasa* che ancora esisteva in relazione alla ricerca nella neonata accademia d'arte intorno al 2010, si è cercata una modalità continua, interdisciplinare e metodologicamente innovativa per affrontare questioni attuali e socialmente rilevanti nel campo delle arti performative attraverso approcci prasseologici vicini all'attività artistica.

Am Anfang waren Versuche. Miniaturen, Experimente, Proben, die sich Theaterpraktiker:innen, Künstler:innen, Kulturwissenschaftler:innen zu Hilfe nahmen, um über die Künste und mit den Künsten zu forschen.[1] Dies war noch in den frühen 2000er Jahren – erst 2003 ist die Hochschule der Künste Bern aus der Hochschule für Musik und Theater und der Hochschule für Gestaltung, Kunst und Konservierung hervorgegangen. Tastende Selbstversuche wurden weitgehend aus Eigenmitteln der Berner Fachhochschule, der HKB oder aber Anschubtöpfen des Schweizerischen Nationalfonds finanziert. Diese hatten zum Zweck, die Forschung an den neu gegründeten Fachhochschulen – und daher auch an den Kunsthochschulen – überhaupt in Gang zu bringen. Noch gab es an der HKB kaum Forschung, aber in den folgenden Jahren wurde über den Forschungsbegriff anlässlich lokaler, nationaler und internationaler Workshops und Konferenzen vielfältig debattiert und gestritten.[2]

Zur Strukturierung des Lehr- und Forschungsauftrags war für die HKB eine Matrixorganisation implementiert worden: Es standen den Fachbereichen und Studiengängen, die mit Lehre betraut waren, sodann eigenständige Schwerpunkte gegenüber, die sich künftig Forschungen zu «Interpretation», «Kommunikationsdesign», «Materialität» und – in unserem Falle – «Intermedialität» widmen sollten, ohne dabei den inhaltlichen Fokus bereits festzulegen. Zur Idee gehörte es, dass die Forschungsschwerpunkte nicht entlang der künstlerischen Disziplinen bzw. Fachbereiche, sondern quer, transdisziplinär arbeiten würden. Diese Organisationsweise sollte die Forschung aufzubauen helfen, allerdings damals noch mit sehr wenig Personal und kaum Erfahrung, wie Forschung in, mit, durch die Künste aussehen könnte. Dies bedeutete Herausforderung und Freiheit zugleich – auch für Vorhaben in Bezug auf die performativen Künste.

An der Hochschule der Künste Bern, HKB, hiessen denn in der Folge erste Projekte damals noch profan «Schauspielmethodik»[3], oder fantasievoller «EnTrance»[4] und ähnliches. Mit einem neuen

---

1   Zu den entsprechenden Debatten über Begrifflichkeiten der künstlerischen Forschung vgl. Ch. Frayling 1993/94, 1–5; H. Borgdorff 2006, 23–51; F. Dombois et al. 2012.
2   Der Fall war dies nicht zuletzt anlässlich der Gründung von SAR, der *Society of Artistic Research*, die von Florian Dombois, der damals Leiter der Forschung und des Y-Instituts war, tatkräftig vorangetrieben wurde, vgl. dazu z. B. https://en.wikipedia.org/wiki/Society_for_Artistic_Research [18.07.2024]; im gleichen Jahr fand an der ZHdK zudem z. B. die Konferenz *Artistic Research: Evaluation and Canon Formation* statt, vgl. https://www.zhdk.ch/file/live/aa/aab43c374deb9335493d68dd623b4b9689e2ba42/9167.pdf [18.07.2024].
3   Vgl. https://arbor.bfh.ch/9538/1/HKB-Forschung_Jahrbuch-4-2009.pdf [18.07.2024].
4   Vgl. https://www.hkb.bfh.ch/dam/jcr:ee3bb5c3-4097-4c6d-b905-8fcb4ea8f0ef/IM_EnTrance.pdf [18.07.2024].

Fokus auf dokumentarische Verfahren[5] wurde erst zu Beginn der 2010er Jahre eine stärker praxeologische Richtung eingeschlagen. Dies resultierte einige Jahre und zahlreiche Versuche später in einer veränderten Situation. Die Forschung war ernsthafter und ambitionierter geworden. Sie spies sich zunehmend aus eigener Erfahrung, insbesondere aber auch inhaltlich aus aktuellen Fragestellungen der hochschulischen Schauspiel- und aktuellen Theaterpraxis, angetrieben von drängenden gesellschaftlichen Anliegen. Längst spielt sie nennenswerte Fördermittel ein, die vertieftes Arbeiten und langfristige Forschungsprozesse erlauben.

In einem Gespräch sind wir der Geschichte der Forschung zu den performativen Künsten, ihrer Entwicklung und den Highlights an der HKB nachgegangen.

Woran erinnern wir uns, wenn wir uns an die Anfänge der Forschung im und zu den Theaterkünsten erinnern?

WH: Ich erinnere mich gut daran, wie wir damals in Workshops zusammensassen, überlegten, diskutierten, sogar krochen und die verschiedensten Sachen ausprobierten. Das war spannend, es wurde mit grosser Begeisterung gestartet, war aber völlig ergebnisoffen. Vieles davon ist jedoch bald wieder verpufft und hinterliess nur wenig bleibende Spuren. Wir befanden uns in einer Phase der Orientierung, der Suche, fragten nach dem Wie und Was künstlerischer Forschung.

PG: Den Auftakt zu einer engeren Zusammenarbeit zwischen dem Forschungsschwerpunkt Intermedialität, und dem Studiengang Theater bildete das Projekt «Schauspielerisches Praxiswissen»[6], das aufgrund eines Calls der Berner Fachhochschule (BFH) gefördert wurde. Du kamst mit dem Anliegen, in Kooperation mit dem Fachbereich Gesundheit die Kommunikationstrainings von Pflegestudierenden zu untersuchen, in denen professionelle, zum Teil an der HKB ausgebildete, Schauspieler:innen zum Einsatz kommen. Gerade methodisch war dieses Projekt wichtig, als Erfahrung, wie weit man mit ethnographischen Vorgehensweisen gehen kann – und ob bzw. inwiefern es Sinn machen könnte, interdisziplinäres Arbeiten mit einem ande-

---

5 Vgl. https://www.hkb.bfh.ch/dam/jcr:5c4cad1a-26c3-4d73-8d01-f3eb57c3efa5/IM_Dokumentarische_Verfahren.pdf [18.07.2024].

6 Vgl. https://www.bfh.ch/.documents/ris/2014-606.511.848/BFHID-1757519979-9/Poster-Schauspiel.Praxiswissen-2014.pdf [18.07.2024].

ren BFH-Studiengang zu betreiben, einem Forschungsbereich, der üblicherweise mit ganz anderen Ansätzen operiert.

WH: Die Untersuchung der Kommunikationstrainings war auf der Metaebene für uns wichtig, für das Denken. Die Frage war, kann man das wieder in die Anwendung zurückspielen? Uns interessierte aber auch, wo und wie generieren wir als Künstler:innen Wissen durch künstlerische Kompetenzen? Hierfür war die genaue Analyse, nicht nur des schauspielerischen Einsatzes in den Kommunikationstrainings, wichtig, sondern die Art und Weise, wie die Trainer:innen/Schauspieler:innen sodann Feedback geben.[7] Die Situationen, die die Schauspieler:innen hergestellt haben, waren beeindruckend, das war eine grosse Leistung. Wir waren froh, dass es uns gelang, daraus eine entsprechende, erfolgreiche Weiterbildung zu entwickeln.[8]

PG: Am Anfang war für uns an der HKB noch eher unklar, was getan werden sollte, was wir tun wollten bezüglich Forschung. Immer wieder wurde auch in wechselnden Konstellationen die Frage diskutiert, was überhaupt künstlerische Forschung sei, inwiefern bereits eine künstlerische Praxis als forschungsbasiert zu betrachten sei oder ob zu einer Epistemologie von *artistic research* bestimmte Grundprinzipien gehörten. Wir überlegten, wie wir «Forschungskompetenz» verstehen sollten und wollten, wer was kann und was denn unsere Forschungsfragen sein könnten. Am Forschungsschwerpunkt Intermedialität, aus dem später das Institut Praktiken und Theorien der Künste wurde, entschieden wir uns sodann für eine Wendung hin zu praxeologischen, (gesellschafts)theoretisch basierten Ansätzen und der Haltung, dass ein Forschungsprojekt mindestens über die Nennung einer Problemstellung, die Formulierung einer Fragestellung und die Artikulation einer methodischen, gerne experimentellen Vorgehensweise charakterisiert sein sollte.[9]

WH: Das Projekt «Methoden der sprechkünstlerischen Probenarbeit im zeitgenössischen deutschsprachigen Theater»[10], das von Julia Kiesler initiiert und von 2014–17 durchgeführt wurde, war ein erster grösserer Meilenstein in der Verständigung dazu, welche Forschung für uns möglich ist, was wir alles tun können.

---

7 Vgl. z. B. S. Heim et al. 2018, 101–112.
8 Es handelt sich um den CAS «InterActing», der bis heute angeboten wird. Vgl. https://www.hkb.bfh.ch/de/weiterbildung/cas/interacting/ [18.07.2024].
9 Vgl. u.a. A. Reckwitz 2003, 282–301.
10 Vgl. https://data.snf.ch/grants/grant/150201 [18.07.2024].

PG: Ziel war es, methodische Ansätze der Textarbeit, wie sie heute im Theater eingesetzt werden, zu verstehen und für den Unterricht und die Praxis nutzbar zu machen. Gefördert durch den Schweizerischen Nationalfonds (SNF) für vier Jahre, handelte es sich – schliesslich und pragmatisch – um ein sprechwissenschaftliches Projekt mit allerdings sehr konkreten aus der Praxis bezogenen Fragen, Erfahrungen und klar situierten Anwendungsfeldern.[11]

> **WH:** Beide Projekte bedeuteten einen Professionalisierungsschritt für uns nicht nur als lehrendem, sondern – zunehmend auch – als forschendem Fachbereich. Die Zusammenarbeit mit dem «Institut Praktiken und Theorien der Künste» war hierfür ein grosser Vorteil, und gerade auch die Zusammenarbeit mit dir als Soziologin, weil Du eher unerwartete Akzente zu setzen wusstest. Dadurch waren mit den Projekten grössere Brüche – zum Denken und den Gepflogenheiten von Theaterbetrieben und -wissenschaften möglich. Die Herangehensweise hat uns die Chance eröffnet, nicht an die universitäre Theaterwissenschaft anschliessen zu müssen.

PG: Vermutlich hat es Sinn gemacht und war auch innovativ, stärker aus einer praxeologischen Perspektive an Fragen, die aus dem Theater kamen, heranzugehen. Die «Herstellung» von künstlerischen, performativen Arbeiten zu fokussieren, nicht einfach Inszenierungen anzuschauen und zu analysieren, sondern danach zu fragen, auf welchen Herstellungskontexten diese beruhten, wie sie erarbeitet wurden, welche Settings ihnen zugrunde lagen, auf welchen Interaktionen, Materialien, gesellschaftlichen Anliegen sie bauten, war damals für die Schweiz noch eher unüblich. Inspirierend für uns waren in dieser Hinsicht z.B. die Arbeiten und vor allem Arbeitsweisen von Annemarie Matzke und deren Umfeld.[12]

> **WH:** Die Kommunikation zwischen dem Fachbereich und dem Institut hat in diesen Jahren zunehmend besser funktioniert. Wenn interessante Themen, Neues oder Irritierendes aufkam, dann konnten wir das zur Forschung hinüberspielen. Mit Mira Kandathil und damals auch noch Johannes Kram, ihrem Mentor im Studium, konnte die Thematik der Kunstfiguren zunächst in ein HKB-Projekt und sodann sogar in das mehrjährige SNF-Forschungsprojekt «Kunstfiguren. Gestaltungsprozesse fiktiver

---

11 Aus dem Projekt sind u.a. zwei Bände hervorgegangen, eine Monografie aus einer Dissertation und ein Sammelband zu einer thematischen Tagung: J. Kiesler 2019 und J. Kiesler Julia/C. Petermann (Hg.) 2019.

12 Vgl. z.B. A. Matzke 2012.

Identitäten»[13] überführt werden, in dem mit Mira Kandathil als Abgängerin des Masters, Sibylle Heim als wissenschaftliche Mitarbeiterin des Studiengangs Theater und mit Fabiana Senkpiel als Projektleiterin und Mitarbeiterin des IPTKs die transdisziplinäre Kollaboration zwischen den beiden Bereichen noch intensiver wurde.[14]

PG: Tatsächlich war es so, dass das Zurückspielen von Forschungsergebnissen in die Lehre nicht immer gleich gut und einfach gelang. Immerhin war dadurch, dass meist auch Mitarbeitende aus dem Studiengang Theater in Forschungsprojekten beteiligt waren, ein teilweiser Rückfluss des erworbenen Knowhows in die Lehre möglich. Und noch etwas kam dazu: Im Laufe der Zeit wurden verstärkt auch externe Künstler:innen auf unsere Forschung aufmerksam, die vorher wenig mit uns zu tun hatten. So kam z.B. eine Zusammenarbeit mit Liz Waterhouse zustande, die mit einem BA in Physik, einer klassischen Ballettausbildung und als ehemalige Tänzerin bei Ballett Frankfurt/William Forsythe Company hartnäckig und erfolgreich in einem SNF-Projekt den Innen- und Aussenansichten des Langzeitstücks «Duo» von William Forsythe nachging. In einer produktiven Zusammenarbeit mit dem Institut für Theaterwissenschaft bzw. Christina Thurner konnte hierfür das SNF-Projekt «Dancing Together. An Analysis of entrainment and subjectivity in William Forsythe's choreography 'Duo'» durchgeführt werden.[15] Liz Waterhouse schloss dieses Projekt mit einer Dissertation im Rahmen des Doktoratsprogramms SINTA (*Studies in the Arts*) in Kooperation zwischen der Philosophisch-Historischen Fakultät der Universität Bern und der HKB ab.[16] Erfreulich war auch die Weiterführung ähnlicher Fragen durch weitere Dozierende, die im Laufe der Zeit dazustiessen. Innovative Herangehensweisen an Fragen der Theaterproduktion werden zum Beispiel im Projekt «Ästhetiken des Im/Mobilen. Wie Tanz und Theaterperformances reisen»[17] (2022–2026) aufgeworfen.[18] Es wird von Yvonne Schmidt geleitet, die sich institutionellen und kuratorischen Transformationsprozessen zuwendet, während sich Nina Mühlemann als Postdoktorandin in einem Teilprojekt den künstlerischen Praktiken behinderter Künstler:innen widmet. Hier wird von der Beobachtung ausgegangen, dass Kulturinstitutionen auf der Suche

---

13 Vgl. https://data.snf.ch/grants/grant/184859 [18.07.2024].
14 Vgl. F. Senkpiel et al. 2024 und P. Gisler et al. 2017.
15 Vgl. https://data.snf.ch/grants/grant/165770 [18.07.2024].
16 Vgl. E. Waterhouse 2022.
17 Vgl. https://data.snf.ch/grants/grant/200767 [18.07.2024].
18 Vgl. N. Mühlemann et al. 2023; Y. Schmidt 2021; C. Czymoch et al. 2023.

nach neuen Formen sind für die in der Praxis dringliche Frage, wie Tanz- und Theaterproduktionen reisen und zirkulieren können. Auch in diesem – sich stark an der Praxis orientierenden, theaterwissenschaftlichen Vorhaben – spielt die Interdisziplinarität z.B. hinsichtlich methodischer Fragen, ebenso wie der regelmässige Austausch mit den entsprechenden Akteursgruppen eine grosse Rolle.

Es war neben den vielen positiven Ergebnissen mitunter auch herausfordernd, einen Weg zu finden zwischen Ideen und Wünschen von Künstler:innen, in Forschungsprojekten etwas zu realisieren, was ihrer künstlerischen Praxis möglichst nahekommt, und einer Forschungspraxis, die bestimmte Herangehensweisen festlegt und einer gewissen Systematik folgt, damit neue Erkenntnisse benenn- und vermittelbar werden. Immer wieder mussten wir Wege finden, Praxis und Theorie/Methodik auszubalancieren oder miteinander ins Spiel zu bringen, um so dann mit unseren ungewöhnlichen Vorhaben überhaupt Förderungschancen zu haben. Ein Beispiel hierfür ist die doch recht grosse Hürde, Doktorand:innen auszubilden, die eine erfolgreiche Praxis im Kunstbetrieb mitbringen und die sich – nach der Bewilligung eines SNF-Projekts etwa –, in ein forschungsbasiertes Arbeiten hineinwagen, das gewissen Konventionen, Artikulations- und – in unseren institutionellen Konstellationen auch – Schreibpflichten folgt. Die langen Gestaltungshorizonte von mehrjährigen Projekten und einem noch sehr weit entfernten Ziel einer Qualifizierungsarbeit (Dissertation) widerspricht in vieler Hinsicht einer künstlerischen Praxis, die zeitlich viel enger getaktet und von konkreteren Zielen begründet ist.

WH: Das aktuelle Forschungsprojekt «Ästhetisierung von Kriegsgewalt. Eine künstlerisch wissenschaftliche Untersuchung des Einsatzes von Dokumenten in zeitgenössischen Theaterinszenierungen und Performances»[19] scheint mir hierfür aber eine gute Ausgangslage anzubieten. Auch dieses ging wieder vom Anliegen einer Performerin aus, von der Regisseurin sowie Abgängerin des MA *Expanded Theater*, Diana Rojas. Das Vorhaben hat eine klare künstlerische Forschungsfrage, es ist von der Methodik her noch interdisziplinärer aufgegleist. Das Thema ist äusserst aktuell, neben der geplanten Dissertation von Diana Rojas, die an der Universität Hildesheim erfolgen soll, ist ein Teilprojekt mit der Theaterwissenschaftlerin Darija

---

19 Vgl. [18.07.2024]: https://www.bfh.ch/.documents/ris/2023-135.091.771/BFHID-1290978524-3/ IPTK-Ästhetisierung%20von%20Kriegsgewalt-D-A4.pdf, https://data.snf.ch/grants/ grant/208114, https://www.bfh.ch/.documents/ris/2023-135.091.771/BFHID-1290978524-4/ IPTK-Ästhetisierung%20von%20Kriegsgewalt-E-A4.pdf.

Davidović als Postdoktorandin besetzt, und es wird geleitet von dir als Soziologin.

PG: Ja, wichtig ist neben der Auseinandersetzung mit der Darstellung von Kriegsgewalt in den performativen Künsten und der Frage der diesbezüglichen Bedeutung von dokumentarischem Material sicherlich auch dieses Mal wieder eine Vertiefung in methodische Fragen, die Metaebene. Und wir sehen schon jetzt, dass die Bereitschaft, sich auf ein höchst aktuelles, aber äusserst schwieriges Thema einzulassen, damit auch in komplexe gesellschaftliche Diskurse einzutreten, und sich zu getrauen, Debatten anzustossen, aufzugreifen oder zu vertiefen, aber auch einmal etwas falsch machen zu dürfen, vorhanden sein muss.

> **WH:** Es lässt sich heute eine Vielzahl von Arbeiten beobachten, die auf (auto-)biografischen Erzählungen beruhen, was aber oft fehlt, ist eine Analyse der Frage, wie diese individuellen Schicksale mit gesellschaftlichen Strukturen und Diskursen verknüpft sind – und um dem nachgehen zu können, berücksichtigen wir insbesondere den vielfältigen und sehr unterschiedlichen Einsatz von dokumentarischem Material. Gerade die Fragen nach dem non-fiktionalen, nach dem, was und wie Theater 'dokumentiert', die Nutzung von Dokumenten, ausgehend von realen Situationen, sind vor diesem Hintergrund nicht neu, aber wieder brisant. Wir versuchen dem nachzugehen, wir gehen in einen Zwischenraum, bearbeiten die Feststellung, dass Theater dokumentarisch sein kann, aus dem Leben erzählt, aber dann auch montiert und manipuliert ist.

Welches waren die interessanten Themen, die Highlights, die wichtigsten Erkenntnisse... und weshalb?

> **WH:** Das Highlight war, dass die Projekte gut funktioniert haben, dass sie Ergebnisse produzierten, die wieder in die Praxis einfliessen konnten, z. B. in die Sprecharbeit u.a.m. Uns schien es aus einer anwendungsnahen Perspektive hilfreicher, die konkrete Theaterpraxis zu untersuchen, die unseren Ausbildungskontext abbildet. Ich schätze deshalb auch Fragen darüber, wie künstlerische Praxis – jenseits wissenschaftlicher Methoden – Wissen generiert und wie die entsprechenden Erkenntnisse wiederum unterschiedlichsten Personen zugänglich

gemacht werden können und halte die Diskussionen dazu für zentral. Auch die Auseinandersetzung mit aktuellen Theaterformen, den Praktiken, Materialien und dokumentarischen Vorgehensweisen von Theaterschaffenden bzw. deren Wellenbewegungen und Karrieren, ist äusserst fruchtbar und kann, z.B. in der Zusammenarbeit mit Lola Arias wieder bei uns in die Lehre einfliessen.

PG: Um etwas von und über die Praxis zu verstehen, braucht es auch ein Eintauchen in ebendiese. Der Soziologe Pierre Bourdieu behauptete einmal, dass Praktiker:innen, die sich in die Reflexion begeben, keine mehr sein könnten und zu Theoretiker:innen würden. Unsere Projekte sind der Idee und der Bemühung gewidmet, profundes Wissen zu erarbeiten und zu artikulieren, ein Wissen im Sinne theoriepraktischer Erfahrung, die sich dafür eignet, diese Praxis besser zu verstehen.[20] Dafür versuchen wir bis heute, geeignete Methoden zu entwickeln. Diese sind in verschiedenen Projekten ein Thema und hierfür tauschen wir uns auch immer wieder aus – z.B. mit dem regelmässig stattfindenden Kolloquium. Im Rückblick auf die vergangenen bald 15 Jahre bleibt es deshalb für mich ein Highlight, dass sich unsere Forschungsvorhaben als förderungsfähig erwiesen – sehr häufig durch den Schweizerischen Nationalfonds. Und ja, das bedeutete natürlich auch, dass wir uns wissenschaftlichen Begutachtungsprozessen unterwerfen mussten, die daraus bestanden – so würde ich es lesen – eine konkrete Fragestellung zu formulieren, sich in einer Forschungslandschaft zu positionieren, und ein konkretes Vorgehen wenigstens vage zu skizzieren. Dies erlaubte uns schlussendlich auch, die erdachten Ideen und Vorhaben umzusetzen und wir konnten ausprobieren, wie unterschiedliche künstlerische, künstlerisch-forschende und auch wissenschaftliche Haltungen in Dialog kommen, sich gegenseitig befruchten können.

WH: Ich denke, dass in dieser Hinsicht z.B. das Projekt zu den «Sprechkünsten» von Julia Kiesler grossen Impact auf die Community der Sprechwissenschaften im deutschsprachigen Raum hatte. Als Sprechdozentin und in beratender Funktion konnte sie sich mit ihrer Dissertation profilieren. Sie entwickelt nun noch stärker in Projekten ihre eigenen Ideen und Konzepte, arbeitet in unterschiedlichen Kontexten chorisch, offener, bereitet Spieler:innen auf verschiedene Formate vor. Sie ist inzwischen ein gefragter Sprechcoach an verschiedenen Thea-

---

20 Vgl. z.B. P. Bourdieu 1987.

tern. Die Vernetzungen in diesem Projekt waren ausgezeichnet, sie haben auch für das Sprechen in der Lehre etwas gebracht. Schliesslich waren alle genannten Projekte auch in der Wahrnehmung des Fachbereichs Theater der HKB wichtig. Sie wurden sehr weit rezipiert, in der Theaterlandschaft wurden sie wahrgenommen. Ich bin froh, dass wir die Frechheit hatten, Grenzen auszuloten und insbesondere die Initiant:innen sich nicht ausbremsen liessen.

PG: Genau. Dass wir uns trauten, mit Vorgehensweisen und Fragestellungen anzukommen, die zunächst eher auf Widerstand stiessen oder als unrealistisch empfunden wurden.

WH: Vieles war nicht Mainstream, das war toll. Mit den Forschungen zu Sprechkünsten, Kunstfiguren, Praxiswissen, aktuell auch zu Im/Mobilitäten in der Erarbeitung und Zirkulation von Stücken, schliesslich zu Kriegsgewalt haben wir Neuland gewagt. Und die Projekte waren intrinsisch, aus der Praxis motiviert, weil wir von Themen ausgingen, die uns aufgefallen sind und nicht auf Themenwellen der Theaterwissenschaft und des Schauspiels geritten sind. Wir waren immer froh über Leute, die unkonventionelle Inhalte in die Schule reinschleppten.

Bibliografie

Borgdorff, Henk (2006): Die Debatte über Forschung in der Kunst. In: *SubTexte 03. Künstlerische Forschung. Positionen und Perspektiven*. Zürich, 23–51.

Bourdieu, Pierre (1987): *Sozialer Sinn. Kritik der theoretischen Vernunft*. Frankfurt am Main: Suhrkamp.

Czymoch, C. / Maguire-Rosier K. / Schmidt, Yvonne (eds.) (2023): *How does disability performance travel? Disability, Performance, and Internationalization in a post-digital age*. In: Routledge Series in Equity, Diversity, and Inclusion.

Dombois, Florian / Mareis, Claudia / Bauer, Ute-Meta / Schwab, Michael (2012): *Intellectual Birdhouse. Artistic Practice as Research*. Köln: Walter König.

Frayling, Christopher (1993/1994): *Research in Art and Design*. In: *Royal College of Arts Research Papers*, Vol. 1, No. 1.

Gisler, Priska / Marshal, Maria aka Kandathil, Maria-Theresia (2017): Die Kunstfigur als interferierendes Identitätskonstrukt zwischen Kunst und Wissenschaft (mit Dialog ohne Schnittstelle). In: Ingrisch, Doris / Mangelsdorf Marion / Dressel, Gert (Hg.): *Wissenskulturen im Dialog. Experimenalräume zwischen Wissenschaft und Kunst*. Bielefeld: transcript.

Heim, Sibylle / Gisler, Priska / Heberle, Wolfram / Lichtensteiger, Stephan / Matt Robert, Sibylle / Metzenthin, Petra / Watzek, Dörte (2018): Schauspielkunst – oder die Fähigkeit, etwas als «echt» erscheinen zu lassen.

In: *Simulationspatienten. Handbuch für die Aus- und Weiterbildung in medizinischen und Gesundheitsberufen.* Bern: Hogrefe Verlag, 101–112.

Kiesler, Julia (2019): *Der performative Umgang mit dem Text. Ansätze sprechkünstlerischer Probenarbeit im zeitgenössischen Theater.* Berlin: Verlag Theater der Zeit.

Kiesler, Julia / Petermann, Claudia (Hg.) (2019): *Praktiken des Sprechens im zeitgenössischen Theater.* Berlin: Verlag Theater der Zeit.

Matzke, Annemarie (2012): *Arbeit am Theater. Eine Diskursgeschichte der Probe.* Bielefeld: Transcript.

Mühlemann, Nina / Widmer, Celestia / Schmidt, Yvonne (2023): Cripping hybrid futures. In: *International Journal of Performance Arts and Digital Media.* DOI: 10.1080/14794713.2022.2162279.

Reckwitz, Andreas (2003): Grundelemente einer Theorie sozialer Praktiken: Eine sozialtheoretische Perspektive. In: *Zeitschrift für Soziologie*, Vol. 32, No 4, 282–301.

Schmidt, Y. (2021): Ästhetiken des Im/mobilen. In: Buchberger, J. / Kohn, P. / Reininger, M. (ed.): *Radikale Wirklichkeiten. Festivalarbeit als performatives Handeln.* Bielefeld: Transcript.

Senkpiel, Fabiana / Heim, Sibylle / Kandathil, Mira (2024): *Kunstfiguren: Ästhetische Strategien und performative Praktiken von künstlerisch gestalteten Identitäten.* Berlin / Boston: De Gruyter; https://doi.org/10.1515/9783110779202 [18.07.2024].

Waterhouse, Elizabeth (2022): *Processing Choreography. Thinking with William Forsythe's Duo.* Bielefeld: Transcript; https://www.transcript-publishing.com/media/pdf/2e/f6/2a/oa9783839455883AsAgW1r4GIU6f.pdf [18.07.2024].

La Suisse romande

Michael Groneberg

I.

La recherche en études théâtrales en Suisse romande – Introduction

La ricerca sul teatro nella Svizzera francese – Introduzione

Die Forschung in Theaterwissenschaft in der Westschweiz – Einleitung

Michael Groneberg

La recherche en études théâtrales en Suisse romande – Introduction

Comme en Suisse alémanique, où les études théâtrales sont étroitement liées à celles dans les pays germanophones, celles en Suisse romande sont proches des pays francophones, notamment de la France. La structure de ce chapitre est donc analogue à celle sur la Suisse alémanique : Marie-Madeleine Mervant-Roux nous retrace d'abord l'évolution des études théâtrales en France – en contraste avec le développement en Allemagne. Sur cet arrière-fonds, Éric Eigenmann et Danielle Chaperon se partagent la tâche de résumer la situation de la recherche universitaire sur le théâtre et la dramaturgie en Suisse romande. Elle est caractérisée par l'absence d'un département pour cette discipline aux universités où les études sur le théâtre étaient principalement menées dans les départements de littérature française. *L'Histoire de la dramaturgie*, introduite en 1965 à l'Université de Genève comme filière d'études, et restant la seule jusqu'en 2013, s'est limitée, en bon héritier d'Aristote, à thématiser le drame entre auteur et lecteur.

Le texto-centrisme en Suisse romande a finalement été surmonté par Béatrice Perregaux, figure de proue de la mise en place d'études théâtrales dignes de ce nom, en intégrant la réflexion sur les représentations scéniques et les exercices pratiques dans son enseignement de la dramaturgie et de l'histoire du théâtre, ce qu'elle faisait à Genève entre 1976 et 1998 (année de sa mort) dans une perspective comparative entre les traditions dramaturgiques françaises et allemandes. Il a néanmoins fallu attendre les apports de la génération de ses élèves pour sortir définitivement du texto-centrisme en ce début du XXIᵉ siècle.

La littérature française n'est pas la seule représentée dans les universités romandes, et dans les sections allant de l'espagnol au russe, en passant par l'italien, l'allemand et l'anglais, le grec, le latin et le sanskrit, on trouve des recherches sur l'opéra italien, le théâtre élisabéthain etc. et bien sûr aussi des recherches sur les théories du théâtre, si c'est la *Poétique* d'Aristote ou le *Nâtya-shâstra* indien.

Parallèlement, des recherches dramaturgiques ont également été menées dans les théâtres, et enseignées dans les écoles professionnelles. L'histoire de ces écoles est marquée par l'ouverture de la Manufacture en 2003, d'abord désignée comme Haute École romande de théâtre, et donc identifié comme l'établissement public destiné à toute la Suisse romande, accompagnée de la fermeture des écoles cantonales de Lausanne et Genève en 2004. Que ce soit à la Manufacture ou dans les deux écoles privées, les Teintureries à Lausanne et Serge Martin à Genève – qui ferment également leurs portes actuellement, à la grande inquiétude de tous les ami.e.s du théâtre –, les apports théoriques, analytiques et critiques en dramaturgie sont souvent disposés par des intervenant.e.s universitaires.

Il serait toutefois réducteur d'aborder les études théâtrales uniquement sous l'angle des littératures, de la dramaturgie, de l'histoire du théâtre et de la formation des professionnel.le.s de la scène. Le Centre d'Études théâtrales (CET), fondé récemment à l'université de Lausanne, le montre bien, car s'il est composé certes d'une multitude de littératures, il reçoit un support non négligeable des sciences de l'Antiquité, de l'histoire, de la philosophie et des études cinématographiques, qui mènent toutes, à leur manière, des recherches sur le théâtre ou sa théorisation, souvent liées avec la pratique – soit par la préparation de mises en scène avec les étudiant.e.s, soit par des projets de recherche communs avec les professionnel.le.s de la scène.

L'histoire et le fonctionnement du CET sont décrits par Danielle Chaperon, qui a été la cheville ouvrière de la création du Master en Études théâtrales, puis du CET et qui a développé depuis des années des relations intenses avec la Manufacture, située sur le chemin de la gare à l'université de Lausanne. Ces échanges réguliers sont même institutionnalisés, ce que l'on ne peut pas dire des contacts que la section de philosophie a noué avec l'Accademia Dimitri et des praticiens et/ou philosophes comme Denis Guénoun à Paris, Esa Kirkkopelto en Finlande ou Anatoli Vassiliev à Moscou, autour d'une série de colloques et publications.

Des exemples de recherches menées à la Manufacture, y compris en collaboration avec des universités, sont décrits par Yvane Chapuis dans sa contribution, qui présente quatre projets de recherche, distingués en analyse de pratiques et recherche-création – ce terme intraduisible qui nous vient du Québec est conservé en original dans les textes en allemand et en italien de ce volume. La contribution de Chapuis met en évidence les similitudes avec ce qui se fait ailleurs en Suisse aux Hautes Écoles d'art, mais aussi la forte présence de la danse dans la recherche dans le domaine des arts de la scène, le fort potentiel transdisciplinaire et, de manière générale, l'énorme variation des dispositifs de recherche et des modes de présentation, qui va bien au-delà de ce que l'on imagine habituellement sous le terme de « théâtre », « scène » ou « jeu ».

La ricerca sul teatro nella Svizzera francese – Introduzione

Come nella Svizzera tedesca, dove gli studi teatrali sono strettamente legati a quelli dei Paesi di lingua tedesca, anche nella Svizzera francese gli studi teatrali si legano fortemente a quelli dei Paesi di lingua francese, in particolare della Francia. La struttura di questo capitolo è quindi simile a quella dell'introduzione sulla Svizzera tedesca: Marie-Madeleine Mervant-Roux inizia tracciando lo sviluppo degli studi teatrali in Francia – in contrasto con lo sviluppo in Germania. Su questo sfondo, Éric Eigenmann e Danielle Chaperon si dividono il compito di riassumere lo stato della ricerca universitaria sul teatro e la drammaturgia nella Svizzera francese. La situazione è caratterizzata dall'assenza di un dipartimento per questa disciplina nelle università, dove gli studi teatrali sono stati condotti principalmente nei dipartimenti di letteratura francese. La *Storia della drammaturgia*, introdotta all'Università di Ginevra nel 1965 e rimasta l'unico corso di studi in questo ambito fino al 2013, si limitava, in linea con l'eredità di Aristotele, alla tematizzazione del dramma nelle dinamiche tra autore e lettore.

La tendenza alla centralità del testo nella Svizzera francese è stata infine superata da Béatrice Perregaux, figura di spicco nella creazione di studi teatrali degni di questo nome, integrando la riflessione sulle rappresentazioni sceniche e le esercitazioni pratiche nel suo insegnamento di drammaturgia e storia del teatro, che ha svolto a Ginevra tra il 1976 e il 1998 (anno della sua morte), in una prospettiva comparativa tra le tradizioni drammaturgiche francese e tedesca. Tuttavia, abbiamo dovuto attendere i contributi della generazione dei suoi studenti prima di poter abbandonare definitivamente il «testo-centrismo» all'inizio del XXI secolo.

La letteratura francese non è l'unica rappresentata nelle università della Svizzera francese, e nelle sezioni che vanno dallo spagnolo al russo, passando per l'italiano, il tedesco e l'inglese, il greco, il latino e il sanscrito, ci sono ricerche sull'opera italiana, sul teatro elisabettiano, ecc. e naturalmente anche ricerche sulle teorie del teatro, che si tratti della *Poetica* di Aristotele o del *Nāṭyaśāstra* indiano.

Allo stesso tempo, la ricerca sulla drammaturgia è stata condotta anche nei teatri e insegnata nelle scuole professionali. La storia di queste scuole è segnata dall'apertura de *La Manufacture* nel 2003, inizialmente designata come *Haute École romande de théâtre* e quindi identificata come istituto pubblico di riferimento per tutta la Svizzera francese, che è accompagnata dalla chiusura delle scuole cantonali di Losanna e Ginevra nel 2004. Sia a *La Manufacture* che nelle due scuole pubbliche, *Les Teintureries* di Losanna e *Serge Martin* di Ginevra – che stanno anch'esse chiudendo i battenti, con grande preoccupazione di tutte/i le/gli appassionate/i di teatro – i contributi teorici, analitici e critici alla drammaturgia sono spesso forniti da docenti universitari/e.

Tuttavia, sarebbe semplicistico affrontare gli studi teatrali solo dal punto di vista della letteratura, della drammaturgia, della storia del teatro e della formazione delle/dei professioniste/i del teatro. Il *Centre d'Études théâtrales* (CET), recentemente fondato presso l'Università di Losanna, ne è un buon esempio, perché se da un lato è certamente composto da una moltitudine di letterature, dall'altro riceve un sostegno significativo dagli studi sull'antichità, dalla storia, dalla filosofia e dagli studi sul cinema che, a loro modo, portano avanti ricerche sul teatro o sulla sua teorizzazione, spesso collegate alla pratica – sia attraverso la preparazione di messe in scena con le/gli studenti, sia attraverso progetti di ricerca congiunti con professioniste/i del teatro.

La storia e il funzionamento del CET sono descritti da Danielle Chaperon, che è stata la forza trainante della creazione del Master in Studi teatrali e poi del CET, e che nel corso degli anni ha sviluppato stretti legami con la *Manufacture*, situata sulla via che dalla stazione porta all'Università di Losanna. Questi scambi regolari sono stati addirittura istituzionalizzati, cosa che non si può dire dei contatti che la sezione di filosofia ha stabilito con l'Accademia Dimitri e con professionisti e/o filosofi come Denis Guénoun a Parigi, Esa Kirkkopelto in Finlandia o Anatoli Vassiliev a Mosca, attraverso una serie di colloqui e pubblicazioni.

Esempi di ricerche condotte alla *Manufacture*, anche in collaborazione con le università, sono descritti da Yvane Chapuis nel suo contributo, che presenta quattro progetti di ricerca, distinti come analisi delle pratiche e *recherche-création* («ricerca-creazione») – questo termine intraducibile, che ci arriva dal Québec, è conservato nella sua forma originale nei testi tedesco e italiano di questo volume. Il contributo di Chapuis mette in evidenza le analogie con quanto si fa altrove in Svizzera nei licei artistici, ma anche la forte presenza della danza nella ricerca sulle arti performative, il forte potenziale transdisciplinare e, in generale, l'enorme variazione nelle impostazioni della ricerca e nei metodi di presentazione, che va ben oltre ciò che di solito si immagina con i termini «teatro», «palcoscenico» o «spettacolo».

Die Forschung in Theaterwissenschaft in der Westschweiz – Einleitung

Wie in der Deutschschweiz, wo die Theaterwissenschaft eng mit derjenigen in den deutschsprachigen Ländern verbunden ist, steht die Theaterwissenschaft in der Westschweiz den französischsprachigen Ländern nahe, insbesondere dem grossen Nachbarland Frankreich. Der Aufbau dieses Kapitels ist daher analog zum Kapitel über die Deutschschweiz: Marie-Madeleine Mervant-Roux zeichnet uns zunächst die Entwicklung der Theaterwissenschaft in Frankreich – im Kontrast zur Entwicklung in Deutschland. Vor diesem Hintergrund teilen sich Eric Eigenmann und Danielle Chaperon die Aufgabe, die Situation der universitären Forschung zu Theater und Dramaturgie in der Westschweiz zu resümieren. Diese war dadurch gekennzeichnet, dass es an den Universitäten, an denen die Theaterstudien vorwiegend in den Abteilungen für französische Literatur durchgeführt wurden, keine eigene Abteilung für dieses Fach gab. *Die Geschichte der Dramaturgie*, die 1965 an der Universität Genf als Studiengang eingeführt wurde und bis 2013 der einzige blieb, beschränkte sich in «guter» Nachfolge von Aristoteles darauf, das Drama zwischen Autor:in und Leser:in zu thematisieren.

Der Textzentrismus in der Westschweiz wurde schliesslich von Béatrice Perregaux überwunden, einer Leitfigur für die Einrichtung von Theaterstudien, die diese Bezeichnung verdienten, indem sie die Reflexion von szenischen Darstellungen und praktische Übungen in ihren Unterricht in Dramaturgie und Theatergeschichte integrierte, und zwar in Genf zwischen 1976 und 1998 (ihrem Todesjahr) in einer vergleichenden Perspektive zwischen französischen und deutschen Dramaturgietraditionen. Dennoch musste man auf die Beiträge der

Generation ihrer Schüler:innen warten, um zu Beginn des 21. Jahrhunderts endgültig vom Textzentrismus wegzukommen.

Die französische Literatur ist nicht die einzige, die an den Westschweizer Universitäten vertreten ist, und in den Abteilungen von Spanisch bis Russisch, über Italienisch, Deutsch und Englisch bis hin zu Griechisch, Latein und Sanskrit findet man Forschungen zur italienischen Oper, zum elisabethanischen Theater usw. und natürlich Forschungen zu Theorien des Theaters, ob es sich dabei um die *Poetik* des Aristoteles oder das indische *Natya Shastra* handelt.

Parallel dazu wurden dramaturgische Forschungen auch an den Theatern durchgeführt und an den professionellen Schulen gelehrt. Die Geschichte dieser Schulen ist geprägt von der Eröffnung der *Manufacture* im Jahr 2003, zunächst als *Haute École romande de théâtre* bezeichnet und damit als *die* staatliche Einrichtung für die gesamte Westschweiz ausgewiesen, begleitet von der Schliessung der kantonalen Schulen in Lausanne und Genf im Jahr 2004. Sowohl an der *Manufacture* als auch an den beiden Privatschulen, *Les Teintureries* in Lausanne und *Serge Martin* in Genf – die gegenwärtig ebenfalls, zur grossen Besorgnis aller Freund:innen des Theaters, ihre Tore schliessen –, werden die theoretischen, analytischen und kritischen Beiträge zur Dramaturgie häufig von universitären Dozierenden vermittelt.

Es wäre jedoch zu kurz gegriffen, die Theaterwissenschaft nur aus der Perspektive der Literaturen, der Dramaturgie, der Theatergeschichte und der Ausbildung von Bühnenfachleuten zu betrachten. Das kürzlich gegründete *Centre d'Études théâtrales* (CET) an der Universität Lausanne macht dies deutlich, da es sich zwar aus einer Vielzahl von Literaturen zusammensetzt, aber einen nicht zu unterschätzenden Beitrag erhält von den Altertumswissenschaften, der Geschichte, der Philosophie und den Filmwissenschaften, die alle auf ihre unterschiedliche Art und Weise Forschung über das Theater oder seine Theoriebildung betreiben, welche oft mit Praxis verbunden ist – entweder durch die Vorbereitung von Inszenierungen mit den Studierenden oder in gemeinsamen Forschungsprojekten mit den Bühnenprofis.

Die Geschichte und Funktionsweise des CET wird von Danielle Chaperon beschrieben, die die treibende Kraft hinter der Gründung des Masterstudiengangs in Theaterwissenschaften und später des CET war und seit Jahren intensive Beziehungen zur *Manufacture*, die sich auf dem Weg vom Bahnhof zur Universität Lausanne befindet, aufgebaut hat. Dieser regelmässige Austausch ist sogar institutionalisiert, was man von den Kontakten, die die Sektion für Philosophie mit der Accademia Dimitri und Praktikern und/oder Philosophen wie Denis Guénoun in Paris, Esa Kirkkopelto in Finnland oder Anatoli Vassiliev in Moskau im Rahmen einer Reihe von Kolloquien und Veröffentlichungen geknüpft hat, nicht behaupten kann.

Beispiele für die an der *Manufacture* durchgeführten Forschungsarbeiten, einschliesslich der Zusammenarbeit mit Universitäten, beschreibt Yvane Chapuis in ihrem Beitrag, der vier Forschungsprojekte vorstellt, unterschieden in Praxisanalyse und recherche-création – dieser unübersetzbare Begriff aus Québec wird in den deutschen und italienischen Texten in diesem Band beibehalten. Chapuis' Beitrag macht die Ähnlichkeiten mit dem deutlich, was anderswo in der Schweiz an den Kunsthochschulen geschieht, aber auch die starke Präsenz des Tanzes in der Forschung im Bereich der darstellenden Künste, das hohe transdisziplinäre Potenzial und generell eine enorme Variation der Forschungsdispositive und Präsentationsweisen, die weit über das hinausgeht, was man sich normalerweise unter dem Begriff «Theater», «Bühne» oder «Spiel» vorstellt.

MARIE-MADELEINE MERVANT-ROUX

II.

La genèse des études théâtrales en France : du récit mythique de fondation à l'histoire longue et discontinue d'une matrice disciplinaire

La genesi degli studi teatrali in Francia: dalla mitica storia di fondazione alla lunga e discontinua storia di una matrice disciplinare

Die Entstehung der Theaterwissenschaft in Frankreich: vom Gründungsmythos zur langen und diskontinuierlichen Geschichte der Matrix eines Fachbereichs

125

elon le grand récit longtemps tenu pour vrai dans la sphère des Études théâtrales françaises, celles-ci seraient nées à la fin des années 1950 d'une séparation tranchée et libératrice d'avec les Études littéraires. La recherche menée depuis 2013 par des chercheurs des deux disciplines a montré que leur genèse avait été très longue, complexe et discontinue, remettant ainsi en question l'opposition elle aussi largement admise entre une *Theaterwissenschaft* remarquablement pionnière, attentive dès les années 20 aux réalités scéniques, et une théâtrologie s'extirpant péniblement, avec trente ans de retard, du textocentrisme national. Si les deux histoires sont objectivement différentes, leurs études gagneraient à être finement connectées. La Suisse multilingue apparaît aujourd'hui comme un espace favorable à une telle entreprise, qui devrait s'inscrire dans un cadre européen.

RIASSUNTO

Secondo la grande narrazione a lungo ritenuta vera nell'ambito degli studi teatrali francesi, questi sono nati alla fine degli anni Cinquanta da una separazione netta e liberatoria dagli studi letterari. Le ricerche condotte a partire dal 2013 da studiosi di entrambe le discipline hanno dimostrato che la loro genesi è stata molto più lunga, complessa e discontinua, mettendo così in discussione l'opposizione ampiamente accettata tra una *Theaterwissenschaft* tedesca straordinariamente pionieristica, attenta alle realtà del palcoscenico a partire dagli anni Venti, e una teatrologia francese che si sta faticosamente affrancando, con trent'anni di ritardo, dal testocentrismo nazionale. Sebbene le due storie siano oggettivamente diverse, i loro studi trarrebbero vantaggio dall'essere finemente collegati. La Svizzera plurilingue sembra ora essere un luogo favorevole per un'impresa di questo tipo, che dovrebbe inserirsi in un quadro europeo.

ZUSAMMENFASSUNG

Gemäss der grossen Erzählung, die in der Sphäre der französischen Theaterwissenschaft lange Zeit als wahr galt, seien diese Ende der 1950er Jahre aus einer scharfen und befreienden Trennung von den Literaturwissenschaften hervorgegangen. Die seit 2013 in beiden Disziplinen durchgeführte Forschung hat jedoch gezeigt, dass ihre Entstehung sehr langwierig, komplex und diskontinuierlich war. Damit wurde der ebenfalls weithin akzeptierte Gegensatz zwischen einer bemerkenswert bahnbrechenden deutschsprachigen Theaterwissenschaft, die seit den 1920er Jahren den Bühnenrealitäten Aufmerksamkeit schenkte, und einer französischen Theatrologie, die sich mühsam und mit dreissigjähriger Verspätung aus dem nationalen Textzentrismus befreite, in Frage gestellt. Auch wenn die beiden Geschichten objektiv verschieden sind, würden ihre Studien davon profitieren, wenn sie feinfühlig miteinander verbunden würden. Die mehrsprachige Schweiz scheint heute ein günstiger Raum für ein solches Unterfangen zu sein, das in einen europäischen Rahmen eingebettet sein sollte.

Le texte que vous allez lire reprend pour l'essentiel, en le complétant sur plusieurs points, l'exposé effectué au colloque inaugural du Centre d'études théâtrales (CET) de la faculté des Lettres de l'Université de Lausanne en novembre 2021, lors d'une séance où des collègues de Berne[1] avaient à leur tour expliqué comment la discipline théâtrologique (*Theaterwissenschaft*) s'était développée au sein de leur université, dans un contexte socio-politique et culturel très différent du contexte français. Cette séance, comme l'ensemble du colloque, montrait quel carrefour pouvait être la Suisse pour des spécialistes en arts du spectacle germanophones et francophones qui ne communiquent quasiment jamais. Le texte qui suit voudrait contribuer à la prolongation de l'échange ainsi amorcé.

Mon exposé, il convient de le rappeler, constituait la seconde partie d'une intervention à deux voix, la première partie ayant été assurée par Jeanyves Guérin, professeur émérite de littérature à l'université Sorbonne Nouvelle-Paris 3, aujourd'hui Sorbonne Nouvelle. Nous tenions beaucoup à ce duo disciplinaire, qui possédait en lui-même une forte charge symbolique, et même humoristique, puisque l'ouvrage qui avait suscité l'intérêt des organisatrices du colloque, *Genèses des études théâtrales en France – XIXᵉ-XXᵉ siècles*,[2] paru en 2019 (désormais *Genèses*), avait été conçu et réalisé par des « ennemis historiques », du moins aux yeux d'un bon nombre de spécialistes de théâtre : deux « littéraires » (Jeanyves Guérin et Catherine Brun, elle aussi spécialiste de littérature à Paris 3) avaient coopéré avec une « théâtrologue » (moi-même). Les rires de l'auditoire lausannois à l'énoncé de cette précision montraient que nous touchions à un sujet sérieux… plus sérieux même que ce que nos auditeurs imaginaient. Nous avions en effet été amenés à penser qu'il existait un lien direct entre l'absence totale en France – jusqu'à notre recherche récente –, de travaux sur l'histoire des Études théâtrales et l'entretien par les théâtrologues d'un grand récit, rarement exposé en termes clairs, selon lequel la naissance de la discipline se serait effectuée « par séparation nette et libératrice d'avec les études littéraires, la théâtralité étant à peu près définie comme tout ce qui n'est pas le

---

1 Beate Hochholdinger-Reiterer et (en vidéo) Andreas Kotte. Cf. leurs contributions dans ce volume.

2 C. Brun / J. Guérin / M.-M. Mervant-Roux 2019. Nous distinguons dans l'ouvrage les études théâtrales au sens large (celles qui portent sur le théâtre, quelle que soit l'appartenance disciplinaire de l'auteur) et les Études théâtrales (avec une majuscule), discipline universitaire créée officiellement sous ce nom à la fin des années 1950. Le terme « théâtrologie », plus proche de « *Theaterwissenschaft* », désigne le champ de recherche. Il est surtout utilisé par les chercheurs du CNRS (Centre national de la recherche scientifique).

texte »[3]. La fragilité de ce récit, qui installait une fracture durable à l'intérieur des études théâtrales au sens large, m'était apparue en 2006, à l'occasion d'une première et rapide exploration personnelle des archives universitaires, limitée à la décennie 1950–1960, qui avait vu la création du premier Institut d'études théâtrales (en 1959).[4]

> « [C]e qui se produit, avais-je conclu, n'est pas du tout le passage simple, linéaire, d'une définition du théâtre comme texte à une définition fondée sur la notion de mise en scène ».

Pour commencer,

> « il n'y avait pas eu, en France, *une* genèse des études théâtrales, mais *deux*, la première à la Sorbonne, la seconde au CNRS, et [...] dans aucun des cas on ne pouvait rendre compte du processus réel en évoquant une ‹ émancipation › par rapport à l'étude de la littérature [...]. D'abord parce que les dimensions non textuelles du théâtre, qui avaient depuis longtemps gagné en considération à l'intérieur de l'université, ne coïncidaient pas avec les composantes scéniques du spectacle. Ce pouvait être aussi le lieu de représentation, le dispositif, les relations avec le public, le caractère d'événement social... tout ce qui constitue une histoire générale du phénomène théâtral. [...] Ensuite, parce que le texte dramatique non seulement demeurait, mais se constituait véritablement en un objet d'étude majeur. [L'émergence de la discipline] avait plutôt résulté de l'affirmation et de la mise en œuvre de principes et de modèles théoriques [...] et au rapprochement d'univers jusque-là séparés ».

Aucune trace, donc, dans ces premiers temps, d'une opposition affirmée entre « étude du texte » d'un côté et « esthétique scénique » de l'autre. Cependant, ajoutai-je,

> « portée par le vif besoin qu'avait la jeune discipline d'imposer sa spécificité, la fable sur les origines anti-littéraires des études théâtrales s'est imposée. »[5]

---

3 *Ibid.*, « Introduction », 9. Allusion à la lecture tronquée du fameux texte de Barthes sur la théâtralité, dans « Le théâtre de Baudelaire », 1954.

4 Une rapidité expliquée par le contexte : les sciences humaines et sociales du CNRS étant alors menacées, un colloque avait été organisé pour réfléchir à l'histoire de ces sciences : « Unité des recherches en SHS. Fractures et recompositions », ENS Ulm/CNRS, juin 2006. J'y représentais le laboratoire ARIAS.

5 Pour l'ensemble des citations de l'exposé de 2006, voir *Genèses,* « Introduction », 11–12.

Six ans plus tard, en 2012, une nouvelle UMR (Unité mixte de recherche) s'ébauche à Paris 3 à partir de deux unités fragilisées : « Écritures de la modernité », composée de spécialistes de littérature, et « ARIAS », principalement dédiée aux arts du spectacle. Dans chacune d'elles, des chercheurs s'occupent de théâtre[6], sans connaître les collègues de l'autre unité, respectant ainsi une frontière invisible dont l'origine et la nature exacte ne sont pas interrogées. Cette frontière est puissante puisque les collaborations personnelles, assez nombreuses, ne la font pas disparaître. Cependant, l'idée selon laquelle il existerait entre les deux disciplines une opposition structurelle – idée qui pourrait expliquer l'absence de relations – est mal vécue par beaucoup d'entre nous. Nous nous avisions qu'elle a trouvé une forme de réalisation administrative dans le redécoupage en sections du Conseil national des universités, la 9e (Langue et littérature française) et la 18e (Arts, dont arts du spectacle) se trouvant mises en concurrence, ce qui l'a considérablement renforcée. Mais qu'en est-il sur le plan scientifique ? Quoique la mise en ligne par l'ENS (École normale supérieure – ici de la rue d'Ulm) du colloque de 2006 ait fait connaître mon exposé, celui-ci n'a suscité aucun écho, aucune nouvelle recherche. Le projet, rapidement conçu par nous trois, de mettre en route un travail collectif d'ampleur sur l'histoire des études théâtrales en France sera l'une des premières initiatives « transversales » de THALIM, nom choisi pour la nouvelle unité : « Théorie et histoire des arts et des littératures de la modernité ». Le fait que soient représentées, dans le trio organisateur, les deux disciplines universitaires concernées, mais aussi la théâtrologie telle qu'elle se pratique au CNRS, lieu de recherche et non d'enseignement, semble favorable à une analyse fine des phénomènes : nous ne nions pas qu'il y ait eu « séparation », prise de distance avec une certaine façon « littéraire » de lire les œuvres dramatiques – c'est même pour nous une évidence –, mais cette séparation – nous le montrerions précisément – s'était effectuée *à l'intérieur des études littéraires* et avait précisément contribué à faire que la fondation des Études théâtrales n'avait pas été « anti-littéraire ». Ce sont, semble-t-il, certains « théâtreux »[7] de la seconde génération, militant pour l'indépendance de leur jeune discipline, qui ont adopté contre le « textocentrisme » supposé des spécialistes de littérature un discours de combat, plus mythologique qu'historien. Selon Jean-Louis Fabiani, les « illusions

---

6   Parmi les objets d'étude de Catherine Brun : les œuvres de Guyotat, Gatti, Vinaver ; parmi ceux de Jeanyves Guérin : le théâtre des années 50, le théâtre des années noires.
7   Cet usage récent du vieux terme péjoratif mériterait une recherche.

rétrospectives » résultent inévitablement de « la décontextualisation des discours fondateurs »[8].

Il s'agissait donc de recontextualiser, de faire de l'histoire. Un séminaire mensuel s'ouvre en 2013, accueillant alternativement témoignages et travaux sur archives – des documents souvent dispersés, jamais exploités, qu'il fallait retrouver et apprivoiser. S'y succèdent des spécialistes de langue et littérature françaises, des théâtrologues, des philosophes, des sociologues, une angliciste, des archivistes. On découvre dans le désordre les fragments d'un processus compliqué, qu'on fera finalement remonter beaucoup plus loin que prévu. La petite acrobatiste extraite du *Dictionnaire historique et pittoresque du théâtre et des arts qui s'y rattachent* de Pougin (1885), qu'on voit se balancer sur la couverture de l'ouvrage issu du séminaire indiquera en quelque sorte notre *terminus a quo*.

Genèses des études théâtrales en France – XIXᵉ-XXᵉ siècles.
Catherine Brun, Jeanyves Guérin, Marie-Madeleine Mervant-Roux, dir. (2019) :
Rennes : PUR, « Le spectaculaire ». Couverture.

Quant au *terminus ad quem,* nous le fixons à la fin des années 1970, c'est-à-dire à l'achèvement du processus d'institutionnalisation : on compte dix-huit départements ou instituts spécialisés en France en 1975.

---

8   J.-L. Fabiani 2006, 22.

Au colloque du CET, Jeanyves Guérin a retracé l'évolution de l'institution universitaire dans la période. Après avoir rappelé les grandes lignes de son exposé[9], qui posait le cadre indispensable à ma propre intervention, je reprendrai l'exemple que j'avais privilégié pour cette rencontre exceptionnelle avec des collègues familiers de l'histoire de la *Theaterwissenschaft* allemande. La création par Max Herrmann du premier institut spécialisé, à Berlin, en 1923, représente en effet, à l'intérieur de la culture théâtrale française, un événement si marquant, si mythologique lui aussi, qu'il semble appartenir à un tout autre espace-temps que celui où se trouvait à la même période l'université française. Le choix de m'arrêter sur Félix Gaiffe, dont le nom ne me disait rien avant d'entreprendre cette recherche, dont le nom ne dit rien à personne ou presque, est dû à l'intérêt de son parcours de provincial modeste, nommé professeur (sans chaire) à la Faculté des Lettres de Paris en 1926, mais aussi au fait que ce parcours éclaire indirectement l'état des études menées sur le théâtre en France dans ces années-là et permet une comparaison plus informée, moins irrationnelle, avec ce qui se passait en Allemagne.

Entre mouvements épistémologiques et restructurations institutionnelles

Genèses a été organisé en deux parties correspondant aux deux grandes dimensions oubliées par le récit d'origine : l'institutionnel et le scientifique. Nous insistions sur la nécessité de les dissocier :

> « S'il est nécessaire de considérer la dimension institutionnelle (elle-même sociale et politique) des phénomènes de genèses disciplinaires et, pour ce qui concerne l'objet de cet ouvrage, de s'intéresser à la façon dont s'organise et évolue la hiérarchie des domaines du savoir à l'université durant toute la période considérée, il est tout aussi nécessaire de ne pas confondre cette dimension avec la dimension proprement scientifique des phénomènes, celle qui passe moins par des instances que par des hommes (incluant, de plus en plus, des femmes), qui, de l'intérieur des disciplines et à partir d'elles, ont ébauché les contours et les modèles d'un domaine inédit. Il faut ainsi distinguer entre les ‹ études littéraires › (leur appellation change) – dont on peut

---

9 Cf. une synthèse de ses contributions à l'ouvrage: *Genèses*, « Introduction », 2–23 ; « Aux sources de la revue d'histoire du théâtre. Deux bulletins (1901–1919 et 1933–1939) », 49–62, enrichie par une nouvelle recherche personnelle : *La constitution du répertoire théâtral en France du XVIIᵉ au XXIᵉ siècle*, 2022.

constater qu'elles ne sont pas toujours dans la position dominante que leur suppose la légende – et les grandes figures perçues comme ‹ littéraires › qui ont été décisives dans la genèse intellectuelle et parfois administrative des études théâtrales. »[10]

L'articulation de ces deux dimensions apparaissait dans les études sans faire l'objet d'une synthèse. Depuis le dépôt du manuscrit chez l'éditeur, nous avons retravaillé sur nos résultats. Pour nourrir les séances des séminaires auxquels nous étions invités[11], nous avons analysé les trajectoires de 14 figures, 14 « opérateurs de mutations institutionnelles » répartis sur trois générations. Cette enquête prosopographique, pas encore publiée, permet de suivre plus finement le jeu des « instances » et des « hommes » à chacune des avancées notables de la genèse.

« C'est avec la constitution de l'université napoléonienne que tout commence. » Jeanyves Guérin indique les grandes dates de l'histoire politique pour ce qui concerne les institutions d'enseignement universitaire et de recherche : « Les premières [universités] telles que nous les connaissons ont été créées en 1806, le CNRS a été mis en place en 1939. » Il retrace l'évolution du statut social des universitaires en général, s'arrête plus précisément sur le poids, dans la vie théâtrale et culturelle, des professeurs qui se consacrent aux œuvres dramatiques (plus tard à la vie des spectacles), par rapport à celui des érudits, journalistes, écrivains et critiques, longtemps bien plus importants qu'eux. Il note l'augmentation du nombre de chaires, les réformes successives, le changement sensible du recrutement dans les années trente, dans un contexte marqué par le Cartel des quatre (Jouvet, Dullin, Baty, Pitoëff) et le théâtre d'art, la préhistoire des études théâtrales au début des années 1950 « dans une Sorbonne balkanisée », l'action efficace de Jacques Scherer, fondateur en 1959 de l'IET (Institut d'études théâtrales), grâce à un « sens de l'institutionnel qui manquait à certains de ces prédécesseurs », puis la « massification », la création de nouveaux établissements, la réforme de 1968 qui « change la donne », l'éclatement de la Sorbonne (Paris 3, Paris 4), la création du Centre universitaire de Vincennes (Paris 8). « J'ai voulu montrer, conclut Jeanyves Guérin, que la question des champs disciplinaires, la question épistémologique et la question institutionnelle sont indissociables. »

---

10 *Genèses*, « Conclusion », 388–389.
11 Celui d'Isabelle Moindrot en octobre 2019, celui de Graça dos Santos/Jean-Claude Yon en mars 2020.

Retour sur les années 20 et 30

L'intervention dans notre séminaire d'Ève-Marie Rollinat-Levasseur et Stéphanie Méchine, respectivement spécialiste de l'histoire de l'éducation et archiviste, avait fait date :

> « Le dépouillement de différents fonds d'archives, avaient-elles indiqué en introduction, nous a [...] conduites à faire remonter la genèse des études théâtrales aux années 1930. »[12]

L'article issu de leur exposé montre comment les conditions intellectuelles, artistiques et institutionnelles de la création d'un institut d'études sur le théâtre se sont alors trouvées réunies : le décret de création des instituts à l'université de Paris, un élément-clé, date de 1920 ; un certain nombre de professeurs s'intéressent désormais au fait théâtral, certains sont critiques dramatiques, ou fréquentent des praticiens, d'autres ou les mêmes feront partie des responsables de la Société d'histoire du théâtre, recréée en 1932, ce qui permet la formation d'une « matrice disciplinaire », selon la notion proposée par Kuhn. Ce qui nous intéresse ici est que l'impulsion théâtrologique, produisant ce que Jean-Louis Fabiani décrit comme un « changement de langage et de style scientifique », ne correspond pas à un affaiblissement de l'intérêt pour l'œuvre dramatique au profit de la dimension scénique, mais à la conception passionnée de projets consistant à monter expérimentalement les textes du passé pour mieux les vivre, et donc les comprendre dans leur dimension théâtrale. Les années 30 voient ainsi une floraison de groupes de théâtre universitaires « créés à l'université de Paris, le plus souvent sous la houlette d'un professeur, à l'occasion d'une œuvre au programme, ou bien à la demande d'étudiants et d'étudiantes enthousiastes »[13].

Pourquoi cette conjonction de facteurs favorables n'a-t-elle pas débouché sur la création d'une nouvelle discipline ? Parmi les conditions *sine qua non* inventoriées par Ève-Marie Rollinat-Levasseur, deux n'ont pas été remplies : l'existence d'une bibliothèque spécialisée[14] et la création effective d'une chaire. Celle qui avait été créée n'a

---

12 Ève-Marie Rollinat-Levasseur, avec Stéphanie Méchine, « De l'articulation entre la théorie, la pratique et la création : le théâtre à l'université de Paris (1930–1970) », in *Genèses,* 92.

13 *Ibid.*, 104. Voir aussi le catalogue de l'exposition « La Sorbonne, du théâtre universitaire aux études théâtrales » (2020) [en ligne]. https://hal.science/hal-03677854v1/file/1-%20catalogue%20expo%20oct%202021.pdf [15/11/2024].

14 La bibliothèque du grand collectionneur Auguste Rondel (en fait un ensemble d'archives multiformes : textes, iconographie, objets), véritable instrument de recherche sur les arts du spectacle, n'a finalement pas pu être acquise.

pas été occupée par celui auquel elle était destinée. C'est ici qu'apparaît Félix Gaiffe, dont j'ai choisi d'esquisser le portrait à travers quelques documents, pris parmi ceux qui nous l'ont fait connaître.

En juillet 1934, dans *Paris-Midi*, Fortunat Strowski, professeur d'histoire de la littérature française à la Sorbonne et critique dramatique dans ce quotidien, est heureux d'annoncer la création prochaine d'une « chaire de littérature dramatique » en Sorbonne.

> « Il ne s'agit pas d'une chaire où l'on expliquerait Corneille, Racine, Molière, précise-t-il, mais d'un véritable enseignement d'art dramatique. »

Le titulaire prévu, metteur en scène avec ses étudiants, « historien du théâtre », est « au courant des techniques modernes ».

> « La nouvelle chaire d'art dramatique, ajoute-t-il, doit être l'amorce d'un puissant Institut du théâtre. L'Institut d'optique y collaborerait pour les lumières, le Conservatoire pour la technique de la mise en scène ou pour l'histoire du théâtre, etc. »

Il cite en modèle les départements d'art dramatique des universités américaines. Mais Félix Gaiffe, nommé le 27 août, meurt en septembre. La chaire est supprimée. Il faudra attendre 22 ans pour qu'une chaire similaire soit créée, dédiée à Jacques Scherer, premier pas vers la création de l'IET. Comme le disait Jean-Yves Guérin, « on ne saurait mieux montrer le poids des contingences ».

Un littéraire de terrain

Félix Gaiffe, né en 1874, étudie à Besançon et Lyon (il est critique dramatique au *Progrès* de 1910 à 1914), fait une thèse avec Lanson sur le drame au XVIIIᵉ siècle, s'intéresse aux méthodes pédagogiques expérimentales. En 1919, il publie un article pionnier intitulé « La décentralisation théâtrale en France »[15]. « Paris, écrit-il, reste le seul centre vraiment vivant de l'art théâtral en France ». [Dans les villes de province] « l'inscription ‹Théâtre Municipal› [...] ne recouvre que le vide ou peu s'en faut ». « Une des conséquences les plus fâcheuses [...] est l'absence totale dans la province entière d'une éducation régulière et organisée de la jeunesse des écoles par le théâtre. » Il

---

15 *The French Quarterly*, avril-juin 1919, 67–78.

mentionne Gémier et son intention de montrer en province « des chefs-d'œuvre montés avec cette mise en scène ingénieuse et d'une esthétique si originale dont il a donné maints exemples à Paris. »

Le rire et la scène française. Félix Gaiffe (1931) : Paris : Boivin. Couverture.

En 1931 paraît son livre majeur : *Le rire et la scène française*, réunion en un volume des leçons du cours qu'il a professé en Sorbonne cette année-là. Le bref article, non signé, qui dans le quotidien *Comoedia* du 29/11/1930 invite les lecteurs à assister à ces leçons, comporte une information intéressante que nous n'avons pas encore pu vérifier et préciser :

> « Les directions de travaux que, chaque mercredi, à l'École Normale Supérieure, il donne à tous les érudits de bonne volonté, ont déjà créé un mouvement fort important, et comblé une regrettable lacune. Avec les secours inappréciables de la Bibliothèque Rondel, *une sorte de laboratoire d'études théâtrales* [c'est moi qui souligne] a pu ainsi se constituer. »

Le futur institut avait donc connu une phase de préfiguration, le terme « laboratoire » confirmant la nature scientifique et technique du projet.

Selon Lise Forment, de sa génération, seul Gaiffe « dit explicite-ment la spécificité du théâtre par rapport à la littérature »[16]. « Tout ce qui touche à la scène », écrit-il dans *Le rire*, « a un caractère social autant qu'esthétique et doit être étudié par d'autres méthodes que l'histoire littéraire ». Lui-même a observé et analysé sur un corpus d'œuvres comiques « ce phénomène [...] mystérieux qu'est la triple collaboration de l'auteur, des interprètes et du public dans l'éclosion de l'œuvre théâtrale »[17]. La conclusion de l'ouvrage prend un tour philosophique :

> « Ceux pour qui la magie du texte imprimé et immuable rend mépri-sable le spectacle de l'existence mouvante des hommes n'auront sans doute trouvé que bien peu d'intérêt [à ce] livre. Il rencontrera, je l'es-père, plus de faveur auprès de ceux à qui le théâtre apparaît comme un des aspects les plus variés et les plus passionnants de la vie sociale et qui aiment le théâtre parce qu'ils aiment la vie. »[18]

Le rire suscite de très nombreux articles, souvent longs et fouillés. « P. C. » (*Le Journal de Genève*, 28/1/1932) approuve Gaiffe d'avoir étudié les spectacles en salle, « le comique variant avec le temps et les publics », et de « croire en la vertu du rire ». Il envie ses élèves. « Oublions les Sorbonnards qui ne sont pas de son avis », s'écrie Jules Laurent (*Le Figaro*, 13/10/1932).

Le 30 mars 1932, la *Revue des cours et conférences* rend compte de la soutenance de thèse de Suzanne Lavaud : « Une thèse fémi-nine en Sorbonne sur Marie Lenéru » (une dramaturge sourde et aveugle). C'est Gaiffe, son directeur, qui a suggéré le sujet. Il dirige aussi la célèbre thèse d'Akakia-Viala (Marie-Antoinette Allévy), nièce des Autant-Lara et membre de leur groupe d'avant-garde, dont il est proche : *La mise en scène en France dans la première moitié du dix-neuvième siècle*[19].

D'autres documents éclairent sa pratique théâtrale (il aurait aimé être acteur) : en 1933, l'année où Gustave Cohen crée le groupe de théâtre médiéval, il crée le « groupe de théâtre moderne » de la Sor-bonne, autre version d'un théâtre universitaire de recherche qui de-viendra légendaire – avant de disparaître, soulignons-le, à la création effective des Études théâtrales. Gaiffe, qui a préparé une nouvelle édition du *Mariage de Figaro*, monte avec ses étudiants deux pièces

---

16 L. Forment 2019, 85.
17 F. Gaiffe 1970 (orig. 1931), « Avant-propos », V-VI.
18 F. Gaiffe 1970 (orig. 1931), « Conclusion », 271.
19 E. Droz, 1938.

qui ont pu inspirer Beaumarchais pour *Le mariage* : *L'île des esclaves* de Marivaux, *Heureusement* de Rochon de Chabannes, et une parade composée antérieurement où il montrait déjà ses qualités comiques, *Les bottes de sept lieues*. Akakia-Viala conçoit les décors et costumes de deux des spectacles.

Revivre pour comprendre (en Allemagne et en France)

Le choix que nous avons fait de limiter notre investigation à l'espace académique, et de n'évoquer que rapidement le rôle joué par les revues et les activités d'érudits amateurs de théâtre, a eu pour effet de négliger un champ dont Lotte Schüssler a récemment démontré l'importance : la préfiguration des sciences humaines – et parmi elles d'une « science du théâtre » – par les expositions théâtrales organisées autour de 1900 dans l'espace germanophone (à Vienne en 1892, à Berlin en 1910, à Magdeburg en 1927), et dans les sections spécialisées des grandes expositions parisiennes[20]. La mise en œuvre, pour ces manifestations publiques, du principe de l'« Anschauung » (le fait de comprendre intuitivement, par une vision directe), analysée par Schüssler, peut être mise en relation avec l'usage fait de la collection Rondel dans l'institut parisien en gestation. De même, la façon dont Gustave Cohen, Félix Gaiffe, Roland Barthes et Jacques Veil (pour le Groupe de théâtre antique) entreprennent d'explorer le passé théâtral par la mise en scène de textes qui en constituent les archives fait penser à la fonction conférée à la pratique du théâtre par Max Herrmann :

> « Seule la reviviscence physique [*Nacherleben*] permise par l'art dramatique contemporain rend l'historien capable de comprendre l'histoire du théâtre et, inversement, le fait d'être plongé dans les arts dramatiques du passé influence l'expérience vécue par l'historien avec le théâtre de son époque. »[21]

Quentin Fondu note dans sa thèse défendu en janvier 2021 que le « modernisme » d'Herrmann « passe en particulier par l'affirmation militante du caractère ‹ vivant › du théâtre et de sa discipline (contre

---

20 Voir L. Schüssler 2022 ; « Exposer et écrire l'encyclopédique : le théâtre entre palais et publications de l'Exposition universelle de 1889 », exposé au colloque « Dictionnaires & encyclopédies de théâtre (XVIIIe-XXIe siècles) », ENS de Lyon, juin 2023 (à paraître).
21 V. Tkaczyck 2019, 44.

les études littéraires, jugées ‹ poussiéreuses ›) »[22]. L'accent mis sur la notion de « vie » rappelle Gaiffe, mais les références intellectuelles des deux chercheurs ne sont pas les mêmes : Bergson pour Gaiffe, Dilthey pour Herrmann – ce qui correspond à une différence plus générale entre les deux genèses : l'influence majeure de la philosophie, principalement de l'esthétique, à Paris, celle de l'épistémologie des sciences humaines et sociales, à Berlin.

La séquence des années 20 et 30, remarquable, mais inaboutie, de la genèse française des études théâtrales peut être légitimement rapprochée du premier âge de la *Theaterwissenschaft*, dont Fondu souligne qu'il a lui aussi fait l'objet d'une « légende dorée » similaire à celle que nous avons connue[23]. La perception des similitudes objectives permet de mieux appréhender les véritables différences culturelles et épistémologiques.

Des malheureux effets du schisme et du dialogue qui a repris

La frontière érigée entre littéraires et théâtrologues a eu des conséquences négatives, dont je donnerai deux exemples.

Premier exemple : l'instauration, entre les études du texte dramatique et les études de ce qu'on a appelé « le son » dans l'analyse des spectacles, d'un « angle mort » où ont disparu les voix dites « parlées » de la scène.

Au colloque d'avril 2021 sur les « archives audiovisuelles de la littérature »[24], j'ai évoqué le double oubli, par les théâtrologues et par les littéraires, des archives sonores du théâtre, les premiers parce qu'ils ne s'intéressaient pas au texte, les seconds parce qu'ils ne prenaient pas en compte sa vocalisation concrète. L'existence entre eux d'échanges réguliers aurait sans doute évité un tel dommage. Qu'est-ce qui me fait dire cela ? D'abord, le fait que les études sonores (en anglais « Sound Studies ») ont fait se retrouver assez naturellement des littéraires (conscients de la dimension performative des écritures poétiques-dramatiques) et des théâtrologues (sensibilisés à la dimension phonique du théâtre). Ensuite la découverte que les pionniers des études théâtrales, dotés d'une forte culture littéraire et poétique, ne négligeaient pas cette dimension. C'est par exemple

---

22 Q. Fondu 2022, 44.
23 Q. Fondu 2022, 53 : « Selon Erika Fischer-Lichte [dans un ouvrage de 2009], c'est Herrmann qui aurait permis une "rupture radicale" vis-à-vis des disciplines littéraires ».
24 Voir les actes : https://www.fabula.org/colloques/sommaire9160.php [18/08/2023].

Élie Konigson, historien du Moyen-Âge et de la Renaissance, l'un des jeunes collaborateurs de Jean Jacquot au CNRS, qui m'a indiqué le texte fondateur d'Eberle sur le « Hörspiel »[25]. L'exemple le plus parlant est sans doute celui de Jacques Scherer. Pour son premier cours d'« introduction à l'histoire du théâtre français », en 1958–1959, juste avant la création de l'Institut d'études théâtrales, il a recours non seulement à de l'iconographie mais à « la phonographie théâtrale ». De même, son cours sur Racine « sera illustré par des documents figurés et des documents sonores ». « Dès 1957 », note Guillaume Trivulce dans un document interne, « Scherer entreprend d'enregistrer des spectacles afin d'alimenter son enseignement. » Nous mesurons à nouveau aujourd'hui l'importance de cette approche.

Deuxième exemple : la perte durable, en études théâtrales, d'une dimension d'histoire sociale et culturelle générale, au profit d'une histoire plutôt esthétique et centrée sur la création scénique.

En 1977, Richard Monod, « enseignant-chercheur-gestionnaire » à l'IET, rédige un article pour la revue *Pratiques*.[26] Au lieu de traiter du sujet proposé : la relation entre pratique et théorie, il choisit de réfléchir à l'opposition histoire/théorie. « [L'IET] se nourrissait d'histoire littéraire sorbonnarde – érudite, anecdotique, biographique, avec ses spécialistes par siècle et par pays – mais il attirait aussi dans sa sphère des philosophes et des esthéticiens [...] ». Puis la pratique prend de l'importance. L'« ouverture vers l'extérieur », continue-t-il, « correspond peut-être à une fermeture universitaire ». Il s'explique :

> « Nous sentant de plus en plus *spécifiques* et orientés, nous n'avons plus guère recours aux spécialistes des littératures nationales et de la littérature générale qui enseignent dans d'autres UER [Unités d'enseignement et de recherche] de notre université. Ils enseignent Shakespeare, Lope de Vega et Ionesco sans nous, et nous sans eux ».

Les contacts engagés avec les spécialistes de cinéma ou de communication ne peuvent, dit-il, permettre le même partage des programmes. Les études théâtrales ont cherché le dépassement de l'ancien modèle pour appréhender la totalité des aspects multiples du théâtre. Le résultat général, conclut Monod, est qu'entre théorie et pratique, « l'histoire tend à disparaître ». Ainsi, l'autonomisation souhaitée des études théâtrales aurait eu pour effet indirect de couper un lien certes imparfait, mais réel, avec l'approche historique,

---

25 Cf. O. Eberle, 1955.
26 R. Monod 1977, 128–144. Ce qui suit est une reprise légèrement abrégée d'un extrait de la conclusion de *Genèses*, 389–390.

celle qui était portée, traditionnellement, par les études littéraires (les exemples de Scherer et de Jacquot témoignent différemment de cette tradition) – sans mettre en place d'autres interdisciplinarités réellement compensatrices.

La réflexion de Monod peut être mise en rapport avec ce que nous savons de la génération des fondateurs, et de celle qui a suivi la sienne.

Dans la décennie qui a précédé la création de la discipline, quatre ouvrages ont joué un rôle majeur : avec *L'Essence du théâtre* (1943), Henri Gouhier offrait un essai philosophique pionnier qui constituait le fait théâtral en objet de savoir autonome.

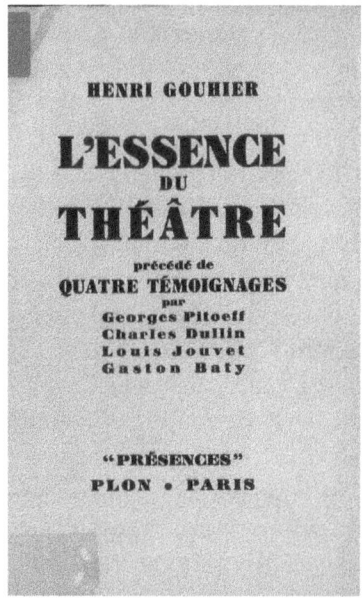

L'Essence du théâtre. Henri Gouhier (1943) : Paris : Vrin. Couverture.

Avec *Architecture et dramaturgie* (1950), le Centre d'études techniques et philosophiques du théâtre proposait des échanges entre intellectuels et praticiens sur les rapports du lieu théâtral et des diverses formes dramatiques et scéniques.

Architecture et dramaturgie. André Villiers, dir. (1950) : Travaux du Centre d'études philosophiques et techniques du théâtre. Paris : Flammarion, Bibliothèque d'esthétique. Couverture.

Dans *La dramaturgie classique en France* (1950), Jacques Scherer rattachait l'écriture des classiques aux contraintes techniques du théâtre de leur époque.

La dramaturgie classique en France.
Jacques Scherer (1950) : Paris : Nizet. Couverture.

Dans *Les fêtes de la Renaissance* (1956), l'équipe de Jean Jacquot analysait un phénomène de société.

Les fêtes de la Renaissance. Jean Jacquot, dir. (1956) :
Paris : éditions du CNRS. Couverture.

Non seulement la naissance des Études théâtrales ne signifierait pas une victoire de l'approche scénique sur l'approche « textocentriste », mais cette hypothèse même témoigne d'une conception internaliste, « théâtrocentriste », pourrait-on dire, étrangère à l'esprit de la période, largement ouverte sur les dimensions sociales et culturelles générales du fait théâtral – un esprit aujourd'hui retrouvé par des chercheurs des deux disciplines.

Quant à l'indifférence des spécialistes de théâtre, une fois reconnus comme tels, à l'histoire du cadre disciplinaire dans lequel ils opéraient, elle s'explique en partie par un autre effet ambivalent de l'autonomisation[27] : la forte relation que ces chercheurs ont très vite entretenue avec le monde du théâtre vivant, ses artistes et ses techniciens, a engendré de riches échanges non académiques et suscité chez nombre d'entre eux le sentiment que ce monde constituait le véritable espace d'inspiration et de diffusion de leurs travaux, ce qui n'était pas complètement faux, mais n'aurait pas dû les conduire à négliger l'espace de l'élaboration réglée et codifiée de ces travaux, où toute discipline, pour exister, doit se penser et se re-penser sans cesse – car les disciplines sont fragiles. Il reste en ce domaine beaucoup à faire. Dans sa recension de deux ouvrages allemands de 2020

---

27 Ce passage est repris de l'article « La discipline (« Études théâtrales » ou « Théâtrologie ») : un lieu vital de transmission mémorielle et critique », in *Generazioni a confronto,* 2019, 133–146.

(*Methoden der Theaterwissenschaft* et *Neue Methoden der Theaterwissenschaft*), Corentin Jan remarque que la réflexion germanophone semble surtout en dialogue avec les « performance studies américaines et britanniques », ce qui – je le cite – « ne manque pas de surprendre quant aux échanges restreints avec les travaux menés dans d'autres pays et d'autres langues ».[28] Que dire, alors, de la réflexion française ?

Cette observation nous ramène, pour conclure, au rôle potentiel de la Suisse multilingue dans des échanges européens dont tout le monde bénéficierait.

Bibliographie

Allévy, Marie-Antoinette (1938) : *La Mise en scène en France dans la première moitié du dix-neuvième siècle*. Paris : E. Droz.

Barthes, Roland (1954) : Le théâtre de Baudelaire. In : Éric Marty éd. (2002), Œuvres complètes, t. I. Paris : Seuil, 1194–1195.

Brun, Catherine / Guérin, Jeanyves / Mervant-Roux, Marie-Madeleine (dir.) (2019) : *Genèses des études théâtrales en France – XIXᵉ-XXᵉ siècles*. Rennes : PUR, « Le spectaculaire ».

Eberle, Oskar (1955) : *Cenalora. Leben, Glaube, Tanz und Theater der Urvölker*. Olten : Walter Verlag.

Fabiani, Jean-Louis (2006) : À quoi sert la notion de discipline ? In : *Qu'est-ce qu'une discipline ?* [en ligne], Paris, Éditions de l'EHESS, généré le 24 juillet 2023 ; http://books.openedition.org/editionsehess/20081 [08/07/2024].

Fondu, Quentin (2022) : La Scène et l'Amphithéâtre. Sociologie et histoire de la discipline des études théâtrales en France et dans les deux Allemagnes (1945–2000). In : *Trajectoires* [en ligne] 15 | 2022, mis en ligne le 20 juin 2022; https://journals.openedition.org/trajectoires/7803 [08/07/2024].

Forment, Lise (2019) : Relire les lansoniens. In C. Brun / J. Guérin / M.-M. Mervant-Roux (dir.) 2019, 63–87.

Gaiffe, Félix (1919) : La décentralisation théâtrale en France. In : *The French Quarterly*, april and july, 67–78.

Gaiffe, Félix (1931) : *Le rire et la scène française*. Paris : Boivin [rééd. en fac-similé (1970). Genève : Slatkine].

Gouhier, Henri (1943) : *L'Essence du théâtre*. Paris : Vrin [rééd. 1968, 2002].

Guérin, Jeanyves (2022) : *La constitution du répertoire théâtral en France du XVIIᵉ au XXIᵉ siècle*. Paris : Honoré Champion.

Jacquot, Jean, dir. (1956) : *Les fêtes de la Renaissance*. Paris : éditions du CNRS.

Jan, Corentin (2021) : *Methoden der Theaterwissenschaft* et *Neue Methoden der Theaterwissenschaft* [Tübingen : Narr Francke et Bielefeld : Transcript], recension. In : *Théâtre/Public*, 240, 131–134.

Mervant-Roux, Marie-Madeleine (2019) : La discipline (« Études théâtrales » ou « Théâtrologie ») : un lieu vital de transmission mémorielle et critique. In: Anna Barsotti / Erica Magris / Eva Marinai (dir.): *Generazioni a confronto*.

---

28 J. Corentin 2021, 131–134.

Eredità, persistenze, tradizioni e tradimenti sulla scena moderna e contemporanea, parte seconda. Roma : Bulzoni. *Biblioteca Teatrale, Rivista trimestrale di studi e ricerche sullo spettaculo,* nouvelle série, 129–130, 133–146.

Monod, Richard (1977) : Article en trois actes sur l'Institut d'études théâtrales. Analyse critique de son programme et de ses fonctions. In : *Pratiques* 15–16, 128–144.

Rollinat-Levasseur, Ève-Marie avec Stéphanie Méchine (2019) : De l'articulation entre la théorie, la pratique et la création : le théâtre à l'université de Paris (1930–1970). In : C. Brun / J. Guérin / M.-M. Mervant-Roux (dir.) 2019, 89–117.

Rollinat-Levasseur, Ève-Marie / Méchine, Stéphanie (2020) : catalogue de l'exposition « La Sorbonne, du théâtre universitaire aux études théâtrales », https://hal.science/hal-03677854v1/file/1-%20catalogue%20expo%20oct%202021.pdf [15/11/2024].

Scherer, Jacques (1950) : *La dramaturgie classique en France.* Paris : Nizet. [(2014) Nouvelle éd. Armand Colin].

Schüssler, Lotte (2022): *Theater-Ausstellungen. Spielräume der Geisteswissenschaften um 1900.* Göttingen : Wallstein Verlag.

Tkaczyk, Viktoria (2019) : La naissance de la *Theaterwissenschaft* allemande à partir de l'esprit de la psychophysiologie : Le programme de Max Herrmann, trad. Arthur Lochmann. In : C. Brun / J. Guérin / M.-M. Mervant-Roux (dir.) 2019, 29–47.

Villiers, André (dir.) (1950) : *Architecture et dramaturgie. Travaux du Centre d'études philosophiques et techniques du théâtre.* Paris : Flammarion, Bibliothèque d'esthétique [rééd. 1980. Éditions d'aujourd'hui].

III.

La recherche en Études théâtrales en Suisse romande

Eric Eigenmann

1.

Recherche en dramaturgie et études théâtrales : la Suisse romande jusqu'en 2013. Perspective cavalière

Ricerca in drammaturgia e studi teatrali: la Svizzera romanda fino al 2013. Una prospettiva panoramica

Forschung in Dramaturgie und Theaterwissenschaft: Die Westschweiz bis 2013 aus der Vogelperspektive

147

Le programme d'études universitaires romand en dramaturgie et histoire du théâtre ouvert en 2013 résulte d'une patiente construction dont cet article se propose d'établir l'historique. Celui-ci s'articule en trois grandes phases – jusqu'à 1965, de 1965 à 1998, enfin de 1998 à 2013 – marquées par l'engagement croissant des Facultés de lettres : au sujet du théâtre, l'enseignement et la recherche universitaires en Suisse romande sont ainsi passés d'une perspective littéraire à une perspective tenant compte de la réalisation scénique, plus ou moins largement selon les campus. Bien que plus rapide, un regard est aussi porté sur les pratiques apparentées qu'ont menées les théâtres et les écoles professionnelles de théâtre pendant la même période.

RIASSUNTO

Il programma universitario di drammaturgia e storia del teatro nella Svizzera romanda, inaugurato nel 2013, è il risultato di un processo paziente, di cui questo articolo vuole tracciare la storia. Tale storia è suddivisa in tre fasi principali – fino al 1965, dal 1965 al 1998 e dal 1998 al 2013 – caratterizzate dal crescente coinvolgimento delle Facoltà di Lettere e Filosofia: l'insegnamento e la ricerca universitaria nella Svizzera romanda si sono così spostati da una prospettiva letteraria a una che tiene conto della produzione teatrale, in misura maggiore o minore a seconda del campus. Sebbene in maniera più rapida, in queste pagine offriremo anche uno sguardo sulle pratiche simili promosse da teatri e scuole professionali di teatro nello stesso periodo.

ZUSAMMENFASSUNG

Das 2013 eröffnete Westschweizer Hochschulprogramm in Dramaturgie und Theatergeschichte ist das Ergebnis eines geduldigen Aufbaus, dessen Geschichte dieser Artikel aufzeigen soll. Dieser gliedert sich in drei grosse Phasen – bis 1965, von 1965 bis 1998 und schliesslich von 1998 bis 2013 –, die durch das zunehmende Engagement der geisteswissenschaftlichen Fakultäten geprägt sind: Was das Theater betrifft, sind die universitäre Lehre und Forschung in der Westschweiz von einer literarischen Perspektive zu einer Perspektive übergegangen, die die szenische Umsetzung berücksichtigt, je nach Campus mehr oder weniger umfassend. Ein etwas kürzerer Blick wird auf die verwandten Praktiken geworfen, die Theater und Ausbildungsstätten für Theater im selben Zeitraum durchgeführt haben.

La recherche sur le théâtre en Suisse romande, de quand date-t-elle ? Il serait piquant de la faire remonter à Théodore de Bèze, premier recteur de l'Université de Genève, alors « Académie » : n'a-t-il pas cherché, en 1550, à tirer parti du dialogue dramatique afin de mettre en scène des questions théologiques contemporaines dans son *Abraham sacrifiant*, considéré comme la première tragédie en langue française ? La préface qu'il en donne témoigne de sa réflexion sur le théâtre. On disposerait aussi d'arguments pour remonter à Jean-Jacques Rousseau : n'a-t-il pas livré, dans sa *Lettre à d'Alembert sur les spectacles* en 1758, de fines analyses du *Misanthrope* de Molière, fût-ce pour les instrumentaliser à mauvais escient au détriment de l'activité théâtrale, particulièrement dans sa ville natale ? Je me contenterai cependant de ces deux clins d'œil au polyvalent réformateur et au non moins polyvalent penseur, en pluriel hommage à Béatrice Perregaux[1], pour n'envisager le sujet de la recherche en dramaturgie, puis en études théâtrales, en Suisse romande qu'à partir de la seconde moitié du XXe siècle et principalement dans le cadre académique, où la recherche est liée à l'enseignement. Ce survol historique, qui se fixe pour terme la décision de créer un programme d'études romand en dramaturgie et histoire du théâtre, effectivement ouvert en 2013, suivra la chronologie, balisée par les années charnières que furent 1965 et 1998. S'il s'efforce de ne pas omettre d'événements cruciaux en la matière, il ne saurait éviter tout à fait les inconvénients d'une perspective cavalière : de la double acception du qualificatif, puisse la géométrique l'emporter sur la morale.

L'émergence d'un défaut épistémologique dans la critique littéraire (jusqu'en 1965)

Dans le domaine des études théâtrales, les universités suisses ont longtemps préconisé un partage strict des compétences et des activités : à l'académie revenait l'enseignement et la recherche sur le texte dramatique considéré comme genre littéraire ; aux classes d'art dramatiques, subordonnées le plus souvent à un Conservatoire de musique, la formation des comédiens et le traitement des questions scéniques en général. L'académie perpétuait alors, d'une certaine manière, la tradition d'Aristote déniant à la mise en spectacle – soit

---

1 Voir *infra*. Béatrice Perregaux a publié une analyse approfondie d'*Abraham sacrifiant* : « Théodore de Bèze, *Abraham sacrifiant* 1550. Rupture et innovation » ; elle est par ailleurs née à Môtiers (NE), où elle a passé les premières années de sa vie, non loin de la maison habitée par Rousseau lors de son exil neuchâtelois (1762–1765).

à l'*opsis* de sa *Poétique*, qui dépendrait d'un simple savoir-faire technique – une dignité poétique équivalente à celle de la composition du texte.[2] D'un côté à l'autre de cette ligne de frontière, entre savants et saltimbanques, les échanges étaient rares. L'Université de Genève fit ainsi œuvre de pionnier, en 1965, en accueillant dans la cité de Rousseau un enseignement de dramaturgie, qui resta jusqu'en 2013 le seul de Suisse romande à s'inscrire nommément dans le cursus régulier d'une licence, puis d'un baccalauréat et d'une maîtrise universitaires, ès lettres en l'occurrence[3].

L'histoire de la dramaturgie – c'est ainsi qu'on la nomme – dans l'université genevoise s'ouvre néanmoins sur un paradoxe qui ne tient pas à l'auteur de la *Lettre à d'Alembert sur les spectacles*. L'École de Genève, mouvement de critique littéraire ainsi étiqueté par Georges Poulet et dont Marcel Raymond « fut le pionnier et le maître »[4], ne s'est guère penchée sur les modalités de l'événement scénique. Elle se montre peu encline à considérer l'aspect performatif du théâtre au-delà du genre dramatique, conformément à sa définition sans doute la plus concise : « la rencontre de deux consciences »[5], celle de l'écrivain, celle du lecteur. De ce lecteur au spectateur de théâtre, le pas n'est alors jamais franchi.

Jean Rousset et Jean Starobinski, qui ont donné au mouvement son plein essor, ont certes écrit sur plusieurs œuvres dramatiques classiques et leurs facteurs de théâtralité respectifs des pages fondamentales. Cependant, quand Starobinski dégage l'enjeu des regards échangés chez Corneille et chez Racine, dans *L'Œil vivant* (Gallimard, 1961), quand il analyse des *libretti* et des dialogues d'opéras dans *Les Enchanteresses* (Seuil, 2005), il ne prend pas en compte de représentations effectives, ni dans leur production ni dans leur réception. Quand, dans *La Relation critique* (Gallimard, 1970) il revient sur les figures d'Hamlet et d'Œdipe, c'est dans une perspective psychanalytique, dans le sillage de Freud. Quand enfin il consacre un ouvrage, *Diderot, un diable de ramage* (Gallimard, 2012), à l'un des théoriciens du théâtre les plus déterminants, il choisit de faire l'impasse sur ces fonctions et qualités-là.[6]

Plus prononcé, l'intérêt que Jean Rousset porte au théâtre se manifeste dans ses ouvrages dès *La Littérature de l'âge baroque en France* :

---

2 Aristote : *La Poétique*, ch. 6 (1449b33, 1450a10, 1450a13, 1450b27–31) et ch. 14 (1453b1–9).

3 Entre-temps s'était ouvert, à l'Université de Berne, un Institut d'études théâtrales (*Institut für Theaterwissenschaft*) en 1992. Voir *infra*.

4 M. Jeanneret 1995, 56.

5 M. Jeanneret 1995, 60.

6 J. Starobinski constate qu'il s'agit d'« un livre où le théâtre est un peu oublié. Un nouveau chapitre s'impose. » Dédicace de l'ouvrage à Éric Eigenmann, 29 mai 2013.

Circé et le paon (Corti, 1953). Mais celui-ci y est envisagé, Patrick Suter l'a relevé, « en tant qu'il est un signe, ou une métaphore, ou un schème organisateur qui se retrouve ailleurs dans les arts et la pensée baroque »[7]. Le chapitre « Marivaux ou La structure du double registre », dans *Forme et signification* (Corti, 1963) demeure un classique des études marivaudiennes, telles pour les études moliéresques les pages du critique genevois sur *Dom Juan*, parues notamment dans *L'Intérieur et l'extérieur*, sous-titré *Essais sur la poésie et le théâtre au XVIIe siècle* (Corti, 1968). Ce sont pourtant encore des textes qu'analyse Rousset, dans leurs visées thématiques et esthétiques, comme l'indique le sous-titre de *Forme et signification* : *Essais sur les structures littéraires de Corneille à Claudel*. Et si le critique genevois s'aventure à faire allusion à la représentation scénique, son approche de l'événement théâtral reste « texto-centriste », au sens où l'entendait Bernard Dort.

Pourquoi donc s'attarder ici sur des études marquées, de ce seul point de vue, par ce qui leur fait défaut ? C'est que tout se passe comme si ce manque avait fait le lit d'une discipline nouvelle à Genève, une fois les limites d'une approche purement textuelle reconnues, si peu que ce soit, par les protagonistes de la fameuse École... Afin d'intégrer à la réflexion les facteurs poétiques et esthétiques qui, liés à la représentation scénique, sont à l'œuvre dans l'écriture dramatique, on recourt significativement à des compétences acquises en dehors de la sphère littéraire. Le Département de français moderne[8], celui de Starobinski et de Rousset, engage en effet en 1965, à l'initiative du second, une assistante chargée de mettre l'accent sur l'aspect scénique des textes dramatiques mis au programme : Béatrice Perregaux.

Les fondations d'un domaine de recherche interdisciplinaire en Faculté des lettres (1965–1998)

Entre 1959 et cette année-là, Béatrice Perregaux a obtenu à Genève une licence ès lettres et un diplôme d'art dramatique au Conservatoire, elle a été comédienne en Suisse et en France ; elle a complété sa formation en dramaturgie à Paris dans les cours de Jacques Schérer, puis à Berlin-Ouest à la *Freie Universität* ; elle a été assistante de

---

7   P. Suter 2016, 321.
8   Aujourd'hui Département de langue et de littérature françaises modernes.

Benno Besson à la *Volksbühne* de Berlin-Est. Dès 1965, elle traduira de l'allemand des textes dramatiques – Ernst Toller, Heiner Müller, Botho Strauss – et théoriques, consacrés au théâtre : Manfred Wekwerth et surtout Bertolt Brecht, avec Jean Jourdheuil, pour les éditions de L'Arche. A l'Université de Genève, Jean Rousset, son directeur de thèse, la charge d'abord de compléter l'étude des textes dramatiques qu'il aborde lui-même dans ses cours et séminaires. Mais la perspective théâtrale acquiert bientôt plus d'indépendance, de sorte que Béatrice Perregaux, promue chargée de cours, peut inscrire au programme le premier enseignement de dramaturgie et d'histoire du théâtre en Suisse romande, en 1976.

Convoquant toute l'histoire du théâtre occidental malgré une dotation horaire de deux heures hebdomadaires seulement[9], cet enseignement se montre précurseur à plus d'un titre : ouvert très tôt à l'interdisciplinarité, attentif aux conditions socio-historiques de la production artistique, confrontant la littérature à la représentation scénique, à la musique, à l'opéra, il allie les réflexions théoriques à, parfois, quelques exercices pratiques de diction ! Béatrice Perregaux s'appuie volontiers sur des diapositives de représentations, qu'elle collectionne et analyse avec rigueur, à la seconde près du spectacle en cours et en regard du texte imprimé. Elle joue explicitement sur le double tableau des deux principales acceptions de la notion de dramaturgie, qui font régulièrement l'objet d'une séance introductive : la classique et la moderne, celle de d'Aubignac et celle de Lessing, la française et l'allemande. En dirigeant plus d'une centaine de mémoires, qui sont autant de travaux de recherche, elle contribue à la formation de nombreux metteurs en scène et critiques, avec lesquels le dialogue se poursuit souvent au-delà des murs de l'Université au gré de l'actualité théâtrale locale, régionale et nationale ; Béatrice Perregaux, devenue Perregaux-Michot, préside d'ailleurs la Société Suisse du Théâtre (SST) entre 1990 et 1995. Elle décède malheureusement en 1998, sans que son poste à l'université ne soit ensuite repourvu.

Plusieurs autres chercheuses et chercheurs de sa génération, pendant la même période en Suisse romande, travaillent aussi sur des auteurs dramatiques. Se distinguent les publications d'Antoinette Weber-Caflisch, maître d'enseignement et de recherche à l'Université de Genève, au sujet de Claudel (Belles Lettres, 1985, 1986 et 1987) et de Beckett (Minuit, 1994) ; celles de John E. Jackson, professeur à l'Université de Berne, soit un ouvrage consacré à Büchner, Shake-

---

9 S'y ajoutent deux heures supplémentaires entre 1993 et 1998, soit la moitié de la charge d'enseignement d'Éric Eigenmann, alors maître-assistant.

speare, Corneille et Racine (La Baconnière, 1988), un autre à l'« ambiguïté tragique » (Corti, 2008) ainsi que divers articles sur le théâtre ; celles aussi, sur le spectacle romantique (SEDES, 1982), de Patrice Thompson, qui, professeur à l'Université de Neuchâtel, y dirige avec Alain Cernuschi le Séminaire d'études théâtrales (SETH) à la fin des années 1980. Sans oublier l'intérêt de Claude Reichler, professeur à l'Université de Lausanne, pour Molière (Minuit, 1979), ni celui de George Steiner, professeur à l'Université de Genève, pour « les Antigones » (Clarendon Press, 1984)[10], ni les éditions et études, plus philologiques, des pièces de Ménandre (L'Aire, 1981 ; Droz, 1990 puis 2015) signées par André Hurst, professeur de grec ancien à l'Université de Genève. Ces recherches se concentrent néanmoins toujours, bien qu'à des degrés différents, sur le texte.

Il faut attendre ce qu'on peut appeler la troisième génération, par rapport à celle de Rousset et Starobinski, pour que le domaine étudié commence à s'étendre à la scène effective, à des degrés certes plus divers encore que précédemment. Ce n'est pas un hasard : il s'agit pour la plupart de recherches publiées par d'anciens étudiants de Béatrice Perregaux, qui n'avait cessé d'œuvrer en ce sens, mais aussi de Doris Jakubec (Université de Lausanne), dont le mémoire de licence avait offert la première étude approfondie du dramaturge vaudois Fernand Chavannes (1868–1936). C'est ainsi que sont traités, par exemple, des metteurs en scène tels que Charles Apothéloz, par Joël Aguet (Theaterkultur Verlag, 1990), Matthias Langhoff, par Jean-Yves Pidoux (Theaterkultur Verlag et Éditions d'en bas, 1994) ou Benno Besson, par Anne Roulet Juan (CdRS Université de Neuchâtel, 1998) ; mais aussi des questions plus générales : l'interprétation selon Stanislavki et Brecht, par Jean-Yves Pidoux (L'Aire, 1986), les enjeux du théâtre, par Sylviane Dupuis (Zoé, 1998), à côté d'œuvres parfois mises au programme des cours en Faculté de lettres, dont celles de Beckett par Alain Cernuschi (sur *Bing*, SETH, 1990), de Cocteau et de Maeterlinck par Danielle Chaperon (Presses Universitaires de Lille, 1991 ; Bulzoni, 1992), de Sarraute, de Pinget et de Vinaver par Éric Eigenmann (L'Arche, 1996). Il convient d'ajouter à cette liste, bien que la plupart d'entre elles soient plus tardives, l'étude qu'Anne Fournier consacre à l'œuvre dramatique de Sylviane Dupuis comme à sa mise en scène (Theaterkultur Verlag, 2002) et celles d'Alain Cernuschi (de 1990 à 2021), sur l'opéra des XVIIe et XVIIIe siècles.

Mais la dramaturgie – qui implique nécessairement une activité de recherche – se pratique aussi et surtout dans les théâtres. Sur le

---

10 George Steiner avait publié vingt-trois ans plus tôt un essai au sujet de la tragédie, *The Death of Tragedy* (Knopf, 1961).

modèle allemand, ceux-ci s'attachent parfois, à la même époque, des dramaturges attitrés : Jean-Claude Blanc pour le Théâtre Populaire Romand, lequel édite une série de publications, Philippe Macasdar pour Benno Besson puis Joël Aguet pour Claude Stratz à la Comédie de Genève, Antoine Jaccoud pour la compagnie « Théâtre en flammes » de Denis Maillefer à Lausanne, parmi d'autres. Nombre de metteures et metteurs en scène sont souvent leurs propres dramaturges, partageant le souci de fonder leur travail, sous tous ses aspects, sur une étude approfondie des tenants et aboutissants, historiques en particulier, du texte interprété. Outre ceux qui viennent d'être mentionnés, c'est le cas par exemple de Martine Paschoud, de François Rochaix[11], d'Hervé Loichemol, d'André Steiger ; ce dernier réunira plus tard ses réflexions dans L'Aveu de théâtre (Campiche, 2008).

La dramaturgie, incluant l'histoire du théâtre, ne donne pas lieu, enfin, à un enseignement exclusivement universitaire. Elle fait l'objet, dans le cadre de la formation des comédiennes et comédiens en Suisse romande, de cours assurés notamment par André Steiger et Gérald Bloch à l'École romande d'art dramatique puis à la Section professionnelle d'art dramatique (ERAD jusqu'en 1984, SPAD ensuite) à Lausanne, par Claude Stratz puis Éric Eigenmann à l'École supérieure d'art dramatique (ESAD) à Genève, jusqu'à la fermeture de ces écoles professionnelles cantonales en 2004.

L'essor des études théâtrales romandes (1998–2013)

L'événement majeur de cette période consiste certainement en l'ouverture, en 2003, de la Haute école romande de théâtre (HETSR), surnommée « La Manufacture », qui propose aux jeunes comédiennes et comédiens un cursus de formation de niveau bachelor, sur la base d'un plan d'études élaboré initialement par Alain Knapp. Elle deviendra Haute école des Arts de la scène (HEAS) grâce à l'inclusion, entre 2011 et 2014, de sections dédiées à la technique du spectacle et à la danse contemporaine : cette renomination en dit long sur l'évolution de l'art théâtral et sur la porosité de ses frontières au début du XXIe siècle. Dans la présente perspective, on se contentera de rappeler que, suite à l'impulsion initiale du premier directeur Yves Beaunesne, c'est sous des biais non nominativement dramaturgiques – privilé-

---

11 Joël Aguet fut aussi le dramaturge de François Rochaix au Théâtre de Carouge au début du XXIe siècle.

giant notamment la critique théâtrale, l'analyse de la représentation, l'action scénique, les arts vivants – que la réflexion sur le théâtre a figuré au programme de « La Manuf ». La responsabilité en a été confiée d'abord à Philippe Macasdar et Sandrine Kuster, ensuite à Michel Corvin et Éric Eigenmann, plus tard à Claire de Ribaupierre, Christian Geffroy Schlittler, Danielle Chaperon, et – comme c'était d'ailleurs le cas antérieurement dans les écoles professionnelles cantonales – à tout.e intervenant.e concerné.e selon son point de vue singulier. La dramaturgie était en revanche une discipline reconnue comme telle dans les deux autres écoles professionnelles de Suisse romande, où la fonction a été assumée par Evelyne Pieiller, David Tuaillon, Marianne Segol, Joël Aguet, René Zahnd, Rita Freda, Michel Beretti, Eric Vautrin et Danielle Chaperon pour l'École des Teintureries à Lausanne, par Jean-Claude Blanc et Viviana Aliberti pour l'École Serge Martin à Genève.

Mais le tournant du siècle coïncide également avec la croissance de l'offre universitaire romande en dramaturgie, comme avec l'extension de la dramaturgie en direction des « études théâtrales ». Celles-ci – qui désignent alors en France une nouvelle discipline démarquée des études de Lettres – appellent schématiquement à un élargissement de leur champ aux arts et techniques impliqués dans la représentation théâtrale (jeu, scénographie, costumes, lumières, éventuellement bande-son et vidéo, etc.), soit à un décentrement supplémentaire du texte dans la performance scénique, après celui qu'avait opéré la dramaturgie moderne. Non pas que, en études théâtrales, les arts et techniques mentionnés soient forcément enseignés en tant que tels, mais qu'ils y sont pris en compte, en tant que données concrètes, dans l'analyse du fait théâtral. Depuis ses débuts en 1992 au sein de l'Université de Berne[12], l'*Institut für Theaterwissenschaft* (ITW) œuvrait déjà en ce sens, dans une perspective privilégiant globalement l'anthropologie du théâtre. Il avait déjà entrepris la série de publications scientifiques qui participent aujourd'hui de son rayonnement. Toutefois, ses enseignements comme les recherches qu'il publie étant en principe délivrés en langue allemande, l'ITW ne saurait être inclus dans le cercle des études théâtrales romandes.

Rédigé en français bien qu'il soit issu de l'institut bernois, un ouvrage d'Anne-Catherine Sutermeister (Theaterkultur Verlag et Éditions d'en bas, 2000) fait donc exception. Il dégage « l'émergence du théâtre indépendant en Suisse romande à la fin des années 60 ».

---

12 La fondation de l'ITW a été obtenue grâce à de longues démarches de la Société Suisse du Théâtre (SST / *Schweizerische Gesellschatft für Theaterkultur*, SGTK) auprès de la Confédération.

D'autres, sans parler des articles, témoignent comme lui du déplacement en cours – partiel au demeurant – de la focale dramaturgique : ils s'interrogent, par exemple, sur « la place du spectateur » (Peter Lang, 2002, dir. Thomas Hunkeler ; MetisPresses 2008, dir. Thomas Hunkeler, Ariane Lüthi et Corinne Fournier) ou sur les enjeux des « textes en performance », au théâtre et ailleurs (MetisPresses, 2006, dir. Ambroise Barras et Éric Eigenmann). Les lauréates et lauréats de l'Anneau Hans-Reinhart/Grand Prix suisse du théâtre, décerné chaque année, font par ailleurs l'objet, depuis 2011, d'un ouvrage analysant leurs activités, réalisé par la Société Suisse du Théâtre[13]. Le *Dictionnaire du Théâtre en Suisse* met aussi à disposition du chercheur, depuis 2005, une banque de données qui faisait défaut auparavant (Chronos Verlag, 2005, dir. Andreas Kotte, Simone Gojan, Joël Aguet, Pierre Lepori), ressource que procure la « Chronique du Théâtre de Carouge Atelier de Genève » pour le théâtre en question entre 1958 et 2008, élaborée par Joël Aguet (Fondation du TCAG, 2008).

En quelques années, plusieurs nominations à des postes de rang professoral ont à l'évidence contribué à cet essor des études théâtrales dans les universités romandes. A Lausanne, Danielle Chaperon, nommée professeure associée en 1998, ordinaire en 2011, introduit notamment dans le cadre académique l'étude des formes émergentes de théâtre post-dramatique, selon l'expression de Hans-Thies Lehmann, et développe d'étroites relations avec la Manufacture. Le Certificat de formation continue « Dramaturgie et performance du texte », qu'elle fonde en 2004 et dirige depuis lors, accélère la diffusion de la réflexion dramaturgique au sein de la profession du spectacle. Lise Michel et Marc Escola, spécialistes de l'âge classique et des Lumières, familiers néanmoins des scènes contemporaines, la rejoignent en 2011 et 2012 pour former avec elle, au sein du département de français, une véritable unité de dramaturgie et d'histoire du théâtre, à laquelle Valentina Ponzetto, professeure boursière, apportera dès 2016 sa connaissance des auteurs dramatiques des XVIIIe et XIXe siècles et du théâtre de société.

A Genève, Éric Eigenmann (maître d'enseignement et de recherche dès 1998 puis professeur associé dès 2010[14]) inscrit la dramaturgie parmi les modules d'enseignement du bachelor et du master en français moderne. Il fait aussi dialoguer l'enseignement et la recherche avec l'expérimentation scénique dans un « Laboratoire dramaturgique » :

---

13 MIMOS – Annuaire Suisse du Théâtre (depuis 2021, « des arts de la scène ») / Schweizer Theater-Jahrbuch (depuis 2021 « Schweizer Jahrbuch Darstellende Künste ») de la Société Suisse du Théâtre, édition Peter Lang.

14 Secondé pendant les années 2011–2015 par Valentina Ponzetto.

fondé en 1997, assimilé à un séminaire de travaux pratiques (TP) en dramaturgie dès l'année 2001–2002, l'Atelier-théâtre du Département de français (ATDF), qui s'attache la collaboration régulière de professionnels, aboutira jusqu'en 2023 à la mise en scène d'une vingtaine de spectacles publics privilégiant les écritures contemporaines, dans la salle de théâtre d'Uni Mail et dans plusieurs théâtres de la ville. Patrick Suter l'a observé en ces termes :

> « L'Université de Genève est certes loin d'accueillir en son sein un département de théâtre comme c'est le cas aux Etats-Unis ou au Canada, où l'on étudie le jeu et la mise en scène à l'université, et dans les plus grandes institutions, telles Yale ou Laval. Mais, peut-être par mauvaise conscience, elle reconnaît comme faisant partie de la formation en littérature française la participation à un atelier de théâtre (moyennant la réalisation d'un travail écrit), alors que l'*Institut für Theaterwissenschaft* n'est pas du tout orienté vers le jeu. »[15]

A Fribourg également, le cursus d'enseignement et de recherche en dramaturgie s'enrichit de la nomination de Thomas Hunkeler (professeur ordinaire dès 2005), puis de Claude Bourqui (professeur associé en 2012, ordinaire en 2020). Le premier est spécialiste du théâtre baroque et du théâtre contemporain, à commencer par Beckett, le second, de la *commedia dell'arte* et du théâtre du XVIIᵉ siècle, de Molière en particulier, et de la critique dramatique. Il en va de même à Berne, où Patrick Suter (professeur assistant en 2012, extraordinaire dès 2017), auteur dramatique lui-même, consacre une partie de ses recherches au théâtre contemporain, notamment à Pinget, à Novarina et à Mouawad. Sur les quatre campus de Suisse romande, en outre, la dramaturgie donne lieu à de nombreux mémoires de recherche, ainsi qu'à des recherches doctorales.

*

En quelque cinquante ans, l'extension de la dramaturgie et des études théâtrales se révèle impressionnante, dans un dialogue toujours plus noué entre recherche, enseignement et pratique scénique. La postérité du mouvement initié par Jean Rousset, tel que l'a fait fructifier Béatrice Perregaux, est à la fois nombreuse, diversifiée et féconde. Les collaborations qu'elle suscite offrent un socle à des constructions plus ambitieuses encore sans doute que celles dont rêvait cette pionnière. C'est le cas en 2013 lors de la création du master spécialisé, qui

---

15 Suter 2016, 323–324.

fédère les professeures et professeurs de dramaturgie des universités romandes, de même qu'en 2018[16] lors de la fondation du Centre d'études théâtrales (CET), qui s'appuie sur les compétences réunies de celles et ceux de l'Université de Lausanne. C'est ainsi, pour une bonne part, que se poursuit la belle histoire de la recherche sur le théâtre en Suisse romande, dont les résultats obtenus autant que les promesses appellent les prochaines pages de ce volume[17].

Bibliographie

Chaperon, Danielle (2016) : *Les études théâtrales en Suisse romande*. In : F. Quillet (éd.), 305–314.

Dupont-Roc, Roselyne / Lallot, Jean (éd., trad.) (1980) : *Aristote : La Poétique*. Paris : Seuil.

Eigenmann, Eric (2016) : *Cinquante ans de dramaturgie à l'Université de Genève*. In : F. Quillet (éd.), 329–335.

Jeanneret, Michel (1995) : L'École de Genève ? In : *L'histoire littéraire hier, aujourd'hui et demain, ici et Ailleurs*, Paris : Colin, 54–64.

Perregaux, Béatrice (1995) : Théodore de Bèze : *Abraham sacrifiant* 1550. Rupture et innovation. In : Andreas Kotte (éd.) (1995) : *Sondierungen zum Theater/ Enquêtes sur le théâtre. Dix contributions à l'histoire du théâtre en Suisse*. Bâle : Theaterkultur Verlag, 15–49.

Quillet, Françoise (éd.) (2016) : *Des formations en arts du spectacle. Amériques – Asie – Europe*. Besançon : Presses Universitaires de Franche-Comté.

Suter, Patrick (2016) : *Tableau général de l'enseignement des arts du spectacle et du théâtre dans le paysage universitaire suisse*. In : F. Quillet (éd.), 315–328.

---

16 Date de fondation administrative du CET.
17 Voir l'article de Danielle Chaperon *infra*.

DANIELLE CHAPERON

2.

Les études théâtrales en Suisse romande

Studi teatrali nella Svizzera francese

Theaterstudien in der Westschweiz

159

n Suisse, les « études théâtrales », identifiées comme telles, ne sont pas un domaine universitaire répandu. L'Université de Berne, qui a fêté en 2022 les trente ans de son nstitut für Theaterwissenschaft (ci-après ITW) est encore aujourd'hui la seule à offrir une filière complète (bachelor et master) dans cette discipline. Ce bilan peu satisfai ant – en particulier pour la Suisse romande – mérite d'être remis en contexte et com plété par l'ouverture de quelques perspectives. Nous commencerons dans ce qui sui par dessiner le paysage de la formation en général et situer les arts de la scène dans cet environnement, puis nous nous attarderons sur quelques développements récents en Suisse romande.

RIASSUNTO

n Svizzera, gli «studi teatrali» identificati come tali non sono una disciplina accade mica diffusa. L'Università di Berna, che nel 2022 ha festeggiato il 30° anniversario del suo Istituto di Studi Teatrali (di seguito ITW), è ancora l'unica università a offrire un programma di laurea completo (Bachelor e Master) in questa materia. Questo equilibrio nsoddisfacente – soprattutto per la Svizzera francese – merita di essere inserito in un nuovo contesto e completato aprendo alcune prospettive. Qui di seguito, si delineerà in nanzitutto il panorama educativo in generale e si inquadreranno le arti dello spettacolo n questo contesto, prima di discutere alcuni sviluppi recenti nella Svizzera romanda.

ZUSAMMENFASSUNG

n der Schweiz ist die als solche gekennzeichnete «Theaterwissenschaft» kein verbrei etes akademisches Fachgebiet. Die Universität Bern, die 2022 das 30-jährige Bestehen hres Instituts für Theaterwissenschaft (im Folgenden ITW) feierte, ist auch heute noch die einzige Universität, die einen vollständigen Studiengang (Bachelor und Master) in diesem Fach anbietet. Diese – insbesondere für die Westschweiz – unbefriedigende Bi anz verdient es, in einen neuen Kontext gestellt und durch die Eröffnung einiger Pers bektiven ergänzt zu werden. Im Folgenden werden wir zunächst die Bildungslandschaf m Allgemeinen skizzieren und die darstellenden Künste in diesem Umfeld verorten, un dann auf einige neuere Entwicklungen in der Westschweiz einzugehen.

Paysage national[1]

En Suisse, l'éducation relève principalement de la compétence des cantons. Ce système décentralisé distingue, au plus haut niveau de l'enseignement supérieur, les cursus du *tertiaire A* et du *tertiaire B*. Les cursus d'études du *tertiaire A* sont aujourd'hui l'apanage de trois types de hautes écoles : (1) les hautes écoles universitaires (HEU), c'est-à-dire les universités cantonales et les écoles polytechniques fédérales[2] ; (2) les hautes écoles pédagogiques (HEP) qui forment les enseignants du *primaire* et du *secondaire* ; (3) les hautes écoles spécialisées (HES). Ce paysage résulte de la mise en œuvre des accords de Bologne signés le 19 juin 1999. Les premiers diplômes de niveau bachelor ont été délivrés par les universités suisses en 2004, et les HEP et HES adoptèrent la nouvelle structure des études au début de l'année académique 2005–2006. Une mission de recherche (*appliquée* ou *orientée vers la pratique*) a été attribuée à cette occasion aux HES et HEP ; cette obligation est l'une des nouveautés qui a le plus profondément marqué le paysage de la formation suisse. (Elle remettra en question, à terme, le monopole des universités sur la délivrance des doctorats.)

La mission de recherche distingue dès lors les hautes écoles des institutions du *tertiaire B*. Ces dernières, les écoles supérieures (ES), se situent par ailleurs hors du périmètre du « processus de Bologne » (selon l'appellation officielle à la Confédération). Dans un parcours de formation, les ES prennent le relais des écoles professionnelles qui assurent la formation initiale en lien avec l'apprentissage en entreprise. Les écoles supérieures délivrent des Diplômes fédéraux, les écoles professionnelles des Attestations fédérales de formation professionnelle (AFP) et des Certificats fédéraux de capacité (CFC). La voie de l'apprentissage – empruntée en Suisse par plus de la moitié d'une classe d'âge – est parallèle à celle de l'obtention d'une Maturité. Néanmoins, la Maturité étant une condition d'admission aux hautes écoles, des *passerelles* permettent aux détenteurs d'un CFC de briguer une Maturité *professionnelle* ou *spécialisée* à l'issue d'une formation complémentaire. Ces dernières donnent accès, selon les disciplines étudiées, aux cursus HES et HEP. Les porteurs d'une Maturité *gym-*

---

1 Les éléments concernant le paysage de la formation reprennent, en les mettant à jour, les éléments de deux articles publiés il y a une dizaine d'années (voir, *infra*, la bibliographie).

2 Toutes les hautes écoles (HEU, HES, HEP) sont subventionnées par la Confédération ; les écoles polytechniques de Zurich et de Lausanne diffèrent en ceci que les cantons ne participent pas à leur financement alors qu'ils contribuent, dans une proportion qui va d'un tiers à deux tiers selon les cas, au budget des universités.

nasiale sont admissibles directement aux cursus universitaires et ils représentent environ 20 % de leur classe d'âge, un taux équivalent à celui des porteurs d'une Maturité *professionnelle* ou *spécialisée*[3].

Il importe de rappeler ces données générales lorsqu'il s'agit de situer les formations artistiques dans un environnement helvétique dont certains aspects sont singuliers (l'importance – statistique et symbolique – de la voie de l'apprentissage, le faible taux de diplômés du Secondaire II – de détenteurs d'une Maturité – et les trois types de hautes écoles de niveau tertiaire).

En ce qui concerne le domaine des études théâtrales, on aura constaté que l'Université de Berne avait mis en place les activités de l'ITW avant les accords de Bologne et donc avant la création des Hautes écoles spécialisées. En Suisse romande, certains projets académiques avaient été envisagés à la même époque sur le modèle de la Section d'histoire et esthétique du cinéma de l'Université de Lausanne créée en 1990. Des rumeurs commençaient à circuler au sujet de la création d'une filière en études théâtrales à l'Université de Neuchâtel, université où avait été mis en place le SETH – le Séminaire d'études théâtrales – à l'initiative du professeur Patrice Thomson. Quoi qu'il en soit, tous les projets furent gelés dans l'attente de connaître quelle place allait être allouée aux arts de la scène au terme de la réforme entamée en 1999.

Les filières professionnelles en Suisse romande

Le processus de Bologne allait en effet provoquer une réorganisation profonde du territoire des formations artistiques. Les *conservatoires* cantonaux, qui offraient depuis le milieu du XIXe siècle des formations de tout niveau en musique, ont été restructurés. Les différents secteurs ont été rebaptisés et relogés – parfois dans la douleur – et affectés à l'une ou l'autre « case » du niveau système. Les filières professionnelles de musique ont été prises en charge par des HES intercantonales. Par exemple, la Haute École de Musique de Lausanne (HEMU Vaud-Fribourg-Valais) a été constituée autour de l'ancien Conservatoire de Lausanne et la Haute École de Musique de Genève

---

3   Les nombres sont ceux de l'Office Fédéral de la Statistique (OFS). Les cantons romands comptent généralement plus de porteurs d'une Maturité que les autres cantons et de porteurs d'une Maturité *gymnasiale* en particulier (près de 34 % pour Genève contre 12,8 % pour Schwytz, pour prendre les pôles statistiques extrêmes). Voir le site de l'OFS, https://www.bfs.admin.ch/bfs/fr/home/statistiques/education-science.html [07/07/2024].

(HEM Genève-Neuchâtel) à partir de l'ancien Conservatoire de Genève. Or les formations de comédiens (anciennement classes de diction ou de déclamation) étaient historiquement liées aux conservatoires de musique ; pour la Suisse romande, il s'agissait de la Section Professionnelle d'Art dramatique du Conservatoire de Lausanne (la SPAD) et de l'École Supérieure d'Art Dramatique du Conservatoire de Genève (l'ESAD). Ces deux formations ont été extraites du périmètre des futures HEMU et HEM, fusionnées et entièrement repensées pour former une HES spécifiquement dédiée aux arts de la scène : la Haute École de Théâtre en Suisse Romande. Installée à Lausanne dans les locaux d'une ancienne usine de pierres précieuses, la nouvelle école est financée par les cantons francophones (Vaud, Valais, Genève, Fribourg, Neuchâtel et Jura) et gouvernée par une fondation. La Manufacture (aujourd'hui appelée Haute école des arts de la scène) propose depuis 2003 un cursus de bachelor de comédien et comédienne (BAT). En 2012, fut créé un master en mise en scène (MAT) construit en partenariat avec la *Hochschule der Künste Bern*, la *Scuola Teatro Dimitri Verscio* (aujourd'hui *Accademia Dimitri*) et la *Zürcher Hochschule der Künste* (Master-Campus-Théâtre). Depuis 2019, le master propose deux orientations – mise en scène et scénographie –, et un projet d'orientation en chorégraphie est actuellement en examen.

Le domaine d'enseignement professionnel « Musique et arts de la scène » représente en Suisse romande l'un des six *domaines* des HES et l'un des deux domaines artistiques (le second étant « Design et arts visuels »)[4]. Pendant que le théâtre et la musique s'engageaient ainsi rapidement sur le chemin de la formation tertiaire, la danse accusait un certain retard. La formation des danseurs fut longtemps assurée uniquement par des écoles privées ou par les compagnies, avant de faire l'objet d'un CFC (au Centre de formation professionnelle en arts appliqués de Genève – CFPAA, pour le contemporain, et à la *Tanz AKademie* de Zurich, pour le classique). Il fallut attendre 2014 pour qu'un bachelor en *Contemporary Dance* (BAD) soit ouvert à La Manufacture, en collaboration avec la *Zürcher Hochschule der Künste* (ZHdK). La situation particulière des danseurs illustre le fait que les métiers du spectacle sont, dans leur diversité, inscrits à de multiples échelons du système de formation. Ainsi, par exemple, la ZHdK forme des scénographes au niveau HES ; une école professionnelle de Fribourg (EPAI) forme, sur la base d'un CFC de couture, des costumiers et des costumières ; un CFC de « technisceniste » est ac-

---

4   Les autres domaines des HES romandes, c'est-à-dire de Suisse occidentale (HES-SO), sont « Économie et services », « Ingénierie et architecture », « Santé » et « Travail social ».

cessible depuis 2011 en Suisse romande grâce à des places d'apprentissage proposées par des institutions ou entreprises liées au spectacle et accompagnées d'une formation dispensée à La Manufacture[5].

Suite au processus de Bologne, le terme de *conservatoire* a changé d'usage. Il désigne aujourd'hui, outre des bâtiments légués par l'histoire, les écoles qui forment des musiciens, danseurs ou comédiens qui ne se destinent pas à une carrière professionnelle. Certains de ces conservatoires préparent les candidats aux concours d'entrée des HES suisses et de leurs équivalents européens. Par exemple, l'actuel Conservatoire de Musique de Genève (CMG) propose un « cursus préprofessionnel d'art dramatique ». Des formations du même type (de deux ou trois ans) existent dans la plupart des cantons romands et sont soutenues par les pouvoirs publics (le Conservatoire de Fribourg, l'École de théâtre de Martigny pour le canton du Valais, l'École d'Arc en Scènes de la Chaux-de-Fonds pour le canton de Neuchâtel). Plusieurs écoles privées ont en outre longtemps formé celles et ceux qui n'ont pas pu ou voulu accéder aux hautes écoles : ce fut le cas de l'École du Théâtre des Teintureries à Lausanne et de l'École Serge Martin à Genève – qui auront mis fin à leurs activités entre juin 2023 et juin 2024. (La fermeture de ces deux écoles privées, à la suite d'une décision de leurs fondateurs et directeurs respectifs[6], ne laisse pas d'inquiéter un milieu théâtral attaché à la diversité des formations.)

Le programme romand en « Dramaturgie et histoire du théâtre »

Est-ce à dire que les universités ne jouent aucun rôle dans l'enseignement du théâtre et ne figurent pas dans le paysage qui a été esquissé dans les pages qui précèdent ? Bien sûr, le théâtre a droit de cité depuis longtemps dans les murs de ces vénérables institutions. Longtemps, il n'aura été abordé que sous la forme de textes dramatiques étudiés dans le cadre des programmes de langues et littératures.

En Suisse romande, on peut attribuer le développement des études théâtrales à l'action de Béatrice Perregaux[7]. Son enseignement fut le premier qui prit en compte la dramaturgie, les conditions de repré-

---

5 La formation est placée sous l'égide de l'Association suisse des techniciens du théâtre et de ARTOS – l'Association romande technique organisation spectacle.
6 Serge Martin pour l'école éponyme (créée en 1986) et François Landolt pour les Teintureries (fondée en 1997). La raison invoquée pour la fermeture est dans les deux cas l'âge des directeurs.
7 Voir à ce sujet la contribution d'Éric Eigenmann dans le présent volume.

sentation ainsi que l'analyse des mises en scène. Entre 1990 et 1995, Béatrice Perregaux a également présidé la Société suisse du théâtre qui a œuvré pour l'ouverture, à l'Université de Berne, de la première chaire d'études théâtrales du pays en 1992.

Au début des années 2010, les rumeurs au sujet de l'Université de Neuchâtel s'étaient définitivement tues. Il n'y avait, dans les cantons universitaires romands, aucun espoir de bénéficier d'une fenêtre politique comparable à celle qui s'était ouverte pour l'Université de Berne. Plusieurs enseignants romands (dont plusieurs anciens étudiants de Béatrice Perregaux, comme Danielle Chaperon, Alain Cernusci et Éric Eigenmann) ont décidé de profiter de l'opportunité qu'offrait le Triangle Azur[8], un réseau qui unissait les universités de Genève, de Lausanne, de Neuchâtel et, au gré des projets, de Fribourg. Ces quatre institutions, soucieuses de l'attractivité du paysage universitaire romand, cherchaient à se coordonner en matière d'offre de formation (et d'infrastructures de recherche). Il s'agissait en particulier d'éviter les effets néfastes de la « mise en concurrence » des cursus consécutive au processus de Bologne. Le réseau a ainsi présidé à la répartition de certaines disciplines « rares » et promu la construction de programmes conjoints. Outre un soutien administratif dans le montage des formations partagées, le Triangle Azur se proposait de prendre en charge les frais de transport des étudiants invités à circuler entre différents sites.

La situation était propice : parmi les enseignants actifs dans le domaine des études théâtrales, deux professeurs de littérature française (Danielle Chaperon à Lausanne et Thomas Hunkeler à Fribourg) occupaient alors la fonction de Vice-recteur en charge de l'enseignement dans leur rectorat respectif. L'option a été prise de construire ensemble un programme de 30 ECTS en « Dramaturgie et histoire du théâtre », destiné à s'inscrire dans le cursus du Master ès Lettres à 120 ECTS de chaque université romande[9]. Le programme est constitué d'un cours général obligatoire (Dramaturgie), de deux séminaires (Théâtres, littératures et cultures) et de deux ateliers (Observations et pratiques), dont *L'Atelier critique*[10] mis en place par la Prof. Lise Michel

---

8   Les détails sur le programme sont disponibles sur le site officiel du Triangle Azur (onglet Azur en facultés des lettres), https://www.triangle-azur.ch/ [07/07/2024].

9   Les universités romandes, dans le cadre du processus de Bologne, ont d'abord mis en place des masters à 90 ECTS. Dans un second temps, elles ont toutes conçu des programmes additionnels (disciplinaires, interdisciplinaires ou spécialisés), permettant aux étudiants qui le désirent d'obtenir un titre de Master à 120 ECTS.

10 Ce séminaire d'initiation à l'écriture critique est lié à un site internet, à une collaboration avec le journal *Le Courrier* et à un réseau d'une trentaine d'institutions théâtrales partenaires. Cf. https://wp.unil.ch/ateliercritique [07/07/2024].

(UNIL). Le cours général est assuré par une équipe de cinq ou six enseignants et dispensé chaque année sur un autre site ; les séminaires et les ateliers figurent sur une liste établie par le comité scientifique du programme et publiée sur le site du Triangle Azur. La *Convention de programme* et le *Règlement d'études*, signés par quatre recteurs et quatre doyens, ont pris effet le 1ᵉʳ septembre 2013. La convention a été depuis lors reconduite par deux fois (en 2018 et en 2023[11]). Dans les facultés concernées, le programme en « Dramaturgie et histoire du théâtre » repose sur le socle pluridisciplinaire (constitué de deux ou trois disciplines) du Bachelor ès lettres. Au niveau bachelor, le théâtre est abordé – en tant que texte, spectacle ou fait social – dans le cadre des disciplines « traditionnelles » (littéraires, esthétiques ou historiques). Au niveau master, le programme romand accueille donc des étudiants qui ont des connaissances et des compétences variées et complémentaires. Un tel parcours est original. En général, les études théâtrales dans les pays francophones voisins sont en effet marquées par trois lignes de partage historiques[12] :

1. Entre l'étude des textes de théâtre et l'étude des pratiques de la scène

En France, les départements d'« arts du spectacle », à la fin des années 1990, se positionnent contre (ou à côté de) l'enseignement du théâtre comme littérature. C'est également le cas des études théâtrales en Belgique – à Louvain et à Bruxelles – dès la fin des années 1980[13]. Même si, dans les faits, ces départements proposent aussi des enseignements « littéraires », leurs programmes supposent une distinction, voire une opposition, entre l'approche du théâtre comme *texte* et l'approche du théâtre comme *pratique scénique*, y compris dans une perspective historique.

---

11 Pour des raisons internes concernant la gestion des études, l'Université de Fribourg a décidé en 2023 de ne plus offrir le programme à ses propres étudiants, tout en continuant à mettre à disposition ses enseignements.

12 Ces éléments, rédigés sur la base d'une recherche de la Prof. Lise Michel, ont été tirés du « Rapport du Groupe de travail pour la création du Centre d'études théâtrales à l'Université de Lausanne » adressé en 2018 au Décanat de la Faculté des lettres de l'Université de Lausanne.

13 Ces formations sont gérées aujourd'hui respectivement par la Faculté de Philosophie, arts et lettres à l'UCL et par le Département des sciences l'information et de la communication à l'ULB.

2. Entre théorie (esthétique) et histoire du théâtre

Les départements d'« études théâtrales » français qui existaient depuis le début des années 1960, se sont ensuite repositionnés – après la vogue des « arts du spectacle » – du côté d'une alliance entre étude des textes de théâtre et étude des pratiques scéniques. Ils revendiquent un accent sur la *théorie* (ou *l'esthétique*) du théâtre par opposition à une approche *historienne* du fait théâtral (texte et spectacle). Les centres de recherche sur l'histoire du théâtre, par contraste, se démarquent des approches théoriques déshistoricisées.

3. Entre le théâtre du passé et le théâtre contemporain

Les départements universitaires de « théâtre », quant à eux, ont, en France toujours, d'abord revendiqué une identité du côté du contemporain, ou de la compréhension des formes actuelles, en présupposant une hiérarchie entre les objets du passé et ceux du présent. L'appellation porte parfois à confusion en suggérant l'issue d'un débouché professionnel artistique.

Actuellement, ces tensions se sont amenuisées : un consensus semble se dégager un peu partout autour d'un modèle généraliste qui allierait texte et pratique, théorie et histoire, passé et présent (cette évolution date du milieu des années 2010). Toutefois, dans les faits, (a) les profils des départements restent encore marqués par leurs identités historiques ; (b) rares sont les formations qui thématisent cette dimension généraliste et consensuelle ; (c) plus rares encore sont les formations qui ont les moyens humains, financiers voire culturels (dans le contexte des institutions locales) de la réaliser en pratique ; (d) peu nombreux sont les départements en mesure de pratiquer une réelle interdisciplinarité au sein des centres de recherche et des programmes d'enseignement. À cet égard, on peut noter que le *Master en études théâtrales* de l'École Normale Supérieure de Lyon présente un profil singulier dans le paysage francophone, alliant l'histoire du théâtre et l'analyse de spectacles à des modules d'enseignement et d'expérimentation pratiques en collaboration étroite avec des institutions théâtrales. Au Québec (à l'UQAM), les études théâtrales postulent un dialogue entre les formes théâtrales de tous les siècles, et entre les disciplines de la scène. Le modèle québécois ajoute à cette orientation la particularité d'intégrer la pratique du théâtre comme art au sein de la formation. En France, en Belgique et en Suisse, en revanche, la formation en études théâtrales et l'apprentissage du métier de comédien sont par principe dissociés. En Suisse romande, les universités chérissent les excellentes relations qu'elles entretiennent avec les écoles en charge de la formation pratique des artistes. La répartition claire des missions entre les institutions, loin d'être un carcan, permet en effet aux universités d'instaurer avec les praticiens et avec ceux qui les forment un dialogue dépourvu de toute rivalité.

Le Centre d'études théâtrales de l'Université de Lausanne

On estime à 25 étudiants en moyenne le nombre d'étudiants qui se sont annuellement engagés dans le programme romand en études théâtrales depuis sa création (dont une quinzaine à l'UNIL, seule institution qui exige une inscription formelle dans le programme). Dès l'année 2015, l'existence du programme a suscité à Lausanne le projet de création d'un Centre d'études théâtrales. Dans la Faculté des lettres de l'UNIL, en effet, les programmes interdisciplinaires sont ordinairement confiés à la gestion d'un centre[14] afin d'être dotés d'un budget de fonctionnement, d'organes de gouvernance et de bénéficier d'une aide administrative.

Le Centre d'études théâtrales a été créé en 2018[15]. Il compte actuellement une cinquantaine de membres (enseignants et doctorants) et il est le fruit de la réunion de douze sections et d'une école[16]. La création d'un centre était aussi la condition de réussite d'un autre projet, celui qui consistait à augmenter le volume de l'offre dans le domaine des études théâtrales. En sus du programme romand (avec

---

14 Le « centres » réunissent, autour d'une thématique interdisciplinaire ou d'un domaine spécialisé, des enseignants et des chercheurs rattachés administrativement aux « sections ». Ils permettent de valoriser certains domaines de compétence particulièrement développés à la faculté. Il existe actuellement huit centres qui sont en charge d'un programme « de spécialisation ». Les sections sont pour leur part en charge des cursus disciplinaires.

15 Le colloque inaugural, reporté en raison de la pandémie, s'est tenu du 18 au 20 novembre 2021. Il a été soutenu par la SST et comportait une soirée d'hommage à Béatrice Perregaux. Plusieurs contributions au présent volume ont été présentées dans ce cadre.

16 Unités dites constitutives : École de français langue étrangère (EFLE) et les sections d'Anglais, Français, Histoire, Histoire et esthétique du cinéma, Italien, Sciences de l'Antiquité, Philosophie ; unités dites associées : Allemand, Espagnol, Langues slaves et Asie du Sud, Histoire de l'art, Sciences du langage. Les unités constitutives s'engagent à contribuer régulièrement aux programmes d'enseignement.

l'assentiment des partenaires du Triangle Azur[17]), les enseignants de Lausanne souhaitaient en effet proposer un « programme de renforcement » de taille équivalente. À hauteur de 60 ECTS, les études théâtrales pouvaient prétendre à un statut équivalent à celui d'une discipline principale. Le programme de renforcement a été inauguré en 2020 et il attire depuis son ouverture (l'année du COVID-19) une demi-douzaine d'étudiants par année. Il est caractérisé par un cours obligatoire (Histoires comparées du théâtre), de deux séminaires (Analyse de spectacles et Lectures en études théâtrales) et d'un stage d'immersion dans une institution théâtrale partenaire. Le parcours est couronné par un travail personnel d'approfondissement (médiation, création ou recherche). Aux 60 ECTS obtenus dans les deux programmes, les étudiants ont la possibilité d'ajouter un mémoire consacré à une thématique théâtrale. (Le mémoire reste cependant inscrit dans une discipline « traditionnelle ».) Les textes fondateurs de ce nouveau programme insistaient, en matière d'enseignement, sur la nécessité (a) de penser le contemporain à partir d'une réflexion historique ; (b) d'allier l'étude des textes et des spectacles à celles de contextes sociaux et culturels ; c) de nourrir la réflexion théorique avec une expérimentation des pratiques ; d) de conjuguer les exigences de la recherche avec celles de la médiation scientifique[18].

Cinq ans ont passé depuis la création du CET. En 2024, les universités romandes ont fêté les dix ans du programme commun ainsi que les dix ans du site de l'Atelier critique. Coïncidant avec les vingt ans de La Manufacture, quelques festivités ont également marqué les vingt ans du CAS en dramaturgie et performance du texte, une formation continue dispensée conjointement par l'UNIL et La Manufacture[19].

Au cours de ces différents développements, les contraintes financières ont permis que la logique collaborative prenne le pas sur les velléités de création autarciques. Les études théâtrales en Suisse romande sont interinstitutionnelles (grâce au Triangle Azur), transdisciplinaires (grâce à La Manufacture et aux écoles préprofessionnelles) et interdisciplinaires (grâce à la mobilisation de tous les chercheurs et enseignants spécialisés dans le domaine théâtral, quelle

---

17 Les universités partenaires ont préféré ne pas s'engager immédiatement dans une offre supplémentaire.

18 C'est dans cet esprit que la Prof. Estelle Doudet, spécialiste de littérature médiévale, a créé en 2020 l'Atelier de recherche créative en histoire des arts du spectacle (ARCHAS) qui promeut « une nouvelle approche des études théâtrales, fondée sur l'enquête collaborative, la pratique expérimentale et la réalité virtuelle immersive ». Cf. https://www.unil.ch/cet/home/menuinst/recherche/projets-du-cet/laboratoire-archas.html [07/07/2024].

19 La formation est gérée par la Formation continue UNIL-EPFL: https://www.formation-continue-unil-epfl.ch [07/07/2024].

que soit leur unité disciplinaire de rattachement). Elles sont aussi inscrites dans un paysage culturel particulièrement dense permettant aux chercheurs et aux étudiants de bénéficier d'une programmation théâtrale riche et diversifiée. Reste que le succès des programmes (de spécialisation et de renforcement) repose actuellement sur la bonne volonté des enseignantes et enseignants et grâce à la complicité des disciplines. Plusieurs cours généraux sont en effet composés d'interventions gratuites et plusieurs enseignements sont comptabilisés dans les cahiers des charges tout en étant soustraits à l'offre des masters disciplinaires. À l'heure où quelques fondateurs ont pris ou vont prendre leur retraite[20], la consolidation des programmes ne pourra se passer de soutien institutionnel dans le but de maintenir leur attractivité auprès des étudiants.

Bibliographie

Chaperon, Danielle (2016) : Les études théâtrales en Suisse romande. In : F. Quillet (éd.), 305–314.

Chaperon, Danielle (2013) : Théâtre et université en Suisse : contextes, formes, exemples. In : Robert Germay / Philippe Poirier (dir.) : *Le Théâtre universitaire, Pratiques et expériences*. Dijon : Éditions universitaires de Dijon, 73–83.

Eigenmann, Éric (2016) : Cinquante ans de dramaturgie à l'Université de Genève. In : F. Quillet (éd.), 329–335.

Quillet, Françoise (éd.) (2016) : *Des formations en arts du spectacle. Amériques – Asie – Europe*. Besançon : Presses Universitaires de Franche-Comté.

Suter, Patrick (2016) : Tableau général de l'enseignement des arts du spectacle et du théâtre dans le paysage universitaire suisse. In : F. Quillet (éd.), 315–328.

---

20 On peut saluer ici l'arrivée à l'UNIGE de la Prof. Pauline Noblecourt qui contribue depuis l'automne 2023 au programme romand, suite au départ du Prof. Éric Eigenmann. Danielle Chaperon fera à son tour valoir ses droits à la retraite à la fin de l'année 2025. Grâce à un « tuilage », la Prof. Lise Michel, destinée à lui succéder, est en poste à l'UNIL depuis le mois de février 2021.

Yvane Chapuis

3.

Des savoirs co-construits
L'activité du département de la recherche de
La Manufacture-Haute école des arts de la
scène de Suisse romande

Conoscenza co-costruita
Le attività del dipartimento di ricerca
de La Manufacture-Scuola universitaria
professionale della Svizzera romanda

Ko-konstruiertes Wissen
Die Tätigkeit der Forschungsabteilung
von La Manufacture-Hochschule der
Bühnenkünste der Westschweiz

171

RÉSUMÉ

La recherche menée au sein de la mission Recherche et Développement de La Manu-facture-Haute école des arts de la scène est en prise directe avec les questionnements de la création contemporaine dans les champs de la danse et du théâtre. Fondée sur les pratiques artistiques, elle développe des savoirs singuliers au croisement des disci-plines. Ses problématiques se forgent – et ses résultats s'élaborent – dans l'expérience de la scène et de la performance ou à partir d'une connaissance fine et approfondie de cette expérience. Les équipes, toujours mixtes, menées tantôt par des artistes tantôt par des scientifiques, élaborent des méthodologies spécifiques, et inventent et/ou dé-veloppent des formats de publication (de mise en partage des résultats) adaptés. Leurs projets renouvellent les approches et les méthodes de création, interrogent les pratiques traditionnelles, et mettent en œuvre des protocoles de recherche et d'enseignement qui articulent théorie et pratique.

RIASSUNTO

La ricerca condotta alla Manufacture è direttamente collegata alle questioni solleva-te dalla creazione contemporanea nei campi della danza e del teatro. Basandosi sulle pratiche artistiche, sviluppa una conoscenza unica all'incrocio delle discipline. I suoi temi sono forgiati – e i suoi risultati elaborati – nell'esperienza del palcoscenico e dello spettacolo o da una conoscenza dettagliata e approfondita di tale esperienza. I team, sempre misti, a volte guidati da artiste/i e a volte da ricercatrici/tori, sviluppano me-todologie specifiche e inventano e/o sviluppano (per condividere i risultati) formati di pubblicazione pertinenti. I loro progetti rinnovano gli approcci e metodi di crezione, interrogano le pratiche tradizionali e implementano protocolli di ricerca e insegnamen-to che articolano teoria e pratica.

ZUSAMMENFASSUNG

Die Forschung an der Manufacture steht in direktem Zusammenhang mit den Fragen des zeitgenössischen Tanz- und Theaterschaffens. Auf der Grundlage der künstlerischen Praxis entwickelt sie ein einzigartiges Wissen an der Schnittstelle der Disziplinen. Ihre Fragestellungen entstehen – und ihre Ergebnisse werden erarbeitet – aus den Erfah-rungen der Bühnenarbeit und der Aufführung oder auf der Grundlage einer genauen und vertieften Kenntnis dieser Erfahrungen. Die stets gemischten Teams, die teils von Künstler:innen, teils von Wissenschaftler:innen geleitet werden, erarbeiten spezifische Methoden und erfinden und/oder entwickeln geeignete Formate für die Veröffentlichung (den Austausch von Ergebnissen). Ihre Projekte erneuern kreative Ansätze und Metho-den, stellen traditionelle Praktiken in Frage und setzen Forschungs- und Lehrprotokolle um, die Theorie und Praxis miteinander verknüpfen.

La recherche qui est menée au sein de la mission Recherche et Développement de La Manufacture depuis une dizaine d'années est de deux ordres : l'analyse des pratiques et la recherche-création, et se déploie dans les champs de la danse et du théâtre. Si la recherche-création est le fait des artistes, c'est également le cas de l'analyse des pratiques, qui cependant reste majoritairement initiée par des chercheur.euse.s de formation universitaire. Mais qu'il s'agisse de recherche-création ou d'analyse des pratiques, c'est une recherche qui se mène collectivement et les équipes sont mixtes : praticien.nes et théoricien.nes ou historien.nes interviennent toujours à une étape ou une autre du processus de développement de la recherche qu'a engagée l'autre, et fabriquent du savoir en commun. À géométrie variable, pouvant se dérouler sur une durée d'une à quatre années et impliquer des équipes de deux à trente personnes, les projets sont initiés par le corps enseignant mais aussi par des jeunes diplômé.e.s dans le cadre de l'encouragement de la relève. Chaque projet est mené en partenariat avec des structures professionnelles du monde des arts de la scène et/ou des universités, à l'échelle locale, nationale et/ou internationale. Les projets, qu'ils soient soutenus par le rectorat (HESSO) ou par des fonds labélisés, veillent dans leur très grande majorité à produire des retombées sur les enseignements, soit au cours de leur développement dans le cadre d'expérimentations auxquelles sont associé.e.s les étudiant.e.s, soit à travers l'intégration des résultats dans les cours et les ateliers, l'objectif étant de familiariser les étudiant.e.s avec une pratique réflexive. Les formats de publication des résultats sont de type académique (articles, livres) et/ou artistiques. Ces derniers formats spécifiques peuvent se concrétiser dans des spectacles, des objets audiovisuels, des conférences dansées, jouées ou performées. La pluralité de ces modes de valorisation donne à la recherche en danse et en théâtre menée par les équipes de La Manufacture une visibilité à l'échelle de la communauté artistique et scientifique, autant que la possibilité de s'adresser à un public plus large.

La recherche-création

Les projets de recherche-création sont l'occasion pour les artistes de développer des travaux expérimentaux, dégagés de la nécessité de créer des œuvres dont les formats répondent aux attentes des systèmes de production et de diffusion de l'économie de la culture actuelle. Ce qui est interrogé et repensé, et donne lieu à l'innovation, c'est autant le travail des interprètes que celui de la mise en scène ou de la chorégraphie, ainsi que les modes de mise en partage avec le public, ou pour le dire autrement, les modalités de l'expérience esthétique proposée, ce qui fait œuvre.

Interprétation

Un bon exemple en théâtre est le projet qu'a déployé Nicolas Zlatoff en 2019 et 2020, s'interrogeant sur la représentation de l'activité silencieuse et invisible de la pensée de l'acteur.ice en train de jouer. En collaboration avec une équipe de six acteur.ices[1] et de quatre dramaturges[2], il s'est agi d'observer comment l'acteur.ice peut simultanément jouer un texte mais aussi l'analyser, le comprendre et le documenter. Les expérimentations nécessitant un public, la recherche a été exposée quotidiennement pendant trois semaines au théâtre Saint-Gervais à Genève, cinq heures par jour, pendant lesquelles les spectateur.ices pouvaient entrer et sortir librement.

En amont du travail quotidien dans ce théâtre, les dramaturges et Nicolas Zlatoff avaient identifié un texte de théâtre, qui devait être travaillé tout au long de la recherche. Dans la mesure où « il ne s'agissait pas d'aboutir à prouver la validité ou l'invalidité de telle ou telle interprétation »[3], comme c'est le cas généralement pour une création, mais plutôt à multiplier les propositions de « nouveau[x] plan[s] de référence qui permettent de relire un auteur en y découvrant des pertinences inédites »[4], le choix s'est porté sur *Le Cid* de Pierre Corneille.

L'équipe d'acteur.ices de son côté s'était familiarisée avec des protocoles de performances, issus de recherches antérieures de Ni-

---

1 Prune Beuchat, Estelle Bridet, Cécile Goussard, Arnaud Huguenin, Lucas Savioz et Lisa Veyrier.
2 Danielle Chaperon, Éric Eigenmann, Marc Escola et Lise Michel.
3 L'exposé du développement de ce projet s'appuie ici sur son rapport de recherche rédigé par Nicolas Zlatoff accompagné de mes relectures. Les citations qui suivent sans référence de source en sont issus. Voir N. Zlatoff 2020 : *Interprétation* – Rapport de recherche.
4 Y. Citton 2007, 100 (cité dans N. Zlatoff 2020 : *Interprétation*).

colas Zlatoff menées à La Manufacture[5] et adaptées de la méthode de l'analyse-action[6]. Forgée par Constantin Stanislavski, au théâtre d'art de Moscou au début du XXᵉ siècle, puis prolongée par Maria Knebel, cette technique propose aux acteur.ices de jouer un texte de théâtre avec leurs propres mots, avant de le connaitre par cœur, pour en faire émerger sans artificialité des actions.

> « En élaborant, au fil des protocoles de jeu, une ‹ composition ›, c'est-à-dire un plan ou canevas, peuplés d'images sensibles et personnelles, ‹ un chemin intérieur › qu'eux seuls connaissent, les acteur.ices apprennent à suivre cette composition ‹ comme une partition invisible ›, pour se rapprocher peu à peu des mots de l'auteur et du personnage (Lupo 2006, Vassiliev 2007). Comme son nom l'indique, l'analyse-action alterne des moments à la table d'analyse du texte, d'un point de vue dramaturgique, avec des moments de jeu (‹ action ›). L'analyse, de type dramaturgique (‹ exploration intellectuelle › du sens, mais aussi des champs lexicaux, sémantiques, etc.) permet ainsi d'élaborer une hypothèse de composition qui est ensuite testée en jeu. Puis les acteur.ices ‹ reviennent à la pièce et à l'analyse de la scène qui vient d'être jouée › pour ‹ contrôler à l'aide du texte de la pièce tout ce qui a été accompli [sur scène] ›, et ainsi élaborer ou affiner la composition et formuler de nouvelles hypothèses, qui seront ensuite de nouveau testées en jeu. »[7]

Les expérimentations au théâtre Saint-Gervais s'attachaient à offrir la possibilité aux acteur.ices de convoquer des phases d'analyse du texte tout en étant déjà en jeu, et ainsi de ne plus systématiquement séparer les deux phases de la méthode.

---

5 Voir N. Zlatoff 2016 (*Atlas*) et 2018 (*Pensée*).

6 La description faite ici s'appuie sur deux ouvrages : S. Lupo 2006 et A. Vassiliev 2007. Cf. aussi C. Stanislavski 2021 (1949/1977) et M. Knebel 2006.

7 N. Zlatoff 2020, *Interprétation* – rapport de recherche, 1–2.

Théâtre Saint Gervais, décembre 2019. De gauche à droite : Nicolas Zlatoff
(de dos) ; Davide Broncato (son bonnet) ; Danielle Chaperon ; Arnaud Huguenin,
deux spectateur.ices, Estelle Bridet, Lisa Veyrier, Cécile Goussard et Lucas Savioz.
Photo : Ivo Fovanna.

L'enjeu était, pour les acteur.ices, de pratiquer quotidiennement ces
protocoles de performances à partir d'une liste de scènes du *Cid* fixées
chaque jour, en fonction du travail de la veille. Pour chaque scène, les
acteur.ices commençaient par lire la scène concernée, puis avaient
la possibilité de questionner les dramaturges sur des points divers.
Le déroulé des opérations était ensuite le suivant :

1. les acteur.ices pratiquaient les protocoles de performance sur
   la scène en question;
2. un.e dramaturge intervenait pour appuyer, invalider ou ouvrir
   une autre perspective d'interprétation ;
3. les acteur.ices résumaient, avec leurs mots, l'interprétation du
   ou de la dramaturge qui les aidait, par suite, dans ce processus
   de transformation, à développer leur propre pensée en jeu.

Des captations vidéo étaient régulièrement effectuées à tour de rôle
par les acteur.ices, afin de garder une trace du travail. Projetée sur
un grand écran, l'image offrait aux acteur.ices la possibilité de multiplier les codes de jeu, du théâtre au cinéma, et multipliait ainsi les
interprétations. Le dispositif permettait aussi d'afficher en alternance
le-s passage-s du texte travaillé-s, tout au long des improvisations
ou des analyses, aidant le public à suivre le-s point-s du texte qui
étaient en travail. Enfin, la distribution des rôles n'était jamais fixée

à l'avance et se décidait sur le moment tel un groupe avant d'entrer dans un jeu.

Arnaud Huguenin et Lisa Veyrier. Photo: Ivo Fovanna.

Ainsi, on pouvait observer par exemple un acteur affirmer, alors qu'il était en jeu devant nos yeux, son désaccord avec l'idée d'un personnage du Comte outrancier en référence au Matamor de la commedia dell'arte qu'avait avancée une dramaturge, et par là même rappeler les raisons qui au début de l'acte 1 lui font croire qu'il va obtenir le poste de gouverneur du Prince. Ailleurs un.e acteur.ice pouvait s'emparer d'un élément de proposition et l'acter sur le champ : « Donc à ce moment, Rodrigue dit qu'il veut mourir ? », puis passer au « je » : « je veux mourir ». Comme le rapporte Nicolas Zlatoff,

> « [i]l était visible pour un.e spectateur.ice qu'à ces moments précis (concomitant avec une certaine spectacularité), la pensée franchissait un cap. De l'extérieur, un.e spectateur.ice percevait qu'il.elle comprenait mieux le point développé ou plutôt qu'il.elle ‹ voyait mieux ›, comme si l'acteur.ice, en retraduisant une analyse dans une pensée en jeu (‹ je ›), avait créé une image de pensée, que le.la spectateur. ice regardait comme un nouveau spectacle »[8].

---

8   N. Zlatoff 2020, *Interprétation* – rapport de recherche, 4.

Plus largement, le projet créait les conditions pour que le.la spectateur.ice puisse comprendre, au-delà ou en deça du plan de narration, les différentes strates de ce qui se joue devant lui. Il.elle pouvait observer et par là comprendre comment se discute un texte, comment s'engage le jeu, comment s'élabore une improvisation, comment se distribue l'action, comment s'élabore le théâtre en somme, et ce en direct. Il trouvait sa place dans le laboratoire.

Une Danse ancienne

Un autre exemple de recherche-création est celle, en danse, qu'a initiée Rémy Héritier en 2019, et dont la visibilité devrait se poursuivre encore longtemps. Les questions qui l'ont motivée concernent l'horizon du métier de danseur.euse et de chorégraphe : est-ce de créer des pièces, d'une durée moyenne d'une heure, dont la vie est longue de quelques saisons ? Et d'en revendiquer la signature ? Elles concernent aussi le lieu de l'œuvre chorégraphique : est-ce exclusivement le théâtre, voire le musée, autrement dit un lieu dédié à l'art ? ; ou encore la place de la danseur.euse au sein de la chorégraphie : est-iel nécessairement au centre ? doit-iel occuper l'espace ? Existe-t-il d'autres modalités du rapport à l'environnement ? ; et la temporalité de l'œuvre dansée : est-elle vouée à disparaitre ? « Nourri d'un tropisme archéologique (pratique de contextualisation, de fouille, d'analyse des objets excavés et d'actualisation de gestes et de pensées) »[9] comme le signale son titre, le projet d'*Une danse ancienne* a été de « rendre active (dans son processus) et visible (dans son résultat) *l'intergestualité* de toute danse » (ibid.).

L'intergestualité étant un phénomène relevé par l'historienne de la danse Isabelle Launay, théorisé à partir de la notion d'intertextualité, selon lequel tout geste contient d'autres gestes, présents en lui à des niveaux variables, sous des formes plus ou moins reconnaissables. Le travail de l'interprète et du chorégraphe devient alors une pratique de la distinction, de l'écart, de la variation pour que chaque geste soit singulier tout en charriant une histoire qui le dépasse[10].

La recherche se proposait par ailleurs d'isoler d'une part « ce qui des pratiques de danse fait rite ou en constituerait l'amorce, d'envisager la danse dans une actualité reconduite plutôt que dans une

---

9 R. Héritier 2020, 1. Nous utilisons ici le rapport d'activités de la phase 1 du projet, accompagné de mes relectures.

10 Voir I. Launay 2012, 49–69 ; Y. Chapuis / M. Gourfink / J. Perrin 2020, 361–362.

actualité événementielle » (ibid.). Dans cette perspective, l'équipe[11] a examiné et documenté « une chorégraphie *située* », dansée dans l'espace public, élaborée en collaboration avec un groupe de contributeurs et contributrices volontaires dont l'une des membres est devenue la dépositaire.

Délia Krayenbühl devant les enfants et les encadrant.es, place Corminjoz, Prilly, printemps 2022. Photo : Elodie Brunner

La constitution du groupe d'une quinzaine de personnes intéressées par « la mémoire, l'histoire, la transformation, l'entropie, le corps, l'urbanisme, la vie associative et à tout ce qui pourrait en découler plus ou moins logiquement comme le sport, les pratiques somatiques, l'astronomie, la géologie, l'archéologie, l'architecture, la musique, l'amateurisme, etc. »[12], pour écrire avec elles la danse, s'est faite selon deux procédés : en écrivant à des personnes locales ciblées pour leurs centres d'intérêts et/ou leur pratiques professionnelles (universitaires, responsables d'association de quartiers, de musées, de lieux d'archive, etc.) ; et en diffusant une annonce auprès des usagers de La

---

11 L'équipe est constituée de Rémy Héritier (danseur et chorégraphe, chercheur principal), Ondine Cloez (danseuse et chorégraphe, chercheure associée), Délia Krayenbühl (danseuse, interprète, dépositaire), Julie-Kazuko Rahir (comédienne et praticienne Feldenkrais, d'abord contributrice volontaire puis chercheuse associée) et Laura Gaillard (danseuse, assistante de recherche et d'enseignement à La Manufacture).

12 Extrait de l'appel à contribution.

Manufacture. Les réponses d'intérêt ont été significatives et un groupe hétérogène s'est relativement vite constitué[13]. Cependant, l'équipe a dû très tôt « se rendre à l'évidence », comme le note Rémy Héritier, « que les réalités professionnelles et familiales de [ses] interlocutrices et interlocuteurs étaient si différentes qu'elles rendaient compliqué, voire impossible la tenue de rendez-vous communs », à priori nécessaires à une écriture collective de la danse, et telle que son processus avait été pensé au moment de la formulation du projet. Il a alors fallu « composer avec [le] terrain pour tirer et articuler de nouveaux fils logiques depuis le réel pour atteindre [les] objectifs. » La durée de la recherche a été étendue, conduisant d'une part à « nouer des relations interpersonnelles plus consistantes et solides, à l'endroit où [avait été envisagé] initialement [de s'] adresser à un groupe de manière plus générale », et d'autre part à délaisser certains outils du travail chorégraphique comme le recours à la vidéo et l'usage de la partition « qui favorisent habituellement une inscription efficace de gestes et de danses dans les corps », mais « qui auraient conduit dans ce cadre singulier à produire des formes trop rapidement », « rompant la tension et la réflexivité nécessaire entre recherche et création. » L'équipe s'engageait ainsi pleinement dans une production de savoirs situés, tels que les mettent en œuvre et les défendent Donna Haraway et Sandra Harding, où la science et les pratiques de recherche se laissent transformer par le réel, prenant en compte des points de vue exogènes, créant des alliances pluri disciplinaires mais aussi avec d'autres milieux.[14]

Trois groupes de travail se constituèrent par affinités électives autour d'enjeux et de pratiques qui correspondaient à trois des axes majeurs de la recherche : le site, l'archéologie, la danse. Alors que des premiers repérages destinés à déterminer le site de la danse avaient été effectués au moment de la conception du projet, la rencontre avec des membres de l'association Quartiers Solidaires Prilly Centre, dont l'une des activités fédératrices est une promenade de quartier

---

13 Le rapport de recherche mentionne les personnes qui ont suivi la recherche dans son ensemble, de la première prise de contact jusqu'à la réalisation d'*Une danse ancienne*: Cinq étudiant.e.s ou diplômé.e.s de La Manufacture: Hortense Deboursetty, Julie-Kazuko Rahir, Delia Krayenbuhl, Antonin Noël, Martin Reinartz ; Meriel Kenley, doctorante en études théâtrales et cinématographiques, alors stagiaire au département de la recherche de La Manufacture ; quatre usagères de l'association Quartier Solidaire Prilly Centre: Sarah Ammor (animatrice de proximité), Denise Chassot, Juliana Madera, Mia Teriaca ; deux animateurs et animatrices de la maison de jeune Carrefour Prilly Sud: Manon Migy et Janderson Rocha Souza ; Michel Fuchs, historien des provinces romaines, enseignant chercheur à l'UNIL ; Laurent Golay, directeur du Musée historique de Lausanne et Gilbert Coutaz, alors directeur des Archives cantonales vaudoises.

14 Voir M. Puig De La Bellacasa 2014.

hebdomadaire, incitera l'équipe à les reconsidérer pour bénéficier d'une « expertise habitante ». Des échanges ont eu lieu sur la nature du site idéal, « un lieu en transition en bordure de la ville dont on peut imaginer que la physionomie se transformera dans les années à venir ». Ce groupe a proposé des promenades sur mesure, jusqu'à ce qu'un lieu s'impose de lui-même : Chemin de Corminjoz à Prilly. Le rapport de recherche précise que « la cohabitation de l'ancien avec le contemporain, du stable avec le temporaire, et la potentialité de modification de l'urbanisme et des usages [de ce site] rejoignant [les] préoccupations de permanence et d'entropie [du projet] ont fait de ce lieu [son] terrain » et que l'équipe l'a « pratiqué au travers d'un dispositif de description collectif, oral et enregistré, inspiré par Georges Perec »[15].

Les pratiques de mémoire ont été discutées avec le groupe constitué d'un historien de l'antiquité, d'un archiviste et d'un muséologue. Les premiers échanges concernaient les évocations que le titre de la recherche *Une danse ancienne* activait pour eux : « il s'agira de faire remonter ce qui les avait conduits à accepter de nous donner de leur temps, et mettre au débat ce qui les regardait dans cette recherche ». C'est dans ce contexte qu'est apparu le traité *De la danse* de Lucien de Samosate[16], dont le texte, la précision de la description des gestes notamment, est devenu le socle du répertoire de gestes que constituera le 3ème groupe, composé d'étudiant.e.s et e jeunes diplômé.es en danse et en théâtre de La Manufacture, ainsi que d'une comédienne-enseignante-chercheuse et praticienne Feldenkrais de la haute école. Ils ont constitué un corpus d'une soixantaine d'images originales (fresques, mosaïques, statuaires) et une cinquantaine de postures et variations supplémentaires produites en studio à partir des documents apportés par les historiens. Tous ces éléments, « considérés comme du matériau chorégraphique brut », ont été soumis à un processus de composition et d'interprétation qui répondait « à la contrainte initiale d'appliquer des filtres entre la production et la reproduction d'un geste, entre son origine et sa variation pour effacer la marque d'un auteur unique et privilégier ainsi une horizontalité des rapports au sein du groupe de recherche. »

---

15 Il est fait référence ici à *Tentative d'épuisement d'un lieu parisien* (1975).
16 Lucien de Samosate était un auteur satirique du IIe siècle de notre ère.

Séance de travail en studio à partir des documents apportés
par Michel Fuchs – 1. Photo : Rémy Héritier

Ces filtres, tels que les nomme Rémy Héritier, consistent pour le danseur ou la danseuse à considérer un document (iconographique ou textuel), d'en proposer une interprétation dansée, qui sera regardée par un autre danseur, qui à son tour en proposera une traduction dansée donnant lieu à une variation, qui sera à son tour la source d'une nouvelle interprétation, jusqu'à ce que le processus soit stoppé par une contrainte de temps ou de fatigue.

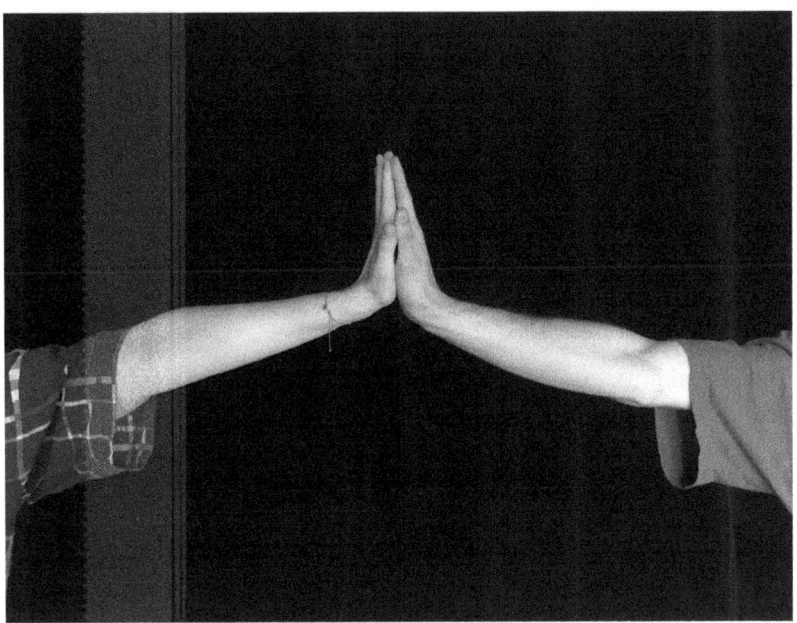

Séance de travail en studio à partir des documents apportés
par Michel Fuchs – 2. Photo : Rémy Héritier

Séance de travail en studio à partir des documents apportés
par Michel Fuchs – 3. Photo : Rémy Héritier

C'est à partir de la mémoire de cette dernière version et de nombreuses descriptions orales du site que la danse a ensuite été expérimenté sur le chemin de Corminjoz « jusqu'à ce qu'une logique propre à la danse et à l'espace se stabilise. » Cette danse, écrite collectivement, est depuis dansée chaque année au printemps sur le site par une membre de l'équipe, la dépositaire. Ni enregistrement ni consignation de la danse n'existe, elle est inscrite dans le corps de la danseuse et la mémoire de ceux qui participent à son processus d'écriture ou en sont de simples spectateurs.ices. Sa réitération chaque année au même endroit s'accompagne d'ateliers menés dans l'école et la crèche qui jouxtent le site, au cours desquels les enfants à leur tour proposent des gestes à partir de ce qu'ils retiennent de la danse qui leur est présentée, dont certains intègrent l'actualisation annuelle d'*Une danse ancienne* pendant que d'autres plus anciens sortis de la mémoire de la danseuse disparaissent.

Si les méthodes de la recherche-création sont très spécifiques à chacun des projets, comme on peut le voir dans les exemples décrits ici, et qu'au regard de dix années d'activité du département de la recherche de La Manufacture il reste difficile de repérer des protocoles communs, en revanche, ce qui revient systématiquement, c'est la pluralité, la polymorphie et l'inventivité des formats de mise en partage de leurs résultats. Dans nos deux exemples, on relève, dans le cas de *Interprétation*, trois semaines d'exposition publique des expérimentations, des articles[17], un module d'enseignement pour acteur.ices, et un développement sous forme de mise en scène pour les théâtres de production[18] de *La Mouette*; dans le cas d'*Une danse ancienne* un rituel dansé annuel, un fonds d'archive[19], un journal de bord multimédia collectif en accès libre[20], un épisode d'une série podcast[21] disponible sur toutes les plateformes dédiées, ainsi qu'un article[22]. Pluralité, polymorphie et inventivité font de la recherche-création une activité qui s'adresse aux communautés scientifiques et artistiques mais aussi à un public plus large qui fréquente autant les théâtres que la rue.

---

17 Voir L. Michel 2020 et N. Zlatoff / L. Michel / D. Chaperon 2022.
18 *L'Amour fou (du théâtre)*, créé avec la même équipe d'acteur.ices en novembre 2022 au Théâtre les Halles de Sierre et présenté en février 2023 à la Comédie de Genève.
19 Le fonds, ouvert à l'initiative de l'archiviste de la Ville de Prilly, contient l'ensemble des documents liés au processus d'élaboration d'*Une danse ancienne* et à chacune de ses évolutions, et à travers eux la mémoire d'un quartier en pleine transformation.
20 Voir https://lescahiersdelamanufacture.ch/une-danse-ancienne [17/05/2024].
21 Voir https://www.manufacture.ch/fr/6135/Savoirs-Sensibles-La-fabrique-de-la-recherche-en-arts-episode-3-Une-Danse-Ancienne-podcast [17/05/2024].
22 Voir R. Héritier 2021.

L'analyse des pratiques

Les questions que pose l'analyse des pratiques telle qu'elle se développe au sein du département de la recherche de La Manufacture ont pour objectifs d'observer, décrire et situer dans une perspective historique et un contexte élargi l'activité des acteur.ices, des danseur.euses, des metteur.es en scène ou des chorégraphes. Ce ne sont donc pas tant les œuvres qui sont au centre de l'attention que ce que requiert leur réalisation, et qui se déploie dans les studios, dans les ateliers, dans les corps et les cerveaux, dans les gestes et les mots qui s'échangent au sein du travail des artistes. Les approches sont très souvent pluridisciplinaires au sein du champ de l'art ou des sciences humaines. Les protocoles d'enquête sont variés, néanmoins certains reviennent.

La composition chorégraphique aujourd'hui. Quels outils pour quelles positions artistiques?

La méthode mise en œuvre pour mettre en lumière la complexité des savoirs compositionnels constitutifs de la création contemporaine, dans le champ de la danse européenne, déployée par Myriam Gourfink, chorégraphe, Julie Perrin, historienne de la danse et moi-même en tant que chercheuse en danse, a pris appui quant à elle sur un état des lieux des pratiques de dix chorégraphes[23], avec lesquels nous avons engagé une réflexion collective sur la base d'un questionnaire de plus de 30 entrées[24]. Il s'agissait de repérer et nommer les opérations saillantes de composition propres à chacun, d'exposer des procédures ou des principes représentatifs ; d'étudier dans le détail le développement de la démarche de composition aux différents stades du processus de création ; de décrire les outils de composition sollicités, et en particulier comment les matériaux sont cernés puis agencés ou la façon dont s'opèrent les choix ; et d'interroger la relation entre composition et interprétation ainsi que le rapport que les chorégraphes entretiennent avec des modèles de composition historiques.

---

23 Marco Berrettini, Nathalie Collantes, DD Dorvillier, Myriam Gourfink, Thomas Hauert, Rémy Héritier, Daniel Linehan, Laurent Pichaud, Loïc Touzé et Cindy Van Acker.
24 Le questionnaire est publié dans Y. Chapuis / M. Gourfink / J. Perrin 2020, 563–565.

Un sacre du printemps (2015), chorégraphie Daniel Linehan.
Photo: Frédéric Lovino

Une Forme simple (2018), chorégraphie Loïc Touzé. Photo : Martin Argyloro

Notre analyse s'est organisée autour d'un ensemble de notions clés tirées de leurs discours qui ont été tenus lors de discussions de groupe et d'entretiens individuels complétifs enregistrés, transcrits et analysés. Un vocabulaire de la composition en danse s'est progressivement esquissé et affiné tout au long du processus d'échanges et de débats sur la pertinence des notions sélectionnées, considérant qu'elles allaient constituer les entrées d'un glossaire – échanges parfois houleux faisant apparaitre qu'une question aussi technique que celle de la transition par exemple (à savoir la façon dont on passe d'une chose à une autre, dont on articule des séquences de gestes ou de mouvements), parce qu'elle engage une esthétique, est politique[25] ; mais qui permettaient de conduire une étude qui implique pleinement les protagonistes iels-mêmes. Outre le fait de documenter et interroger les démarches de composition de chorégraphes, cette recherche a permis d'engager une épistémologie des modes de composition en danse, à partir de l'exposé et d'une analyse coordonnée de celles et ceux qui les inventent ; et de développer une connaissance plus large du fait chorégraphique en abordant l'analyse des manières de faire ou des modalités de production de l'œuvre – analyse susceptible d'enrichir la recherche en danse plus généralement tournée vers la critique et la lecture des œuvres qui se mène dans les universités, éclairant notamment sous un jour nouveau des œuvres qui pourraient par ailleurs faire l'objet d'une analyse esthétique. Elle se proposait aussi d'ouvrir une réflexion interdisciplinaire sur l'acte de composition, espérant trouver des résonances et prolongements auprès des autres domaines artistiques, en particulier dans le champ des arts performatifs.

Arts vivants et écologie : le travail des affects

Le contexte de ce projet, initié en 2023 par Julie Sermon, enseignante-chercheuse en études théâtrales, est celui des crises écologiques, et s'intéresse aux « effets d'influence et de transformation »[26] que celles-ci ont sur les arts vivants, et réciproquement. Le programme est vaste et pour ce faire, le premier principe est d'examiner cette relation à partir des émotions, autrement dit « les affects que ces crises – et les mutations environnementales, sociales et mentales qu'elles engagent – peuvent faire naître ou appeler » (ibid.). Le second principe a été de réunir une équipe de sept chercheur.es et artistes-chercheur.es spécialisé.es en arts, philosophie et/ou environnement[27]. Le troisième est la circonscription du terrain d'étude à

---

25 Voir la discussion collective sur la transition reproduite dans Y. Chapuis et al. 2020, 487–499.
26 Nous prenons appui, dans ce chapitre, sur la requête du projet *Aveta*, rédigée par Julie Sermon.
27 Julie Sermon (chercheuse principale), intervenante et chercheuse associée à La Manufacture, professeure en études théâtrales (Université Lyon 2), dramaturge ; Éliane Beaufils, maîtresse de conférences HDR en études théâtrales (Université Paris 8) ; Eve Chariatte, danseuse et chorégraphe ; Joanne Clavel, chercheuse en Interdisciplinarité des Humanités Environnementales, chargée de recherche (CNRS) ; Damien Delorme, post-doctorant en philosophie et éthique de l'environnement, Université de Genève ; Darious Ghavami, coordinateur de projets

la programmation théâtrale et chorégraphique de Suisse romande depuis 2019, année de la déclaration par le Parlement européen de l'état d'urgence climatique en Europe et dans le monde. L'ensemble des questions soulevées par ce projet sont

> « en quoi le souci de l'écologie (en tant que donnée scientifique, mais aussi, en tant qu'horizon politique, culturel ou philosophique) affecte-t-il les manières de concevoir, jouer et recevoir des œuvres ? Qu'est-ce que les formes, les lieux et les pratiques du spectacle vivant nous donnent à percevoir des multiples réalités et pensées de l'écologie ? Dans quelle mesure renforcent-ils ou modifient-ils les sentiments qui leur sont associés ? De quels mobilisations et attachements écologiques les arts vivants sont-ils le fruit et/ou le vecteur ? »
> (J. Sermon : *Aveta*, 1)

Le « travail des affects » est questionné à trois niveaux, en amont de la création : quelles émotions mettent les artistes au travail et comment ? ; au sein même des œuvres : « de quelle(s) manière(s) et à quelle(s) fin(s) les affects de l'écologie sont [...] mis en forme, transformés et transmis – par les artistes du spectacle vivant ? » ; et au niveau de la réception : « comment les affects [...] opère[nt] sur – la sensibilité des spectateurs et spectatrices ? » (ibid.).

Concrètement, la recherche se mène dans le cadre de « terrains » et de « laboratoires », selon une double approche « par site » et « par motif ». Les terrains sont les moments de collecte des données dans le cadre d'entretiens avec les artistes et des spectateur.ices d'une part, et de l'analyse d'œuvres d'autre part ; les laboratoires étant des moments de réflexion collective organisés autour d'un « focus artistique et théorique spécifique sur tel ou tel aspect du corpus ». L'approche par site cherche à « mettre les formes et les pratiques artistiques en relation avec leurs milieux d'existence, et ce faisant d'étudier les ‹ relations de co-construction et de co-invention entre gestes et contextes, entre perceptions, pensées et affects › ».[28] L'équipe s'attache ici à « la diversité des lieux dans lesquels des expériences éco-orientées sont conçues, programmées, diffusées, reçues, en dialoguant avec les principaux acteurs et actrices du territoire ».

L'approche par motif quant à elle est « à entendre dans la double acception du terme – ‹ sujet qui domine une œuvre ›, mais aussi, ‹ élément qui pousse à agir ou, selon les cas, à réagir › ». Les motifs

---

Écologie & Arts-vivants à l'UNIL et au Théâtre Vidy-Lausanne, performeur ; François-Xavier Rouyer, metteur en scène (diplômé Manufacture 2015).

28 Sont cités ici M. Bardet / J. Clavel / I. Ginot 2019, 15.

retenus par l'équipe « ont pour caractéristique commune d'ouvrir sur des imaginaires physiques, géographiques ou biologiques ». Ils invitent « à décentrer le regard – usuellement anthropocentré – que l'on porte sur les œuvres et les pratiques des arts vivants, et partant, à en renouveler l'analyse (esthétique, éthique et politique) ». Parmi eux on trouve « La restauration du Mont-blanc » en référence à l'ouvrage que l'architecte Viollet-Le-Duc publie en 1876, *Le Massif du Mont Blanc,* dans lequel

> « il entreprend d'étudier minutieusement ‹ l'architecture › de la montagne (ses reliefs, ses cours d'eau, son exposition au soleil et aux vents...) et où il examine, par la même occasion, les conséquences désastreuses que les aménagements humains peuvent avoir sur l'équilibre des écosystèmes »[29].

Ce motif sera l'occasion d'un atelier de recherche-création inter-filières avec des étudiant.e.s scénographes, danseur.euses et acteur. ices en février 2024, « conçu comme un temps d'explorations et d'extrapolations, tant scientifiques qu'artistiques, du projet – largement fantasmatique – que l'architecte décédé en 1879 à Lausanne, aurait eu de ‹ restaurer › le Mont-Blanc »[30]. Les artistes de l'équipe, François-Xavier Rouyer, metteur en scène, et Eve Chariatte, chorégraphe, deviennent ici moteur de la mise en œuvre du travail.

Les retombées de la recherche sur les enseignements sont régulières et se formalisent différemment d'un projet à l'autre. Dans certains cas comme ici, il s'agira de partager des expérimentations, de créer avec les étudiant.e.s la situation qui sera observée et d'échanger avec elles.eux sur les hypothèses qui l'ont provoquée. Dans d'autres cas, de manière plus classique, seront transmis des résultats, qu'il s'agisse d'analyses théoriques sur un sujet ou un autre ou de protocoles d'expériences pratiques qui ont fait leur preuve au cours du développement du projet. Il arrive que ces protocoles, comme nous le mentionnions au sujet du projet *Interprétation*, deviennent aussi des modules d'enseignement pérennes. On peut mentionner également le cours d'histoire du jeu que dispensent Anne Pellois, historienne du théâtre, et Tomas Gonzalez, acteur et metteur en scène, aux acteur.ices en 1ère et 2ème année de bachelor, construit sur la copie d'archives, un protocole ayant émergé dans le cadre d'une autre recherche, consacrée quant à elle à l'usage de la partition dans les

---

29 Voir le descriptif détaillé de l'atelier sur https://www.manufacture.ch/download/docs/ z44wtk6z.pdf/Restauration-du-Mont-Blanc_presentation%20atelier.pdf [17/05/2024].
30 *Ibidem.*

pratiques scéniques des XXᵉ et XXIᵉ siècles, et qui s'interrogeait entre autre sur le recours au document[31]. Les étudiant.e.s de La Manufacture sont ainsi associé.e.s à différentes étapes des processus de conduite des projets et développent une culture de la recherche. Ainsi, il n'est pas rare que certain.es d'entre elles.eux se lancent à leur tour quand iels sont diplômé.e.s. Notre mission consiste alors à les accompagner, individuellement, à formuler les questions qui les intéressent ainsi que la méthode adaptée et nécessaire pour les mettre au travail de la recherche.

Bibliographie

Bardet, Marie / Clavel, Joanne / Ginot, Isabelle (2019) (dir.) : *Écosomatiques. Penser l'écologie depuis le geste*. Montpellier : Éditions Deuxième Époque.

Chapuis, Yvane / Gourfink, Myriam / Perrin, Julie (2020) : *Composer en danse, un vocabulaire des opérations et des pratiques*. Dijon : Presses du réel.

Citton, Yves (2007, 2017) : *Lire, interpréter, actualiser*. Éditions Amsterdam.

Héritier, Rémy (2021) : Une danse ancienne. In : *Pour un atlas des figures*. Plate-forme collaborative pour la recherche et la création en art en ligne ; http://www.pourunatlasdesfigures.net/element/une-danse-ancienne [17/05/2024].

Knebel, Maria (2006): *L'analyse-action, adaptation Anatoli Vassiliev*, trad. S. Poliakov, N. Struve et S. Vladimirov. Paris : Actes Sud-Papier.

Launay, Isabelle (2012) : Citational Poetics. In : *Dance Research Journal*, vol. 44, n. 2.

Lucien de Samosate (1912) : *De la danse (Œuvres complètes XXXIII)*, trad. Eugène Talbot, Paris: Hachette, 1912 ; http://remacle.org/bloodwolf/philosophes/Lucien/danse.htm [17/05/2024].

Lupo, Stéphanie (2006): *Anatoli Vassiliev, au cœur de la pédagogie théâtrale*. Montpellier : L'Entretemps.

Michel, Lise (2020): Faites vos jeux. In: *Journal de la Recherche* n°1, Lausanne.

Puig de la Bellacasa, María (2014) : *Les savoirs situés de Sandra Harding et Donna Haraway, science et épistémologies féministes*. Paris : L'Harmattan.

Pellois, Anne / Gonzalez, Tomas (2021) : Apprendre en copiant : l'acteur / actrice et ses modèles dans les pratiques de copie, d'imitation et de réactivation. In : *Methodos* n°21 ; https://journals.openedition.org/methodos/7787 [17/05/2024].

Sermon, Julie / Chapuis, Yvane (2016) : *Partition(s), objet et concept des pratiques scéniques des 20ᵉᵐᵉ et 21ᵉᵐᵉ siècle*. Dijon : Presses du réel.

Stanislavski, Constantin (2021) : *La construction du personnage*. Paris : Pygmalion (1949/1977).

Vassiliev, Anatoli (2007) : *Sept ou huit leçons de théâtre*, trad. M. Néron. Paris : P.O.L.

Zlatoff, Nicolas / Michel, Lise / Chaperon, Danielle (2022): L'interprétation en jeu: faire spectacle d'un laboratoire. In : *Revista Brasileira de Estudos da Presença*, vol. 12 n°2.

---

31 Voir J. Sermon / Y. Chapuis 2016. Voir aussi A. Pellois / T. Gonzalez 2021.

Sites web :

Héritier, Rémy (2020) : *Une danse ancienne* – Rapport de recherche phase 1 ; https://manufacture.ch/download/docs/2dzu3hs8.pdf/Rapport%20d'acti-vite%CC%81%20-%20Phase%20I%20-%20Une%20danse%20ancienne%20. pdf [17/05/2024].

Sermon, Julie (2022) : *Aveta* (Arts vivants / Écologie: le Travail des Affects) – Projet ; https://www.manufacture.ch/download/docs/n544j9cy.pdf/Projet %20Arts%20vivants%20Ecologie%20Le%20travail%20des%20affects.pdf [17/05/2024].

Zlatoff, Nicolas (2020) : *Interprétation* – Rapport de recherche ; https://www. manufacture.ch/download/docs/ktbhyxg3.pdf/Rapport%20d%E2%80% 99activite%CC%81%20Interpr%C3%A9tation.pdf [17/05/2024].

Zlatoff, Nicolas (2018) : *Pensée* – Projet ; https://www.manufacture.ch/fr/3390/ Pensee [17/05/2024].

Zlatoff, Nicolas (2016) : *Atlas* – Projet ; https://www.manufacture.ch/fr/2197/ Atlas-de-pensee-pour-une-autobiographie-mythique [17/05/2024].

La Svizzera italiana

DEMIS QUADRI

I.

La ricerca sul teatro nella Svizzera italiana – Introduzione

195

La recherche théâtrale en Suisse italienne – Introduction

198

Theaterforschung in der italienischsprachigen Schweiz – Einleitung

201

Demis Quadri

La ricerca sul teatro nella Svizzera italiana – Introduzione

Nel suo volume *100 anni miracolo teatrale svizzero* (2020), Peter Michalzik mostra come un approccio topografico al teatro possa ricostruire in modo vivido, da una parte, la storia complessa ed eterogenea e, dall'altra, il panorama attuale delle arti dello spettacolo in Svizzera. Nello specifico della situazione ticinese, *Il teatro nella Svizzera Italiana: la generazione dei «fondatori» (1932–1987)* di Pierre Lepori (oggi Lou Lepori 2008) fa vedere chiaramente i legami tra lo sviluppo delle arti dello spettacolo nella regione e le strutture che ne sostengono la produzione, oltre a illustrarne la storia e a esplorare gli scambi con altri paesi come l'Italia. Lo sviluppo del teatro in Ticino, in relazione alle sue caratteristiche specifiche e agli scambi con le aree italofone e germanofone, è stato ben riassunto in un articolo di Heidy Greco (2009, 29–34), secondo la quale le condizioni topografiche ed economiche, combinate con complesse interazioni linguistiche, hanno plasmato in modo decisivo il paesaggio teatrale del cantone. Per comprendere lo sviluppo delle arti dello spettacolo e degli studi teatrali nella Svizzera italiana, è essenziale dunque considerare come la sua geografia, con le sue ripercussioni politiche e culturali, ne abbia condizionato lo sviluppo. Attraverso questa lente, la Svizzera italiana può essere vista come un punto di arrivo, transito e partenza per le carriere e le esperienze di artisti molto diversi per provenienza e caratteristiche. Questo è stato il caso di molte/i artiste/i di rilevanza internazionale, le cui traiettorie hanno portato un notevole fermento culturale e un lavoro artistico di valore in una regione piccola e periferica, e di quelle/quegli artiste/i locali che sono riuscite/i a portare i frutti delle loro sperimentazioni dalla Svizzera italiana ad altre scene nazionali o internazionali.

Tali itinerari hanno fatto nascere diversi filoni scenici che sono stati spesso affrontati separatamente dalla ricerca. Uno è per esempio quello studiato dal già citato studio di Lepori, che descrive le origini del radiodramma ticinese, derivate dalla tradizione italiana, ed esamina la presenza di compagnie teatrali locali che utilizzavano il dialetto nelle loro rappresentazioni e di altre che non lo facevano, dipingendo un quadro del fragile equilibrio che ha portato alla crescita di pratiche artistiche profondamente radicate nella regione. Un secondo filone è quello legato al Monte Verità, ben noto come il luogo in cui è nata la danza moderna europea, e più precisamente l'*Ausdruckstanz*, e frequentato da numerosi studi relativi alle ricerche sul movimento di Rudolf von Laban e di Mary Wigman nella località asconese (vedi per esempio: H. Szeeman 1990; S. Perrottet et al. 2014; A. Schwab / M. de Weerdt 2018). Un terzo filone è quello del teatro di figura, presente nella regione già almeno dal XIX secolo, che è influenzato sia dalle esperienze di compagnie itineranti italiane (M. Poletti 2009), sia da artisti provenienti da nord come Jakob Flach (N. Starck 2014). Una figura chiave nella storia delle arti sceniche in Ticino è poi il clown Dimitri, che nel 1975 ha fondato a Verscio la sua scuola di teatro (H. Gschwend 2003): grazie a questa iniziativa, molti artisti che si esibiscono in Svizzera e a livello internazionale hanno iniziato a muovere i primi passi nel mondo delle arti sceniche e a sperimentare forme ibride all'incrocio tra teatro, circo e danza. Per completare il quadro dei vari filoni che hanno portato all'attuale e variegata scena della Svizzera italiana, rispetto ai quali si sono proposti alcuni esempi che non mirano in alcun modo alla sistematicità o a un'attribuzione di valori, si può ricorrere al fondamentale *Dizionario teatrale svizzero* diretto da Andreas Kotte (2005), che attraverso i suoi articoli offre elementi essenziali per capire difficoltà e potenzialità dello sviluppo di un'identità teatrale della Svizzera italiana. L'opera aiuta anche a individuare il rapporto tra le arti sceniche delle regioni italofone e quelle delle altre regioni linguistiche svizzere, discutendone le caratteristiche specifiche.

Qui importa soprattutto sottolineare due caratteristiche di un panorama delle arti performative, quello della Svizzera italiana, che influiscono sulle specificità degli studi sul teatro che lo riguardano: il primo concerne le dimensioni ristrette in termini di superficie e soprattutto di popolazione; il secondo si riferisce a una storia delle arti sceniche costruita su tradizioni culturali e linguistiche diverse. La prima caratteristica ha come conseguenza il fatto che gli studi teatrali che riguardano la Svizzera italiana, anche quando sviluppati da ricercatori/trici della regione, sono stati portati avanti spesso in un contesto istituzionale basato altrove, come per esempio nel caso di progetti afferenti all'*Institut für Theaterwissenschaft* (ITW) dell'Università di Berna (si pensi alla ricerca di Lepori o al *Dizionario teatrale svizzero*). Come si può leggere meglio nell'articolo di Veronica Provenzale e di Demis Quadri incluso nel presente volume, da alcuni anni l'Accademia Teatro Dimitri ha però avviato un settore che è diventato il principale punto di riferimento per la ricerca sulle arti sceniche presente nella Svizzera italiana, in particolare per quanto riguarda la ricerca e il teatro applicati (ma senza dimenticare uno spazio necessario per la ricerca di base). Per le origini multiculturali dell'Accademia Dimitri, ci si può collegare alla seconda caratteristica delle arti sceniche nella Svizzera italiana evidenziata sopra: una specificità che porta all'impossibilità di capire gli studi teatrali che riguardano la regione partendo unicamente dalla prospettiva della tradizione accademica italiana. Per capire gli sguardi sulle arti sceniche e le teatralogie che si sono avvicendati e si avvicendano nelle regioni italofone della Confederazione elvetica, sarà allora utile partire dall'ottimo contributo di Luigi Allegri che trova spazio nelle prossime pagine, «Gli studi sul teatro in Italia. Dalla ricerca identitaria all'esplorazione dei confini», intrecciandolo con i contributi a questo stesso libro dedicati alle tradizioni germanofona e francofona: in questo modo si avrà una migliore comprensione di esperienze di arte e di ricerca cresciute in uno snodo di immigrazioni ed emigrazioni.

Demis Quadri

La recherche théâtrale en Suisse italienne – Introduction

Dans son livre *100 Ans Miracle Théâtre Suisse* (2020), Peter Michalzik montre comment une approche topographique au théâtre permet de reconstituer de manière vivante, d'une part, l'histoire complexe et hétérogène et, d'autre part, le panorama actuel des arts de la scène en Suisse. En ce qui concerne la situation au Tessin, l'ouvrage de Pierre Lepori (aujourd'hui Lou Lepori 2008) : *Il teatro nella Svizzera Italiana: la generazione dei "fondatori" (1932–1987)*, montre clairement les liens entre le développement des arts de la scène dans la région et les structures qui en soutiennent la production, tout en illustrant son histoire et en explorant les échanges avec d'autres pays, comme l'Italie. Le développement du théâtre au Tessin, en relation avec ses caractéristiques spécifiques et les échanges avec les zones italophones et germanophones, a été bien résumé dans un article de Heidy Greco (2009, 29–34), selon lequel les conditions topographiques et économiques, combinées à des interactions linguistiques complexes, ont façonné de manière décisive le paysage théâtral du canton. Pour comprendre le développement des arts de la scène et des études théâtrales en Suisse italienne, il est donc essentiel de considérer comment sa géographie, avec ses répercussions politiques et culturelles, a conditionné son développement. Dans cette optique, la Suisse italienne peut être considérée comme un point d'arrivée, de transit et de départ pour les carrières et les expériences d'artistes très différents en termes d'origine et de caractéristiques. Cela a été le cas pour de nombreux artistes d'importance internationale, dont les trajectoires ont apporté un ferment culturel considérable et un travail artistique de grande valeur à une région petite et périphérique, et pour les artistes locaux qui ont réussi à apporter les fruits de leurs expériences de la Suisse italienne à d'autres scènes nationales ou internationales.

Ces itinéraires ont donné lieu à différents volets scéniques qui ont souvent été abordés séparément par la recherche. Le premier est celui étudié par Lepori, déjà cité, qui décrit dans son étude les origines du théâtre radiophonique tessinois, dérivé de la tradition italienne, et examine la présence de compagnies théâtrales locales qui utilisent le dialecte dans leurs spectacles et d'autres qui ne l'utilisent pas, dressant un tableau de l'équilibre fragile qui a conduit à l'essor de pratiques artistiques profondément enracinées dans la région. Un deuxième volet est celui lié au *Monte Verità*, connu comme le berceau de la danse moderne européenne, et plus précisément de l'*Ausdruckstanz*, et fréquenté par de nombreuses études liées aux recherches de Rudolf von Laban et de Mary Wigman sur le mouvement à Ascona (voir par exemple : H. Szeeman 1990 ; S. Perrottet et al. 2014; A. Schwab / M. de Weerdt 2018). Un troisième volet est celui du théâtre de figures, présent dans la région depuis au moins le XIXe siècle, influencé à la fois par les expériences des compagnies itinérantes italiennes (M. Poletti 2009) et par des artistes du nord comme Jakob Flach (N. Starck 2014). Une figure clé de l'histoire des arts de la scène au Tessin est le clown Dimitri, qui a fondé sa propre école de théâtre à Verscio en 1975 (H. Gschwend 2003) : grâce à cette initiative, de nombreux artistes se produisant en Suisse et à l'étranger ont commencé à faire leurs premiers pas dans le monde des arts de la scène et à expérimenter des formes hybrides à la croisée du théâtre, du cirque et de la danse. Pour compléter le tableau des différents courants qui ont conduit à la scène variée actuelle de la Suisse italienne, pour laquelle on a proposé quelques exemples qui ne visent en aucun cas la systématicité ou l'attribution de valeurs, on peut se tourner vers le fondamental *Dictionnaire du théâtre en Suisse* édité par Andreas Kotte (2005), dont les articles offrent des éléments essentiels pour comprendre les difficultés et les potentialités du développement d'une identité théâtrale en Suisse italienne. L'ouvrage permet également d'identifier les relations entre les arts de la scène des régions italophones et ceux des autres régions linguistiques suisses, en discutant de leurs caractéristiques spécifiques.

Ici, il est surtout important de souligner deux caractéristiques des arts de la scène de la Suisse italienne qui influencent la spécificité des études théâtrales la concernant : la première est relative à sa taille restreinte en termes de surface et surtout de population; la seconde se réfère à une histoire des arts de la scène construite sur des traditions culturelles et linguistiques différentes. La première caractéristique a pour conséquence que les études théâtrales concernant la Suisse italienne, même lorsqu'elles sont développées par des chercheurs de la région, ont souvent été réalisées dans un contexte institutionnel basé ailleurs, comme dans le cas des projets appartenant à l'*Institut für Theaterwissenschaft* (ITW) de l'Université de Berne (pensons à la recherche de Lepori ou au *Dictionnaire du théâtre en Suisse*). Cependant, comme le montre l'article de Veronica Provenzale et Demis Quadri inclus dans ce volume, l'*Accademia Teatro Dimitri* a mis en place depuis quelques années un secteur qui est devenu le principal point de référence pour la recherche sur les arts de la scène en Suisse italienne, en particulier en ce qui concerne la recherche et le théâtre appliqués (sans oublier un espace nécessaire pour la recherche fondamentale). Les origines multiculturelles de l'*Accademia Dimitri* peuvent être liées à la deuxième caractéristique des arts de la scène en Suisse italienne soulignée ci-dessus : une spécificité qui conduit à l'impossibilité de comprendre les études théâtrales concernant la région du point de vue de la seule tradition académique italienne. Pour comprendre les perspectives sur les arts de la scène et les théâtrologies qui ont eu lieu et continuent d'avoir lieu dans les régions italophones de la Confédération suisse, il sera donc utile de partir de l'excellente contribution de Luigi Allegri dans les pages suivantes : « Gli studi sul teatro in Italia. Dalla ricerca identitaria all'esplorazione dei confini (Les études théâtrales en Italie. De la recherche d'identité à l'exploration des frontières) », en la croisant avec les contributions de ce même ouvrage consacrées aux traditions germanophones et francophones : nous pourrons ainsi mieux comprendre les expériences d'art et de recherche qui se sont développées au carrefour de l'immigration et de l'émigration.

Demis Quadri

Theaterforschung in der italienischsprachigen Schweiz – Einleitung

Peter Michalzik zeigt in seinem Buch *100 Jahre Theater Wunder Schweiz* (2020), wie ein topografischer Zugang zum Theater die komplexe und heterogene Geschichte sowie das aktuelle Panorama der darstellenden Künste in der Schweiz anschaulich rekonstruieren kann. Speziell zur Situation im Tessin zeigt Pierre Lepori (heute Lou Lepori) im Buch *Il teatro nella Svizzera Italiana: la generazione dei "fondatori" (1932–1987)* von 2008 deutlich die Zusammenhänge zwischen der Entwicklung der darstellenden Künste in der Region und den Strukturen, die ihre Produktion unterstützen, sowie ihre Geschichte und den Austausch mit anderen Ländern wie Italien. Die Entwicklung des Theaters im Tessin, seine spezifischen Merkmale und der Austausch mit den italienisch- und deutschsprachigen Gebieten wurden von Heidy Greco in einem Artikel gut zusammengefasst (2009, 29–34). Demnach haben die topografischen und wirtschaftlichen Bedingungen in Verbindung mit komplexen sprachlichen Interaktionen die Theaterlandschaft des Kantons entscheidend geprägt. Um die Entwicklung der darstellenden Künste und der Theaterwissenschaft in der italienischsprachigen Schweiz zu verstehen, ist es daher unabdingbar, die geografischen Gegebenheiten mit ihren politischen und kulturellen Auswirkungen zu berücksichtigen, die diese Entwicklung bedingt haben. Die italienischsprachige Schweiz kann als Ankunfts-, Transit- und Ausgangspunkt für die Karrieren und Erfahrungen von Künstler:innen sehr verschiedener Herkunft und Eigenschaften betrachtet werden. Dies gilt sowohl für zahlreiche Künstler:innen von internationaler Bedeutung, die in einer kleinen und peripheren Region eine beachtliche kulturelle Dynamik und wertvolle künstlerische Arbeit hervorgebracht haben, als auch für jene lokalen Künstler:innen, die die Früchte ihrer Experimente aus der italienischsprachigen Schweiz in andere nationale oder internationale Szenen tragen konnten.

Diese Karrieren haben diverse Linien der Bühnenarbeit hervorgebracht, die oft von der Forschung getrennt behandelt wurden. So beschreibt die bereits erwähnte Studie von Lepori die Ursprünge des Tessiner Hörspiels, das sich aus der italienischen Tradition ableitet und untersucht lokale Theatertruppen, die in ihren Aufführungen Dialekt verwendeten und anderen, die dies nicht taten, wobei sie das Bild eines fragilen Gleichgewichts zeichnet, das zur Entwicklung von tief in der Region verwurzelten künstlerischen Praktiken führte. Eine zweite Linie ist die des *Monte Verità*, der als Geburtsort des modernen europäischen Tanzes, genauer gesagt des Ausdruckstanzes, bekannt ist und in zahlreichen Studien zu Rudolf von Labans und Mary Wigmans Bewegungsforschung in Ascona behandelt wird (siehe z.B.: H. Szeeman 1990; S. Perrottet et al. 2014; A. Schwab / M. de Weerdt 2018). Ein dritter Strang ist der des Figurentheaters, in der Region mindestens seit dem 19. Jahrhundert präsent und beeinflusst von den Erfahrungen italienischer Wandertruppen (M. Poletti 2009) wie auch von Künstler:innen aus dem Norden wie Jakob Flach (N. Starck 2014). Eine Schlüsselfigur in der Geschichte der darstellenden Künste im Tessin ist der Clown Dimitri, der 1975 in Verscio seine eigene Theaterschule gründete (H. Gschwend 2003): dank dieser Initiative begannen viele Künstler:innen aus dem In- und Ausland, ihre ersten Schritte in der Welt der darstellenden Künste zu tun und mit hybriden Formen an der Schnittstelle von Theater, Zirkus und Tanz zu experimentieren. Dies sind nur einige Beispiele, die in keiner Weise auf Systematik oder Wertzuweisung abzielen. Um das Bild der verschiedenen Stränge zu vervollständigen, die zu der heutigen vielfältigen Szene in der italienischsprachigen Schweiz geführt haben, kann man sich dem grundlegenden *Theaterlexikon der Schweiz* zuwenden, das von Andreas Kotte herausgegeben wurde (2005). Dessen Artikel bieten wesentliche Elemente zum Verständnis der Schwierigkeiten und des Potenzials der Entwicklung einer theatralen Identität in der italienischsprachigen Schweiz. Das Werk zeigt auch die Beziehungen zwischen den darstellenden Künsten der italienischsprachigen Regionen und jenen der anderen Schweizer Sprachregionen und erörtert deren spezifischen Merkmale.

Zwei Merkmale der Szene der darstellenden Künste in der italienischsprachigen Schweiz sind hervorzuheben, die die Besonderheit der sie betreffenden Theaterstudien ausmachen: das erste ist die geringe Grösse der Fläche und vor allem der Bevölkerung; das zweite ist die Vielzahl kultureller und sprachlicher Einflüsse, die in die Geschichte der darstellenden Künste eingingen. Die erste Besonderheit hat zur Folge, dass Theaterstudien zur italienischsprachigen Schweiz, selbst wenn sie von Forschenden aus der Region entwickelt wurden, oft anderswo institutionell angesiedelt waren, wie die Projekte des Instituts für Theaterwissenschaft (ITW) der Universität Bern (man denke an die Forschungen von Lepori oder das *Theaterlexikon der Schweiz*). Wie aus dem Artikel von Veronica Provenzale und Demis Quadri in diesem Band hervorgeht, hat die *Accademia Teatro Dimitri* jedoch seit einigen Jahren einen Bereich aufgebaut, der zum wichtigsten Bezugspunkt für die Forschung im Bereich der darstellenden Künste in der italienischsprachigen Schweiz geworden ist, insbesondere im Hinblick auf angewandtes Theater und angewandte Forschung (ohne jedoch den notwendigen Raum für die Grundlagenforschung zu vergessen). Das zweite Merkmal: die multikulturellen Ursprünge der *Accademia Dimitri*, machen es unmöglich, die die Region betreffenden Theaterstudien nur aus der Perspektive der italienischen akademischen Tradition zu begreifen. Um die in den italienischsprachigen Regionen der Schweiz eingenommenen Perspektiven auf die darstellenden Künste und die Theaterwissenschaften zu verstehen, ist es daher sinnvoll, mit dem ausgezeichneten Beitrag von Luigi Allegri: «Gli studi sul teatro in Italia. Dalla ricerca identitaria all'esplorazione dei confini (Theaterwissenschat in Italien. Von Identitäts- zu Grenzforschung)» auf den folgenden Seiten zu beginnen und ihn mit den Beiträgen in diesem Band zu den deutsch- und französischsprachigen Traditionen zu verknüpfen: Auf diese Weise lassen sich die an den Kreuzungen von Immigration und Emigration entstandenen Erfahrungen von Kunst und Forschung besser verstehen.

Bibliografia / Bibliografie / Bibliographie

Greco, Heidy (2009): Im Spannungsfeld von Professionalität und Heimatschutz. In: *Mimos. Schweizerische Theatersammlung*, 61. Jahrgang, n. 3–4, 2009.

Gschwend, Hanspeter (2003): *Dimitri. Der Clown in mir. Autobiografie mit fremder Feder*. Bern: Benteli Verlag.

Kotte, Andreas (2005): *Dizionario teatrale Svizzero / Dictionnaire du théâtre en Suisse / Theaterlexikon der Schweiz*. Zurigo: Chronos Verlag.

Lepori, Pierre (2008): *Il teatro nella Svizzera Italiana: la generazione dei "fondatori" (1932–1987)*. Bellinzona: Casagrande.

Michalzik, Peter (2020): *100 Jahre Theater Wunder Schweiz / 100 ans miracle du théâtre en Suisse / 100 anni miracolo teatrale svizzero*. Berlin: Theater der Zeit.

Perrottet, Suzanne / Wolfenberger, Giorgio J. / Berg, Margarete (2014): *Die Befreiung des Körpers: Erinnerungen*. Wädenswil am Zürichsee: Nimbus Kunst und Bücher.

Poletti, Michel (2009): Marionnettes à la Porte du Sud, Marionette al Portale Sud. In: *Annuario del Teatro svizzero*, n° 70.

Schwab, Andreas / Mona de Weerdt (2018): *Monte Dada: Ausdruckten und Avantgarde*. Bern: Stämpfli Verlag.

Starck, Nikolaus (2014): *Das Marionettentheater von Ascona 1937–1960: Eine Hommage an Jakob Flach und seine Künstlerfreundinnen und -freunde*. Ascona: Porzio.

Szeeman, Harald (1990): *Dalla danza libera, all'arte pura: Suzanne Perrottet (1889–1983), Mary Wigman (1886 –1973)*. Ascona: Bettini & Co.

Luigi Allegri

II.

Gli studi sul teatro in Italia
Dalla ricerca identitaria all'esplorazione dei confini

Les études théâtrales en Italie
De la recherche d'identité à l'exploration des frontières

Theaterwissenschaft in Italien
Von Identitäts- zu Grenzforschung

207

h epoca moderna la riflessione sul teatro, anche in Italia, ha dovuto all'inizio indivi
duare il proprio ambito di studi come campo specifico e autonomo, affrancandosi dalla
subalternità ad altri settori, prioritariamente quello letterario. Un fondamentale impulso
n questo senso è venuto dalla grande *Enciclopedia dello spettacolo*, fondata da Silvio
d'Amico negli anni Cinquanta. A partire dagli anni Sessanta le discipline teatrali hanno
poi avuto una larga diffusione nelle Università, con ricerche dedicate ad ogni aspetto del
teatro. Dopo questa lotta per l'autonomia, a volte anche con accenti polemici, più recen
emente gli studi teatrali hanno preso coscienza di essere, più che un campo, un incro
cio di saperi, passando dal confronto ostile al confronto costruttivo con gli altri settori

RÉSUMÉ[2]

À l'époque moderne, la réflexion sur le théâtre, même en Italie, a d'abord dû identifie
son propre champ d'étude comme un domaine spécifique et autonome, se libérant de
a subordination à d'autres secteurs, en premier lieu le secteur littéraire. Une impulsion
fondamentale en ce sens a été donnée par la grande *Enciclopedia dello spettacolo*, fon
dée par Silvio d'Amico dans les années 1950. À partir des années 1960, les disciplines
théâtrales ont ensuite été largement diffusées dans les universités, avec des recherches
consacrées à tous les aspects du théâtre. Après cette lutte pour l'autonomie, aux accents
parfois polémiques, les études théâtrales ont plus récemment pris conscience qu'elles
étaient, plus qu'un domaine, un carrefour des savoirs, passant d'une confrontation
hostile à une confrontation constructive avec les autres domaines.

ZUSAMMENFASSUNG[3]

n der Moderne musste die Reflexion über das Theater, auch in Italien, zunächst ih
eigenes Studienfeld als einen spezifischen und autonomen Bereich identifizieren und
sich von der Unterordnung unter andere Bereiche, in erster Linie den literarischen, be
reien. Ein grundlegender Impuls in diese Richtung ging von der grossen *Enciclopedia
dello spettacolo* aus, die in den 1950er Jahren von Silvio d'Amico gegründet wurde. Ab
den 1960er Jahren fanden die Theaterdisziplinen an den Universitäten weite Verbrei
tung, wobei sich die Forschung allen Aspekten des Theaters widmete. Nach diesem
Kampf um Autonomie, der manchmal polemische Züge trug, wurde sich die Theater
wissenschaft in letzter Zeit bewusst, dass sie mehr als ein Fachgebiet ist, nämlich ein
Kreuzungspunkt des Wissens, und ging von einer feindlichen zu einer konstruktiver
Konfrontation mit anderen Fachgebieten über.

Questo è un saggio storico-metodologico, con tutte le caratteristiche di parzialità e di arbitrarietà che
questo approccio comporta. Naturalmente ho cercato di essere attento quanto più possibile ai dat
della realtà, ma non ho rinunciato ad una componente di autorialità che mi pare non solo inevitabile
ma anche utile o addirittura necessaria. Poiché il taglio non è quello della rassegna bibliografica, sa
rebbe inutile e alla fine fuorviante la ricerca del chi c'è e chi non c'è nelle citazioni e nella bibliografia
Il s'agit d'un essai historico-méthodologique qui a toutes les caractéristiques de partialité et d'arbitraire
que cette approche comporte. Bien entendu, j'ai essayé d'être le plus attentif possible aux données
de la réalité, mais je n'ai pas renoncé à une part de paternité qui me semble non seulement inévitable
mais aussi utile, voire nécessaire. La démarche n'étant pas celle d'une revue bibliographique, il serai
inutile et finalement trompeur de chercher qui est et qui n'est pas dans les citations et la bibliographie
Es handelt sich um einen historisch-methodischen Aufsatz, mit allen Merkmalen der Parteilichkei
und Willkür, die dieser Ansatz mit sich bringt. Natürlich habe ich versucht, mich so genau wie möglich
an die Daten der Realität zu halten, aber ich habe nicht auf ein Element der Autorenschaft verzichtet
das mir nicht nur unvermeidlich, sondern auch nützlich oder sogar notwendig erscheint. Da es sich
nicht um eine bibliografische Übersicht handelt, wäre es nutzlos und letztlich irreführend, danach zu

Il teatro come specifico campo di studi

La riflessione sul teatro è antica quasi quanto il teatro stesso. Anche senza risalire alla *Poetica* di Aristotele, c'è un altro momento aurorale della teoria del teatro, che è specifico della cultura italiana e può segnare un punto di partenza del nostro discorso. È quello dell'Umanesimo e del Rinascimento, in cui si pongono le fondamenta del teatro moderno e in cui rifiorisce anche la riflessione sul teatro, quando prima i drammaturghi stessi coi Prologhi e poi i teorici riflettono su struttura dello spazio, definizione delle regole drammaturgiche, tecniche dello spettacolo. Questa tradizione risulta un lascito determinante nel Novecento, quando diviene necessario definire i contorni e i contenuti degli studi sullo spettacolo come disciplina autonoma, riconosciuta anche nel contesto accademico.[1] Si è trattato di un itinerario complesso, articolato in diverse fasi, ma che è arrivato a conclusione più precocemente rispetto ad altre tradizioni culturali, considerando che nelle Università italiane sono insediati diversi insegnamenti di Storia del teatro o comunque denominati già nella seconda metà degli anni Sessanta del secolo scorso.

È tuttavia necessario notare che un fattore forse decisivo per la definizione di questo campo culturale, sostanzialmente nuovo, è dovuto ad un'iniziativa maturata al di fuori dell'ambiente accademico, ossia la grande impresa editoriale dell'*Enciclopedia dello spettacolo*, fondata e diretta da Silvio d'Amico. D'Amico aveva già fondato a Roma nel 1936 l'Accademia Nazionale d'Arte Drammatica che ora porta il suo nome e nel 1939–40 aveva pubblicato una storia del teatro drammatico che è stata per decenni un punto di riferimento culturale.

Con l'*Enciclopedia dello spettacolo* d'Amico si colloca tuttavia ad un altro livello di intervento, con un'operazione colossale, unica in Europa e all'epoca difficile anche solo da ipotizzare. Programmata già nell'immediato dopoguerra, dedicata però solo al teatro, l'*Enciclopedia* ha poi allargato il proprio orizzonte a ogni forma di spettacolo (teatro, musica, cinema, danza, circo, scenografia...) con un lungo lavoro redazionale che porta alla pubblicazione del primo volume nel 1954 ed edita poi nove corposi volumi di grande formato fino al 1965, più uno di aggiornamenti 1955–1965 e infine uno di indici e re-

---

1 Naturalmente la ricerca teatrale, come qualsiasi ricerca, non si esaurisce solo in ambito accademico. Ci sono studi eccellenti anche da parte di critici militanti, di giornalisti, di operatori teatrali. Ma il *focus* qui è prevalentemente sullo sviluppo del campo di studi come disciplina universitaria perché è soprattutto lì che si compie il passaggio decisivo, col riconoscimento anche formale del teatro come settore di studi con uno specifico statuto disciplinare.

pertorio. Il grande merito dell'*Enciclopedia* sta nell'aver colto la necessità di definire la teoria e la storia dello spettacolo come campo di studi unitario e insieme specifico, basato scientificamente sulla raccolta e la messa in gioco di fonti e documenti.

In questo momento iniziale dei moderni studi italiani sul teatro, il campo di lavoro è tuttavia ancora considerato come uno spazio vuoto, un luogo d'incontro di saperi diversi, molto più che un luogo di specificità disciplinare. Tra i circa 200 collaboratori italiani dell'opera (cui si aggiungono circa 400 autori stranieri), e considerando solo la sezione teatrale, si trovano storici delle diverse letterature, storici dell'arte e dell'architettura, giornalisti e critici teatrali, registi e attori, chiamati a coprire un campo di studi ancora vuoto di specialisti. E tuttavia, pur riconoscendone la fondamentale rilevanza per la nascita e il consolidamento degli studi teatrali in Italia, l'*Enciclopedia* ha scarsamente inciso nel processo di formazione di questi nuovi specialisti: scorrendo lo sterminato elenco dei collaboratori dell'opera, leggiamo pochissimi nomi che da lì a qualche anno troveremo tra i primi docenti nelle Università, forse solo Giovanni Calendoli, Vito Pandolfi e Luigi Squarzina.

Se gli studi teatrali in Italia affondano dunque le proprie radici nell'*Enciclopedia*, ancora oggi molto consultata, gli studi sul teatro come settore disciplinare autonomo nascono, per diverse strade, in ambito accademico. Evidentemente i promotori di una disciplina che non esiste non possono che essere studiosi di altre discipline che individuano nello spettacolo un campo di operatività adiacente al proprio. Innanzi tutto, naturalmente, gli studiosi di letteratura italiana, con Mario Apollonio, già autore di una fondamentale *Storia del teatro italiano*,[2] che nel 1955 inaugura all'Università Cattolica di Milano la prima cattedra di Storia del teatro, aprendo di fatto una scuola non di italianisti ma proprio di storici del teatro, che con Sisto Dalla Palma, Annamaria Cascetta, Claudio Bernardi e i loro allievi arriva ai giorni nostri. Un'altra scuola è fondata all'Università di Torino da un altro italianista, Giovanni Getto, i cui allievi (Roberto Alonge, Roberto Tessari, Gigi Livio), partendo da analisi letterarie e drammaturgiche sanno col tempo allargare il proprio orizzonte ad altri aspetti del teatro. Ma anche specialisti di altre letterature aprono strade alla storia del teatro, come il francesista Giovanni Macchia, che nel 1952 all'Università di Roma La Sapienza fonda un *Istituto di*

---

2 M. Apollonio 1938-1950. L'opera, inizialmente in quattro volumi, è stata poi edita diverse volte, con poche variazioni, anche con diversi formati editoriali, fino a una riedizione del 2003 in due volumi (Milano, Rizzoli), in cui F. Fiaschini integra le aggiunte e le revisioni che l'autore aveva preparato in vista di una riedizione che non vide la luce a causa della sua morte.

Storia del teatro e dello spettacolo che tuttavia solo diversi anni dopo vede insediarsi un insegnamento specifico, con Ferruccio Marotti nel 1963. Da lì nasce una scuola romana, poi in parte chiamata ad inaugurare le discipline teatrali al primo DAMS italiano, all'Università di Bologna (Claudio Meldolesi, Fabrizio Cruciani, Franco Ruffini), in parte rimasta a fare dell'Università di Roma uno dei centri fondamentali degli studi teatrali (Ferruccio Marotti e i suoi numerosissimi allievi) o disseminata in altre Università (a partire da Ferdinando Taviani a L'Aquila).

Non sono tuttavia solo gli storici delle letterature ad aprire la strada alla storia del teatro. Un altro approccio è quello che parte dagli storici dell'arte. In questo ambito il precursore è Carlo Ludovico Ragghianti,[3] dal cui insegnamento a Pisa viene uno dei fondatori della disciplina teatrale universitaria, Cesare Molinari, che insegnerà prima a Parma e poi a Firenze (sostituito a Parma da Luigi Allegri). L'altro centro importante di insediamento di precoci studi teatrali è l'Università di Padova, grazie a Giovanni Calendoli, giornalista e critico teatrale, che con la sua attività promuove una sede in cui si sviluppa una scuola, quella di Umberto Artioli, continuata dalle sue numerose allieve. Altri studiosi che hanno contribuito a fondare la disciplina hanno provenienze spurie, talvolta extra-accademiche, dal mondo delle biblioteche, come Achille Mango a Salerno, o dalla critica teatrale, come Vito Pandolfi a Genova, o dagli uffici cultura dell'industria, come Ludovico Zorzi a Firenze, a cui succederà Siro Ferrone, proveniente dall'italianistica. Dall'italianistica viene anche, ma più tardi, Franco Greco, che fonda una scuola a Napoli, purtroppo dispersa a causa della sua morte troppo repentina. Altre strade sono ancora all'interno degli studi accademici, per cui, ma siamo ormai in anni più recenti, Claudio Vicentini trasmigra dalla filosofia teoretica, Laura Caretti dall'anglistica, Silvana Sinisi dalla storia dell'arte, Franco Perrelli dalla scandinavistica, Maurizio Grande continuamente a cavallo tra studi teatrali e cinematografici.

Gli studi teatrali sono quindi una disciplina giovane rispetto a quelle tradizionali dell'area umanistica, ma il loro insediamento accademico in Italia è relativamente rapido e diffuso. A testimoniare la profondità cronologica di questo radicamento basti la considerazione che tutti gli studiosi fin qui citati – e si tratta di quelli che

---

3 A lui si deve una proposta teorica e metodologica – quella del «teatro come spettacolo» contrapposta al teatro fondato sul testo – che avrebbe forse meritato maggiore attenzione di quanta in realtà ne ha ottenuta. In numerosi saggi scritti a partire dagli anni Trenta e poi raccolti in C. L. Ragghianti 1976, il tentativo di Ragghianti, molto moderno per l'epoca, è quello di accostare il teatro (e il cinema) più alle arti della visione che alla letteratura.

hanno contribuito a fondare la disciplina – sono ormai fuori dai ruoli dell'Università. Così come a riprova della nascita *eterologa* della disciplina vale la constatazione che praticamente tutti questi studiosi hanno avuto una formazione in aree culturali limitrofe, ritrovandosi da varie provenienze a riempire lo spazio vuoto di una disciplina in cerca di autori. Solo gli studiosi delle generazioni successive sono i primi ad essersi formati sin dall'inizio come storici del teatro.

Al momento gli studi teatrali sono capillarmente diffusi in Italia, sia all'interno delle Università che all'esterno (nei giornali, nei centri studi dei teatri, nelle Accademie). Per quanto riguarda le Università, gli studiosi di discipline teatrali, distribuiti nei differenti ruoli accademici, sono circa 120, più almeno 40 usciti dai ruoli ma in parte ancora scientificamente attivi e numerosi ricercatori in formazione come dottori di ricerca o titolari di borse di studio o di ricerca. I docenti universitari di teatro si sono da tempo riuniti in associazione, col nome prima di ADUIT (Associazione docenti universitari di teatro) e successivamente, e tuttora, di CUT (Consulta universitaria teatrale).

La definizione dello statuto degli studi teatrali

La tradizione italiana consegna agli studi teatrali della seconda parte del Novecento un'idea di teatro che, a parte poche eccezioni come gli studi di Ragghianti sopra ricordati, sostanzialmente considera il teatro come espressione letteraria e dunque la drammaturgia come prevalente oggetto di interesse, con una radicale sottovalutazione degli altri elementi costitutivi dello spettacolo. Questa situazione di sostanziale distonia rispetto alla cultura teatrale europea è determinata dal fatto che la riflessione teorica e le poetiche innovative elaborate in altre culture nei primi decenni del Novecento – dalla nascita della regia al consolidarsi dell'autonomia dei linguaggi della scena – hanno visto una scarsa penetrazione in Italia.

Ma quando, a partire dagli anni Cinquanta-Sessanta del Novecento, gli studiosi italiani si pongono il problema della definizione dello statuto degli studi teatrali, questi strumenti concettuali e metodologici sono ormai saldamente in loro possesso. Il primo compito che si assumono è dunque quello di rivendicare una autonomia metodologica e tematica rispetto agli studi letterari, individuando la propria area di intervento soprattutto sugli aspetti performativi del teatro, e dunque la regia, l'attore, la scenografia, l'organizzazione e il contesto degli eventi teatrali. Questa rivendicazione di autonomia disciplinare, a questa altezza cronologica, non è ancora sistematicamente rivendicata, ma nel concreto è proprio su quei temi che si esercitano all'inizio i fondatori italiani della disciplina. Per dare solo qualche parametro: G. Calendoli 1959 dedica molto precocemente un corposo volume alla storia dell'attore, V. Pandolfi 1954 e 1957-1961 studia e pubblica i documenti dei grandi attori italiani dell'Ottocento e primo Novecento e poi edita il repertorio della Commedia dell'Arte, F. Marotti 1961 e 1963 si occupa delle origini della regia con studi su Craig e Appia e poi si dedica alla pubblicazione della trattatistica del passato, C. Molinari 1961 e 1968 studia lo spettacolo fiorentino del Quattrocento e poi scrive un saggio fondamentale sulla scenografia del Seicento, A. Mango 1978 esplora pionieristicamente il territorio della sociologia del teatro,[4] L. Zorzi 1967 e 1977 pubblica e traduce il *Teatro* di Ruzante e scrive poi un volume ancor oggi fondamentale sul rapporto tra la scena e la città.

Quando sopravviene una maggiore consapevolezza critica e la disciplina inizia a consolidarsi anche accademicamente, intorno agli anni Ottanta e Novanta, c'è un lungo momento in cui gli studiosi di teatro si dedicano anche a rivendicare, talvolta non senza polemica,[5] uno statuto specifico alla disciplina, che deve soprattutto affrancarsi da una sorta di imperialismo culturale (e anche accademico) nei confronti delle varie letterature. Naturalmente, sia detto per non generare equivoci, continuano sempre, anche in questo periodo e oltre, seri studi e approfondimenti sulla drammaturgia.[6] Ma il flusso prevalente degli studi va in altra direzione.

Dopo questa deriva identitaria e in certo senso ideologica degli studi prevalentemente performativi, il punto di equilibrio è stato offerto dalla comune convinzione che non si può leggere correttamente un testo teatrale se non lo si colloca nel contesto della società dello spettacolo del suo tempo, se non si assumono come dati a priori i meccanismi produttivi del tempo, la struttura dello spazio teatrale, le convenzioni recitative, perché tutto questo è inscritto nel testo e vi incide dei segni profondi che, se non colti, falsano l'intera comprensione del testo. La prospettiva di questo nuovo avvicinamento ai testi è dunque di fatto innovativa rispetto a quella tradizionale, ed è resa possibile proprio dal percorso di autonomizzazione degli studi teatrali dall'imperialismo delle letterature, che consente il recupero

---

4   Ancor prima Mango cura l'edizione italiana di J. Duvignaud 1974 e 1977, studi importanti sulla sociologia del teatro e la sociologia dell'attore.
5   In realtà questa rivendicazione avviene implicitamente o esplicitamente in sedi di dibattito (convegni, tavole rotonde, discorsi programmatici) e non tanto in sede scientifica, con libri o articoli. Questo perché «ideologicamente» il passaggio è dato per acquisito.
6   P. Bosisio 1993 su Goldoni, G. Ferrone 2011 su Goldoni, P. Puppa 2021 su Pirandello.

di quella complessità che è strutturale a una disciplina meticciata come quella che si occupa di teatro. Diversi studi vanno in questa direzione, a partire dall'edizione Einaudi delle commedie e dei drammi borghesi dell'Ottocento, curata da Ferrone già nel 1979, fino al recente volume su Goldoni di Piermario Vescovo 2019 o a *Leggere il teatro*, con l'analisi di dieci testi esemplari, curato da L. Allegri 2022.

Le linee di ricerca[7]

Già all'inizio degli anni Novanta F. Cruciani e Nicola Savarese 1991 hanno proposto una mappatura degli studi teatrali sotto forma di guida bibliografica, anche se allargata a livello internazionale e non solo italiano. Ma non è certo questa la sede per proseguire su quella strada, aggiornando la rassegna bibliografica ai giorni nostri. Ormai gli strumenti telematici a disposizione offrono un largo accesso a ogni informazione, anche bibliografica. Molto più utile e interessante è individuare le nervature della ricerca, che è ormai molto ramificata.

Un primo sguardo, il più ovvio, è quello che analizza una partizione degli studi basata sulla periodizzazione storica. In questa prospettiva, alcune epoche sono più frequentate di altre. Ad esempio risultano molto limitate le incursioni nell'area dello spettacolo greco e romano, che necessitano di strumenti filologici adeguati e dunque è lasciata sostanzialmente agli antichisti. Un poco più frequentato è l'ambito medievale, in cui l'Italia vanta una tradizione illustre di cultura positivista tra fine Ottocento e inizi Novecento e che in epoca più moderna è rilanciato dai convegni organizzati da Federico Doglio a Viterbo e poi da ricerche più recenti, pur basate da punti di vista metodologici differenti.[8] Più studiato risulta un fenomeno tipicamente italiano, pur se di respiro europeo, come quello della Commedia dell'Arte,[9] che anzi, assieme alle ricerche sull'epoca rinascimentale e sei-settecentesca costituisce una delle chiavi del processo di autonomizzazione cui si faceva cenno, tanto che diversi studi sono già stati

---

7 Questa non è una rassegna bibliografica e men che meno una bibliografia ragionata. Gli studi citati valgono soprattutto per fornire un'indicazione sommaria ed evidentemente molto parziale di chi abita quel territorio.

8 L. Allegri 1988, S. Pietrini 2001, C. Bino 2008.

9 F. Taviani & Mirella Schino 1982, F. Marotti & G. Romei 1994, F. Cotticelli 2001, S. Ferrone 2006 e 2014, A. M. Testaverde 2007, R. Tessari 2013.

citati parlando del ruolo dei fondatori della disciplina.[10] L'Ottocento e il primo Novecento costituiscono per molti aspetti un caso a parte, poiché è forse lì più che altrove che si può verificare il percorso di maturazione della disciplina verso il recupero anche degli studi drammaturgici.[11] Ma il teatro ottocentesco e primo-novecentesco, proprio in considerazione della centralità dell'attore nella tradizione teatrale italiana del periodo, è il terreno di elezione di molti studi sull'attore, la recitazione, l'organizzazione.[12]

Il teatro contemporaneo vede poi una vera esplosioni di studi, sia da parte di studiosi maturi, con una prospettiva più generale,[13] sia di tanti studiosi più giovani. La contemporaneità è infatti un territorio che, oltre alle analisi storiche e teoriche, offre la possibilità di un approccio in qualche modo più militante, di condivisione e di fiancheggiamento alle esperienze di pratica teatrale. Il caso più evidente, con rilevanza anche internazionale, è forse quello della sinergia anche teorica della scuola romano-bolognese riunita attorno alla rivista *Teatro e storia* (Ruffini, Cruciani, soprattutto Taviani) con il lavoro di Eugenio Barba e di conseguenza dell'intera esperienza del cosiddetto Terzo Teatro. Ma fenomeni più circoscritti sono presenti in diversi Atenei italiani.

Inevitabilmente, l'affermazione anche accademica degli studi ha reso necessaria una nuova e più consapevole produzione storiografica. Un primo tentativo è costituito dalla serie *Teatro e spettacolo* dell'editore Laterza, con nove volumi diversi (Medioevo, Rinascimento, Seicento, Settecento, primo Ottocento, secondo Ottocento, primo Novecento, secondo Novecento, tra Oriente e Occidente) tra gli anni Ottanta e Novanta. Più complessa e corposa la *Storia del teatro moderno e contemporaneo* curata per Einaudi da R. Alonge e Guido Davico Bonino 2000–2001 in tre grossi volumi. Le necessità didattiche di un insegnamento che si espande rendono poi sempre più urgenti e necessari volumi di approccio generale ma meno specialistico.[14]

Ma la parcellizzazione degli studi non si limita tuttavia ad una scansione cronologica. Per questo negli ultimi decenni sono fiorite ricerche specifiche sulle diverse componenti dell'evento teatrale, dalla scenografia all'attore, dagli spazi dedicati al teatro all'orga-

---

10 Giusto per non confinare queste ricerche solo in quel momento aurorale, si possono aggiungere, sempre a titolo di esempio, F. Cruciani 1983 e F. Ruffini 1983 sul teatro del Cinquecento, G. Ciancarelli 2008 sul Seicento, R. Tessari 1995 sul Settecento.

11 R. Alonge 1995 e 1997 su Ibsen e Pirandello, F. Perrelli 2011 su Ibsen.

12 A. Bentoglio 1994, A. Petrini 2020.

13 M. De Marinis 2000, L. Mango 2019.

14 I tentativi sono disparati. Ricordiamo un primo esempio, quarant'anni fa, con C. Molinari 1983 e più recentemente R. Guarino 2005 e il più articolato L. Allegri 2017.

nizzazione, dalla drammaturgia alla regia. Così come ricerche specifiche sono dedicate alle diverse tipologie dello spettacolo, dalla danza[15] al teatro di figura,[16] dal teatro come struttura organizzativa o come strumento sociale[17] allo spettacolo non occidentale,[18] oppure ai differenti approcci metodologici, dall'analisi semiotica[19] all'iconografia,[20] dall'antropologia alle nuove tecnologie, dalle neuroscienze applicate alla percezione dello spettacolo alle ricerche di genere.[21] Perché, con l'acquisita consapevolezza dello statuto dei propri studi, gli storici del teatro hanno potuto riconsiderare e accettare ciò che prima avevano combattuto. Non solo gli studi di drammaturgia ma anche la definizione del proprio campo di studi come luogo di incontro di saperi diversi e di diverse metodologie di ricerca. In questa prospettiva, negli ultimi tempi non di rado agli studiosi di teatro piace rovesciare la prospettiva, e dunque non rivendicare l'esclusività di un territorio ma anzi favorire gli sconfinamenti, sia in entrata che in uscita dal proprio territorio identitario, alla ricerca soprattutto di relazioni e confronti.

A partire dalla consapevolezza che in una mappatura – dei territori come dei saperi – sono proprio i confini a produrre le suggestioni più interessanti, dato che il confine separa ma insieme pone un problema di rapporti, marca una diversità ma insieme impone la necessità di una relazione. In questo lo studioso di teatro è un uomo di confine, perché la sua area culturale è un'area di confine. E la teatrologia, o comunque la si chiami, tra le discipline umanistiche, è forse il più evidente tra i luoghi del meticciato culturale, luogo di incontro di letterati e storici dell'arte, di estetologi e di antropologi, di psicologi e di musicologi, di storici e di filosofi... E dopo la difesa del territorio, del momento di ricerca identitaria, gli studiosi di teatro hanno imparato a rivendicare orgogliosamente questa vocazione al meticciato, che è insieme il luogo di una precisa specificità e il luogo istituzionale della non-specificità. Perché le categorie dello spettacolo e della rappresentazione sono pervasive nei costumi e nel vivere civile di ogni società e soprattutto in quella contemporanea, e dunque diventano strumenti essenziali per comprendere non solo la cultura ma la struttura stessa delle società. Anche per questo lo

---

15 A. Pontremoli 2004, E. Randi 2018.
16 L. Allegri & M. Bambozzi 2012.
17 A. Bentoglio 2007, C. Bernardi 2004.
18 N. Savarese 2002; G. Azzaroni & M. Casari 2011.
19 M. De Marinis 2003.
20 R. Guardenti 2020.
21 Non si indicano riferimenti bibliografici perché gli studi in questi ambiti sono ancora di fatto embrionali e in piena evoluzione.

storico del teatro rivendica il diritto di occupare anche gli spazi di sovrapposizione, studiando i testi teatrali assieme agli studiosi di letteratura, il dramma religioso assieme agli storici della cultura medievale, la scenografia barocca assieme agli storici dell'arte, la ritualità sciamanica assieme agli antropologi. Proprio perché il territorio di indagine è così «impuro», gli studiosi di teatro credono di poter stare dignitosamente nei crocevia di tante relazioni tra i saperi, e dunque di poter fornire suggestioni e metodologie anche alle discipline da cui hanno preso e prendono costantemente suggestioni e metodologie. Dalla ricerca ostinata di identità, appunto, all'esplorazione dei confini.

Bibliografia

Allegri, Luigi / Bambozzi, Manuela, a cura di (2012): *Il mondo delle figure. Burattini, marionette, pupi, ombre*. Roma: Carocci.

Allegri, Luigi (1988): *Teatro e spettacolo nel Medioevo*. Roma-Bari: Laterza.

Allegri, Luigi, a cura di (2017): *Storia del teatro. Le idee e le forme dello spettacolo dall'antichità a oggi*. Roma: Carocci.

Allegri, Luigi, a cura di (2023): *Leggere il teatro. Dieci testi esemplari*. Roma: Carocci.

Alonge, Roberto / Davico Bonino, Guido, a cura di (2000–01): *Storia del teatro moderno e contemporaneo*, 3 voll. Torino: Einaudi.

Alonge, Roberto (1995): *Ibsen. L'opera e la fortuna scenica*. Firenze: Le Lettere.

Alonge, Roberto (1997): *Luigi Pirandello*. Roma-Bari: Laterza.

Apollonio, Mario (1938–1950): *Storia del teatro italiano*, 4 voll. Firenze: Sansoni. (2003): Nuova edizione integrata, con Introduzione di Sisto Dalla Palma e Note all'edizione di Fabrizio Fiaschini. Milano: Rizzoli.

Appia, Adolphe (1975): *Attore, musica e scena. La messa in scena del dramma wagneriano*, Introduzione e cura di Ferruccio Marotti. Milano: Feltrinelli.

Azzaroni, Giovanni / Casari, Matteo (2011): *Asia. Il teatro che danza*. Firenze: Le Lettere.

Bentoglio, Alberto (1994): *L'arte del capocomico. Biografia critica di Salvatore Fabbrichesi (1772–1827)*. Roma: Bulzoni.

Bentoglio, Alberto (2007): *L'attività teatrale e musicale in Italia. Aspetti istituzionali, organizzativi ed economici*. Roma: Carocci.

Bernardi, Claudio (2004): *Il teatro sociale. L'arte tra disagio e cura*. Roma: Carocci.

Bino, Carla (2008): *Dal trionfo al pianto. La fondazione del 'teatro della misericordia' nel Medioevo (V–XIII secolo)*. Milano: Vita e Pensiero.

Bosisio, Paolo (1993): *Il teatro di Goldoni sulle scene italiane del Novecento*. Milano: Electa.

Calendoli, Giovanni (1959): *L'attore. Storia di un'arte*. Roma: Edizioni dell'Ateneo.

Ciancarelli, Roberto (2008): *Sistemi teatrali del Seicento. Strategie di comici e dilettanti nel teatro italiano del XVII secolo*. Roma: Bulzoni.

Cotticelli, Francesco (2001): *The Commedia dell'Arte in Naples. A Bilingual Edition of the 176 Casamarciano Scenarios – La Commedia dell'Arte a Napoli.*

Edizione bilingue dei 176 scenari Casamarciano, vol. 2. Lanham, Md. & London: Scarecrow Press.

Craig, Gordon Edward (1971): *Il mio teatro: L'arte del teatro, Per un nuovo teatro, Scena*, Introduzione e cura di Ferruccio Marotti. Milano: Feltrinelli.

Cruciani, Fabrizio / Savarese, Nicola, a cura di (1991): *Guide bibliografiche. Teatro.* Milano: Garzanti.

Cruciani, Fabrizio (1983): *Teatro nel Rinascimento: Roma 1450–1550.* Roma: Bulzoni.

D'Amico, Silvio, dir. (1954–1965): *Enciclopedia dello spettacolo.* Roma: Le Maschere. (1966): *Aggiornamento 1955–1965.* (1968): *Indice – Repertorio.*

D'Amico, Silvio (1939–1940): *Storia del teatro drammatico*, 4 voll. Milano: Rizzoli.

De Marinis, Marco (2000): *In cerca dell'attore. Un bilancio del Novecento teatrale.* Roma: Bulzoni.

De Marinis, Marco (2003): *Semiotica del teatro.* Milano: Bompiani.

Duvignaud, Jean (1977): *Sociologia dell'attore*, a cura di Achille Mango. Milano: Ghisoni.

Duvignaud, Jean (1974): *Le ombre collettive. Sociologia del teatro*, a cura di Achille Mango. Roma: Officina.

Ferrone, Siro, a cura di (1979): *Il teatro italiano. V. La commedia e il dramma borghese dell'Ottocento*, 3 voll. Torino: Einaudi.

Ferrone, Siro (2006): *Arlecchino. Vita e avventure di Tristano Martinelli attore.* Roma-Bari: Laterza.

Ferrone, Siro (2011): *La vita e il teatro di Carlo Goldoni.* Venezia: Marsilio.

Ferrone, Siro (2014): *La Commedia dell'Arte. Attrici e attori italiani in Europa (XVI–XVIII secolo).* Torino: Einaudi.

Guardenti, Renzo (2020): *In forma di quadro. Note di iconografia teatrale.* Imola: Cue Press.

Guarino, Raimondo (2005): *Il teatro nella storia. Gli spazi, la cultura, la memoria.* Roma-Bari: Laterza.

Mango, Achille (1978): *Verso una sociologia del teatro.* Trapani: Celebes.

Mango, Lorenzo (2019): *Il Novecento del teatro. Una storia.* Roma: Carocci.

Marotti, Ferruccio / Romei, Giovanna (1994): *La Commedia dell'Arte e la società barocca. 2. La professione del teatro.* Roma: Bulzoni.

Marotti, Ferruccio (1961): *Gordon Craig.* Bologna: Cappelli.

Marotti, Ferruccio (1963): *La scena di Adolphe Appia.* Bologna: Cappelli.

Molinari, Cesare (1961): *Spettacoli fiorentini del Quattrocento. Contributi allo studio delle Sacre Rappresentazioni.* Venezia: Neri Pozza.

Molinari, Cesare (1968): *Le nozze degli dei. Un saggio sul grande spettacolo italiano del Seicento.* Roma: Bulzoni.

Molinari, Cesare (1983): *Storia universale del teatro.* Milano: Mondadori.

Pandolfi, Vito, a cura di (1954): *Antologia del grande attore.* Bari: Laterza.

Pandolfi,Vito, a cura di (1957–1961): *La Commedia dell'Arte. Storia e testo*, 6 voll. Firenze: Sansoni.

Perrelli, Franco (2011): *Henrik Ibsen. Un profilo.* Bari: Edizioni di Pagina.

Petrini, Armando (2020): *Attori e scena nel teatro italiano di fine Ottocento. Studio critico su Giovanni Emanuel e Giacinta Pezzana.* Torino: Accademia University Press.

Pietrini, Sandra (2001): *Spettacoli e immaginario teatrale nel Medioevo.* Roma: Bulzoni.

Pontremoli, Alessandro (2004): *La danza. Storia, teorie, estetica nel Novecento.* Roma-Bari: Laterza.

Puppa, Paolo (2021): *La recita interrotta. Pirandello: la trilogia del teatro nel teatro*. Roma: Bulzoni.

Ragghianti, Carlo Ludovico (1976): *Arti della visione*, vol. 2. Spettacolo. Torino: Einaudi.

Randi, Elena (2018): *La modern dance: Teorie e protagonisti*. Roma: Carocci.

Ruffini, Franco (1983): *Teatri prima del teatro: visioni dell'edificio e della scena tra Umanesimo e Rinascimento*. Roma: Bulzoni.

Ruzante (Angelo Beolco) (1967): *Teatro*, cura e traduzione di Ludovico Zorzi. Torino: Einaudi.

Savarese, Nicola (2002): *Il teatro eurasiano*. Roma-Bari: Laterza.

Taviani, Ferdinando / Schino, Mirella (1982): *Il segreto della Commedia dell'Arte*. Firenze: La Casa Usher.

Tessari, Roberto (1995): *Teatro e spettacolo nel Settecento*. Roma-Bari: Laterza.

Tessari, Roberto (2013): *La commedia dell'arte. Genesi di una società dello spettacolo*. Roma-Bari: Laterza.

Testaverde, Anna Maria, a cura di (2007): *I canovacci della Commedia dell'Arte*. Torino: Einaudi.

Vescovo, Piermario (2019): *Goldoni e il teatro comico del Settecento*. Roma: Carocci.

Zorzi, Ludovico (1977): *Il teatro e la città, Saggi sulla scena italiana*. Torino: Einaudi.

VERONICA PROVENZALE
DEMIS QUADRI

III.

L'Accademia Dimitri tra ricerca di base e ricerca applicata

L'Accademia Dimitri entre recherche fondamentale et recherche appliquée

Die Accademia Dimitri zwischen Grundlagen- und angewandter Forschung

221

RIASSUNTO

L'Accademia Dimitri di Verscio è una scuola universitaria professionale di teatro fisico (*physical theatre*) fondata a Verscio nel 1975 su iniziativa del clown svizzero Dimitri e dell'attore e mimo di origine ceca Richard Weber. Il suo settore Ricerca, attivo dal 2010, opera sulla base dell'orientamento fornito da tre assi di riferimento: il primo riguarda l'esplorazione del genere del teatro fisico, il secondo si occupa della storia culturale del clown e il terzo, che negli anni ha preso sempre più spazio, concerne l'applicazione del teatro in contesti educativi e sociali. Si tratta di un orientamento strategico, dal forte impegno etico e sociale, che parte dall'arte e dall'artista teatrale per volgersi al loro ruolo nella società, in riferimento ai suoi bisogni e alle sue urgenze.

RÉSUMÉ

L'Accademia Dimitri de Verscio est une haute école spécialisée de théâtre du corps (*physical theatre*) fondée à Verscio en 1975 à l'initiative du clown suisse Dimitri et de l'acteur et mime d'origine tchèque Richard Weber. Son département Recherche, actif depuis 2010, fonctionne sur la base de l'orientation fournie par trois axes de référence : le premier concerne l'exploration du genre du théâtre du corps, le deuxième porte sur l'histoire culturelle du clown, et le troisième, qui est devenu de plus en plus important au fil des années, concerne l'application du théâtre dans des contextes éducatifs et sociaux. Il s'agit d'une orientation stratégique, avec un fort engagement éthique et social, qui part de l'art et de l'artiste de théâtre pour se tourner vers leur rôle dans la société, en lien avec les besoins et les urgences de cette dernière.

ZUSAMMENFASSUNG

Die Accademia Dimitri in Verscio ist eine professionelle Fachhochschule für *Physical Theatre*, die 1975 auf Initiative des Schweizer Clowns Dimitri und des in Tschechien geborenen Schauspielers und Pantomimen Richard Weber in Verscio gegründet wurde. Ihre Forschungsabteilung, die seit 2010 aktiv ist, arbeitet entlang von drei thematischen Leitlinien: Die erste betrifft die Erforschung des Genres des *Physical Theatres*, die zweite die Kulturgeschichte des Clowns und die dritte, die im Laufe der Jahre immer wichtiger geworden ist, die Anwendung des Theaters in pädagogischen und sozialen Kontexten. Es handelt sich um eine strategische Ausrichtung mit einem starken ethischen und sozialen Engagement, die ausgehend von der Kunst und dem Theaterkünstler sich deren Rolle in der Gesellschaft mit ihren Bedürfnissen und Dringlichkeiten zuwendet.

Nascita e sviluppo della Scuola Teatro Dimitri/Accademia Teatro Dimitri di Verscio

L'Accademia Dimitri ha alle spalle una storia lunga quasi 50 anni, poiché nasce nel 1975 grazie all'iniziativa di due artisti, il clown svizzero Dimitri[1] e l'attore e mimo di origine ceca Richard Weber,[2] che insieme creano la «Scuola Teatro Dimitri»,[3] una piccola scuola di teatro basata a Verscio, un altrettanto piccolo paese del Cantone Ticino dove Dimitri già aveva il suo Teatro. La scuola nasce come concretizzazione di un sogno che accomunava i due fondatori sin dal loro primo incontro durante il Festival mondiale di Pantomima di Berlino, nel 1962,[4] quando già erano emerse tanto la mancanza di scuole professionali di pantomima quanto le lacune nell'insegnamento della formazione fisica nelle accademie di teatro. In un'intervista, Dimitri racconta:

> «Come per il teatro, anche nel fondare la scuola siamo stati spinti da uno spirito pionieristico: volevamo creare una scuola per commedianti che in Svizzera ancora non esisteva. [...] non volevamo offrire ai giovani solo la possibilità di imparare l'arte specifica del Clown, ma soprattutto una formazione nell'arte del commediante basata particolarmente sulle manifestazioni espressive del corpo [...].»[5]

---

1 Dimitri 2004; H. Gschwend 2011.

2 S. Bocchini 2018.

3 E. Steinberger et al. 1988; N. Genni 2005; P. Michalzik 2020, 341–342.

4 Nel 1958 a Praga nasce il Divadlo Na Zábradlí (Teatro sulla balaustra), uno spazio che la città mette a disposizione di 4 artisti – Helena Philippová, Jiří Suchý, Vladimír Vodička e Ivan Vyskočil – i quali creano una compagnia dedita alla pantomima, che diventa un punto di riferimento per questo genere teatrale. Tra i membri del gruppo storico figura Richard Weber e, dal 1959, anche il noto mimo Ladislav Fialka. Il primo spettacolo «Pantomima sulla balaustra» ha un successo enorme, prima in patria e poi all'estero: come racconta lo stesso Weber, «durante i due anni successivi abbiamo creato tre altri spettacoli e cominciato a viaggiare: Budapest, Mosca, Firenze, Varsavia… siamo stati ospiti ai festival di teatro in Olanda, a Rostock, a Berlino [...]» (S. Bocchini 2018, 10). Nel 1964 la compagnia si produce a New York e ha poi lunghe tournée in Sudamerica, Asia e Africa del nord. Sempre negli anni 1960, il Teatro sulla balaustra diventa un centro del teatro dell'assurdo ceco e, dopo il 1968, il rifugio per artisti della New Wave ceca. Considerata la sua fama, la compagnia del Teatro sulla balaustra è tra gli invitati al primo Festival mondiale della pantomima organizzato a Berlino ovest nel 1962 dall'Akademie der Künste. Lo stesso accade – unico clown – a Dimitri, che grazie a questo festival vede aprirsi molte opportunità professionali e soprattutto può conoscere Weber, dialogando con il quale, nel corso delle rispettive tournées internazionali, nasce progressivamente l'idea di fondare una scuola di teatro che si concretizzerà dopo un ennesimo incontro nel 1974 al Festival di mimo di La Crosse, negli Stati Uniti: dopo questa occasione Dimitri e la moglie Gunda invitano Weber a raggiungerli in Svizzera, dove quest'ultimo può recarsi grazie all'accordo di versare alla Cecoslovacchia una parte dei propri guadagni (Dimitri 2004, 202–203).

5 Cit. da «Scuola Teatro Dimitri. La formazione dell'attore tra teatro e movimento», tesi di diploma di Sara Bocchini, anno accademico 2010/2011, 73.

Storicamente, in campo teatrale il Novecento aveva portato a una riscoperta dell'importanza dell'espressione del corpo – intesa come linguaggio a sé stante, indipendente quindi dalla parola – e alla necessità di cambiare il ruolo dell'attore, fino ad allora inteso come abile interprete delle consegne del regista, per renderlo partecipativo del processo di realizzazione, fino allo sviluppo di una propria autonomia creativa. Sulla scia di queste nuove influenze, i due fondatori sviluppano il programma formativo della loro scuola: entrambi provenienti da mondi artistici in cui il linguaggio del corpo è espressione primaria, i due artisti individuano come materie importanti per l'educazione dell'attore la Pantomima, la Danza, l'Improvvisazione teatrale e l'Acrobazia. Basandosi su queste discipline e sulla loro commistione, iniziano a lavorare alla costruzione di un linguaggio teatrale non parlato, nato dall'interazione di danza, teatro e circo, sempre guidati da un preciso intento artistico-pedagogico, come chiaramente formulato da Richard Weber:

> «[...] le lezioni di pantomima, clownerie e improvvisazione teatrale avrebbero dato la possibilità agli studenti di realizzare le proprie idee sia in forma drammatica che in forma circense – soprattutto nei primi anni dalla fondazione, infatti, la scuola insegnava parecchie discipline appartenenti all'ambito del circo.»[6]

Inizialmente la scuola contava un numero assai ridotto di docenti e studenti, e l'insegnamento era adattato e articolato al ritmo delle esperienze e delle esigenze che emergevano man mano; ogni progetto o spettacolo diventava un'occasione di apprendimento di nuove abilità e competenze, costruite collettivamente con tutti coloro che lavoravano e studiavano nella scuola. Il riscontro definitivo di questo indirizzo formativo innovativo lo si è avuto nel 1978, con lo spettacolo scritto e diretto da Dimitri con gli studenti del terzo anno «Il clown è morto – evviva il clown!», ripreso diverse volte e con grande successo durante il festival Festwochen di Berlino – un successo che ha comportato la nascita della Compagnia Teatro Dimitri, che in quella occasione si presentava per la prima volta agli spettatori europei.[7]

Nei decenni successivi, a Verscio la scuola cresce in qualità e in numeri, aumentano studenti e docenti, e il programma di studi viene sviluppato integrando nuove discipline – alle materie individuate in origine si aggiungono il Ritmo, l'Educazione vocale e la Teoria e storia del teatro –, ampliando così l'offerta formativa.

---

6   S. Bocchini 2018, 17.
7   S. Bocchini 2018, 27–31.

Nel 2005 ha poi luogo uno sviluppo cruciale: la Scuola Teatro Dimitri (STD) ottiene il riconoscimento del Cantone e nel 2006 viene affiliata alla Scuola universitaria professionale della Svizzera italiana (SUPSI) come Scuola Superiore di Physical Theatre.

> «L'affiliazione della STD si basa su considerazioni diverse da quelle valide per le discipline tecniche, gestionali, del lavoro sociale o della formazione dei docenti. Nel caso particolare della STD non si tratta di preparare specialisti per il mondo del lavoro locale, ma di mantenere un polo di eccellenza in campo artistico, significativo anche per le ricadute di tipo culturale e turistico. Tramite l'affiliazione della STD alla SUPSI si vuole assicurare la continuità, l'autonomia di una scuola di teatro di riconosciuta qualità internazionale, integrandola opportunamente nel polo universitario della Svizzera Italiana.»[8]

Il processo di affiliazione alla SUPSI ha come diretta conseguenza l'accelerazione esponenziale dello sviluppo gestionale, amministrativo e in parte formativo della Scuola Teatro Dimitri e conduce, già a partire dal 2004, ad affrontare i cambiamenti necessari al riconoscimento federale, giungendo alla creazione di un Bachelor of Arts in Theatre. Seguono nel 2008 il Master of Arts in Theatre e un settore di Prestazioni di servizio per il territorio, nel 2010 il settore di Ricerca e sviluppo, del quale si riferirà nel dettaglio più oltre, e 5 anni più tardi un programma di Formazione continua. La Scuola Teatro Dimitri ha infine modificato, nel 2015, la sua denominazione in «Accademia Teatro Dimitri», al fine di meglio connotare il suo orientamento di formazione universitaria professionale e la sua specificità.

All'interno di questo dinamico e ampio panorama, nel tempo viene concretizzata una serie di trasformazioni per quanto attiene alla strutturazione didattica, al corpo docenti, al numero di studenti e collaboratori, alle infrastrutture e agli spazi di lavoro. Oggi, in ambito SUP svizzero, insieme a Berna, Zurigo e Losanna, l'Accademia Dimitri di Verscio è uno dei quattro centri primari per la formazione di teatro in Svizzera. Le peculiarità del suo programma di studio fanno dell'Accademia un punto di riferimento importante nell'ambito delle offerte formative legate alle arti sceniche a livello nazionale e internazionale.

---

8 Messaggio del Dipartimento Educazione Cultura e Sport relativo all'Affiliazione dell'Associazione Scuola Teatro Dimitri, 2005, 76. La dimensione internazionale della scuola è molto presente sin dai suoi inizi: da una parte per le caratteristiche che la rendono unica nel panorama europeo, dall'altra per la possibilità – data dalla rete internazionale dei suoi fondatori – di collaborare sin da subito con artisti provenienti da paesi diversi come Cecoslovacchia, Cina, Gran Bretagna, Svizzera e Ungheria (Dimitri 2004, 202–203).

La nascita del settore Ricerca

La costituzione di un settore consacrato alla ricerca presso l'Accademia Dimitri risale all'autunno del 2010 e coincide con l'incarico a Ruth Hungerbühler, sociologa ed ex giornalista, di porre le basi per un'attività stabile di ricerca, in linea con i mandati di una scuola universitaria professionale. Prima di quell'anno, l'allora Scuola Teatro Dimitri aveva già avviato saltuarie iniziative che andavano nella direzione della ricerca, senza però arrivare a veri e propri progetti finanziati da fondi esterni. L'unica eccezione, nell'ambito del programma DORE (DO REsearch) del Fondo Nazionale Svizzero, era stato il progetto «Teatro e Apprendimento», dedicato alla pedagogia teatrale per le scuole e svolto tra 2007 e 2008.[9]

A partire dal 2011, Ruth Hungerbühler avvia – in collaborazione con Richard Weihe, allora professore aggiunto SUPSI e docente di Teoria e pratica del teatro, e con Demis Quadri, ricercatore in Studi teatrali e docente di Storia e teoria del teatro – un primo cantiere con l'obiettivo di individuare e definire aree e temi di ricerca coerenti con la missione e la visione della scuola di Verscio. Sulla base delle riflessioni preliminari e di uno studio iniziale, in questa fase vengono identificati tre assi di riferimento. Il primo riguarda l'esplorazione del genere specifico del teatro fisico (*physical theatre*), l'individuazione delle sue basi teoriche e storiche, e la sua contestualizzazione nel quadro delle arti performative affini. Un lavoro importante per l'Accademia Dimitri, perché concernente l'approfondimento in termini analitici della sua sfera teatrale di riferimento, che in ambito accademico è presa in considerazione da una letteratura ancora relativamente limitata.[10]

Il secondo asse viene consolidato a partire dalla storia stessa della Scuola Teatro Dimitri, in quanto sede di formazione teatrale fondata da un clown, Dimitri, dove l'arte della clowneria ha sempre avuto una presenza importante[11] – anche se a volte vissuta con difficoltà, specie nel superare l'erronea ma diffusa idea che quella di Verscio sia «solo» una scuola di clown o di circo. Tale asse si configura come terreno di ricerca sulla storia culturale del clown in senso lato, in riferimento

---

9 Cf. M. Colombo 2014. Il programma DoRe è uno specifico strumento di finanziamento pensato per il mandato di ricerca orientata alla pratica delle scuole universitarie professionali e alte scuole pedagogiche (SNF, 2006). Le scuole universitarie professionali svizzere «offrono una formazione di livello universitario orientata alla pratica. Preparano gli studenti a specifiche attività professionali che richiedono l'applicazione pratica di conoscenze e metodi scientifici» (https://www.orientamento.ch/dyn/show/4654 [27.03.2024]).
10 Cf. D. Quadri 2020.
11 E. Nivolo 2016, 147–212.

alla posizione di questa figura negli ambiti delle arti sceniche, della filosofia, dell'antropologia e della pedagogia. Da qui si sono diramati filoni di ricerca fecondi nel produrre progetti sostenuti dal Fondo Nazionale Svizzero («Clownerie – Teatro di movimento – Physical Theatre. Ricerche culturali e teatrali sull'esempio della Scuola Teatro Dimitri nel contesto della migrazione culturale nella Svizzera italiana»,[12] diretto tra il 2012 e il 2015 da Richard Weihe, e «Musica e clowneria in Europa, XX-XXI secolo»,[13] diretto tra il 2018 e il 2023 dalla musicologa Anna Stoll Knecht),[14] giornate di studio («Genealogia Culturale e Teoria del Clown», Ascona/Monte Verità, 2014; e «Comicità 23», Verscio, 2023) e pubblicazioni (curate nel 2016 da Richard Weihe, e nel 2023 da Veronica Provenzale e da Demis Quadri).[15] Parallelamente a questi due assi, viene portata avanti un'attività di catalogazione e di analisi degli archivi dell'Accademia Dimitri attraverso il lavoro condotto prima dall'attrice, formatrice e ricercatrice Sara Bocchini, nel contesto del progetto sostenuto da Memoriav «35 anni di Scuola Teatro Dimitri a Verscio»,[16] e in seguito ripreso dalla ricercatrice Veronica Provenzale.

Il terzo asse individuato riguarda infine l'applicazione del teatro (in particolare del teatro fisico) in contesti educativi e sociali, sulla base del fatto che questo ambito di attività è da tempo frequentato da collaboratrici/ori e diplomate/i dell'Accademia Dimitri e che nella struttura è presente, dal 2002, un'area dedicata ai progetti nelle scuole e, più di recente, alle collaborazioni con il Dipartimento formazione e apprendimento della SUPSI.[17] Se inizialmente viene deciso, anche per il numero limitato di collaboratrici/ori alla ricerca, di concentrare maggiormente l'attenzione sulle aree dedicate a teatro fisico e clown, la situazione comincia a mutare a partire dal 2015. Tale cambiamento corrisponde per il settore anche con un'apertura sempre maggiore della ricerca alla pratica e a problematiche, quelle della diversità e dell'accessibilità, che prenderanno ampio spazio nelle successive attività di ricerca dell'Accademia Dimitri. L'impulso iniziale in tal senso viene con la proposta, da parte dell'*Institute for the Performing Arts and Film* (IPF) della *Zürcher Hochschule der Künste* (ZHdK), per il tramite della Yvonne Schmidt e del Anton Rey, di partecipare al progetto «DisAbility on Stage» attraverso uno specifico sotto-progetto dal titolo «Disabled Bodies in Discourse», che sarà diretto da

---

12 Cf. https://data.snf.ch/grants/grant/137813 [27.03.2024].
13 Cf. https://data.snf.ch/grants/grant/180004 [27.03.2024].
14 Cf. A. Stoll Knecht 2021.
15 R. Weihe 2016; V. Provenzale / D. Quadri 2023.
16 Cf. https://memoriav.ch/it/projects/scuola-teatro-dimitri/ [27.03.2024].
17 H.-H. Wulf 2015; D. Quadri 2018b; M. Ramadan / H.-H. Wulf 2022.

Demis Quadri e vedrà Sara Bocchini, nelle vesti di ricercatrice partecipante, come collaboratrice principale.[18] «DisAbility on Stage», svoltosi tra 2015 e 2019 e finanziato dal Fondo Nazionale Svizzero, era consacrato al tema della disabilità nelle pratiche performative contemporanee: si trattava della prima indagine esauriente sulle pratiche teatrali e di danza ideate, dirette e/o interpretate da artisti con disabilità nelle differenti regioni linguistiche del territorio elvetico. Il sotto-progetto sviluppato presso l'Accademia Dimitri aveva lo scopo specifico di studiare i possibili intrecci tra tali pratiche sceniche e quelle del teatro fisico. Il progetto ha avuto notevoli ripercussioni sulle attività dell'Accademia Dimitri sia nel costruire attraverso la ricerca un laboratorio teatrale che coinvolgeva, oltre a performer con disabilità della compagnia Teatro Danzabile, una classe del corso di studi Master,[19] sia nel porre le basi per lo sviluppo di un'innovativa formazione continua, il «CAS Diversity and Inclusive Practice in Performing Arts» (attivo dal 2021), dedicata a fornire strumenti per sviluppare e gestire progetti artistici, dalla creazione alla distribuzione, in un contesto di diversità, di inclusione e di accessibilità.[20] Notevole nel suo stringere i legami tra ricerca e formazione, «Disabled Bodies in Discourse» è stato anche l'occasione per cominciare a costruire in maniera più strutturata la rete del settore Ricerca dell'Accademia, grazie alla collaborazione con lo stesso IPF della ZHdK, con l'Istituto di Studi teatrali dell'Università di Berna, con il circuito IntegrART (un progetto del Percento culturale Migros) e, per l'organizzazione del simposio conclusivo (Zurigo, 2019), con la Società svizzera di studi teatrali. La rete si allargherà negli anni successivi sul piano internazionale grazie alla partecipazione dell'Accademia a importanti eventi come le Biennali dell'European League of Institutes of the Arts (ELIA), alla Conferenza annuale dell'International Federation for Theatre Research (IFTR) e ai convegni sulle maschere promossi dalle Università Paris 8 e Bourgogne Franche-Comté.

---

18 Y. Schmidt / S. Marinucci / S. Bocchini / D. Quadri 2018; S. Bocchini / D. Quadri 2019.
19 Cf. https://vimeo.com/216843534 [27.03.2024].
20 Altri due esempi di relazioni feconde tra Ricerca e Formazione continua hanno portato, rispettivamente, dai progetti sulla comunicazione interculturale al «CAS Performing Arts Practice in Conflict Zones» (2020), e da quelli sul benessere per gli anziani al «CAS La Teatralità incontra la Demenza» (2022).

La svolta verso la ricerca applicata

Dopo il passaggio della direzione della Ricerca a Demis Quadri nel 2018, il settore si dota di una strategia di riferimento che amplia, rispetto all'orientamento iniziale, lo spazio dedicato alla ricerca applicata, sviluppata in due filoni dedicati rispettivamente alla didattica del teatro fisico e alla declinazione di quest'ultimo applicato a contesti educativi e sociali. Continuano naturalmente le attività consacrate alla ricerca di base, che – al di là di progetti come «Musica e clowneria in Europa» di Anna Stoll Knecht – danno origine a un'importante riflessione sulle discipline che insieme hanno costruito la pedagogia dell'Accademia Dimitri, testimoniata prima dalla pubblicazione di un'intervista curata da Sara Bocchini a Richard Weber[21] e più tardi alla collana «Didattica & Ricerca» curata da Veronica Provenzale e Demis Quadri.[22] Fedele a un'impostazione aperta alla sperimentazione di nuovi possibili itinerari, questa linea ha frequentato anche tematiche più distanti tra loro come quelle della commedia dell'arte,[23] dei paesaggi sonori,[24] di un teatro di figura basato sull'uso di protesi,[25] e del ruolo pratico e teorico di Platone nel fare e nel pensare il teatro (un'esperienza, quest'ultima, che testimonia delle fruttuose collaborazioni con il Centro di Studi teatrali e la Sezione di Filosofia dell'Università di Losanna).[26] Si tratta, in ogni caso, sempre di indagini che hanno al centro due caratteristiche distintive: da un lato il focalizzarsi su un teatro fondato sul corpo e sul movimento come elementi conoscitivi, compositivi ed espressivi,[27] distanziandosi da approcci che nella Svizzera italiana, ma non solo, si sono costruiti prevalentemente attorno al teatro di prosa;[28] dall'altro il fare capo a tradizioni teatrali e accademiche di aree linguistiche diverse, con la possibilità di esplorare in profondità intersezioni culturali dalle quali spesso atenei più mono- o al massimo bilinguistici (con l'inglese) rischiano di essere esclusi.

I progetti più significativi sviluppati negli ultimi anni dal settore Ricerca dell'Accademia Dimitri sono però consacrati appunto al teatro applicato, in particolare in contesti scolastici e sociali, come testimonia il volume *Il teatro nella società* curato da Veronica Provenzale

---

21 S. Bocchini 2018.
22 V. Provenzale / D. Quadri 2021; V. Provenzale / D. Quadri 2023.
23 D. Quadri 2016.
24 M. Mocchi / L. Rocca / D. Quadri / C. Sillano 2021.
25 Y. Schmidt / D. Quadri 2020.
26 Cf. M. Groneberg / D. Quadri 2024.
27 D. Quadri 2020, 259.
28 Cf. P. Lepori 2008; D. Quadri 2018a.

come prima uscita della collana «Physical Theatre Stories».[29] Si tratta sempre di progetti *practice-* e *art-based*, ossia fondati su approcci radicati nella pratica e nell'arte, che si distinguono per la rilevanza che vi assumono temi connessi a didattica, diversità e benessere.[30] Le sfide da affrontare sono notevoli: si tratta di volta in volta di fare incontrare, in una prospettiva transdisciplinare,[31] le competenze teatrali con quelle di ambiti diversi come quelli dei disturbi dello spettro autistico, del benessere psicofisico degli anziani o della comunicazione interculturale; di conoscere reti sempre diverse in termini di partner operativi, di enti finanziatori e di riferimenti istituzionali; di riscoprire costantemente i linguaggi e gli strumenti del teatro fisico per immergerli e renderli accessibili in nuovi contesti. Un esempio in tal senso è stata la prima collaborazione con la Fondazione ARES (Autismo Risorse e Sviluppo), concretizzatasi nel progetto «Abilità Sociali e Sindrome di Asperger»,[32] che mirava ad aiutare un gruppo di persone con Sindrome di Asperger a scoprire e sviluppare le *soft skills* necessarie nel mondo professionale e nella vita quotidiana.[33] In questa ricerca, che per l'Accademia Dimitri ha visto impegnata la formatrice e attrice Shahaf Michaeli, il lavoro di collaborazione e di partenariato ha implicato la necessità – in termini di accessibilità per i partecipanti ai laboratori teatrali – di creare una metodologia il più possibile letterale, libera da metafore ed estremamente strutturata:[34] impresa non facile venendo da un'arte fondata sull'immaginario, sull'implicito e, non di rado, su uno spazio importante concesso al disordine creativo e all'inaspettato.[35] Un altro esempio viene da «TeatroBenessereAnziani»,[36] un progetto sostenuto da Promozione Salute Svizzera e sviluppato in collaborazione con Pro Senectute, con due centri anziani e con il Dipartimento economia aziendale, sanità e sociale della SUPSI, che attraverso un percorso laboratoriale guidato prima dall'attore, regista e formatore Daniele Bianco e poi dall'attrice e formatrice Anna Kiskançe dalla danzatrice e formatrice Camilla Stanga, mirava a sperimentare un approccio per sviluppare salute psichica, benessere fisico e partecipazione socioculturale nelle

---

29 Cf. V. Provenzale 2022.

30 V. Provenzale 2022, 11.

31 Si definisce «ricerca transdisciplinare» quella che prevede l'integrazione di conoscenze provenienti da diverse discipline scientifiche e comunità di stakeholder (non accademici) per affrontare le sfide complesse della società (OECD 2020, 4).

32 Cf. https://www.fondazioneares.com/servizi/i-nostri-servizi/progetti-speciali/teatro-e-asperger/ [27.03.2024].

33 Fondazione ARES 2021.

34 S. Michaeli / D. Quadri 2022.

35 J. Hughes / J. Kidd / C. McNamara 2011.

36 Cf. https://www.accademiadimitri.ch/progetti-di-ricerca/teatrobenessereanziani [27.03.2024].

persone anziane attraverso il teatro.[37] Si è trattato di un progetto che ha richiesto un grande lavoro di rete per garantirne la messa in atto e, più tardi, per porre le basi di una continuità che guardasse non solo a una scala di progetto ma anche di processo,[38] dando origine a nuove offerte formative e a un servizio stabile per il territorio ticinese prima e svizzero poi. In termini di contenuti, ha dovuto trovare una strada che permettesse a persone della terza e della quarta età, con un'idea di arti sceniche molto condizionata dal teatro di prosa e da quello dialettale, di mettersi in relazione con altri approcci, più giocosi e meno legati alla rappresentazione di un testo, ma comunque provenienti dal mondo della scena.

Il ruolo del teatro nella società

Tornando agli orientamenti di riferimento di un settore Ricerca che si fonda su un teatro fisico sviluppato all'incrocio tra teatro, danza e circo, una domanda di una certa rilevanza concerne la sua posizione all'interno del panorama delle arti sceniche e nell'immaginario del pubblico.[39] Se poi, con il neurobiologo Jean-Pierre Changeux, pensiamo a una funzione dell'arte come relativa alla partecipazione emozionale delle persone alla vita sociale,[40] un'ulteriore questione importante riguarda il ruolo di questo teatro nella società. La storia del settore Ricerca dell'Accademia Dimitri testimonia di tali riflessioni, attraverso un percorso che da una prima fase di ricerca consacrata al funzionamento, alla storia e alla contestualizzazione del teatro fisico, ne attraversa una seconda dove lo sguardo si allarga a considerare nella pratica e nella teoria un'arte che interviene nella società; per giungere, infine, a una terza fase dove, come si vedrà, ci si interroga sullo statuto sociale dell'artista della scena. Si tratta di fasi nate in momenti diversi, ma che oggi convivono e si sviluppano intrecciandosi in una visione complessa e articolata, che sostanzialmente riguarda le potenzialità del teatro inteso come incontro tra persone, discipline e contenuti.[41]

---

37 V. Provenzale / D. Bianco 2022.
38 Se un progetto è legato ad obiettivi specifici e ha chiari vincoli in termini di tempo, costo e risorse, un processo è caratterizzato da un percorso a lungo termine composto da una serie di passaggi successivi fra una fase di sviluppo e una serie di attività continuative che portino a un flusso duraturo di benefici al di là della durata del progetto (J. Schunk 2018, 9).
39 D. Quadri 2020, 261; D. Quadri 2021, 24–25.
40 J.-P. Changeux 2020, 300–301.
41 D. Quadri 2022, 22–23. Cf. J. Grotowski 1970, 67.

Un ambito particolarmente significativo della sfera del teatro applicato a contesti sociali è quello dove le/i ricercatrici/ori dell'Accademia Dimitri si sono interrogati su temi legati alla comunicazione interculturale, in iniziative come «Raccontare le migrazioni. Teatro e comunicazione interculturale» (2017–2019, in collaborazione con gli artisti-pedagoghi Lianca Pandolfini, Andrea Valdinocci e Kate Weinrieb),[42] «Dalla Mia Riva. Teatro comunitario a Rivapiana» (2019–2021, in collaborazione con la compagnia Teatro Zigoia),[43] «Viavai di culture. Laboratori teatrali per la prevenzione al razzismo e lo sviluppo di un pensiero critico» (2021–2022, in collaborazione con le attrici-pedagoghe Shahaf Michaeli e Kate Weinrieb)[44] e «In dialogo. Lungo i fili dell'arte, del linguaggio e della comunicazione» (2023–2024, con Teatro Zigoia e con il Centro competenze bisogni educativi, scuola e società del DFA-SUPSI):[45] progetti curati per la parte della ricerca da Demis Quadri in qualità di responsabile (salvo nel primo caso, diretto da Ruth Hungerbühler) e da Veronica Provenzale, e costruiti con un'ampia rete di partner regionali, cantonali e nazionali. Sono tutte esperienze saldamente radicate in contesti e in tessuti sociali che intervengono nelle scuole e/o nella comunità, attraverso un coinvolgimento imperniato su due piani: da una parte lo sviluppo di un lavoro più approfondito, in grado di rendere partecipi persone di età, cultura ed estrazione sociale molto differenti, in percorsi laboratoriali costruiti sull'intreccio delle storie e dei vissuti portati dalle/dai partecipanti; dall'altra, sulla base di una «drammaturgia» strettamente connessa con i laboratori teatrali, la costruzione di eventi capaci di raggiungere un pubblico più ampio. Attraverso questo approccio le riflessioni su temi e problematiche legati all'interculturalità, alla diversità, all'identità e all'inclusione giungono a farsi esperienza concreta e pratica, e soprattutto vissuta e interiorizzata, con un impatto significativo a più livelli – di partecipanti, pubblico, territorio e, non da ultimo, dell'arte stessa.

L'artista nella società

Lo sviluppo di simili ricerche, fondate tanto sull'arte quanto sull'applicazione pratica all'interno di gruppi d'interesse variegati, ha consentito progressivamente di mettere in evidenza l'impatto delle

42 R. Hungerbühler / V. Provenzale 2019.
43 L. Pandolfini / A. Valdinocci 2022.
44 Cf. https://www.youtube.com/watch?v=1HkmHeRfRzM [27.03.2024].
45 Cf. https://www.accademiadimitri.ch/progetti-di-ricerca/in-dialogo [27.03.2024].

pratiche teatrali sul piano della società e degli individui che la compongono. Quale investigazione ulteriore, la riflessione del corpo ricerca dell'Accademia si è in seguito rivolta al ruolo dell'attrice/tore stessa/o nella società, così come alla sua posizione e immagine in quanto professionista. Al teatro viene riconosciuta una importante funzione sociale sin dai tempi più antichi, legato come era al rito e al suo operare al livello della comunità e dei suoi equilibri: in questo senso va interrogato lo statuto della/dell'artista che, nella visione comune, appare avvolta/o in un'aura altrettanto eroica, oscillante qual è – come messo in evidenza dalla sociologa Nathalie Heinich –[46] tra genio creatore e outsider. Così, l'investimento in un percorso artistico viene collocato comunemente nel registro vocazionale, paragonando tale attività al «dono di sé» e persino al sacrificio, coscientemente affrontato pur di vivere della propria arte:[47] appare pertanto evidente che, per approfondire lo *status* di tali creatrici/tori, occorre prendere in conto non solo la loro situazione concreta e più quotidiana, ma anche il ruolo immaginario e simbolico che viene loro attribuito.

Perseguendo questi obiettivi, grazie al sostegno di Innosuisse (l'Agenzia svizzera per la promozione dell'innovazione), nel 2022 ha preso avvio il progetto «Building a Character. Immagine e attualità delle professioni delle arti della scena nella Svizzera italiana», proposto e sviluppato dal settore Ricerca dell'Accademia Dimitri in collaborazione con il Centro competenze lavoro, welfare e società e il Centro competenze pratiche e politiche sanitarie del DEASS-SUPSI, e in dialogo con vari partner del settore. Il progetto ha come primo scopo quello di esaminare la professione e la situazione di vita di chi opera nelle arti della scena (attrici/tori, danzatrici/tori, artiste/i circensi, clown...), specificatamente nella Svizzera italiana, una regione ancora poco studiata rispetto alla Svizzera romanda e tedesca. Partendo dalle esperienze e dai percorsi delle/degli artiste/i, che vengono sistematicamente contattati e intervistati, il progetto ne interroga il profilo professionale, esaminandone le condizioni individuali, strutturali e sociali, ponendole in relazione con il contesto del mondo del lavoro delle arti della scena[48] e con le condizioni di accesso al welfare per le professioni artistiche. Con regolarità si constata che le/gli artiste/i non sempre vedono riconosciuto il loro lavoro come una vera e propria attività professionale, sempre a causa dei vari stereotipi e pregiudizi condizionanti (vedi l'idea dell'artista diventato tale per «vocazione» e mettendo a frutto «talenti naturali»,

---

46 N. Heinich 2005.
47 G. Sapiro 2007.
48 H. S. Becker 1982; P.-M. Menger 2009 e 2010.

chiamato a un impegno totale, accettando incertezza, precarietà e pluriattività), con effetti concreti per chi vuole svolgere il mestiere; una situazione di fragilità messa in evidenza ed esasperata durante il periodo pandemico.[49] L'intenzione è dunque di fornire una più chiara e contestuale comprensione della professione, anche dando maggiore visibilità alle/agli artiste/i della scena della Svizzera italiana, per favorire una generale sensibilizzazione del pubblico e fornire al contempo dati quantitativi e qualitativi utili al dialogo tra istituzioni e scena artistica. Tutto questo, non da ultimo, forse idealmente, per contribuire al riconoscimento e alla difesa delle professioni delle arti della scena, contrastando fenomeni come quelli del precariato e della marginalità, che toccano ormai tutte le generazioni di artiste/i.

Tra le attività chiave della ricerca vi è anche quella di interrogare i propri temi e la propria missione, non fermandosi a quelle che appaiono come delle evidenze: ha tutto il suo senso, pertanto, promuovere la riflessione sulla definizione del mestiere di artista della scena e sulla sua immagine, a maggior ragione quando, come nel caso presente, a farlo è un ente formatore di performer delle arti sceniche. Anche con quest'ultimo campo di indagine, il settore Ricerca dell'Accademia Dimitri si distingue quindi per il proprio orientamento strategico fortemente rivolto alla società, ai suoi bisogni e alle sue urgenze. Un impegno etico e sociale che in definitiva è distintivo per tutti i progetti sviluppati negli ultimi anni.

Bibliografia

Bataille, Pierre / Bertolini, Sonia / Casula, Clementina / Perrenoud, Marc (2020): Artistic Work in Pandemic Times. In: *Sociologia del Lavoro*, n. 157, 55–58.

Becker, Howard S. (1982). *Art Worlds*. Berkeley: University of California Press.

Bocchini, Sara (2018): *Richard Weber. I miei 40 anni a Verscio*. Locarno: Armando Dadò editore.

Bocchini, Sara / Quadri, Demis (2019): Disabled Bodies in Discourse. In: Y. Schmidt / S. Marinucci / S. Bocchini / D. Quadri / N. Jahnke / A. Rey: *DisAbility on Stage. Hybrid Media Publication*, Zurich University of the Arts.

Colombo, Maddalena (2014): Apprendimenti non formali ed informali in un contesto educativo formale integrato con le arti performative in quattro scuole elementari del Canton Ticino. In: *Schweizerische Zeitschrift für Bildungswissenschaften* 36 (3), 407–434.

Changeux, Jean-Pierre (2020): L'art est la source de l'humanité. In: Marmion, Jean-François: *Psychologie des beaux et des moches*. Auxerre Cedex: Éditions Sciences Humaines, 297–306.

Dimitri (2004): *Il clown in me: autobiografia*. Locarno: Rezzonico.

---

49 P. Bataille / S. Bertolini / C. Casula / M. Perrenoud 2020; Ecoplan 2021.

Ecoplan (2021): *Protection sociale des acteurs culturels.* Suisseculture Sociale et Pro Helvetia, Bern.

Fondazione ARES (2021): *Il teatro per le abilità sociali nei Disturbi dello Spettro Autistico.* Giubiasco: Edizioni Fondazione ARES.

Genni, Natalia (2005): Scuola Teatro Dimitri, Verscio TI. In: Kotte, Andreas: *Dizionario teatrale Svizzero.* Zurigo: Chronos Verlag, vol. 3, 1666–1667.

Groneberg, Michael / Quadri, Demis (2024): *Le rire de Platon.* Lausanne: Études de lettres 324.

Grotowski, Jerzy (1970): *Per un teatro povero.* Roma: Bulzoni.

Gschwend, Hanspeter (2011): *Dimitri: il mondo del clown – un'opera d'arte globale.* Bellinzona: Salvioni.

Heinich, Nathalie (2005): *L'élite artiste. Excellence et singularité en régime démocratique.* Paris: Gallimard.

Hughes, Jenny / Kidd, Jenny / McNamara, Catherine (2011): The Usefulness of Mess: Artistry, Improvisation and Decomposition in the Practice of Research in Applied Theatre. In: Kershaw, Baz & Nicholson, Helen: *Research Methods in Theatre and Performance.* Edinburgh University Press, 186–209.

Hungerbühler, Ruth & Provenzale, Veronica (2019): *Raccontare le migrazioni. Teatro e comunicazione interculturale.* Verscio: Accademia Teatro Dimitri, 2 voll.; https://www.grstiftung.ch/de/media/portfolio-grs-049-16~.html [27.03.2024].

Lepori, Pierre (2008): *Il teatro nella Svizzera Italiana. La generazione dei «fondatori» (1932–1987).* Bellinzona: Casagrande.

Menger, Pierre-Michel (2009): L'art analysé comme un travail. In: *Idées économiques et sociales,* 2009/4 N° 158, 23–29.

Menger, Pierre-Michel (2010): Les artistes en quantités. Ce que sociologues et économistes s'apprennent sur le travail et les professions artistiques. In: *Revue d'économie politique,* Vol. 120, 205–236.

Michaeli, Shahaf & Quadri, Demis (2022): La via del laboratorio teatrale. Il teatro come strumento per l'apprendimento delle abilità sociali. In: Provenzale, Veronica: *Il teatro nella società. Progetti di ricerca applicata in campo sociale.* Verscio: Accademia Teatro Dimitri, 52–66.

Michalzik, Peter (2020): *100 anni miracolo teatrale svizzero.* Berlin: Theater der Zeit.

Mocchi, Martino / Rocca, Lorena / Quadri, Demis / Sillano, Carlotta (2021): *Teatro di suoni. Spazi acustici teatrali e territoriali = Geography Notebooks / Quaderni di Geografia / Cahiers de Géographie / Cuadernos de Geografía* 4/1.

Nivolo, Enrico (2016): *Antropologia dei clown. Percorsi rizomatici tra liminalità e anti-struttura.* Udine: Mimesis.

OECD (Organisation for Economic Co-operation and Development) (2020): *Addressing societal challenges using transdisciplinary research.* Report.

Pandolfini, Lianca / Valdinocci, Andrea (2022): «Dalla mia Riva». Teatro comunitario e integrazione. In: Provenzale, Veronica: *Il teatro nella società. Progetti di ricerca applicata in campo sociale.* Verscio: Accademia Teatro Dimitri, 20–25; https://www.accademiadimitri.ch/progetti-di-ricerca/dalla-mia-riva [27.03.2024].

Provenzale, Veronica (2022): *Il teatro nella società. Progetti di ricerca applicata in campo sociale.* Verscio: Accademia Teatro Dimitri.

Provenzale, Veronica / Bianco, Daniele (2022): Il teatro come strumento di partecipazione socioculturale nella terza e quarta età. In: Provenzale, Veronica: *Il teatro nella società. Progetti di ricerca applicata in campo sociale.* Verscio: Accademia Teatro Dimitri, 68–83.

Provenzale, Veronica / Quadri, Demis (2021): *Il ritmo*. Verscio: Accademia Teatro Dimitri.

Provenzale, Veronica / Quadri, Demis (2023): *Clown ed entrate clownesche*. Verscio: Accademia Teatro Dimitri.

Quadri, Demis (2016): *Commedia dell'Arte. Vecchie tradizioni – nuovi orizzonti?*. Locarno: Armando Dadò editore.

Quadri, Demis (2018a): Uno sguardo sulla vita del teatro in Ticino. In: A. Härter / B. Hochholdinger-Reiterer / A. Fournier: *Schweizer Theaterwelten. Schweizer Theater-Jahrbuch – Sonderband 2017*. Bern: Peter Lang, 159–166.

Quadri, Demis (2018b): Raccontare le migrazioni. Un laboratorio per promuovere le competenze interculturali. In: *Scuola Ticinese* 3, 67–70.

Quadri, Demis (2020): Le théâtre du corps. Pour une définition du terme physical theatre. In: Groneberg, Michael: *Philosophies du jeu théâtral*. Lausanne: Études de lettres 313, 249–266.

Quadri, Demis (2021): Per un teatro di suoni. Riflessioni su possibili dimensioni sonore nelle creazioni *site-specific* di *physical theatre*. In: *Geography Notebooks* 4/1, 23–31.

Quadri, Demis (2022): Teatro – Physical Theatre. Teoria e applicazioni pratiche. In: Provenzale, Veronica: *Il teatro nella società. Progetti di ricerca applicata in campo sociale*. Verscio: Accademia Teatro Dimitri, 20–25.

Ramadan, Magda / Wulf, Hans-Henning (2022): Insegnare e imparare nel corpo e nella voce. In: *Scuola Ticinese* 342, 42–46.

Sapiro, Gisèle (2007): Les vocations artistiques, entre don et don de soi. In: *Actes de la recherche en sciences sociales*, n°168, juin, 5–11.

Schmidt, Yvonne / Marinucci, Sarah / Bocchini, Sara / Quadri, Demis (2018): Dis-Ability on Stage – Exploring the Physical in Dance and Performer Training. In: *Synnyt/Origins: Finnish Studies in Art Education* 2, 74–87.

Schmidt, Yvonne / Quadri, Demis (2020): Performing Agency. Exploring Puppetry from a Disability Perspective. In: *Uneins – Désuni – At odds Identitätsentwürfe im Figurentheater. ITW: im dialog – Forschungen zum Gegenwartstheater: Vol. 5*. Berlin: Alexander Verlag, 195–205.

Schunk, Javier (2018): *Il ciclo del progetto*. Dispensa didattica.

SNF (Schweizerische Nationalfonds, 2006): DO REsearch (DORE). Förderungsinstrument für praxisorientierte Forschung an Fachhochschulen und Pädagogischen Hochschulen. Tätigkeitsbericht 2004–2006.

Steinberger, Emil et al. (1988): *Scuola e Teatro Dimitri*. Bern: Benteli.

Stoll Knecht, Anna (2021): Music and Clowning in Europe, 20th-21st centuries. In: *Geography Notebooks* 4/1, 151–162.

Weihe, Richard (2016): *Über den Clown. Künstlerische und theoretische Perspektiven*. Bielefeld: Transcript.

Wulf, Hans-Henning (2015): *La scuola delle possibilità. Incontro tra teatro e scuola*. Verscio: Accademia Teatro Dimitri.

B.

Theaterstudien zwischen Disziplin und Transdisziplinarität

Les études théâtrales entre discipline et transdisciplinarité

Gli studi teatrali tra disciplina e transdisciplinarità

Andreas Kotte

I.

Typologie der deutschsprachigen Theaterwissenschaft

Typologie des études théâtrales en langue allemande

Tipologia degli studi teatrali in lingua tedesca

239

ZUSAMMENFASSUNG

Theaterwissenschaft ist zeitbedingten Veränderungen unterworfen, weil sich ihr Gegenstandsbereich ausweitet. Vor allem erzwingt die Praxis variierte Perspektiven der Forschenden, die neue Methoden, Systeme, Modelle und Begriffe entfalten. Ersetzen solche Neuausrichtungen die bisherigen Perspektiven oder ergänzen sie sie? Der Beitrag plädiert für «ergänzen» und versammelt einige Hauptperspektiven und Bestimmungen des Gegenstandes der Theaterwissenschaft im deutschsprachigen Raum insbesondere nach 1970, die nach dieser Argumentation heute parallel existent gedacht werden sollten. Sie behalten damit ihre je spezifische Berechtigung für die Anwendung zu unterschiedlichen Zwecken. Sie können in einem so kurzen Beitrag nur typologisch benannt werden.

RÉSUMÉ

Les études théâtrales sont soumises à des changements liés à leur époque, car leur domaine d'objet s'élargit. La pratique impose surtout des perspectives variées aux chercheurs, qui déploient de nouvelles méthodes, systèmes, modèles et concepts. Ces nouvelles orientations remplacent-elles les perspectives actuelles ou les complètent-elles ? La contribution plaide pour la thèse du « compléter » et rassemble quelques perspectives et déterminations principales de l'objet des études théâtrales, en particulier après 1970 qui, selon cette argumentation, devraient être pensées aujourd'hui en parallèle. Elles conservent chacune leur justification spécifique pour une application à des fins différentes. Dans une contribution aussi courte, elles ne peuvent être nommées que de manière typologique.

RIASSUNTO

Gli studi teatrali sono soggetti a cambiamenti legati al tempo perché la loro materia è in espansione. In particolare, la pratica impone ai ricercatori prospettive diverse, che sviluppano nuovi metodi, sistemi, modelli e concetti. Tali nuovi orientamenti sostituiscono le prospettive precedenti o le integrano? Questo articolo sostiene la tesi dell' «integrazione» e raccoglie alcune delle principali prospettive e posizioni sul tema degli studi teatrali, soprattutto dopo il 1970, che, secondo questa linea di argomentazione, dovrebbero essere considerate oggi come parallele. Ognuna di esse conserva la propria giustificazione specifica per l'applicazione a scopi diversi. In un contributo così breve possono essere nominate solo tipologicamente.

Michel Foucault verstand unter *Epistemen* netzwerkartige Wissens-strukturen eines jeweiligen Zeitraumes, die a priori existieren, nicht abschaffbar sind und das Wissen des Zeitraumes erst begründen.[1] Deshalb wandelt sich eine Wissenschaft durch jene, die zu einer späteren Generation gehören. Sie wurden durch andere Diskurse geprägt und reformulieren daher den Gegenstand der Wissenschaft. Entdeckungen oder neue Medien haben deren Existenzbedingungen verändert und die jüngeren Forschenden reagieren darauf. Dies wäre in einer Geschichte der Theaterwissenschaft nachzuverfolgen.[2] Als Handreichung hierfür könnte eine Typologie vorfindlicher Gegen-standsbestimmungen dienen, die zur Orientierung im Fach beiträgt.

Die A-priori-Wissensstände, wie etwa um 1900 die Vorstellung, Theater sei aufgeführtes Drama, wirken oft als axiomatisch und hermetisch zeitversetzt nach. Dieser resistente Charakter stärkt den Drang, aufzuräumen und zwischen einem jeweiligen Zentrum und der Peripherie zu unterscheiden. Was hiess jeweils *Mainstream* und wo wichen Forschende oder Theaterleute mit Minderheitsvoten da-von ab? Wenn also um 1900 die Position vom Theater als aufgeführ-tem Drama grundsätzlich den Diskurs bestimmte, so attackierte z. B. der Theaterleiter Georg Fuchs einen solchen mit seiner Forderung «Rethéâtraliser le théâtre»![3] Er forderte Eigenständigkeit der Thea-terkunst und den Vorrang des Gemeinschaftserlebnisses gegenüber dem Drama, die sich erst ganz allmählich verbreiteten. Dem folgend kann Typologisieren nie heissen, etwas festzuschreiben, sondern es begreift Peripherie und Zentrum stets als Pole eines Kontinuums. Die im Beitrag verwendete Variante von Chronologie kapriziert sich nicht auf das erstmalige Aufscheinen einer Perspektive in der Theaterwis-senschaft, sondern auf die Zeit, da sie ins Zentrum zu rücken scheint.

Die Wissenschaft vom Theater ...

... etabliert sich universitär mit Vorlesungen, Professuren und schliess-lich einem eigenen Institut als Wissenschaft jenseits des Dramas. Sie ist eine «alte Disziplin», insofern jegliche Form von historisierendem, theoretisierendem oder analysierendem Denken in Bezug auf szeni-sche Vorgänge und theatrale Praktiken als Theaterwissenschaft ver-standen werden kann. Aristoteles' *Poetik* oder Lukians *De saltatione*

---

1 M. Foucault 1974, 124.
2 Basierend auf S. Hulfeld 2007.
3 G. Fuchs 1909, XII.

und Tertullians *De spectaculis* lassen sich als theaterwissenschaftliche Schriften verstehen. Seit der Renaissance schrieben Reisende, Gelehrte und Comœdianten immer häufiger über Theater, bis schliesslich im 18. und 19. Jahrhundert als Begleiterscheinung zur bürgerlichen Theaterbegeisterung eine wahre Flut von Schriften über Theater erschien.[4] Innerhalb des philosophischen, philologischen und historischen Fachkanons entstanden vor 1900 zahlreiche Teildisziplinen. Aus der Altphilologie lösten sich die Romanistik und die Germanistik heraus, aus der Philosophie die Psychologie und auch die Soziologie. Volkskunde und Musikwissenschaft etablierten und verselbständigten sich ebenfalls als universitäre Fächer. Die Abspaltung der Theaterwissenschaft von einer noch jungen Germanistik folgte damit einer allgemeinen Tendenz. An den Universitäten war Theaterwissenschaft daher eine «junge Disziplin», die sich wie jede andere der «jungen Disziplinen» deshalb herausbildete, weil ihr Gegenstand in die Krise geraten war und gesellschaftlich problematisiert wurde. Zwar hatte man Theater schon in der Antike angefeindet und verteidigt, jedoch stets, ohne sein *hic et nunc* anzutasten. Die Fotografie, die Schallplatte und der Film jedoch katapultierten es nun in das Zeitalter der technischen Reproduzierbarkeit. Man sah sehr wohl, dass Theater weiterhin in den mannigfaltigsten Formen fortexistierte – aber würde es als ein Relikt aus der Zeit der Handarbeit auch langfristig überleben? Noch nie war die Einmaligkeit und Unwiederholbarkeit, die Ereignishaftigkeit von Geschehen so tiefgreifend hinterfragt worden. Die junge Wissenschaft hielt dagegen, zerschlug den Verdacht, dass es sich bei Theater vielleicht nur um eine unselbständige, aus anderen Künsten zusammengesetzte Kunst handeln könnte (Kant) oder um die Darbietungsform des Dramas, sobald Darstellende «nur das geistig und leiblich lebendige Organ des Dichters» sind (Hegel).[5]

Max Herrmann verortete die *Wissenschaft vom Theater* am 27. Juni 1920 als eine «geschichtliche und praktische Disziplin» mit einem breiten Interessengebiet. Denn «dramatische Dichtungen aufzuführen» könne ja nur eine Aufgabe sein, es gäbe daneben «Theater ohne Drama», Theater als «soziales Spiel».[6] Obwohl nur Stenogrammnotizen vorliegen, wird die Zielrichtung deutlich: Historisches Theater ist für das gegenwärtige Theater zu erforschen. Damit liessen sich die Grenzen sprengen, die theaterwissenschaftlichen Forschungen

---

4 S. Hulfeld 2007, 18–43.
5 I. Kant 1924, § 51 und 52, 197–205. G.W.F. Hegel 1976, *Ästhetik* III.3.3.C.III.2. Die äußere Exekution des dramatischen Kunstwerks, 543.
6 M. Herrmann 1981, 17–19. Herrmann sprach auf Einladung der Gesellschaft der Freunde und Förderer des theaterwissenschaftlichen Instituts an der Universität Berlin.

innerhalb anderer Disziplinen auferlegt waren. Nicht mehr nur sammeln, sondern gestalten! Herrmann definierte den Gegenstand nicht detailliert, er sprach über Theater. Aber er nannte die künftigen Arbeitsbereiche: Theatergeschichte, Theatersoziologie, Theaterrecht, Publikumsforschung, Theaterkritik, Baukunst, technische Fragen des Theaterbaus, Raumverhältnisse, Regie, Dramaturgie, Theaterorganisation, Musikwissenschaft, Nationalökonomie und Kunstwissenschaft.[7] Das schien ein bunter Strauss zu sein, war aber der Kern eines umfassenden Programms, das nur selbstbestimmt und teilweise erst ab den 1970er Jahren realisiert werden konnte. – Die mediale Entfaltung um 1900, besonders aber die Konkurrenz zum Film, legten eine systematische Untersuchung modernen Theaters in historischer Perspektive nahe. Die Profilierung der einzelnen Lehrstühle und Forschenden war zunächst allerdings mit Hypothesen zum Ursprung des Gegenstandes Theater verbunden. Neben Herrmanns «Soziales Spiel» traten beispielsweise «der Mimus» (Artur Kutscher), «der Totenkult» (Carl Niessen) oder gar «germanische Kultspiele» (Robert Stumpfl).[8]

Die Wissenschaft von der Aufführung – 1970

Die Aufführung als mögliches Zentrum irrlichterte von Anfang an durch die akademische Theaterwissenschaft. Aber erst die jüngere Generation, die ab Ende der 1960er Jahre endlich auf Professuren der Kriegsgeneration nachrücken konnte, nutzte sie, um sich von der Fixierung auf Ursprungsdebatten zu distanzieren. Lieber kooperierte man mit Sozialwissenschaften wie der Soziologie oder Psychologie, um den Gegenstand Theater theoretisch klarer zu fassen.[9] Ein Grund dafür war, dass die Theaterpraxis sich spürbar wandelte, seit die Avantgarden der Jahrhundertwende wieder im kulturellen Gedächtnis aufgetaucht waren, flankiert von exzentrischer Performance Kunst der Wiener Aktionisten oder von Fluxus. Zu solchen äusseren Veränderungen der Existenzbedingungen kam wiederum eine epistemische der medialen Entfaltung hinzu. Der Gegenstand Theater wurde nicht mehr nur durch Filme hinterfragt, die zu sehen man sich in ein Kino begab, sondern ein Grossteil des öffentlichen Diskurses galt nun dem Fernsehen, das flächendeckend in die Wohnungen der Familien eingedrungen war. Würde man in absehbarer Zeit bloss noch auf die

---

7 M. Herrmann 1981, 19–22.
8 A. Kotte 2005, 223–229.
9 D. Steinbeck 1970, 200–240.

Geräte schauen wie das Kaninchen auf die Schlange? Oder bliebe noch etwas übrig vom gesellschaftlichen Leben? Nur eine Wissenschaft von der Aufführung schien in der Lage, deren besondere Werte zu betonen.

1970 unterschied Dietrich Steinbeck in seiner *Einleitung in die Theorie und Systematik der Theaterwissenschaft* zwischen historischer und systematischer Theaterwissenschaft. Theater fasste er als «ganzheitliches Kunst- und Sozialphänomen» auf, nicht als «Sache», sondern als einen «Vorgang». Die «Wirkungsform von Theater» sei «in der Aufführung fundiert». Diese sei eine «nicht wiederholbare» und die Theaterforschung habe sie «als ihren eigentlichen Gegenstand zu begreifen». Steinbeck definierte das Theaterkunstwerk als einen Gegenstand, «der primär durch das Schema der Inszenierung und deren Konkretisationen und ausserdem durch die Struktur der Intentionsakte eines Publikums bestimmt ist». Es sei «nur im Geschaffenwerden erfahrbar».[10] Über den Begriff Kunstwerk stellte Steinbeck den damals obligaten Anschluss zur Ästhetik her.[11] Er unterschied rückwärts drei Typen von Theaterwissenschaft: A behandelt Theater als autonomen Kunstgegenstand. B versteht es als «heteronome Wirkungsweise autonomer Kunstformen», also als sog. Hilfskunst für z.B. Literatur und Musik. Und C sieht in ihm ein «Mittel gesellschaftlicher Selbstdarstellung».[12] Nach reichlich fünfzig Jahren sind A und B verdrängt worden, C wurde differenziert und der überkommene Typenkanon liesse sich heute erheblich erweitern. Gerade der Verzicht auf Typologisierung über einen so langen Zeitraum lädt zu einer Überprüfung dieser Methode in veränderter Form ein.

Aufführung bezeichnet eine Situation, in welcher Interaktionen von Agierenden und Schauenden, die sich zur gleichen Zeit am gleichen Ort befinden, zum Ereignis werden. Dem Typus *Wissenschaft von der Aufführung* werden Theater, Musik und Tanz zugeordnet, ganz gleich, wie weit die jeweiligen Zuschauenden Theater fassen und welche Theaterformen sie bevorzugen. Wichtige Komponenten von Aufführung wie Rolle und Interaktion rückten in den 1970ern stärker die Produktionsseite in den Mittelpunkt, das Schauereignis in den 1980ern die Seite der Wahrnehmung. Beide Seiten sind nicht zu trennen, weil Schauspielenden und Publikum die gleiche Relevanz zukommt, wohl aber sind sie oft zum Zwecke der Untersuchung einzeln akzentuiert worden.

---

10 D. Steinbeck 1970, VII, 1, 148, 150.

11 Die Frage nach Kunstwerk oder Prozess Theater wurde in den Folgejahren zunehmend konsensuell zugunsten Prozess entschieden. «So wird Theater bestimmt als Prozess und nicht als fertiges Resultat, als Tätigkeit des Hervorbringens und Handelns statt als Produkt, als wirkende Kraft (*energeia*), nicht als Werk (*ergon*).» H.-Th. Lehmann 1999, 179. Erhalten blieb der Ausdruck Kunstwerk teilweise bezüglich der Inszenierung.

12 D. Steinbeck 1970, 44.

Die Wissenschaft von der Rolle – die 1970er Jahre

Mit Interaktions- und Rollentheorien wollte man den Prozess des Theaterspielens selbst erforschen. Betont wurde zwar, wie wichtig die Tätigkeit des Publikums ist, man fokussierte sich jedoch zumeist auf das Handeln der Agierenden, die den Schauenden etwas anboten. Rollen wurden spätestens im antiken griechischen Theater vergeben, als dem Schauspieler der Text für die Rede seiner Figur auf einem gerollten Papierstück überreicht wurde, sein Part, eventuell mit den Anschlussworten der anderen Figuren. In Shakespeares Sommernachtstraum verteilt Peter Squenz die Rollen. Von der physisch greifbaren Papyrus-Papier-Rolle ging der Begriff früh auf die Rollenfigur im Theater sowie auf die Sozialrollen im Leben über. In den 1960er Jahren wurden soziologische Rollentheorien intensiv diskutiert, eine Zusammenfassung dessen bot die Theatersoziologie von Uri Rapp. Er benutzte die Formel Eric Bentleys, des mit Bertolt Brecht eng befreundeten Übersetzers seiner Werke ins Englische, mit der die deutschsprachige Theaterwissenschaft nach 1964 ausgiebig experimentierte: «The theatrical situation, reduced to a minimum, is that A impersonates B while C looks on». Dieses Dreierschema setzte mit Verkörperung eine fiktive Ebene von Geschehen im Theater voraus. «Impersonation is only half of this little scheme. The other half is watching – or, from the viewpoint of A, being watched.»[13] Rapp formulierte nach Bentley «A handelt als ob er ein Anderer als er selbst wäre, und der Erfolg seiner Darstellung besteht darin, dass C identifiziert, wer B ist, d.h. ihn *wiedererkennt*», und er bestimmte die Rolle

> «als ein Bündel von Erwartungen, als ein Aggregat von Normen und Regeln, [es] ist diskursiv definierbar und formulierbar – auch im Theater, durch Text und Regiebuch. Rolle als Modell und Figur, in der Vorstellung (imagination) oder der Vorführung (performance), ist nur präsentativ, analogisch, erfassbar und miterlebbar. Die Darstellungskomponente des Rollenspiels, in Alltag wie Theater, *ist* diese Präsentation. Im Theater ist sie jedoch aus den ‚pragmatischen' Verknüpfungen herausgelöst und in ihrer Eigengesetzlichkeit gestaltet.»[14]

Die Aufführung war für Rapp so zentral wie für Steinbeck: Das Theater sei «der Gesamtzusammenhang der Aufführungen – erfolgter

---

13 E. Bentley 1964, 149–150.
14 U. Rapp 1973, 17–18, 85–86.

und möglicher, angeschauter und vorgestellter». Die einmaligen Ereignisse, die Theateraufführungen, seien Enklaven «innerhalb der
Alltagswelt», sie repräsentierten «den Sinnbereich mit den Mitteln
und im Rahmen der Alltagswelt». Soziales und theatrales Handeln
galten damit grundsätzlich als analog (Theatermetapher), weil Rolle
für Rapp «ein Aspekt des gesamten Individuums» war.[15] Gerade wegen der Nähe von Theater- und Sozialrolle war Rolle zwar ein geeig-
netes Beschreibungsraster für Theater, erbrachte aber nur geringen
theatertheoretischen Erkenntniswert. Bedeutsam wurde Rapps aus
der Dramaturgiepraxis entlehnter Ansatz, noch hinter die Aufführung
zurückzugehen und die Situation als «die kleinste und kompaktes-
te verstehbare Einheit menschlicher Handlungszusammenhänge»
zu definieren. Sie «ist nicht das Theater», aber «das Theater ist ein
Sinnbereich, ein Symbolzusammenhang, der aus vielen solchen Situationen besteht».[16]

Den Symbolzusammenhang hatte kurz zuvor auch ein anderer
Vertreter der modernen Handlungstheorien erwähnt, Arno Paul, der
«eine Lehre vom Schauen und Spielen» entwickeln und hierfür ebenfalls vor der Aufführung ansetzen wollte, bei deren Voraussetzungen
im Handeln.[17] Sein als Beitrag zu einer systematischen Theaterwissenschaft gedachter Aufsatz von 1971 mündete dabei in einen weiten Theaterbegriff: «Theater ist nur und nur das ist Theater, wenn in
einer symbolischen Interaktion ein rollenausdrückendes von einem
rollenunterstützenden Verhalten beantwortet wird, das auf der gemeinsamen Verabredung des ‹als-ob› beruht».[18] Es wurde die gleiche
Relevanz von A und C bestätigt, aber das Als-ob schloss Formen des
Theaters der realen Aktion aus wie etwa *Paradise Now* des Living
Theater 1968 in Avignon, die man heute als immersiv bezeichnen
würde. Ausserdem fasste die Rollenbezogenheit Performance Kunst
nicht, weil diese die Aktion gegenüber der Repräsentation betonte.
Grundsätzlich sah Paul im Theater ein Kommunikationsmedium,
betonte aber die Unterschiede zur Massenkommunikation und zu
Massenmedien.

---

15 U. Rapp 1973, 49, 95.
16 U. Rapp 1973, 18–19.
17 A. Paul 1981, 218, 223.
18 A. Paul 1981, 232.

Die Wissenschaft vom Schauereignis –
die 1980er Jahre

Nicht nur Darstellung, sondern auch das Verb darstellen konnte ins Zentrum rücken. Es kam ohne den Anschluss an die Ästhetik aus, ohne Schein und Sein, ohne Fiktion – sobald es zu einem Schauereignis führte. Bei Jan Berg verband es 1985 als szenisches Darstellen Theateraufführung, Kino- und Fernsehfilm im «spektatorischen Ereignis», im Ereignis für Zuschauende. «Von der Peripherie aus, über die Frage nach Ähnlichkeit oder Unterschiedlichkeit verschiedener spektatorischer Ereignisse», sollte «am Ende nach der Besonderheit von Film und Theater gefragt werden».[19] «Am Ende» hiess, die Konkurrenz mit den Medien erst einmal zuzulassen, ohne einen undifferenzierten Medienbegriff zu übernehmen.

Als spektatorische Ereignisse (*spectator* (lat.): Zuschauer) werden im Folgenden alle Ereignisse gefasst, die über szenische (audiovisuelle oder nur visuelle) Darstellung zustande kommen, über szenische Vorstellung, Vorführung, Aufführung, Darbietung, Schau bzw. Show. Es geht also nicht nur um traditionell der Kunstsphäre zugeordnete ästhetische Phänomene wie Theater-, Oper-, Kinofilm-Vorführung, sondern auch um ‚niedere' Schaukünste, wie z. B. die des Zirkus, Varietés, Jahrmarkts oder des Sports, also z.B. Seiltanz, Feuerwerk, Clownerie, Preisboxen, Stierkampf, Schautanz, Striptease, Eiskunstlauf, Autorennen, Tennis- oder Fussballmatch; ausserdem um spektatorische Zeremonien und Manifestationen wie Karnevalszug, Staatsempfang, Prozession oder zeremonielle Hinrichtung; andere öffentliche Schauereignisse wie Schauprozess, Talk-Show, Modenschau oder das Verkaufsspektakel eines Strassenhändlers.[20]

Das und viel mehr hatte zum Theater vor der «Verbürgerlichung der Künste» gehört. «Szenische Darsteller» waren bei Berg nicht nur Menschen, «sondern auch Puppen, Tiere, Gegenstände, grafische, sich verändernde bzw. sich bewegende Formen und Figuren», auch «Arenastier und Torero». Darsteller umfasste «den Angeklagten und die Richter in einem Schauprozess, [...] die Stripperin, den Formel-1-Fahrer oder den Papst beim Ostersegen».[21] Die Breite von Bergs Horizont erreichten sonst nur Theatralitätskonzepte oder *Cultural Performance*-Konzepte.

---

19 J. Berg 1985, IV, 9.
20 J. Berg 1985, 9–10.
21 J. Berg 1985, 10–12.

Die Wissenschaft von den Darstellenden Künsten – die 1980er Jahre

Im Gegensatz zu den bisherigen Typen von Gegenstandsbestimmung fungiert Darstellende Kunst oder besser Darstellende Künste, *performing arts*, zuerst als eine theorieferne Grobeinteilung (Theater, Tanz, Musik und ihre Formen) und bliebe deshalb ausserhalb des Beitrags. Da aber in den 1980er Jahren aus dem Einteilungskriterium auch theoretische Schlüsse gezogen worden sind, an anglofonen wie an deutschsprachigen Universitäten, und das zugrundeliegende Muster in der *Wissenschaft vom Medium Theater* wiederkehrte, gebühren ihm einige Sätze. Darstellende Künste ist ein plausibler Begriff der Alltagssprache, der den Anschluss zur Ästhetik herstellt und als Ordnungsfaktor fungiert: Das *Institute for the Performing Arts and Film* (IPF) beschäftigt sich mit Film, Tanz und Theater am Departement Darstellende Künste und Film der Zürcher Hochschule der Künste. Das *Swiss Archive of the Performing Arts*, SAPA, ist das Schweizer Archiv der Darstellenden Künste. Die Universität Frankfurt beherbergt den Fachinformationsdienst Darstellende Kunst, der die deutschsprachige Theaterwissenschaft unterstützt. Der Begriff darstellende Künste betont den Live-Aspekt – in den 1980ern: leibliche Kopräsenz von Darstellenden und Schauenden – ohne dass der Einbezug von Video, Tonband, Film etc. ausgeschlossen wäre. Es war daher verführerisch, unter dem Aspekt, dass sowohl Filme, Theater, Hörspiele, Fernsehen und Tanz Darsteller und Darstellerinnen benötigten, eine Theorie entwerfen zu wollen, die diese Gemeinsamkeit ins Zentrum stellte. Das versuchte in den 1970er und 1980er Jahren Ernst Schumacher, Inhaber des Lehrstuhls Theorie der darstellenden Künste am Institut für Theaterwissenschaft der Humboldt-Universität zu Berlin. Er erreichte Teilergebnisse, aber letztlich nicht den durchschlagenden Erfolg.[22]

Die Wissenschaft vom Theaterzeichen – die 1980er Jahre

Gegen die nationale und teils nationalsozialistische Indienststellung der jungen Wissenschaft halfen den im oder nach dem Zweiten Weltkrieg geborenen Forscherinnen und Forschern nicht nur der

---

22 E. Schumacher 1981, 1986.

Perspektivwechsel hin zur Aufführung und zur Theorie, sondern ebenso die Berücksichtigung internationaler Forschungsergebnisse sowie die Zusammenarbeit in der 1957 in Venedig gegründeten *International Federation for Theatre Research*. Internationale Paradigmenwechsel, sogenannte *turns* mit zeitweiliger Neuausrichtung der Aufmerksamkeit (*linguistic turn, iconic turn, performative turn*), streiften die deutschsprachige Theaterwissenschaft oder wurden – wie im letzten Fall – von ihr mitgestaltet. Im Wissenschaftsbetrieb bündelten *Turns* interdisziplinäre Kapazitäten, weil ein ganzer Schwarm von Forschenden die Richtung änderte. Was geriet also in den 1980ern in den Mainstream und was schwamm nahe dem Flussufer mit?

Filme von Aufführungen herzustellen oder Inszenierungen filmgemäss umzuwandeln – z.B. der Theaterfilm *Sommergäste* von Peter Stein 1976 –, war immer mit grossem finanziellem und technischem Aufwand verbunden gewesen. Der Durchbruch der Videotechnik in den 1970er Jahren machte die Aufzeichnung jeder gewünschten Theaterinszenierung möglich. Grosse Mediatheken entstanden an mehreren theaterwissenschaftlichen Instituten und revolutionierten die Aufführungsanalyse durch die unbegrenzte Verfügbarkeit jeder einzelnen Szene. Das förderte die Ausdehnung der allgemeinen Zeichenlehre, die ursprünglich bei Ferdinand de Saussure der Erforschung der Sprache gedient hatte, auf Theater. Immer mehr visuelle und akustische Zeichenkomplexe wurden darstellerbezogen und raumbezogen analysiert, bei Bernhard Wuttke einhundertfünfundzwanzig.[23] Die Theatersemiotik verabschiedete sich von der Psychologie der Akteure und konzentrierte sich auf das Dargebotene als Zeichensystem. 1983 fasste Erika Fischer-Lichte bisherige Konzepte systematisch zusammen und verankerte damit die Theatersemiotik nachhaltig im theaterwissenschaftlichen Methodenarsenal. Bezüglich Theater bei Bentley startend, fasste sie die Wechselbeziehung zwischen Akteuren und Publikum als einen Prozess des Austauschs von Zeichen, allgemein als eine Kommunikationssituation zwischen einem Sender und einem Empfänger, wo die einen codieren und die anderen decodieren. Spezifisch für Theater sei aber, dass die dort verwendeten Zeichen auf andere verwiesen, es seien Zeichen von Zeichen:

> «[E]in menschlicher Körper kann von einem beliebigen anderen menschlichen Körper oder auch von einem Objekt ersetzt werden, ein

---

23 B. Wuttke 1974, 244–247.

Objekt von jedem beliebigen anderen Objekt oder von einem menschlichen Körper, da sie als theatralische Zeichen sich alle gegenseitig zu bedeuten vermögen.»[24]

Eine Austauschbarkeit von Menschen und Objekten wurde als spezifisch für Theater angenommen und für die Gesellschaft allgemein abgelehnt – während zur gleichen Zeit die Postmoderne-Debatte die Austauschbarkeit von Menschen und Objekten verabsolutierte.[25] Auch wenn deshalb die Trennschärfe zum alltäglichen Leben nicht alle Forschenden überzeugte und es mit der doppelten Zeichenstruktur letztlich bei der Rolle und beim «Als-ob» blieb, ist die Theatersemiotik für viele Bereiche von Theater wie Licht, Klang, Raum, Dekoration, Kostüm, Maske usw. dauerhaft zur wesentlichen Analysemethode geworden. Parallel entfalteten sich Theatralitätskonzepte, die Theater integrierten, aber wie die *Wissenschaft vom Schauereignis* die Gleichwertigkeit anderer Kulturphänomene bekräftigten.

Die Wissenschaft von der Theatralität – die 1980er Jahre

Der Begriff Theatralität, *teatral'nost* bei Nikolai Evreinov ab 1908, *théâtralité* bei Roland Barthes 1954 oder *theatricality* bei Elizabeth Burns 1972 wurde in den 1980er Jahren in zahlreichen Theorien als weiter Theaterbegriff im Sinne von theatergemäss, theaterhaft oder theaterähnlich verwendet. Barthes hatte *théâtralité* noch als Einschränkung verstanden: «Qu'est-ce que la théâtralité ? C'est le théâtre moins le texte».[26] Die Lyotardsche Formel «Verstecken-Zeigen, das ist Theatralität» erweiterte ein herkömmliches Theaterverständnis um dessen Affinität zum Alltag.[27] Insbesondere die *Cultural Studies* brachten zahlreiche Lesarten hervor, in denen Verhalten in Tänzen, Ritualen, Zeremonien und Festen bis hin zum Alltag die Qualität, theatral zu sein, annahm, was z. B. Joachim Fiebach in seinen Afrika-Forschungen im Anschluss an Brechts *Strassenszene* vorführte.[28] Die Zahl ähnlicher Konzepte wuchs weiter an in den 1990er Jahren, in denen Erika Fischer-Lichte ein Schwerpunktprogramm unter dem Titel *Theatralität – Theater als kulturelles Modell in den Kulturwis-*

---

24 E. Fischer-Lichte 1983, 195.
25 G. Debord 1978, 7–8.
26 R. Barthes 1964, 41–42.
27 F. Lyotard 1982, 11.
28 J. Fiebach 1986, 147–149.

senschaften leitete. Immer ging es darum, spezifisches Verhalten als mehr oder weniger theatral zu erklären.

Rudolf Münz bestimmte 1989 Theatralität anders, nämlich als ein *Verhältnis*, als Relation zwischen vier Haltungen, die in einer Gesellschaft zu Theater eingenommen werden konnten.[29] Sie wurden später von Stefan Hulfeld als Lebenstheater, Kunsttheater, Theaterspiel und Nicht-Theater bezeichnet.[30] Münz fragte nach dem Kontinuum vom ausserkünstlerischen Bereich (Lebenstheater), mit auffälligen Selbstdarstellungen im Alltag, Fürsteneinzügen, öffentlichen Hinrichtungen, liturgischen Handlungen, Ein- und Umzügen, bestimmten Festen und Feiern, das sich bis hin zum Theater im engen Sinne (Kunsttheater) entfaltet. Gegenströmungen (Theaterspiel) können den Kunstbetrieb oder das Lebenstheater blossstellen. In diesem Sinne konterkarierten Auftritte der Fahrenden Leute das mittelalterliche geistliche Spiel oder das *teatro dell'arte* bestimmte Formen des Theaters der Renaissance-Humanisten. Die drei Positionen stehen in einem Wechselverhältnis mit einer vierten, der des Nichttheaters. Diese umschreibt eine «generelle Ablehnung jeglicher ‹Theaterei› (als Kunst ebenso wie im Alltag) und Lobpreisung der Zeiten von Nicht-Theater mit dem Ideal der Identitäts-Realisierung».[31] Hierzu gehören auch einzelne Theaterreformen und die Theaterverbote. Der Widerspruchsprozess zwischen den vier Haltungen ist mit ‹alle gegen alle› zu charakterisieren. So entsteht theaterhistorisch ein weitgreifendes Fragengeflecht, mittels dessen in zeitlicher und örtlicher Begrenzung die Theatralität einer Epoche, einer Region oder eines Ortes ermittelt werden kann.[32] Das im Ergebnis vorliegende Theatralitätsgefüge spiegelt je nach Sichtweise eine *Episteme* im Sinne Foucaults oder ein Gesellschaft konstituierendes Verhältnis, das über deren Zustand Auskunft gibt. Was auf den ersten Blick abstrakt erscheint, erhellt Theatergeschichte als konkreten Prozess. – Theatralitätskonzepte dehnen den Gegenstandsbereich der Theaterwissenschaft aus und befördern die interdisziplinäre Zusammenarbeit mit anderen Geistes- und Sozialwissenschaften. In den 1990er Jahren wirkten Zeichen- und Theatralitätstheorien stärker nach als Theorien der Darstellenden Künste oder des Schauereignisses.

---

29 R. Münz 1998, 66–103.
30 S. Hulfeld 2000, 400.
31 R. Münz 1998, 70.
32 Nachzuvollziehen im UTB-Band *Theatergeschichte*, A. Kotte 2013.

Die Wissenschaft vom Medium Theater – die 1990er Jahre

Zwei Faktoren begünstigten eine solche Gegenstandsbestimmung: die Strukturen der Universitätsinstitute und die exzessive Medienverwendung im postdramatischen Theater. Beides zusammen bewirkte, dass sich die Fachsprache von der Umgangssprache, die eher von Theater *und* Medien spricht, abhob. Die Studierendenzahlen im deutschsprachigen Raum wuchsen ab den 1970er Jahren auf zeitweise 9'000 Studierende an vierzehn theaterwissenschaftlichen Instituten.[33] Die engste Anbindung an die künstlerische Praxis erlebten Studierende am *Institut für Angewandte Theaterwissenschaft* in Gießen. Die übrigen Institute hiessen entweder *Institut für Theaterwissenschaft* (z.B. Berlin, Bern, Bochum, Leipzig, München) oder sie nahmen zusätzlich zu Theater Begriffe wie Medien, Film oder Kultur in ihre Selbstbezeichnung auf (z.B. Hildesheim, Erlangen-Nürnberg, Frankfurt a.M., Köln, Mainz und Wien), was ein breites Studienangebot und höhere Studierendenzahlen nach sich zog. Als Idee hinter der ersten Gruppe von Instituten stand die Untersuchung von Theater, die audiovisuelle Medien nicht ausschloss, hinter der zweiten Gruppe die gemeinsam vollzogene Untersuchung beider Gegenstände an einem Institut. Beides wirkte profilbildend und Umbenennungen in beide Richtungen erfolgten. Die neue Theaterform, der postdramatische Hype, der der Forschung damals als die Zukunft des Theaters erschien,[34] erreichte nach dem Millennium seinen Höhepunkt, u.a. mit den medial durchdrungenen Inszenierungen von Frank Castorf und Christoph Schlingensief. Postdramatisches Theater ohne Handkameras, Mikroports und Leinwände schien unmöglich. Wissenschaftlich versuchte man, das Switchen zwischen Theater und audiovisuellen Medien mit den Begriffen «Intermedialität» und «Medienwechsel» zu bannen, die auch Theater zu einem Medium machten. Christopher Balme bezeichnete Theater als «eines der ältesten Medien» und Theaterwissenschaft definierbar «als Teil einer hermeneutisch orientierten Medienwissenschaft».[35] Die Gesellschaft für Theaterwissenschaft richtete 2006 ihren Kongress *Theater und Medien* in Erlangen aus. Von den 51 Teilnehmenden aus der Theater- und Medienwissenschaft, deren Vorträge nach dem Kongress veröffentlicht wurden, neigten 5 zur Ansicht, Theater sei kein Me-

---

33 R. Möhrmann 1990, 8.
34 H.-Th. Lehmann 1999, 17.
35 Ch. Balme 1999, 147, 154.

dium, 14 verstanden Theater ausdrücklich als ein Medium und 32 untersuchten spezielle Gegenstände, ohne eine Entscheidung als notwendig zu erachten. In der abschliessenden Podiumsdiskussion mit je 3 Theater- und Medienwissenschaftlern votierten 5 von 6 Teilnehmenden für Theater als ein Medium.[36] Diese Ansicht prägte die Tagung. Wer Medien mit Marshall McLuhan als «Ausweitungen des Menschen» verstand,[37] musste Theater ein Medium nennen. Wenn Gedächtnis, Sprache, Schrift und Körper als Medien angesehen wurden, warum sollte auf solcher Abstraktionsstufe nicht Theater ein Medium sein? Agierende und Wahrnehmende brauchte es im Theater wie in den AV-Medien Film, Fernsehen und Hörfunk (Darstellende Künste), ebenso eine dramaturgische Grundanlage, Skripts und Fiktives. Selbst beim Internet oder Videospiel bot sich Interaktion als eine Affinität an. Theaterwissenschaft war also nachweisbar als *Wissenschaft vom Medium Theater* sinnvoll betreibbar, weil es sowohl Vermittler, Mittel, Vermitteltes oder Kanal sein konnte. Aber kann es in seinen Eigenschaften auch darüber hinausweisen? Ist es nicht mehr als nur ein Medium?

Die Wissenschaft vom Performativen – die 2000er Jahre

Die Globalisierung der Theaterwissenschaft hatte nach dem Zweiten Weltkrieg zu einer erheblichen Methodenvielfalt geführt. *Études théâtrales* oder die angloamerikanischen *Drama Studies* und *Theatre Studies* wurden weltweit rezipiert, bevorzugten das institutionalisierte Theater als Gegenstand und damit einen engeren text- und rollenzentrierten Theaterbegriff. Ein Pendant zu dieser Ausrichtung bildeten ausserordentlich weit gefasste, teilweise ethnologisch fundierte *Cultural Studies* sowie *Performance Studies*, die Politik, Medizin, Sport, Religion und das alltägliche Leben einbezogen. Wie könnte die Tradition deutschsprachiger Forschung für diesen internationalen Wissenschaftsprozess, der das Zeug zu einem *turn* hatte, fruchtbar gemacht werden? Parallel zum Siegeszug der Neuen Medien und zur intermedialen Konzeptbildung entwarf Erika Fischer-Lichte, ausgehend von der Sprechakttheorie John Langshaw Austins, eine *Ästhetik des Performativen* für die Theaterwissenschaft und die Kul-

---

36 H. Schoenmakers 2008, 545–560.
37 M. McLuhan 2003.

tur- und Kunstwissenschaften.[38] «Der Begriff des Performativen bezeichnet die Eigenschaft kultureller Handlungen, selbstreferentiell und wirklichkeitskonstituierend zu sein.» Performativität charakterisiere «das Konzept, mit dem das Performative systematisch untersucht wird».[39] Sie gestaltete einen komplexen Aufführungsbegriff, der aus historischer Verdichtung gewonnene Kriterien der Einschätzung von Theater versammelte: Materialität fungierte dabei als das Transitorische, das Räumliche, Körperliche und Lautliche. Unter Medialität fiel der Hinweis auf soziales Spiel und den sozialen Grundcharakter von Theater, in dem das Publikum Mitspieler wird. Damit war der Begriff Medialität im Sinne von Medium und Vermittlung gebunden und demonstrierte Anschlussfähigkeit. Ästhetizität bezog sich auf Herrmanns Konzept von Theater als Fest, als Ereignis, statt als Werk. Handlungen, dynamische Prozesse, agierende Körper im Raum konstituierten die Aufführung. Hinzu kam die bedeutungserzeugende Semiotizität. Im Ergebnis erschien Theater als Aufführung, als performativ. Sie «tritt immer hier und jetzt in Erscheinung und wird in besonderer Weise als gegenwärtig erfahren. Eine A[ufführung] übermittelt nicht andernorts bereits gegebene Bedeutungen», sondern bringt sie «allererst hervor».[40] Mit ihrem einflussreichen Performativitätskonzept blieb Fischer-Lichte so dezidiert wie Steinbeck oder Paul bei der Kopräsenz von Agierenden und Schauenden, die das Ereignis zusammen herbeiführen. Es spannte sich damit nach dem Millennium ein Kontinuum auf, das von der Position, der Gegenstand theaterwissenschaftlicher Untersuchung seien grundsätzlich mediale Phänomene, über viele Varietäten bis zur Position reichte, der Gegenstand seien performative Handlungen im Hier und Jetzt.

Da Theater durch hervorhebendes Spiel aus dem Lebensprozess entsteht, kam in den 2000er Jahren noch eine *Wissenschaft von den szenischen Vorgängen* hinzu, die vor den Aufführungen bei den Situationen ansetzte und untersucht, was geschieht, wenn diese in Bewegung geraten. Sie vermag zwischen medialen, szenischen und aszenischen Vorgängen zu unterscheiden. Aszenische Vorgänge sichern das Überleben der Gesellschaft, aber ohne szenische verfiele sie bald in Agonie.[41]

---

38 Cf. E. Fischer-Lichte 2004.
39 E. Fischer-Lichte 2005, 234.
40 E. Fischer-Lichte 2005, 16–26.
41 Cf. A. Kotte 2005, 2022.

Bilanz

Nach einer ersten Forschungsphase der jungen Theaterwissenschaft, etwa vom Ende des 19. bis in die sechziger Jahre des 20. Jahrhunderts, die man die historische nennen kann, wurde in einer zweiten theoretisch orientierten ab den 1970er Jahren der Gegenstand Theater genauer gefasst.

Eine Typologie hierfür erweist in den 1970ern die vorrangige Erforschung von Aufführung und Rolle. In den 1980ern sind Theorien zum Schauereignis, zu Darstellenden Künsten, Theaterzeichen und Theatralität untereinander in ihrer Relevanz zu vergleichen. Die 1990er Jahre dominierte das Medium Theater, während sich in den Nullerjahren das Performative in den Vordergrund schob. Diese Gegenstandsbestimmungen bewegten sich auf unterschiedlichen Kontinua, die teilweise voneinander abhingen oder sich ergänzten, sich aber dennoch nicht deckten: Zwischen (1) engem und weitem Theaterbegriff, (2) körperlicher Kopräsenz von Agierenden und Schauenden und dem Verzicht darauf, (3) Theaterdiskurs mit oder ohne Einbezug audiovisueller Medien und zwischen (4) eher produktions- oder wahrnehmungszentrischer Begriffsbildung.

Weil bei jeder neuen Akzentuierung von Theaterwissenschaft Gene älterer Varianten erhalten blieben, leistet die pure Abfolge dem Missverständnis Vorschub, es handele sich um eine Fortschrittserzählung. Stattdessen kann man gegenüber jeder Methode ähnlich viele Vorbehalte geltend machen, wie Vorzüge konstatieren. Die Varianten der Theaterwissenschaft gleichen Scheinwerfern, die die Kugel Theater fixieren. Jeder einzelne hinterlässt eine Nachtseite. Nur mehrere erhellen die ganze Kugel. Baut man die vorliegende Skizze zur Studie aus, werden alle Vor- und Nachteile der einzelnen Konzepte deutlich und damit auch die Zwecke, für welche sie anwendbar sind. Denn nicht das neueste Konzept ist zwangsläufig das Beste, sondern die Verfügbarkeit über einen Fundus von theoretischen Ansätzen und Methoden macht die Theaterwissenschaft aus.

Bibliografie

Balme, Christopher (1999): *Einführung in die Theaterwissenschaft*. Berlin: Erich Schmidt.

Barthes, Roland (1964): Le théâtre de Baudelaire [1954]. In: *Essais critiques*. Paris: Éditions du Seuil, 41–47.

Bentley, Eric (1964): *The Life of the Drama*. New York: Atheneum.

Berg, Jan (1985): *Einführung in die Theaterwissenschaft. Zur Geschichte und Theorie theatraler und filmischer Kommunikation*. Berlin: unveröff. Ms.

Debord, Guy (1978): *Die Gesellschaft des Spektakels* [1967]. Hamburg: Edition Nautilus.

Fiebach, Joachim (1986): *Die Toten als die Macht der Lebenden. Zur Theorie und Geschichte von Theater in Afrika*. Berlin: Henschel.

Fischer-Lichte, Erika (1983): *Semiotik des Theaters. Eine Einführung*. Bd. 1: *Das System der theatralischen Zeichen*. Tübingen: Narr.

Fischer-Lichte, Erika (2004): *Ästhetik des Performativen*. Frankfurt a.M.: Suhrkamp.

Fischer-Lichte, Erika / Kolesch, Doris / Warstat, Matthias (Hg.) (2005): *Metzler Lexikon Theatertheorie*. Stuttgart: J.B. Metzler.

Foucault, Michel (1974): *Die Ordnung der Dinge*. Frankfurt a.M.: Suhrkamp.

Fuchs, Georg (1909): *Die Revolution des Theaters*. München / Leipzig: Georg Müller.

Hegel, Georg Wilhelm Friedrich (1976): *Ästhetik* [1835], Bd. II. Berlin: Aufbau.

Herrmann, Max (1981): Über die Aufgaben eines theaterwissenschaftlichen Institutes [1920]. In: Helmar Klier (Hg.): *Theaterwissenschaft im deutschsprachigen Raum. Texte zum Selbstverständnis*. Darmstadt: Wissenschaftliche Buchgesellschaft, 15–24.

Hulfeld, Stefan (2000): *Zähmung der Masken, Wahrung der Gesichter. Theater und Theatralität in Solothurn 1700–1798*. Zürich: Chronos.

Hulfeld, Stefan (2007): *Theatergeschichtsschreibung als kulturelle Praxis. Wie Wissen über Theater entsteht*. Zürich: Chronos.

Kant, Immanuel (1924): Kritik der Urteilskraft [1790]. In: *Immanuel Kants Sämtliche Werke in sechs Bänden*, Bd. 6, Leipzig: Insel.

Kotte, Andreas (2005): *Theaterwissenschaft. Eine Einführung*. Köln: Böhlau.

Kotte, Andreas (2013): *Theatergeschichte. Eine Einführung*. Köln: Böhlau.

Kotte, Andreas (2022): *Zur Resistenz von Theater im Medienzeitalter*. (= Thewis. Online-Zeitschrift der Gesellschaft für Theaterwissenschaft, Jg. 2022/ Vol. 9 / Ausg. 1), 127–184. DOI 10.21248/thewis.9.2022.116, CC BY 4.0. [23.07.2023].

Lehmann, Hans-Thies (1999): *Postdramatisches Theater*. Frankfurt a.M.: Verlag der Autoren.

Lyotard, Jean-François (1982): Der Zahn, die Hand. In: *Essays zu einer affirmativen Ästhetik*, Berlin: Merve, 11–23.

McLuhan, Marshall (2003). *Understanding Media. The Extensions of Man* [1964]. Corte Madera: Gingko Press.

Möhrmann, Renate (Hg.) (1990): *Theaterwissenschaft heute. Eine Einführung*. Berlin: Dietrich Reimer.

Münz, Rudolf (1998): *Theatralität und Theater. Zur Historiographie von Theatralitätsgefügen*. Berlin: Schwarzkopf.

Paul, Arno (1981): Theaterwissenschaft als Lehre vom theatralischen Handeln [1971]. In: Helmar Klier (Hg.): *Theaterwissenschaft im deutschsprachigen*

Raum. Texte zum Selbstverständnis. Darmstadt: Wissenschaftliche Buchgesellschaft, 208–237.

Rapp, Uri (1973): *Handeln und Zuschauen. Untersuchungen über den theatersoziologischen Aspekt in der menschlichen Interaktion*. Darmstadt / Neuwied: Luchterhand.

Schoenmakers, Henri (Hg.) (2008): *Theater und Medien. Grundlagen – Analysen – Perspektiven*. Bielefeld: transcript.

Schumacher, Ernst (Hg.) (1981): *Darsteller und Darstellungskunst in Theater, Film, Fernsehen und Hörfunk*. Berlin: Henschel.

Schumacher, Ernst (1986): *Neue Schriften zur darstellenden Kunst*. Berlin: Henschel.

Steinbeck, Dietrich (1970): *Einleitung in die Theorie und Systematik der Theaterwissenschaft*. Berlin: Walter de Gruyter.

Wuttke, Bernhard (1974): *Nichtsprachliche Darstellungsmittel des Theaters*. Münster: Diss.

Michael Groneberg

II.

Sur l'importance et la représentativité épistémologique des études théâtrales

Sull'importanza e sulla rappresentatività epistemologica degli studi teatrali

Zur Bedeutung und epistemologischen Repräsentativität der Theaterwissenschaft

259

RÉSUMÉ

Cette contribution pose la question de la place, dans l'ensemble des sciences, des études théâtrales et de leur approches épistémologiques – aux universités et aux Hautes écoles – dans une perspective philosophique post-antique. Elle prend comme base l'étonnement qu'un phénomène qui parait aussi marginal comme le théâtre devienne l'objet d'études scientifiques et de réflexions philosophiques. Si l'épistémologie pose normalement la question de comment établir un savoir, cette revendication est ici augmentée par la recherche d'un savoir situé, élargie par la tâche de poser les bonnes questions et relativisée par l'exigence de la pensée. En conclusion, la recherche-création aux HES, menée en coopération avec les universités, apparait comme lieu qui réalise d'une manière exemplaire d'une part les revendications épistémologiques actuelles de la recherche de savoirs situés mais aussi, d'autre part, les hautes exigences philosophiques de Socrate et de l'académie platonicienne.

RIASSUNTO

Questo contributo solleva la questione del posizionamento, nell'ambito della ricerca nel suo complesso, degli studi teatrali e dei loro approcci epistemologici – nelle università e nelle SUP – in una prospettiva filosofica post-antica. Prende spunto dallo stupore con cui un fenomeno apparentemente marginale come il teatro diventa oggetto di studio scientifico e di riflessione filosofica. Mentre l'epistemologia si pone normalmente il problema di come stabilire la conoscenza, qui questa pretesa è accresciuta dalla ricerca di una conoscenza situata, ampliata dal compito di porre le domande giuste e relativizzata dalle esigenze del pensiero. In conclusione, la ricerca-creazione nelle SUP, realizzata in collaborazione con le università, sembra essere il luogo che realizza in modo esemplare sia le attuali esigenze epistemologiche della ricerca di saperi situati, sia le elevate esigenze filosofiche di Socrate e dell'accademia platonica.

ZUSAMMENFASSUNG

Dieser Beitrag stellt die Frage nach dem Stellenwert der Theaterwissenschaft im Gesamt der Wissenschaften und nach ihren epistemologischen Ansätzen – an Universitäten und Fachhochschulen – aus einer post-antiken philosophischen Perspektive, beginnend mit der Verwunderung, dass ein scheinbar so marginales Phänomen wie das Theater zum Gegenstand wissenschaftlicher Studien und philosophischer Überlegungen wird. Während die Epistemologie normalerweise die Frage stellt, wie man Wissen etabliert, wird dieser Anspruch hier gesteigert durch die Suche nach situiertem Wissen, erweitert durch die Aufgabe, die richtigen Fragen zu stellen und relativiert durch die Priorität des Denkens gegenüber dem Wissen. Zusammenfassend lässt sich sagen, dass die kreative Forschung an Fachhochschulen, die in Zusammenarbeit mit den Universitäten durchgeführt wird, als ein Ort erscheint, der einerseits die aktuellen erkenntnistheoretischen Forderungen der Suche nach situiertem Wissen, andererseits aber auch die hohen philosophischen Ansprüche von Sokrates und der platonischen Akademie in vorbildlicher Weise verwirklicht.

Pourquoi le théâtre ?

L'auteur de cette contribution a parcouru un long chemin avant d'en arriver à faire des recherches en études théâtrales ou, plus exactement, en philosophie du théâtre.[1] Ce chemin a commencé, le regard levé vers le ciel et les astres, avec des études en physique et astronomie, avec ce besoin de comprendre le monde, le grand tout qu'est l'univers et ce dont tout est composé, les atomes, les particules élémentaires et les forces fondamentales. L'auteur a l'impression d'avoir parcouru un chemin typique, pour ne pas dire naturel, pour l'esprit humain. Après tout, dans notre esprit se reflète tout l'univers ; notre conscience est la conscience du monde, où tout l'univers se regarde lui-même. D'où la séduction de faire la physique et de s'intéresser aux astres. Or, même si nous avons compris les lois qui régissent le mouvement des astres et des galaxies, la naissance et la mort des étoiles, ainsi que le comportement des atomes et des lois quantiques, nous n'avons toujours rien compris de nous-mêmes. Heidegger a mis le doigt sur le problème : on ne peut pas comprendre notre être-là (*Dasein*) à partir d'un étant quelconque, il faut comprendre tous les étants à partir de notre être-là.[2]

Pour utiliser le langage scientifique du XXe siècle, même une description théoriquement complète d'un cerveau ne nous permettrait pas d'en déduire quelles sont les expériences vécues de la personne ayant ce cerveau. C'est très simple : même si nous sommes prêts à admettre qu'il existe une détermination de ce qui se passe dans notre expérience par ce qui se passe dans notre cerveau, au niveau cellulaire, moléculaire ou atomique, il faut auparavant, même pour pouvoir partiellement établir de tels rapports psychophysiques entre ce qui est vécu et ce qui se passe aux niveaux biologique, chimique et atomique sous-jacents, avoir une description fiable de l'expérience. En d'autres termes, une bonne compréhension de la conscience, de nos émotions et nos pensées est incontournable, même pour pouvoir établir des lois psycho-physiques. Étudier les lois de la nature peut nous aider à comprendre le grand tout, mais nous laisse dépourvu face à nous-mêmes. Cette prise de conscience peut amener un individu à faire le pas des sciences naturelles à l'intérêt pour l'humain. Bien sûr, ce n'est pas tout un chacun qui a besoin de faire ce parcours, car il a déjà été emprunté plus d'une fois dans notre histoire,

---

1 Cf. M. Groneberg 2018, 2020, 2021.
2 Cf. M. Heidegger 1926.

mais apparemment l'auteur en avait besoin sur sa réitération de ce chemin, poussé par la volonté et le besoin de comprendre l'existence.

Il s'est avéré, lors de sa décision d'abandonner la physique, dans les discussions avec les camarades d'études, que l'impression d'étudier, en physique, ce qui gouverne tout, est assez répondu, et sa décision a été comme un acte de trahison. Le premier. Ce qui était pour lui un acte d'élargissement assez logique – mais qui nécessitait un abandon de ses études antérieures de physique et d'astronomie – représentait néanmoins une désidentification de la posture du scientifique naturel, y compris de ses convictions méthodologiques. Si ce chemin ne doit plus être fait par chacun, le parcourir fait néanmoins comprendre – à travers sa propre expérience – les enjeux et les résistances humaines et sociales liés à ces postures et convictions de base. Car une science qui porte sur tout ce qui existe n'a-t-elle pas aussi une méthodologie universelle ? Il est trompeur de le croire.

Historiquement, le pas des astres à l'humain a déjà été franchi par Socrate. Il a été le premier chercheur de la compréhension à inscrire ce passage dans notre culture. Avant de poursuivre ses concitoyens de ses questionnements, Socrate était aussi un philosophe de la nature, s'intéressait aux phénomènes naturels, aux astres et à la cosmologie, à la manière de ses prédécesseurs comme Empédocle, Anaxagore et d'autres, comme l'a si bien caricaturé Aristophane dans les *Nuées*, montré en 423 av. n. ère. Dans son dialogue *Phédon* (qui décrit les dernières heures de Socrate en 399) Platon fait raconter ce tournant par Socrate – certes ici le personnage, pas la personne (Platon n'était pas présent). Il explique clairement : si vous voulez comprendre pourquoi moi, Socrate, je reste assis dans la prison au lieu de m'en évader, la physique et la physiologie humaine ne vous serviront à rien.[3] Dans notre phylogénèse, le tournant épistémologique fondamental de l'humanité a déjà été effectué par Socrate et est entrée dans notre mémoire collective grâce aux dialogues de Platon (quelques décennies plus tard).

Que la curiosité de la philosophie, la quête de la sagesse, qui comporte la recherche d'un savoir fiable, se détourne des astres pour se focaliser sur l'humain, me parait a posteriori logique et nécessaire. Néanmoins, pourquoi le théâtre ? Pourquoi ne pas simplement poursuivre la psychologie, la sociologie, la politologie, l'anthropologie, les études genre, bref les sciences humaines et sociales, pour comprendre l'être humain entre logique, épistémologie, questions sociales, historiques, éthiques et esthétiques ? Le dernier pas,

---

3   Cf. Platon, *Phédon* 96a-99d ; probablement écrit dans les années -380.

mène-t-il sur les planches par la même logique, ou n'était-ce qu'une contingence due au fait que l'auteur a découvert le théâtre estudiantin à l'université en tant que jeune homme, par hasard, mais avec des effets bouleversants ? Non, le prochain pas dans le domaine des études théâtrales était seulement fait 30 ans après cette découverte, et le jeu théâtral était toujours relégué au second rang, derrière la philosophie et des sciences de l'homme dans toutes ses déclinaisons scientifiques.

L'auteur tente une hypothèse : pour nous comprendre nous-mêmes – ce qui n'est pas chose facile –, il nous faut plus qu'une science, il nous faut de l'art. Ce n'est non seulement pour ne pas périr de la science qu'on a besoin de l'art, comme le disait Nietzsche,[4] mais aussi pour nous connaître nous-mêmes, pour rendre justice à ce que nous sommes. Nous ne sommes pas seulement des êtres qui aspirent à la connaissance, nous sommes des êtres qui agissent, et ces actions ne soulèvent pas seulement des questions éthiques du bien et du mal ou de la bonne manière de vivre pour être heureux ; parmi ces actions il y a aussi la création et la question – si nous pensons aux réflexions de Stanislavski – de savoir si l'acte d'un acteur était ... avait cette qualité si difficile à qualifier : vrai ? bien fait ? juste ? authentique ? convaincant ? correcte ? beau ? Retenons le juste, pour le moment. Tendu entre sa singularité et ses aspirations universelles, son savoir, ses envies et sa posture éthique et esthétique, chaque individu humain est, dans chaque action, comparable à l'acteur sur scène, et la question est la même : dans quelles ressources puiser pour arriver à agir ... juste ?[5]

Mais chaque chose en son temps : tout d'abord, nous sommes (aussi) des êtres agissants. Aristote a clairement distingué le domaine du nécessaire du domaine de la contingence. Dans le premier seulement la science est possible, là où les choses ne peuvent pas être autrement, où existe des lois immuables de la nature ou un passé qui ne change plus. Cependant, la liberté humaine, l'action imputable et donc louable ou condamnable, présuppose la contingence au sens logique, à savoir un avenir avec la double possibilité d'arriver mais aussi de ne pas arriver, de sorte qu'il soit en notre pouvoir de le faire arriver ou pas arriver. Dans ce domaine de l'indéterminé, un savoir n'est pas possible – pas avant que l'événement n'arrive, que l'action ne soit exécutée. Car sinon, s'il était déjà vrai maintenant

---

4 Cf. F. Nietzsche, KSA 13, p. 500 (NL 1888).
5 Voir à ce titre les dernières réflexions de Giampaolo Gotti (2024) dans la prolongation de l'approche de Konstantin Stanislavski et Maria Knebel (2006), qui joignent l'approche de Platon avec la pratique théâtrale contemporaine.

que je mangerai une pomme demain à 15 heures, comment pourrais-je ne pas le faire ?[6]

La philosophie théorique (la science) et la philosophie pratique (l'éthique) sont les deux grands domaines de la philosophie qui entrent en conflit justement dans l'action humaine : une détermination complète de notre action (perspective théorique) exclut la liberté de cette action et son imputabilité à nous, présupposé en morale (perspective pratique). Pourtant, n'y a-t-il pas aussi un savoir concernant ce domaine de nos actions, des vérités dans le domaine de la liberté ? Dans sa *Poétique*, Aristote décrit le poète comme celui qui dit le général à cet égard.[7] Serait-ce les poètes, en particulier les dramaturges, qui nous exposent les vérités des humains qui non seulement savent ou ne savent pas, mais qui ont aussi une volonté, qui ne veulent pas tous la même chose, mais qui agissent quand même et entrent ainsi en conflit, avec pour conséquence ultime de s'entretuer pour réaliser leur volonté, ou qui parviennent à l'éviter – le meilleur drame pour Aristote, en fin de compte ?[8] Est-ce là ce que fait le théâtre : nous montrer des vérités dans le domaine de notre liberté, les voies possibles de nos actions, les moyens de la solution de conflits ? Les poètes ont-ils la vocation éthique de nous montrer la meilleure voie ou de nous confronter aux conséquences cruelles de mauvais choix ? Retenons cette perspective aristotélicienne comme une option.

Considérons aussi, pourtant, que la *Poétique* est moins une bonne analyse du théâtre de son époque qu'une bonne défense contre les trois accusations de Platon : corruption de la jeunesse par l'imitation de l'ignoble ; subversion du règne de la raison par le renforcement des émotions d'un public dans les gradins qui rit, pleure ou est terrifié ; sacrilège épistémologique par l'éloignement de la vérité des choses. La défense aristotélicienne passe par la réhabilitation de la *mimèsis* comme naturelle, voire de valeur cognitive ; par la légitimation de l'ébullition des émotions par la fameuse *katharsis* ; et par l'anoblissement de la poésie au rang de la philosophie (y compris la science) qui atteint l'universel. Le succès de cette défense couvre les faiblesses descriptives jusqu'à nos jours, avec la relégation du spectacle comme négligeable et l'exclusion du jeu de l'acteur de l'art poétique.[9] Ce fait historiquement fondamental et bien établi, avec ses répercussions

---

6　Cf. Aristote, *De l'interprétation*, ch. 9.
7　Aristote, *Poétique*, 9, 1451a37–b7.
8　Cf. Aristote, *Poétique*, 14.
9　Avec son allégorie du vampire, Florence Dupont a frappé juste : Aristote a vidé le théâtre de son sang, le jeu dans le spectacle, au profit de l'intrigue (cf. F. Dupont 2007).

sur les recherches universitaires sur le théâtre jusqu'à récemment, ne doit pas occulter un autre fait d'une pareille importance : l'aspect dialogique des drames n'était pas important pour Aristote.

Cet aspect était pourtant si essentiel pour son maître Platon qu'il l'a retenu dans ses dialogues socratiques afin d'inciter ses lecteurs à *penser*. Car pour Platon, le penser (*to dianoeisthai*) n'est rien d'autre qu'un dialogue intérieur que l'âme mène avec elle-même.[10] La philosophie de Platon est essentiellement une invitation à penser par le biais du dialogue écrit,[11] nous menant au-delà des opinions et restant le plus souvent en deçà d'un savoir positif. Pour reprendre les termes de Hannah Arendt : que la pensée triomphe du savoir.[12] Le besoin de comprendre nous amène à reconnaître qu'aucun savoir ne pourra satisfaire ce besoin et que l'on ne pourra jamais comprendre tout. Pour le dire avec Kant, certaines questions de l'esprit humain ne peuvent pas trouver de réponses, il faut faire preuve de modestie épistémologique.[13] L'auteur trouve une réponse similaire après avoir conduit, pendant des années, des réflexions, d'abord analytique, puis historique et même philologique, sur la liberté humaine :[14] l'espoir de la philosophie analytique de pouvoir résoudre tous les problèmes par la clarification de concepts doit échouer car à partir d'une certaine profondeur d'analyse des propositions formalisées, la question de savoir laquelle est vraie et quelle inférence est valide se déplace au niveau de la logique, avec une multitude de systèmes à choix qui ne font que refléter la pluralité des positions philosophiques contradictoires qui s'opposaient auparavant. Que faire alors, une fois que l'on a acquis la certitude que, malgré les meilleurs efforts, on ne pourra pas résoudre les problèmes fondamentaux qui tracassent l'esprit humain ?

La situation de l'esprit humain est ainsi tragique à cet égard épistémologique, car il ne pourra jamais assouvir sa soif de compréhension. En même temps, elle est comique – si l'humain parvient à rire de lui-même, ce qui est un ingrédient essentiel du Connais-toi toi-même – et à accepter cette limite essentielle avec humour.[15] Ce qui nous reste, c'est de penser, toujours à nouveau. Cette pensée prend la forme d'un dialogue, chez Platon. Mais avant de revenir à Pla-

---

10 Platon, *Sophiste*, 263e, le terme utilisé est *dianoia*; *Théètète* 189e, *to dianoeisthai*.
11 Cf. M. Groneberg 2024.
12 Cf. H. Arendt 1996 [1971].
13 Cf. I. Kant 1975 [1781/1787].
14 D'abord en forme de thèse doctorale entre 1990 et 1994 (LMU Munich) et ensuite en forme de thèse d'habilitation sur les futurs contingents entre 1999 et 2006 (Université de Fribourg en Suisse).
15 Point développé par S. Tanner 2017 in *Plato's Laughter*.

ton, l'auteur avait entrepris des études transdisciplinaires sur des questions et problèmes actuels, afin de mettre les tentatives philosophiques de compréhension au profit d'un savoir utile pour des personnes en détresse.[16]

L'opposition d'Arendt entre la poursuite de la pensée et celle du savoir n'a pas lieu entre Socrate qui pense et Platon qui veut établir une doctrine,[17] mais entre Platon et Aristote. Platon transpose l'approche socratique à l'écriture et veut, par ses dialogues écrits, emmener sur la voie de la pensée (*dianoia*).[18] Chez Aristote, avec son accent sur l'action qui constitue l'intrigue (*mythos*) et avec sa valorisation de connaissances acquises par la *mimèsis*, c'est précisément cette priorité platonicienne du penser qui fait défaut. Certes, il accorde à la *dianoia* le troisième rang après le caractère (*èthos*),[19] mais il ne s'agit pas de la pensée des spectateurs ou des lecteurs qui est mobilisée, ce qui importe pour Platon, ni de la pensée des acteurs, si importante de Stanislavski à Vassiliev et au-delà.[20] Pour Aristote, la pensée explique juste, avec le caractère, l'action choisie.[21] Il la relègue à la rhétorique où l'on manipule les opinions et décisions par les émotions.[22] Nous sommes ici bien loin de la pensée qui, selon Platon, ne doit justement pas être une dispute et consiste en une recherche commune.[23] Avec son accent mis sur le savoir, Aristote n'a pas seulement « théorisé » ou « cognitivisé » la philosophie, mais aussi le théâtre. Il lui manquait justement cet aspect du créateur et du dramaturge de dialogues qu'était Platon.

Bien sûr, on peut se contenter de voir les actions humaines négociées, d'Aristote à Hegel,[24] avec un intérêt pour l'articulation des

---

16 Suivent des publications en études genre, en particulier sur les personnes intersexes et trans, et sur la sexualité, et des interventions dans des commissions d'éthique en faveur des droits de personnes intersexes.

17 Cette lecture néglige la performativité des dialogues de Platon qui sont, malheureusement, trop souvent pris au pied de la lettre, comme si les propos de Socrate étaient toujours à prendre comme positions de Platon.

18 Cf. M. Groneberg 2024.

19 « La pensée vient en troisième. C'est la capacité de dire ce qu'implique la situation et ce qui convient ; c'est, dans les discours, l'œuvre de l'art politique et de l'art rhétorique. » (*Poétique* 6, 1450b4–7). Au ch. 19 il poursuit : « Ce qui concerne la pensée, se trouvera dans les livres sur la rhétorique. » (1456a34–35) ; trad. Barbara Gernez.

20 Voir G. Gotti 2020, 2024 ; A. Vassiliev / S. Vladimirov 2024.

21 « Il y a deux causes naturelles de l'action : la pensée et le caractère » (Aristote, *Poétique*, 6, 1449b38–1450a2 ; trad. Barbara Gernez).

22 Cf. Aristote, *Rhétorique*.

23 Platon, *Théètète* 167e-168c.

24 Cf. G.W.F. Hegel 1986. Dans ses *Cours sur l'esthétique* (III.3.3.3), Hegel décrit la poésie dramatique comme art supérieur car il exprime le mieux l'auto-compréhension de l'esprit en combinant le subjectif du lyrique et l'objectif de l'épopée dans la représentation de l'action humaine.

conflits lorsque les actions et les diverses poursuites du bonheur se croisent et s'opposent. Peut-être que seules les tragédies et les comédies peuvent le faire ? Mais mieux que les sciences humaines et sociales ? Et en plus : est-ce que c'est tout ?

Schiller et ses contemporains faisaient tant de cas de la liberté, non seulement de la liberté politique, mais aussi de celle qui parvient à surmonter le conflit entre la moralité et les intérêts égoïstes dans le jeu.[25] N'y a-t-il pas toujours une tension entre les déterminations antérieures qui se figent en habitudes, entre notre passé et ce que nous en faisons, n'y a-t-il pas dans chacune de nos actions un reflet de ce qui se passe sur scène ? Comment cette histoire connue et fixée sur le papier sera-t-elle interprétée par ce poète, par tel metteur en scène, comment ce personnage connu et figé par les réitérations antérieures sera-t-il interprété par tel directeur de jeu, par cette actrice-là ? Quel écart y aura-t-il entre ce que l'on voit et entend sur scène et ce à quoi ça fait référence ? N'est-ce pas cet écart, ce jeu sur la distance entre ce qui est représenté et ceux qui représentent, entre personnage ou rôle et personne, qui crée en nous un suspens profondément titillant – nous qui sommes dans cette tension dans chacune de nos actions qui, à la manière des mots itérés d'un Derrida, ne font que réitérer ce qui a déjà été fait, la plupart du temps, mais avec de petits décalages – est-ce en eux que réside notre liberté ? Ou est-ce le choix permanent d'être ce personnage ou de redevenir une personne ? Si le théâtre nous reflète comme dans un miroir, nous, nos attitudes, nos postures, nos manières de jouer nos rôles, de dire nos mots et d'exécuter nos actions, serait-ce le cas que la scène adresse, caresse, amuse, provoque justement cet écart en nous – qu'elle nous fasse parfois aussi réaliser nos illusions par rapport aux lieux de notre liberté ?

Denis Guénoun, philosophe et homme de théâtre français d'origine maghrébine, très présent en Suisse romande tant par sa personne que par ses écrits et mises en scène, l'a mis en évidence en 1997 dans son livre *Le théâtre, est-il nécessaire ?* et c'est toujours vrai : il y a de plus en plus de gens qui veulent plutôt jouer au théâtre que de le voir. Si dans leurs contributions dans ce volume, Éric Eigenmann et Andreas Kotte soulignent bien que les étudiant.e.s des études théâtrales ont aussi besoin de jouer, j'ajouterais que la compréhension par le jeu ne peux pas être remplacée par la seule observation.

---

25 Cf. F. Schiller (1992 [1795]). « […] l'homme ne joue que là où il est homme au sens plein du terme, et *il n'est pleinement homme que là où il joue.* » (trad. littérale par l'auteur ; « der Mensch spielt nur, wo er in voller Bedeutung des Worts Mensch ist, und er *ist nur da ganz Mensch, wo er spielt.* », Lettre 15, 59, lignes 10–15, emphase par Schiller).

L'aspect du jeu, non seulement pendant la représentation mais sur-tout pendant la création, le training et les répétitions, est encore peu abordé dans la recherche universitaire, et il est bon de voir que cet aspect est très présent dans la recherche des projets aux HES. C'est en outre cet aspect en particulier qui est de première importance dans l'apprentissage de la philosophie par le jeu théâtral, comme c'est pratiqué par les *Maîtres de la Caverne* à l'Université de Lausanne.[26] Pendant cette phase de la création propre, qu'il s'agisse d'une simple mise en scène d'un texte préexistant (on peut penser aux dialogues de Platon), de l'adaptation pour la scène d'un texte non-dialogique comme le *Zarathoustra* de Nietzsche ou dans la création libre ins-pirée par une certaine interrogation, on ne découvre pas seulement le contenu philosophique ou scientifique, mais aussi soi-même. Ce travail peut ouvrir les yeux et le cœur à une meilleure compréhen-sion de soi-même et de son rapport à la pensée, à autrui et à son en-vironnement. Comme le montrent les travaux de Stanislavski et de ses successeurs, la question des ressources dans lesquelles on peut puiser pour accomplir une action (de manière « juste »), à trouver dans le propre vécu mais aussi dans des œuvres d'art, dépasse la seule question de la scène, et nous concerne en tant que humains agissants en général. Tendus entre ces ressources qui viennent du passé et l'acte à accomplir, nous nous trouvons dans une éternelle reprise, pour le dire avec Kierkegaard qui formule sa posture exis-tentialiste également en référence au théâtre, inspiré dans ce cas par une farce.[27]

Mais ce focus sur l'action, n'est-il pas dépassé, après le diagnos-tic que le théâtre serait passé à un stade post-dramatique ?[28] Denis Guénoun, qui mène des réflexions fondamentales sur ce que c'est le théâtre, défend que le théâtre articule exclusivement l'humain, ajou-tant que l'humain ne peut jamais être saisi par une définition, qu'il est toujours excentrique.[29] Retenons cette possibilité également : le

---

26 Alain Badiou nous dessine une opposition entre le théâtre et la philosophie qui ne décrit pas toute la réalité, mais certes une tendance institutionnelle quand il oppose « l'enseignement par l'équivoque voulue de la représentation face à un public rassemblé » à, pour la philoso-phie, « l'enseignement par l'argumentation univoque et le dialogue, face-à-face, qui sert à en consolider les résultats subjectifs » (2013, pp. 33–34).

27 Cf. S. Kierkegaard *La reprise* (2008, 1990) ou *La répétition* (2003), deux traductions du même texte *Gientagelsen* de 1843.

28 Cf. H.-Th. Lehmann 1999. On pourrait voir, dans cette transition, un passage de l'intrigue au caractère, le no. 2 dans la hiérarchie aristotélicienne, ce qui constituerait un parallèle au besoin en philosophie, depuis les années 1950, de passer d'une morale trop focalisée sur l'action (utilitariste ou kantienne) à une morale des vertus – qui met justement l'accent sur la posture de l'homme.

29 Cf. D. Guénoun 2018 (sur la base d'une conférence donnée en 2016 dans le cadre du colloque « Theatre of the A-human » à Francfort).

théâtre peut être une scène de discussion, voire de négociation de *ce* que nous sommes, et *comment*[30], avant même d'agir et d'entrer en conflit.

Mais là encore, les planches sont-elles là pour mieux nous connaitre ? La connaissance est-elle le but ultime ? Revenons un instant encore à Socrate. « Connais-toi toi-même » était la devise qu'il a suivie. Cependant, si l'on se permet de prendre en compte le dialogue *Alcibiade*, ce n'est pas un but ultime. La connaissance de soi est certes nécessaire, mais elle ne sert finalement qu'à prendre soin de soi-même. Nous devons prendre soin de nous-mêmes, d'autant plus si nous voulons bien gérer notre cité, et pour cela nous devons nous connaître nous-mêmes.[31] Cela implique le chemin de la pensée, qui comporte une réflexion sur le *comment* être et sur l'articulation de l'action avec la pensée – et avec la question de savoir *comment* penser : comme un rhéteur, une prêtresse, un politicien, ou bien comme une chercheure ?

Que pensait Socrate du théâtre ? Il était pour le moins confronté à la puissance des tragédies et des comédies où il a lui-même figuré. Certes, selon la légende, Platon a renoncé à écrire de tragédies sous son influence[32] et si l'on peut croire Aristophane dans les *Grenouilles*, du moins le grand tragédien Euripide était corrompu par lui.[33] A-t-il voulu détourner Euripide du théâtre ? Ce n'est pas certain. Puis, on connait l'intérêt paradoxal de Platon pour les drames et la littérature en général, leur discussion approfondie et leur accusation dans la *République* d'une part, et la décision de publier sa philosophie sous une forme dramatique et dialoguée d'autre part.

Ajoutons encore que la scène est la plate-forme d'articulation de toutes sortes de dialogues – pas seulement sur la manière de résoudre nos conflits ou sur ce que nous sommes. Elle peut aussi nous montrer autre chose que la réalité : des alternatives, des rêves, des utopies. Alors que la science a pour vocation de décrire ce qui est,

---

30 Cf. D. Chaperon 2018 ; M. Macé 2016.

31 Cf. (Pseudo)-Platon, *Alcibiade majeur.* Je mets Platon entre parenthèses parce que l'authenticité du dialogue est contestée. Si je suis convaincu qu'il n'est pas écrit par Platon (il lui manque les qualités d'écriture littéraire des autres dialogues), mais par des successeurs dans l'Académie, le contenu est bien platonicien.

32 Diogène Laërce III. 5–6 : « [Platon] pratiqua la peinture et il écrivit des poèmes, d'abord des dithyrambes, puis des vers lyriques et des tragédies. [...] Un peu plus tard cependant, alors qu'il allait participer à un concours de tragédie, il décida, parce qu'il avait entendu Socrate devant le théâtre de Dionysos et qu'il lui avait prêté l'oreille, de jeter ses poèmes au feu, en disant : 'Héphaistos, viens ici ; oui, Platon a besoin de toi.' [6] C'est à partir de ce moment-là, il avait alors vingt ans dit-on, que Platon devint le disciple de Socrate. » (Goulet-Cazé pp. 395–396). Héphaistos n'est pas un dieu destructeur par le feu mais celui qui forge à son aide, il est le dieu des artisans.

33 Aristophane, *Grenouilles*, v. 1491–98.

l'art n'est pas limité par l'exigence de la vérité. Il n'a pas vocation à imiter le monde, mais à l'interpréter, comme le veut un Nietzsche, ou à l'enchanter pour rendre la réalité supportable.[34] L'art peut aller plus loin encore et même laisser tomber l'interprétation ou l'enchantement du monde pour critiquer, montrer des alternatives, dessiner des utopies ou proposer des alternatives, comme l'a encore dit récemment Romeo Castellucci.[35]

Où peut nous mener la voie de la pensée ? Serait-ce juste d'établir un savoir général sur l'humain ? Ou d'identifier les limites de notre savoir et d'ébranler nos certitudes – dans la posture socratique ? Ou de négocier les limites de ce que nous sommes, confrontés à de nouvelles technologies (le post-humain) ou à une nouvelle conception de la nature (l'anthropocène) ? Ou s'agit-il de poser les bonnes questions ?

L'épistémologie des études théâtrales

Vu que la scène dépasse tellement la théorie, que peuvent alors nous apporter les théories du théâtre, les études théâtrales ? Ne sont-elles pas un retour en arrière ? Et quelles sont les conséquences épistémologiques pour l'étude scientifique – et pour la pensée – d'un tel sujet : l'humain au carrefour de son penser et de son agir, de son passé et son avenir, entre étoiles et souffrances ?

Les études théâtrales – et la *Theaterwissenschaft* – naissent à un moment où l'interdisciplinarité monte sur scène. Depuis la fin du XIXe siècle, nous sommes de plus en plus confrontés au problème de la dispersion des connaissances. Les savoirs spécialisés sur un sujet donné sont souvent dispersés et sans liens entre eux. La tour d'ivoire de la science s'est multipliée pour devenir une cité aux mille tours d'acier, de béton et de verre. Se pose alors le problème de combiner, voire d'intégrer, ces savoirs départementalisés, et ce d'autant plus que nos pratiques quotidiennes, de notre manière de nous nourrir à la naissance des bébés, puisent de moins en moins dans les ressources

---

34 F. Nietzsche, *La naissance de la tragédie* ; *Ainsi parla Zarathoustra* ; *Crépuscules des idoles*, Flâneries d'un inactuel 7–9 ; *Humain, trop humain* II, § 174, 281.

35 R. Castellucci 2022, Interview sur sa pièce *Bros*. « […] ce n'est pas le but de la pièce de donner une interprétation à la réalité. Ça c'est pas mon devoir, c'est pas mon boulot […] » ; « Il y a la possibilité de suspendre cette réalité, l'expérience de l'art ça peut être une forme de combat, de révolte, de destitution du pouvoir. L'art peut être encore un moyen efficace. Il faut changer le jeu. Il ne s'agit pas d'être antagoniste. Être antagoniste, ça veut dire déjà faire partie. C'est comme une foi inversée. […] Il faut inventer un autre temps, un autre espace, une autre façon d'être ensemble » (14'30). Merci à Sophie Perruchoud pour cette découverte.

du vécu et de la sagesse pratique assurée par la transmission d'une génération à l'autre, au profit d'un savoir expert, accompagné d'une littérature de conseils d'experts sous forme de livres de conseil ou de recommandations en ligne. Dès lors, l'interdisciplinarité a été revendiquée comme remède à une situation de dispersion des savoirs.[36] Mais l'interdisciplinarité prônée depuis une centaine d'années, n'est pas facile à mettre en place, n'a pas toujours bien fonctionnée et n'a souvent pas réussi de sortir de la seule pluridisciplinarité. Le nouveau mot d'ordre apparu vers la fin du XXᵉ siècle était alors la *trans*disciplinarité, censée dépasser la seule pluridisciplinarité en s'orientant vers des problèmes concrets, tout en *trans*cendant les disciplines académiques, c'est-à-dire, en intégrant les personnes concernées par le problème en question dans le processus de la recherche d'un savoir complet. On le devine déjà : le discours scientifique *sur* un objet, comme dans les sciences naturelles, devient un discours avec les objets de recherche, comme dans les sciences humaines et sociales – et le dialogue montre son nez curieux. Il s'agissait et il s'agit donc de réaliser le *trans*fert entre les disciplines par un ancrage dans la cité et par la *trans*cendance des murs de l'université.

La transdisciplinarité est censée inclure le monde vécu en rétablissant les liens et les transferts entre les sciences et la cité – non seulement dans l'application des résultats de la recherche, mais déjà dans le processus de la recherche et même dans la définition des problèmes abordés. Soyons clairs : ce type de recherche ne peut pas *remplacer* les recherches disciplinaires et fondamentales. Il ne s'agit pas d'instrumentaliser l'ensemble de la science à des fins sociétales voire économiques, mais d'essayer d'assumer une responsabilité sociétale.

Les théories menées selon le modèle des sciences dites « dures » de manière à objectiver les personnes et les soumettre à des catégories déjà préparées, rencontrent donc une autre méthodologie qui cherche à trouver une solution avec les personnes acceptées comme partenaires de recherche, tout en sachant que le ou la chercheur.e est également concerné.e par la recherche et n'est donc pas forcément neutre. Le dernier modèle s'établit en science humaines et sociales. Comme l'a constaté Karl Popper, l'objectivité ne peut pas être assurée individuellement, mais uniquement dans les interactions de tous les acteurs. Au contraire, un certain intérêt pour le sujet est même nécessaire, car sans motivation profonde, la plupart des découvertes scientifiques n'auraient pas été faites.[37] L'objectivité s'établit de manière intersubjective, entre les différentes recherches et les personnes qui

---

36 Cf. J. Mittelstrass 2003.
37 Cf. K. Popper 1969.

les mènent, qui sont idéalement de provenance sociale et culturelle diverse et représentent des systèmes de valeurs différents. Le mieux que l'on puisse faire en tant qu'individu est de rendre compte de sa propre subjectivité. La transdisciplinarité, si elle tente dès le départ d'intégrer les diverses positions et notamment celles des personnes concernées, est donc une meilleure garantie d'objectivité que l'absence de ces personnes.

La conception de ce qu'est une science a donc radicalement changé au cours du XXᵉ siècle. En partant du paradigme de la physique – qui inspirait jusqu'à récemment le courant de la « philosophie analytique » qui veut réduire la philosophie à l'analyse de concepts – on a été obligé d'intégrer les méthodologies tout à fait différentes des sciences humaines et sociales, où, contrairement aux sciences naturelles, la réalité ne précède pas toujours le concept. Il s'agissait de la transition d'une science appelée « académique »[38] ou mode 1 à une science « post-académique » ou mode 2.[39] Voici quelques qualifications de cette différence :

Mode 1 (« académique »)	Mode 2 (« post-académique »)
Disciplinaire	Transdisciplinaire
Homogène	Hétérogène
Organisation hiérarchique	Organisation hétérarchique
Savoir stable	Savoir transitoire
Socialement indifférent	Socialement fiable
Science et société séparé	Évolution corrélée
Universel et indépendant du contexte	Contextualisé et local
Communauté scientifique	Agora publique
Savoir absolument fiable	Savoir socialement robuste
Domaines d'experts	Transgression des domaines d'expertise
Définition et solution d'un problème à l'intérieur du contexte académique	Définition et solution d'un problème dans un contexte de l'application concrète

---

38 On l'aura compris : c'est ici que Platon se retourne dans son tombeau.
39 Cf. Ziman 2002.

Ce nouveau mode de production du savoir[40] est également abordé par l'épistémologie féministe et sa « standpoint theory ». Le fait que le savoir soit socialement situé, comme l'explique la théorie des points de vue défendue d'abord par Sandra Harding dans les années 1980 et plus tard par Donna Haraway, articule également le changement de paradigme scientifique central à la fin du XXe siècle.[41]

Se pose encore la question de savoir si la nouvelle approche doit remplacer l'ancienne, dénoncée comme patriarcale, comme le demande Harding, ou si elles sont complémentaires, comme le défend Carol Gilligan dans le domaine de l'éthique : les éthiques classiques, traditionnellement plutôt portées par les hommes qui doivent agir en dehors du foyer avec un nombre infini d'inconnus, et donc axées sur le droit et la justice, seront à compléter par une éthique du soin, traditionnellement plutôt portée par les femmes qui s'occupent du foyer, avec la nécessité de prendre en compte la singularité de chacun et chacune. Gilligan a raison sur l'éthique, et l'épistémologie doit suivre une évolution parallèle en adoptant une perspective complémentaire entre une recherche fondamentale et une recherche située. Une logique guerrière du « ou bien, ou bien » peut convenir en rhétorique ou en politique (du moins dans une certaine), mais pas pour la compréhension, dans la science et encore moins dans la création. Nous ne pouvons pas exiger des sciences « dures » de procéder dans leurs recherches comme dans la recherche-création, ni l'inverse.

Mais, pour revenir aux considérations antérieures : nous avons vu qu'on ne devrait pas réduire l'activité créatrice de l'humain à une question de savoir. Or, qu'en est-il de la recherche-création ? Peut-on la réduire à la recherche d'un savoir concret et situé ? Je ne pense pas. Rappelons la distinction de Deleuze et Guattari entre philosophie, science et art :[42] ils y définissent la philosophie comme création de concepts, l'art comme création d'affects ou percepts, tandis que la science serait une affaire de fonctions et d'équations. Je ne suis pas convaincu par cette définition de la philosophie. Elle trahi certainement leur volonté d'échapper aux pièges de la philosophie analytique, qui réduit la philosophie à la définition, à l'analyse, à la clarification de concepts. Bien sûr, la création de concepts, c'est déjà autre chose, et la différence est fondamentale... Néanmoins, pourquoi réduire la philosophie à un travail de concepts ? « S'opposer, être an-

---

40 « New mode of knowledge production », Ziman 2002, 80 f.
41 Cf. S. Harding 1983, 2015; D. Haraway 1988; M. Puig de la Bellacasa 2014. La théorie est actuellement dans sa troisième vague dominée par les sciences sociales et politiques, avec des chercheures comme Kamala Harris.
42 Cf. G. Deleuze / F. Guattari 1991.

tagoniste, c'est déjà faire partie ... » Certes, on a besoin de concepts pour établir un savoir. Mais n'oublions pas, avec Arendt, que c'est la pensée qui prime. La philosophie est une recherche, depuis toujours. Elle est habituée à ne pas trouver de réponse, de solution valable pour toujours, à rester constamment en quête, même si l'on trouve parfois des réfutations : ce n'est pas ceci, pas cela – un savoir négatif. Mais même en présence de la certitude qu'une réponse positive ne peut pas être atteinte, l'esprit humain peut mener une recherche motivée, poussée par un besoin urgent. C'est une question d'attitude, de posture : ne pas attendre une vérité éternelle comme résultat de sa recherche – ce qui serait étrange en sciences naturelles – et néanmoins pouvoir considérer la recherche comme bien en soi.

Les *Études théâtrales* universitaires (avec un grand E, pour suivre la distinction de Mervant-Roux dans ce volume), comme d'autres sciences aussi (de l'environnement, de la paix etc.), sont forcément pluridisciplinaires. Elles s'inspirent traditionnellement des littératures, mais contiennent également la philosophie, pour ne mentionner que les apports de Denis Guénoun (voir ci-dessus) ou d'Esa Kirkkopelto, cher collègue finlandais et praticien du théâtre pour qui la scène et le jeu de l'acteur constituent des lieux éminemment philosophiques, ou les approches anthropologiques à la manière d'Andreas Kotte, en plus de la sociologie, des sciences des médias etc., avec des focalisations différentes d'un lieu à l'autre. La question qui se pose maintenant est de savoir dans quelle mesure les études théâtrales se nourrissent de problèmes réels rencontrés dans nos sociétés, de problèmes que le monde académique ne trouve pas principalement en lui-même. A cet égard on peut constater qu'il y a des réalisations ponctuelles et des tentatives dans les universités, mais on voit ces démarches se réaliser beaucoup plus dans les Hautes Écoles d'art, où ce type de recherche située semble être beaucoup plus effectué, comme montrent bien les contributions dans ce volume.

Cela n'a rien d'étonnant, car le crédo dans les universités – et dans la politique suisse de l'éducation supérieure – est clair : ce n'est pas aux universités que l'on apprend à devenir poète, acteur ou metteur en scène, mais l'on apprend les théories et les méthodologies, et leur histoire. Pour apprendre à être écrivain, comédien, metteur en scène etc., on devrait s'inscrire dans une Haute École spécialisée de cet art : la théorie dans les universités, la pratique dans les HES. Qu'en est-il alors de la recherche ? Une recherche qui aboutit à un savoir académique de mode 1 dans les universités, tandis que le savoir établi dans les recherches dans les HES est de mode 2 ? Ce serait trop réducteur. La distinction des savoirs semble se répéter à l'intérieur de chaque science humaine. Chaque discipline a une partie historique qui définit parfois la majeure partie de ses activités, en tout cas dans le monde universitaire. Si dans la formation des étudiant.e.s en philosophie, on apprend la plupart du temps à lire les auteurs du passé, il n'en va pas autrement en littérature, ni dans les études théâtrales. Outre le passé qui est, pour reprendre les termes d'Aristote, un domaine du nécessaire, dans lequel on peut donc établir un savoir mode 1, il y a aussi les méthodes à apprendre : empiriques, analytiques, herméneutiques, archéologiques, généalogiques et ainsi de suite. Est-ce aussi un savoir de mode 1 ? Cela ne s'applique certainement qu'à une partie des méthodologies. Mais la recherche académique n'est pas condamnée à être aveugle pour ce qui se passe dans la cité, aux problèmes actuels. Une partie de la méthodologie concerne la question de comment créer un savoir concret et situé de manière transdisciplinaire.

Certes, il y a toujours des tendances institutionnelles dans les sections universitaires à mettre en avant la recherche de savoirs de mode 1. Il en résulte justement le défi de créer des ponts vers l'extérieur lorsque ces savoirs sont revendiqués ou pourrait être utiles. Car pour résoudre nos problèmes sociétales et environnementaux nous avons besoin de nous appuyer sur tout le savoir fiable et les meilleures compétences à disposition. Nous devons donc créer une culture de son utilisation dans le cadre d'une recherche-création qui vise un résultat passager.

D'autre part, la recherche-création effectuée aux HES est souvent typiquement de mode 2, car elle est orientée vers un produit temporellement et localement restreint, et se base sur des besoins actuels – ce qui n'exclut pas le développement de théories du mode 1, comme celle d'un Stanislavski sur l'art du comédien, par exemple. Bien entendu, la recherche théâtrale appliquée cherche des modes d'intervention transférables à d'autres lieux et contextes. La contribution d'Anne-Cathérine Sutermeister dans ce volume montre toutefois bien que, malgré les efforts des instances politiques pour financer une recherche « pure », sans présentation publique d'un résultat, l'objectif reste pour de nombreux artistes la création de quelque chose qui est singulier, situé, passager dans sa forme de présentation – ce qui n'exclut pas l'établissement, en le faisant, de méthodologies transférables.

Les études théâtrales sont représentatives dans la mesure où elles opèrent à la limite du besoin de l'humanité. Car l'humanité a besoin d'une recherche en mode 2 sur l'humain en tant qu'être agissant (où se pose également la question des ressources pour un agir juste). Dans cette recherche, c'est moins le savoir qui est l'enjeu que la pensée et notre posture envers nous-mêmes, autrui, la société et l'environnement. Les études théâtrales sont exemplaires et représentatives de cette tendance dans le développement épistémologique de l'humanité, mais moins dans les Études théâtrales universitaires que dans la recherche-création dans les arts de la scène aux HES, et dans la recherche *entre* les Hautes Écoles d'art et les universités, dans les transferts et les questionnements entre la soif de vérité et de compréhension d'une part et le besoin de créer sur une base bien recherchée d'autre part, aux croisements d'une recherche de l'universel et de la recherche-création du singulier.

Il est dommage que la voie universitaire soit appelée « académique », car dans l'Académie fondée par Platon vers 375 av. n. ère, son fondateur s'opposait justement à une écriture et à une recherche purement descriptives et théoriques.[43] Il nous présente sa pensée dans la combinaison d'une recherche dialogique de l'universellement valide par le biais de personnages particuliers (avec toutes les faiblesses et les postures particulières que cela implique, de la prêtresse au stratège), calqués sur des personnes historiques singulières (avec toutes leurs contingences). S'exprimer sous la forme du dialogue, dramatiser la recherche de la sagesse, voilà ce qui semblait *nécessaire* à Platon. Où cela existe-t-il encore de nos jours ? Il n'y a pas de HES pour une formation professionnelle en philosophie, car dans cette discipline, la distinction entre pratique et théorie n'a pas de sens. Rare sont pourtant les lieux aux universités où l'on peut apprendre la philosophie par une approche dialogique et par la pratique. L'auteur a eu la chance de pouvoir implémenter une telle approche, appelée « Les Maîtres de la Caverne », à l'Université de Lausanne, grâce au soutien de collègues de la Faculté des lettres qui étaient convaincus des bienfaits du théâtre. Est-il étonnant que ce soit en philosophie qu'apparait l'appel à donner corps à la pensée ?

Il parait qu'une telle approche ait généralement migré ailleurs et qu'elle ne survive pas longtemps aux dynamiques « académiques » de la philosophie universitaire. L'interrogation, le questionnement, la recherche dans la poursuite d'une sagesse qui ne se réduit pas à un savoir, la philosophie pratiquée donc, au bon vieux sens du terme, est bien plus à l'œuvre dans les projets de recherche menés

---

43 L'approche ici proposée semble opposée à celle défendue par Badiou (2013) qui voit une « rivalité dans la conquête des esprits. [...] les moyens utilisés par le théâtre et les moyens que propose la philosophie sont pratiquement opposés. » Mais elle ne l'est pas : la description juste des réalités modernes de la philosophie universitaire de Badiou est complétée ici par une vision post-antique de la philosophie et de l'Académie.

dans les Hautes Écoles des arts de la scène que dans les sections universitaires qui contribuent aux études théâtrales – qu'elles soient philosophiques ou littéraires ou historiques. Ce sont ces projets de recherche qui mériteraient l'appellation académique (sans guillemets), dans le bon sens platonicien du terme.

Bibliographie

Sources

Aristophane : *Aristophanis Fabulae*, N. G. Wilson (ed.). Oxford UP, 2007.
Aristophane : *Théâtre complet*, trad. Pascal Thiercy. Paris : Gallimard, 1997.
Aristote : *Œuvres complètes*, dir. et trad. Pierre Pellegrin. Paris : Éditions Flammarion, 2014.
Aristote: Œuvres : Éthiques, Politique, Rhétorique, Poétique, Métaphysique, dir. et trad. Richard Bodéüs. Paris: Gallimard, 2014.
Aristote: *Poétique*, trad. Barbara Gernez. Paris: Les Belles Lettres, 2008.
Aristote: *La Poétique*, trad. Roselyne Dupont-Roc / Jean Lallot. Paris: Seuil, 1980.
Diogène Laërce : *Vie et doctrines des philosophes illustres*, éd. et trad. par Marie-Odile Goulet-Cazé. Paris : Le livre de poche, 1999.
Platon : *Œuvres complètes*, trad. Luc Brisson et al. Paris: Flammarion, 2011.
Platon: *Werke in acht Bänden*, grec et allemand, trad. Friedrich Schleiermacher. Darmstadt: Wissenschaftliche Buchgesellschaft, 2005, 1974.

Littérature

Arendt, Hannah (1996) : *Considérations morales*, trad. de l'anglais par Marc Ducassou. Paris : Payot & Rivages, orig. 1971 : *Thinking and Moral Consideration*.
Badiou, Alain (2013) : *Éloge du théâtre*. Paris : Flammarion.
Bammé, Arno (2004) : *Science Wars. Von der akademischen zur postakademischen Wissenschaft*. Frankfurt am Main : Campus.
Benhabib, Seyla u. a. (1993) : *Der Streit um Differenz. Feminismus und Postmoderne in der Gegenwart*. Frankfurt a. M. (engl. 1994).
Bender, Gerd (2001) : *Neue Formen der Wissenserzeugung*, Frankfurt am Main / New York : Campus.
Castellucci, Romeo (2022) : Aliénation. In: *L'Heure bleue*, France inter ; https://www.radiofrance.fr/franceinter/podcasts/l-heure-bleue/l-heure-bleue-du-mardi-15-fevrier-2022-5978326 [05/05/2024].
Chaperon, Danielle (2018) : La mise en scène en Suisse romande. Pour une définition du « Portrait scénique ». In : *MIMOS. Annuaire suisse du théâtre – Numéro spécial 2017*, éd. A. Härter / B. Hochholdinger-Reiterer / Anne Fournier. Bern : Peter Lang.
Deleuze, Gilles / Guattari, Félix (1991) : *Qu'est-ce que la philosophie ?* Paris : Les éditions de minuit.
Dupont, Florence (2007) : *Aristote ou le vampire du théâtre occidental*. Paris : Aubier.

Gilligan, Carol (1986) : *Une voix différente. La morale a-t-elle un sexe ?* Paris : Flammarion (orig. anglais 1982: *In a Different Voice*, Cambridge : Harvard UP).

Gotti, Giampaolo (2020) : Le Platon « paradoxal » de l'acteur. Pratiques de jeu, de mise en scène et d'entrainement d'une pensée en mouvement. In : M. Groneberg (éd.), *Philosophies du jeu théâtral*, 267–284.

Gotti, Giampaolo (2024) : L'acteur et son image : paradoxes stanislavskiens. In : M. Groneberg (éd.), *Le Rire de Platon*, 129–146.

Groneberg, Michael (2018) (éd.) : *Penser la scène.* Lausanne : Études de Lettres 306.

Groneberg, Michael (2020) (éd.) : *Philosophies du jeu théâtral.* Lausanne : Études de Lettres 313.

Groneberg, Michael (2021) : Voicing One's Will. Theatre as Audio-Visual Hypotyposis of the Poetic. In : M. Mocchi / L. Rocca / D. Quadri / C. Sillano: *Teatro di suoni. Spazi acustici teatrali e territoriali = Geography Notebooks / Quaderni di Geografia / Cahiers de Géographie / Cuadernos de Geografía* 4/1, 137–149.

Groneberg, Michael (2024) : Introduction. L'humour de Platon – ou : comment interpréter ses dialogues. In : M. Groneberg (ed.), *Le rire de Platon*, 13–33.

Groneberg, Michael / Quadri, Demis (2024) (éd.): *Le rire de Platon.* Lausanne : Études de Lettres 324.

Guénoun, Denis (1997) : *Le théâtre est-il nécessaire ?* Belval : Circé.

Guénoun, Denis (2018) : La limite du théâtre. In : M. Groneberg (éd.) : *Penser la scène*, 15–26.

Haraway, Donna (1988) : Situated Knowledges: The Science Question in Feminism and the Privilege of Partial Perspective, In: *Feminist Studies* 14.3, 575–599.

Harding, Sandra (1983) : Is Gender a Variable in Conceptions of Rationality ? A Survey of Issues. In: Carol C. Gould (ed.) : *Beyond Domination. New Perspectives on Women and Philosophy*. Totowa NJ : Rowman & Littlefield publishers, 43–63.

Harding, Sandra (2015) : *Objectivity & Diversity. Another Logic of Scientific Research*, Chicago / London : The University of Chicago Press.

Hegel, Georg Wilhelm Friedrich (1986) : *Werke in 20 Bänden*, dir. Eva Moldenhauer & Karl Markus Michel, Frankfurt am Main (= TWA).

Heidegger, Martin (1984, 1926) : *Sein und Zeit*. Tübingen : Max Niemeyer.

Kant, Immanuel (1975) : *Critique de la raison pure,* trad. Tremesaygues et Pacaud, Paris : PUF ; orig. *Kritik der reinen Vernunft*, 1781/1787.

Kierkegaard, Søren (1990, 2008) : *La reprise*, trad. Nelly Viallaneix. Paris : Flammarion; orig. danois 1843: *Gjentagelsen*.

Kierkegaard, Søren (2003) : *La répétition*, trad. Jacques Privat. Paris : Payot & Rivages; orig. 1843: Gjentagelsen.

Kirkkopelto, Esa (2008) : *Le Théâtre de l´ expérience. Contributions à la théorie de la scene*. Paris: Presses de l´Université Paris-Sorbonne.

Knebel, Maria (2006) : *L'analyse-action*, adapt. A. Vassiliev, trad. S. Poliakov / N. Struve / S. Vladimirov. Paris : Actes Sud-Papier.

Lattuca, Lisa R. (2001) : *Creating Interdisciplinarity : Interdisciplinary Research and Teaching among College and University Faculty*. Nashville, TN: Vanderbilt University Press.

Lehmann, Hans-Thies (2002) : *Le Théâtre postdramatique*, Paris : L'Arche, 2002; orig. *Postdramatisches Theater*. Frankfurt am Main: Verlag der Autoren, 1999.

List, Elisabeth / Studer, Herlinde (Hg.) (1989) : *Denkverhältnisse, Feminismus und Kritik*, Frankfurt a. M. : Suhrkamp.

Macé, Marielle (2016) : *Styles. Critique de nos formes de vie*. Paris : Gallimard.

Maranta, Alessandro / Pohl, Christian (2001) : Lesarten und Kennzeichnungen. In: Gerd Bender (ed.): *Neue Formen der Wissenserzeugung*. Frankfurt a. M./ New York, 101–122.

Mittelstrass, Jürgen (2003) : *Transdisziplinarität – wissenschaftliche Zukunft und institutionelle Wirklichkeit*. Konstanz : Universitätsverlag.

Nietzsche, Friedrich (1980) [KSA] : *Sämtliche Werke. Kritische Studienausgabe in 15 Bänden*, éd. Giorgio Colli / Mazzino Montinari. München/Berlin.

Popper, Karl (1969) : Die Logik der Sozialwissenschaften (orig. 1961). In: Theodor W. Adorno et al.: *Der Positivismusstreit in der deutschen Soziologie*. Frankfurt a. M. : Suhrkamp, 103–123.

Puig de la Bellacasa, María (2014) : *Les savoirs situés de Sandra Harding et Donna Haraway, science et épistémologies féministes*. Paris: L'Harmattan.

Schiller, Friedrich (1992, 1943) : Lettres sur l'éducation esthétique de l'homme, [1795] éd. bilingue, trad. Robert Leroux. Paris : Aubier Montaigne ; orig. *Über die ästhetische Erziehung des Menschen in einer Reihe von Briefen*. Stuttgart : Reclam, 2000.

Tanner, Sonja Madeleine (2017) : *Plato's Laughter. Socrates as Satyr and Comical Hero*. New York : Suny series in Ancient Greek Philosophy.

Vassiliev, Anatoli / Vladimirov, Sergueï (2024) : Le rire de Platon. In : M. Groneberg / D. Quadri (éd.), *Le rire de Platon*, 147–178.

Ziman, John (2002) : *Real Science*. Cambridge : University Press.

MIRJAM HILBRAND

III.

Theaterforschung & Archiv
Arbeit an Wissensordnungen des Theaters

Recherche théâtrale & archives
Un travail sur les ordres de connaissances
du théâtre

Ricerca teatrale & archivio
Lavorare sulle strutture di conoscenza
del teatro

281

«Theater», ein ephemerer Gegenstand, und «Archiv» werden oft als widersprüchliches Paar empfunden. Doch gerade die omnipräsente Abwesenheit von Theater, d. h. der Aufführung, im Archiv lenkt die Aufmerksamkeit auf die Gemachtheit sowohl der Archive als auch der Geschichtsschreibung. Der Beitrag beschäftigt sich damit, welche Theaterverständnisse die Entstehung der deutschsprachigen Theaterwissenschaft wie auch der institutionalisierten Theatersammlungen prägte. Er stellt ein derzeit erstarkendes Interesse am Thema Archiv fest, das sich in der Diskussion neuerer methodischer Ansätze äussert, aber auch in Forschungs- und künstlerischen Projekten, die sich marginalisierten Theaterformen und -geschichten widmen. In diesem Sinne bedeutet Forschung im Archiv auch immer Arbeit an Wissensordnungen des Theaters.

RÉSUMÉ

Le « théâtre », un objet éphémère, et les « archives » sont souvent considérés comme un couple contradictoire. Pourtant, c'est justement l'absence omniprésente du théâtre, c'est-à-dire de la représentation, dans les archives qui attire l'attention sur le fait que les archives et l'historiographie sont toutes deux fabriquées. L'article s'intéresse à la conception du théâtre qui a marqué la naissance de la science théâtrale germanophone et des collections institutionnalisées de théâtre. Il constate un intérêt croissant pour le thème des archives, qui s'exprime dans la discussion de nouvelles approches méthodologiques, mais aussi dans des projets de recherche et artistiques consacrés à des formes et des histoires théâtrales marginalisées. Dans ce sens, la recherche dans les archives signifie toujours un travail sur les ordres de connaissances du théâtre.

RIASSUNTO

Il «teatro», oggetto effimero, e l'«archivio» sono spesso visti come una coppia contraddittoria. Tuttavia, è proprio l'onnipresente assenza del teatro, cioè della *performance*, nell'archivio a richiamare l'attenzione sulla natura dell'archivistica e della storiografia. L'articolo si occupa della comprensione del teatro che ha dato forma all'emergere degli Studi teatrali in lingua tedesca e delle collezioni teatrali istituzionalizzate. Rileva un crescente interesse per il tema degli archivi, che si esprime nella discussione di nuovi approcci metodologici, ma anche in progetti di ricerca e artistici dedicati a forme e storie teatrali emarginate. In questo senso, fare ricerca in archivio significa anche lavorare sulle strutture di conoscenza del teatro.

Wenn von «Theater» und «Archiv» die Rede ist, drängt sich rasch der Gedanke an das Widersprüchliche dieses Begriffsduos auf:[1] Die Aufführung als Herzstück von Theater – «Theater» wird in diesem Beitrag als Mantelbegriff für die szenischen Künste bzw. für unterschiedliche Theaterformen[2] verwendet – zeichnet sich durch ihre Flüchtigkeit, ihren immateriellen Charakter, durch das Hier und Jetzt aus. Das Archiv hingegen ist der Speicher der Materialien des bereits Vergangenen, die dort für die Zukunft aufgehoben werden. So mögen sich im Archiv zum Thema Theater zwar Programmhefte, Plakate, Bühnen- und Kostümentwürfe, Regie- und Rollenbücher, akustische, fotografische oder filmische Aufzeichnungen, Presseberichte, Requisiten und Kostüme, Zeugnisse von Bühnentechnik und Architektur und dergleichen mehr auffinden lassen, doch nicht die Aufführung selbst. Die Archivalien verweisen also stetig auf einen vielleicht sogar schmerzlich empfundenen Verlust des *Eigentlichen* des Theaters.[3] Mit Fragen verbunden ist die Archivierbarkeit von Theater ohnehin: Nach welchen Kriterien und auf welche Weise wird Theater dokumentiert?

Für Forscher:innen im Theaterarchiv ist das Abwesende also omnipräsent. Auf Basis vorhandener Spuren rekonstruiert man, macht sich ein Bild und schreibt Geschichte(n) der Theaterpraxis. Gezwungenermassen bleiben diese lückenhaft und immer nur eine Annäherung. So entlarvt sich das, was wie ein Fluch der (historiografischen) Theaterforschung daherkommt, als Segen: Denn diese Widersprüchlichkeit von Theater und seiner (Nicht-)Archivierbarkeit ruft uns ständig ins Bewusstsein, dass historische Forschung (gemeint ist Forschung nach wissenschaftlichen Standards) und damit die Geschichtsschreibung immer fragmentarisch bleiben sowie interpretative, spekulative Anteile haben.[4] Ein durchaus produktiver Stolperstein also, der auch zur Reflektion der eigenen Forschungstätigkeit dient: Welche Archive werden (nicht) besucht? Welche Materialien werden (nicht) gesichtet? Welche Quellen werden (nicht) zur genaueren Untersuchung ausgewählt und auf welche Weise werden Quellen (nicht) zueinander ins Verhältnis gesetzt, (um)geordnet und

---

1 Vgl. bspw. T. Jahn u. a. 2016, 12; L. Skwirblies u. a. 2022, 52; A. Wolfsteiner u. a. 2021, 10.
2 Bei dem Begriff «Theaterform» «handelt [es] sich, im Unterschied etwa zu Gattungen und Genres, um eine neutrale Gliederungsebene. Sie unterstützt einen Wechsel vom Denken in Traditionslinien zum Denken des Gleichzeitigen.» (A. Kotte 2012, 278) «Theaterform» fand erst in den 1980er Jahren Eingang in den theaterwissenschaftlichen Sprachgebrauch und hat sich bis heute nicht in der gesamten deutschsprachigen Theaterwissenschaft durchgesetzt (vgl. A. Kotte 2012, 61–140, 276–281).
3 Vgl. S. Förster / P. Hanke 2022, 4 f.
4 Vgl. G. McGillivray 2011, 17.

arrangiert?[5] Welche Sekundärliteratur wird (nicht) rezipiert und in welche Diskurse und Narrative wird die Geschichte (nicht) eingeschrieben? Die aus diesen Fragen resultierenden, auch im Bereich der Wissenschaft manchmal intuitiven oder impliziten Entscheidungen haben einen Einfluss auf das Resultat, auf die Geschichten, die geschrieben werden.

Auch die Archive sind als historische Produkte nie neutral; sie zeichnen sich immer aus durch Ein- und Ausschlüsse, und somit durch implizite oder explizite Leerstellen. Die Geschichtswissenschaftlerin Antoinette Burton, die in einem Buch *Making-of*-Geschichten von Historiker:innen über ihre Archivarbeit versammelt hat, formuliert dies folgendermassen:

> «For archives do not simply arrive or emerge fully formed; nor are they innocent of struggles for power in either their creation or their interpretive applications. Though their own origins are often occluded and the exclusions on which they are premised often dimly understood, all archives come into being in and as history as a result of specific political, cultural, and socioeconomic pressures – pressures which leave traces and which render archives themselves artifacts of history.»[6]

Archive stehen dabei nicht nur in einem Verhältnis zum zeitlichen Kontext ihrer Etablierung in der Vergangenheit, sondern auch zum Gegenwärtigen. Sie und ihre Inhalte werden im Zusammenhang mit gesellschaftlichen Verschiebungen als (ir)relevant bewertet, was beispielsweise Konsequenzen für die Zugänglichkeit und den Umgang mit den bewahrten Materialien hat.[7] Die Gemachtheit von Archiven sowie ihre (Un-)Zugänglichkeit haben Auswirkungen darauf, welche Quellen eher (nicht) wahrgenommen und welche Geschichten somit eher (nicht) geschrieben werden.[8]

Insgesamt scheint das Thema Archiv die deutschsprachige Theaterwissenschaft, wie auch verwandte Disziplinen der Geisteswissenschaften sowie die künstlerische Praxis derzeit zunehmend zu beschäftigen. Im Feld der Theaterforschung werden Fragen nach Dokumentation und Archivierbarkeit von (zeitgenössischer) Theaterpraxis,[9] nach dem Verhältnis von Archiv und Digitalisierung diskutiert,[10] und eine grössere Präsenz der Thematik bzw. archivkritischer

---

5 Vgl. bzgl. Sortieren und (Um-)Ordnen von Sammlungsmaterialien S. Lorey 2020, 47–52.
6 A. Burton 2005, 6.
7 Vgl. A. Burton 2005, 6; G. McGillivray 2011, 13–15.
8 Vgl. auch P. Primavesi 2020, 110–112.
9 Vgl. z.B. A. Wolfsteiner u. a. 2021.
10 Vgl. P. Primavesi 2020, 103.

Ansätze in Lehre und Forschung gefordert.[11] Forschungs- und Ausstellungsprojekte sowie Publikationen der jüngeren Vergangenheit belegen ausserdem, dass sich theaterwissenschaftliche Institute und Theatermuseen mit entsprechenden Fachsammlungen auch verstärkt mit Fragen nach der Gemachtheit ihrer Archive auseinandersetzen.[12]

Aber welches Theater?

Die Etablierung von Theatermuseen sowie Fachsammlungen an theaterwissenschaftlichen Instituten geht im deutschsprachigen Raum in der Regel auf die Zeit um 1900 zurück und ist mit den Legitimationsbestrebungen des «Theaters» als ernste und förderungswürdige Kunstform zusammen zu denken.[13] Mit der aus den Theatertheorien des 18. Jahrhunderts resultierenden diskursiven Verengung von «Theater» auf eine Aufführungskunst, die auf dem geschriebenen Wort von Dichter:innen beruht, wurden andere Theaterformen begrifflich ausgeklammert bzw. als Nicht-Theater definiert.[14] Im Kontext des 19. Jahrhunderts wird das «Theater» zunehmend als «nationalkulturelles Medium» gedacht und praktiziert,[15] das feste Spielstätten sowie sesshafte Schauspieler:innen zur Norm macht.[16] Zeitgleich mit den Dokumentations- und Archivierungsbemühungen von «Theater» um 1900 wird auch die Theaterwissenschaft als eigenständige, von der Literaturwissenschaft emanzipierte Disziplin etabliert. 1923 wurde in Deutschland unter der Leitung des Germanisten Max Hermann das erste Institut für Theaterwissenschaft an der Friedrich-Wilhelms-Universität in Berlin gegründet. Im gleichen Zeitraum, d. h. im Kontext der Weimarer Republik, fanden die jahrzehntelangen Aufwertungsbemühungen der Vertreter:innen des Bildungs- und Literaturtheaters in der Anerkennung des «Theaters» als förderungswürdige Institution der sogenannten Hochkultur ihren Abschluss.[17]

Der Sammlungs-, Forschungs- und Publikationsfokus der jungen wissenschaftlichen Disziplin steht allerdings in einem grossen Kontrast zur vielfältigen und dynamischen Theaterpraxis um 1900. Der

---

11 Vgl. Skwirblies u. a. 2022, 48–61; https://home.uni-leipzig.de/gtw-ag-archiv/ [05.08.2023].

12 Vgl. B. Peter / M. Payr 2008; A. Härter u. a. 2018; S. Förster / P. Hanke 2022, 4 f.; R. Mosse et al. 2022; https://www.theater-medien.phil.fau.de/itm-forschungsprojekt-theater-und-archiv/ [05.08.2023].

13 Vgl. M. Giesing 1985, 3 f.

14 Vgl. A. Kotte 2013, 347.

15 M. Groß 2021, 65.

16 Vgl. M. Groß 2021, 66; B. Szymanski-Düll 2020, 82 f.

17 Vgl. M. Hildbrand 2023, 113–211, 303 f.

Theaterwissenschaftler Peter W. Marx beschreibt das «Schweigen des akademischen Diskurses» gegenüber den damals prägenden und beim Publikum beliebten Theaterformen in seinem Beitrag mit dem vielsagenden Titel *Die Entwicklung der Theaterwissenschaft aus der Erfahrung der Populärkultur um 1900* als «Ausdruck eines tief sitzenden Unbehagens am Theater der eigenen Gegenwart».[18] Zugleich habe es sich bei diesem «Schweigen» auch um «einen Akt strategischer Klugheit» gehandelt, mit dem Ziel die Theaterwissenschaft als ernstzunehmende Disziplin zu legitimieren.[19] Dieses Desinteresse, ja gar die Negation bestimmter Formen der Praxis sowie eine nationalkulturell orientierte Forschung ist bis heute prägend für die Theaterhistoriografie und erzeugte entsprechende Desiderate. Neben der (leider) allgemein gängigen systematischen geschlechts- und herkunftsspezifischen Vernachlässigung von Themen im Rahmen der Geschichtsschreibung, wurden von der Theaterwissenschaft beispielsweise transnationale Verflechtungen der Praxis und bestimmte Theaterformen, darunter etwa der Zirkus bzw. «spektakuläre Praktiken» ausser Acht gelassen.[20] Gefestigt wurden diese Leerstellen durch unhinterfragtes Rezipieren und Reproduzieren von (kanonischer) Sekundärliteratur sowie einen Forschungsfokus auf bestimmte, von einem exklusiven Theaterverständnis geprägten Quellenbestände.

Die universitären Fachsammlungen und Bibliotheken haben also zu Theaterformen, die von der Theatergeschichtsschreibung im deutschsprachigen Raum (bislang) nur marginal bis gar nicht beachtet wurden, in der Regel nicht viel zu bieten. Neben dem umrissenen, dominanten Theaterverständnis zeugen sie auch von den Theatervorlieben und ideologischen Orientierungen ihrer Gründer:innen. In Köln beispielsweise begann Carl Niessen (1890–1969), ab 1926 Leiter des dort neugegründeten theaterwissenschaftlichen Instituts, in den 1920er Jahren mit dem Aufbau einer Fachsammlung.[21] Er verstand unter «Theater» nicht nur die Inszenierung von dramatischer Literatur, sondern auch Feste sowie rituelle Handlungen und er interessierte sich für (aussereuropäisches) Puppen- und Schattenspiel, was sich in der Theaterwissenschaftlichen Sammlung bis heute widerspiegelt.[22] In Wien vertrat der Germanist und erste Leiter des 1943 gegründeten Zentralinstituts für Theaterwissenschaft Heinz Kindermann (1894–

---

18 P. Marx 2009, 17 f.
19 P. Marx 2009, 19; vgl. auch M. Groß 2021, 67.
20 K. Röttger 2020, 133. Kati Röttger schlägt daher «eine historiografische Methode» vor, «die sich am Begriff des Spektakels orientiert» (ebd.).
21 Vgl. R. Flatz u. M. Giesing 1985, 72–74.
22 Vgl. R. Flatz u. M. Giesing 1985, 69–72; https://tws.phil-fak.uni-koeln.de/ueber-uns/zur-geschichte-der-tws [05.08.2023].

1985), der eine erste Sammlung anlegte, eine Vorstellung von Theaterpraxis und -forschung im Dienste des Nationalsozialismus. Im Zuge
der Beschäftigung mit der eigenen Geschichte im Jahr 2008 konnten
entsprechende Archivalien aufgefunden und aufgearbeitet werden.[23]
Das Schweizer Archiv der Darstellenden Künste (SAPA) ging unter
anderem aus der Schweizerischen Theatersammlung hervor, die enge
Verbindungen zum 1992 gegründeten Institut für Theaterwissenschaft
pflegte, und ihrerseits auf der Gründung der Gesellschaft für innerschweizerische Theaterkultur, Vorläuferorganisation der Schweizerischen Gesellschaft für Theaterkultur (SGTK) im Jahr 1927 fusst.[24]
Die Impulse für den Aufbau der Fachsammlung kamen also aus der
deutschsprachigen Schweiz und obwohl ab den 1930er Jahren, im
Kontext von Nationaldenken sowie der sogenannten geistigen Landesverteidigung versucht wurde, die französisch-, italienisch- und
romanischsprachigen Landesteile miteinzubeziehen, gelang dies in
der Praxis nur langsam.[25] Durch die Fusion der Schweizerischen Theatersammlung mit der in Lausanne angesiedelten *Collection Suisse de
la Danse* im Jahr 2017 konnten die Verbindungen mit der Westschweiz
sicherlich bestärkt werden, doch sind der Rösti- und Polenta- und
der Vollständigkeit halber auch der Capuns-Graben in die Geschichte
und den Sammlungsbestand der SAPA eingeschrieben.

Eine Theatersammlung, die aus ganz anderen Gründen angelegt
wurde, befindet sich im Landesarchiv Berlin. Es handelt sich um die
Zensurakten der Berliner Theaterpolizei, die zwischen 1851 und 1918
Aufsichtspflicht über die Theatergeschehnisse der (Reichs-)Haupt-
stadt hatte. Laut der Zensurverordnung von 1851 musste die Theaterpolizei «alle dramatischen, musikalischen, deklamatorischen,
pantomimischen und plastischen Vorstellungen» überwachen, die
«in Kostümen oder in einem Lokale veranstaltet werden, welches
mit Kulissen, Vorhang oder andren, dieselben ersetzenden Appara-
ten versehen ist, in welchen mehrere Personen als Darsteller auftreten.»[26] Im Vergleich zum dominanten Theaterverständnis agierte die
Berliner Behörde also mit einem breiten, auch die nicht-literarischen
Theaterformen umfassenden Theaterbegriff und erweiterte diesen
sogar zunehmend, um die sich stetig verändernde Praxis erfassen
zu können. So wurden die in der Verordnung von 1851 aufgezählten
Theaterformen 1898 um «theaterähnliche Vorstellungen» ergänzt,
womit «auch ‹sonstige in den Programmen der Specialitäten und

23 Vgl. B. Peter u. M. Payr 2008, 12; B. Peter 2012, 163.
24 Vgl. A. Härter u. a. 2018, 12 f.; S. Gojan 2005, 1680–1681; S. Marinucci 2018, 125–136.
25 Vgl. A. Fournier 2018, 79–81.
26 Zit. n. A. Brauneck 1997, 187.

Varieté-Bühnen üblichen Darbietungen (wie Projections-, Nebel-, Kinematographen-Bilder, spiritistische Experimente u. dgl.)» gemeint waren.[27] Im Jahr 1909 wurde das Feld der Theaterpolizei überdies auf die Überwachung der Kinos bzw. des Films ausgedehnt.[28]

Die Theaterwissenschaftlerin Dagmar Walach hielt 2002 fest, dass diese Zensurakten bereits die Hoffnung so mancher Theaterhistoriker:in zerschlagen habe, auf «aussergewöhnliche, gar spektakuläre Exempel» zu stossen, die sich «in die Geschichte des Dramas» einfügen lassen.[29] Das mag zutreffen – was jedoch die Geschichte(n) von anderen Theaterformen angeht, so schlummert im Berliner Landesarchiv noch eine grosse Fülle an unerforschten Schätzen. Denn die Behörde zensierte beispielsweise auch Textbücher bzw. Inszenierungskonzepte von Zirkusbetrieben.[30] Und in den Polizeiakten lassen sich nicht nur Angaben zu Aufführungen und deren (un)zulässigen Inhalten finden, sondern auch thematisch relevante Zeitungsausschnitte, Schreiben diverser Verbände, Anweisungen von höheren Behörden, Steuerverordnungen, Baupläne, feuerpolizeiliche Bescheinigungen und vieles mehr.

Dieses von der Berliner Polizei (wie im Übrigen auch von Polizeibehörden anderer deutscher Länder) im Laufe der zweiten Hälfte des 19. Jahrhunderts angelegte Theaterarchiv ist für die Erforschung marginalisierter Theaterformen und -geschichten von weitreichender Bedeutung. Diese Einschätzung teilen auch die Theaterwissenschaftlerinnen Azadeh Sharifi und Lisa Skwirblies, die sich für eine Auseinandersetzung mit der «potenzielle[n] Kolonialität der eigenen Disziplin» einsetzen, d. h. einer Beschäftigung mit der Frage «[w]ie viel Kolonialität [...] sich in unserem Forschungsfeld und unseren Diskursen, in unseren Seminarräumen und Lehrplänen, unseren Aufführungsanalysen und Historiografien [verbirgt]».[31] Mit (vermeintlich) fehlendem Quellenmaterial lassen sich ihnen zufolge Leerstellen und blinde Flecken der deutschen bzw. deutschsprachigen Theaterhistoriografie in Bezug auf Kolonialismus und entsprechende Theaterpraktiken nicht erklären – die Akten der Theaterzensur des 19. Jahrhunderts bieten zur Thematik jede Menge Stoff.[32]

Nicht nur die Aficionados des Literaturtheaters begannen um 1900 Theatersammlungen anzulegen, Theatermuseen aufzubauen und Theaterausstellungen zu organisieren. Auch Vertreter:innen an-

---

27 Zit. n. Leonhardt 2006, 36.
28 Vgl. G. Stark 2009, 49 f.
29 D. Walach 2002, 266.
30 Vgl. N. Leonhardt 2006, 32–35; M. Hildbrand 2023, 59–66.
31 A. Sharifi / L. Skwirblies 2022, 27.
32 Vgl. A. Sharifi / L. Skwirblies 2022, 46–48.

derer Theaterformen widmeten sich Sammlungs-, Dokumentations- und Ausstellungstätigkeiten. So wurden beispielsweise im Bereich des Zirkus bzw. der Artistik im ausgehenden 19. Jahrhundert erste deutschsprachige Zirkushistoriografien publiziert. Darin wie auch in den ab 1880 etablierten Fachzeitschriften wurde das Fehlen von Literatur sowie die Abwesenheit des Themas in populären Nachschlagewerken – gerade auch im Verhältnis zum «Theater» – bemängelt.[33] Und nach der ersten Deutschen Theaterausstellung 1910 in den neuen Messehallen in der Nähe des Berliner Zoos,[34] wurde ebendort im Frühjahr 1914 während zwei Wochen die Erste Varieté Ausstellung (EVA) veranstaltet. Aufgrund ihres Erfolgs musste die Ausstellung offenbar sogar um eine Woche verlängert werden.[35]

Vielfach lassen sich entsprechende Quellmaterialien in privat geführten Archiven oder Museen auffinden und ausserakademische Bibliotheken verfügen oftmals über aufschlussreiche Publikationen von Vereinen, Spielstätten, Chronist:innen und Expert:innen. In manchen Fällen gingen die privaten Sammlungen an Stadt- oder Stadtteil-Museen über – so etwa die *Sammlung Varieté, Zirkus, Kabarett*, seit 1979 Teil des Bestandes vom Märkischen Museum bzw. dem Stadtmuseum Berlin.[36] Das Stadtmuseum München wiederum beherbergt eine Sammlung zu Figuren- und Objekttheater, die auf ein ebendort geplantes Ausstellungsprojekt von 1939 zurückgeht. Ab 1980 wurde diese Sammlung ausserdem durch Zeugnisse von Theaterformen der deutschen Jahrmärkte und Feste erweitert.[37] Und in Köln wurde das ab 1948 aufgebaute Archiv des Tänzers und Publizisten Kurt Peters 1985 von der Stadtsparkasse Köln erworben und wird seitdem durch die Stiftung Kultur der Sparkasse KölnBonn und dem Kulturamt der Stadt Köln als Informations-, Dokumentations- und Forschungszentrum für Tanz getragen.[38] Oftmals ist jedoch der Fortbestand sowie die Zugänglichkeit der privat aufgebauten Fachsammlungen nach dem Ableben der Inhaber:innen alles andere als gesichert und so

---

33 Vgl. M. Hildbrand 2023, 214–220.

34 Vgl. S. Förster 2022, 28 f.

35 Vgl. M. Hildbrand 2023, 280.

36 Vgl. https://www.stadtmuseum.de/sammlung/sammlungen/sammlungen-theater-musik-literatur/sammlung-variete-zirkus-kabarett-2 [11.08.2023].

37 Vgl. https://www.muenchner-stadtmuseum.de/sammlungen/puppentheater-/-schaustellerei [05.08.2023].

38 Vgl. https://www.deutsches-tanzarchiv.de/archiv [05.08.2023]; https://www.sk-kultur.de/inhalte/themen/deutsches-tanzarchiv-koeln [05.08.2023]. Weitere Sammlungen und Museen sind auf der Webseite des deutschen Bundesverbands Theatersammlungen im deutschsprachigen Raum e. V. (TheSiD) zu finden (vgl. http://thesid.de/index.html [05.08.2023]).

sind bereits viele für die Forschung eigentlich relevante Quellenbestände verloren gegangen.[39]

Im Archiv: Dialog mit Leerstellen, Arbeit an Wissensordnungen

Neuere methodische Ansätze – oftmals inspiriert von intersektionalen sowie post- oder dekolonialen Diskursen – versuchen das Schweigen von (Theater-)Archiven und Lücken der Geschichtsschreibung fruchtbar zu machen und mit den Leerstellen in einen Dialog zu treten.[40] Oder wie es Ann-Christine Simke, Anika Marschall, Sharifi und Skwirblies in ihrem Beitag *Postkolonial an Theatergeschichte arbeiten – ein Plädoyer für das Archiv* formulieren:

> «Das, was das Archiv verschweigt, markiert [...] die Grenzen geschichtlicher Erzählungen. Jedes Archiv lässt sich daraufhin untersuchen, welche Geschichten und Stimmen in ihm vertreten sind und welche nicht.»[41]

Ebenfalls mit Verweis auf die Grenzen und Lücken der Theaterarchive, die meistens «nach einem nationalstaatlich oder lokalstädtisch organisierten Prinzip strukturiert»[42] bzw. auf die «Nation, Sesshaftigkeit und das Bühnengeschehen»[43] bezogen sind, beschäftigen sich sowohl Berenika Szymanski-Düll als auch Martina Groß derzeit mit der Mobilität von Theaterakteur:innen bzw. ihrer transnationalen Praxis. Groß sieht in der von der Theaterforschung vernachlässigten Reiseliteratur, d. h. in Reiseberichten von Theatermacher:innen, ein Potenzial für eine transnationale Theaterhistoriografie.[44] Und Szymanski-Düll schlägt in einem kürzlich veröffentlichten Beitrag einen «biografischen Ansatz» für die historische Theaterforschung vor,[45] um die transnationale Dimension der Theatergeschichte(n) erfassen bzw. den «methodologischen Nationalismus» der Theaterhistoriografie durchbrechen zu können.[46] Ihr geht es dabei nicht um die Erarbeitung von Künstler:innen-Biografien, sondern vielmehr dar-

---

39 Vgl. M. Hildbrand 2023, XXII.
40 Vgl. A. Burton 2005, 7.
41 L. Skwirblies u. a. 2022, 52. Vgl. auch A. Sharifi / L. Skwirblies 2022; M. Casey 2011.
42 B. Szymanski-Düll 2020, 83.
43 M. Groß 2021, 67.
44 Vgl. M. Groß 2021, 65–69.
45 Vgl. B. Szymanski-Düll 2020.
46 B. Szymanski-Düll 2020, 84.

um, anhand der zurückgelegten Reise- und Migrationswege sowie Tätigkeiten von den insbesondere ab der zweiten Hälfte des 19. Jahrhunderts zunehmend global mobilen Theaterakteur:innen «eine Welt von Interaktionen, Verflechtungen und Zirkulationen jenseits nationaler Grenzen» offen zu legen.[47]

Nach biografischen Ordnungsprinzipien bearbeiteten auch die Beteiligten des Forschungsprojekts *(Re-)Collecting Theatre History* (2017–2020) der Universität zu Köln und der Freien Universität Berlin in Kooperation mit weiteren Theatersammlungen ihre Bestände. Das Ziel lag darin, im Rahmen eines Digitalisierungsprozesses anhand von «biografischen Koordinaten eine Theatergeschichte zu erzählen, die quer zu den historisch anerkannten Epochengrenzen verläuft» und damit zu einer «theaterwissenschaftlichen Neuperspektivierung» der Archivalien beiträgt.[48] Nora Probst und Vito Pinto, Projektkoordinator:innen, beschreiben in einem 2020 veröffentlichten Beitrag die Chancen von Digitalisierungsprozessen und der Anwendung von Verfahren der *Digital Humanities* – unter dem Vorbehalt, dass Daten und digitale Tools die eigentliche Forschungs- und Interpretationsarbeit nicht ersetzen:[49]

> «Die eingehende Auseinandersetzung mit digital gestützten Forschungsverfahren birgt für die Theaterwissenschaft aufgrund des intensiven Nachdenkens über die Organisation von Wissen, über fachspezifische Taxonomien und Terminologien [...] die Chance, vermeintlich etabliertes Wissen zu hinterfragen, in der methodischen Annäherung blinde Flecken auszumachen oder neue Forschungsperspektiven aufzuzeigen.»[50]

Im Vergleich zu verwandten wissenschaftlichen Disziplinen erfolgt eine Annäherung der Theaterwissenschaft an die *Digital Humanities* im deutschsprachigen Raum bislang jedoch nur zögerlich.[51]

Weniger Skepsis gegenüber dem Digitalen besteht seitens der Praxis. So entwickelt die 2018 in Deutschland lancierte *Initiative für die Archive der Freien Darstellenden Künste* derzeit ein digitales, öf-

---

47 B. Szymanski-Düll 2020, 84. Szymanski-Düll verfolgt derzeit ein entsprechendes Forschungsprojekt (vgl. https://www.t-migrants.gwi.uni-muenchen.de [05.08.2023]).

48 Vgl. https://www.geisteswissenschaften.fu-berlin.de/we07/forschung/forschungsprojekte/theaterwissenschaft/re-collecting/index.html [05.08.2023]. Für Einblicke in die Ergebnisse vgl. https://recollecting.tws.uni-koeln.de/index.html [06.08.2023].

49 Vgl. N. Probst / V. Pinto 2020, 164–172. Diese positive Perspektive teilen Groß und Szymanski-Düll (vgl. M. Groß 2021, 69; B. Szymanski-Düll 2020, 88).

50 N. Probst / V. Pinto 2020, 172.

51 Vgl. N. Probst / V. Pinto 2020, 172 f.; A. Portmann 2020, 49; P. Primavesi 2020, 103–110.

fentlich zugängliches Archiv, das den Praktiken und Formen der Freien Szene entsprechen soll. Die Initiative geht auf einen seit 2013 bestehenden Arbeitskreis zurück, der sich im Zusammenhang mit Fragen nach (den Lücken von) Theaterarchivierung der freien Darstellenden Künste gebildet hat. Das Archiv wird nun in Kooperation mit drei Künstler:innen-Gruppen entwickelt, die bereits zum Thema Archivierung oder zu Traditions- und Verbindungslinien zwischen historischer und zeitgenössischer Praxis arbeiten. Angesichts einer transnational orientierten Theaterhistoriografie lassen sich solche Linien übrigens auch zwischen mobilen Theaterakteur:innen der Vergangenheit und der zeitgenössischen Freien Szene ziehen, deren Praxis sich aufgrund von Auftritten an Gastspielhäusern und Festivals durch eine hohe Mobilität und aufgrund von internationalen Koproduktionen durch eine starke internationale Vernetzung auszeichnet.[52] Mit digitalen Archiven werden Gedächtnisinstitutionen vor Herausforderungen gestellt, neue virtuelle Architekturen zu erschaffen, die den Anforderungen der digitalen Dokumentation wie auch digitalen oder hybriden Aufführungsformen gerecht werden.[53]

Auch SAPA macht auf der *Swiss Performing Arts Platform* laufend neue Quellen digital zugänglich.[54] Im Vergleich zu anderen Theatersammlungen, die sich vor allen Dingen mit der Erschliessung und ggf. einer kritischen Auseinandersetzung ihrer Bestände beschäftigen, dokumentiert und sammelt das Schweizer Archiv der Darstellenden Künste weiter – auch zu Formen der Freien Szene. Das SAPA muss sich also laufend mit Fragen auseinandersetzen, nach welchen Kriterien Theater gesammelt, archiviert und zugänglich gemacht wird. Bemerkenswert ist in diesem Zusammenhang das *Oral History*-Projekt im Bereich Tanz. Mit Bezug auf die Leerstellen der Tanzhistoriografie und im Sinne einer «aktiven Quellenbildung» führt SAPA dafür nach «künstlerisch-wissenschaftlichen Methoden» Gespräche mit Tanzschaffenden.[55] Das scheint sinnvoll, denn im Tanz nimmt das Körpergedächtnis einen wichtigen Platz ein und stellt die Tanzwissenschaft vor entsprechende Herausforderungen.[56] Die Anerkennung von mündlichen bzw. *Oral History*-Quellen als legitim geht auf eine jüngere, auch von den *Postcolonial Studies* mitgeprägte Entwicklung zurück, die nicht ohne Widerstand der Geschichtswissenschaft vonstatten ging.[57]

---

52 Vgl. M. Groß 2021, 69–71; M. Hildbrand / F. Künkel 2023, 47 f.; A. Portmann 2020, 36–53.
53 Vgl. Taylor 2010; R. Mosse / N. Tecklenburg 2023.
54 Vgl. https://sapa.swiss/ressourcen/ [11.08.2023].
55 Vgl. https://sapa.swiss/oral-history/ [11.08.2023].
56 Vgl. Ch. Thurner 2014, 2017; S. Foellmer 2023.
57 Vgl. A. Burton 2005, 4 f.; M. Casey 2011, 29.

Das derzeit erstarkende Interesse an dem Thema Archiv manifestiert sich also in wissenschaftlichen und künstlerischen Projekten, die sich mit der Befragung von Sammlungslogiken und Archivierbarkeit von Theater, der Etablierung neuer Theaterarchive oder mit der Aufarbeitung der eigenen Sammlungsgeschichte beschäftigen. Damit einher geht die Diskussion neuerer methodischer Ansätze und Perspektiven in Bezug auf Archive und die Geschichtsschreibung von Theater. So lässt sich an dieser Stelle vermuten, dass der Thematik im Feld der Theaterforschung in den nächsten Jahren (noch) mehr Bedeutung zukommen wird – auch im Hinblick auf epistemologische Überzeugungen bzw. deren Revision. Denn die Auseinandersetzung mit dem Archiv und seinen Archivalien, seiner Gemachtheit und seinen Leerstellen und den dadurch zutage tretenden Widersprüchen zu den etablierten theaterhistorischen Narrativen bedeutet auch eine Arbeit an Wissensordnungen des Theaters.[58]

Vor dem Hintergrund der Entstehungsgeschichte der Theaterwissenschaft – mit ihrem dominanten, am Drama orientierten Begriff von Theater, entsprechenden Sammlungen und Museen, mit ihren blinden Flecken und Marginalisierungen – ist die Theaterforschung mit Maryrose Casey gesprochen künftig gefordert,

> «to develop methodologies that enable new ways of engaging with the multiple archives that recognise the different cultural positions, meanings and epistemologies, and to bring the different knowledges into mutually respectful conversations.»[59]

Dies bedeutet für Forscher:innen die Auseinandersetzung mit *anderen* Archiven und Quellenbeständen, für die Theaterwissenschaft auch ein Zulassen und Anerkennen von neueren methodischen Ansätzen, darunter praxeologische,[60] theaterpraktische und künstlerisch-forschende Zugänge.

Bibliografie

Balme, Christopher / Szymanski-Düll, Berenika (Hg.) (2020): *Methoden der Theaterwissenschaft*. Tübingen: Narr Francke Attempo.
Brauneck, Anja (1997): *Die Stellung des deutschen Theaters im öffentlichen Recht, 1871–1945*. Frankfurt a. M.: Peter Lang.

---

58 Vgl. M. Groß 2021, 71; S. Hulfeld 2007, 17.
59 M. Casey 2011, 30.
60 Vgl. M. Wagner 2020, 59–80.

Burton, Antoinette M. (2005): Introduction, Archive fever, Archive stories. In: Antoinette M. Burton (Hg.): *Archive Stories: Facts, Fictions, and the Writing of History*. Durham, N.C: Duke University Press, 1–24.

Casey, Maryrose (2011): Tales still to be told: Indigenous Australian theatre practice and the archive. In: G. McGillivray (Hg.) 2011a, 29–43.

Flatz, Roswitha / Giesing, Michaela (1985): Das Theatermuseum der Universität zu Köln. In: *Theatersammlungen in der Bundesrepublik Deutschland und Berlin (West)*. Kleine Schriften der Gesellschaft für Theatergeschichte H. 33. Berlin: Gesellschaft für Theatergeschichte, 69–82.

Foellmer, Susanne (2023): The Archival Turn in Dance/Studies: Reflections on (Corporeal) Archives and Documents. In: *Theatralia*. 2022, Vol. 25, Iss. 2, 129–47.

Förster, Sascha (2022): Kreons Tempel zwischen Messehalle und Naturbühne. Zu den ästhetischen Reformen des Schauspielhauses Düsseldorf am Beispiel der Jahre 1909 bis 1911. In: Theatermuseum der Landeshauptstadt Düsseldorf (Hg.): *Inventur eines Theaterarchivs, Perspektiven auf die Objekte des Schauspielhauses Düsseldorf (Dumont-Lindemann), 1904 bis 1947*. Düsseldorf: o. A., 26–47.

Förster, Sascha / Hanke, Philipp (2022): Vorwort. In: Theatermuseum der Landeshauptstadt Düsseldorf (Hg.): *Inventur eines Theaterarchivs, Perspektiven auf die Objekte des Schauspielhauses Düsseldorf (Dumont-Lindemann), 1904 bis 1947*. Düsseldorf: o. A., 4–5.

Fournier, Anne (2018) : La Société suisse du théâtre en Suisse romande : une minorité active. In: A. Härter u. a. 2018, 79–81.

Giesing, Michaela (1985): Einleitung. In: *Theatersammlungen in der Bundesrepublik Deutschland und Berlin (West)*. Kleine Schriften der Gesellschaft für Theatergeschichte H. 33. Berlin: Gesellschaft für Theatergeschichte, 3–10.

Gojan, Simone (2005): SGTK – Schweizerische Gesellschaft für Theaterkultur. In: Andreas Kotte (Hg.): *Theaterlexikon der Schweiz*. Zürich: Chronos, Bd. 3, 1680–1681.

Groß, Martina (2021): Dokumentation und Archivierung transnationaler Theaterpraxis. In: A. Wolfsteiner u.a., 64–73.

Härter, Andreas / Hochholdinger-Reiterer, Beate / Fournier, Anne (Hg.) (2018): *Schweizer Theaterwelten = La Suisse – ses théâtres en scène = Universi teatrali svizzeri*. Bern: Peter Lang.

Hildbrand, Mirjam (2023): *Theaterlobby attackiert Zirkus. Zur Wende im Kräfteverhältnis zweier Theaterformen zwischen 1869 und 1918 in Berlin*. Paderborn: Brill.

Hildbrand, Mirjam / Künkel, För (2023): Streiflichter auf Künstlerinnen* der Berliner Zirkus- und Varietészene um 1900. In: Friederike Oberkrome / Lotte Schüßler (Hg.): *Arbeiten zwischen Medien und Künsten. Feministische Perspektiven auf die erste Hälfte des 20. Jahrhunderts*. Berlin: Neofelis, 23–50.

Hulfeld, Stefan (2007): *Theatergeschichtsschreibung als kulturelle Praxis. Wie Wissen über Theater entsteht*. Zürich: Chronos.

Jahn, Tessa / Wittrock, Eike / Wortelkamp, Isa (2016): *Tanzfotografie: Historiografische Reflexionen der Moderne*. Bielefeld: transcript Verlag.

Kotte, Andreas (2012): *Theaterwissenschaft. Eine Einführung*. Köln u. a.: Böhlau.

Kotte, Andreas (2013): *Theatergeschichte. Eine Einführung*. Köln u. a.: Böhlau.

Leonhardt, Nic (2006): Im Bann der Bühnengefahren. Preußische Theaterverordnungen zwischen Prävention und Subversion. In: Uwe Schaper (Hg.): *Berlin in Geschichte und Gegenwart. Jahrbuch des Landesarchivs Berlin*. Berlin: Gebrüder Mann, 31–49.

Lorey, Stefanie (2020): *Performative Sammlungen. Begriffsbestimmung eines neu-en künstlerischen Formats*. Bielefeld: transcript.

Marinucci, Sarah (2018): Die Gründung des Instituts für Theaterwissenschaft in Bern. Die Folgen einer politischen Akzentverschiebung. In: A. Härter u. a. 2018, 125–136.

Marx, Peter W. (2009): Die Entwicklung der Theaterwissenschaft aus der Erfahrung der Populärkultur um 1900. In: *Maske und Kothurn* 55.1–2, 15–26.

McGillivray, Glen (Hg.) (2011a): *Scrapbooks, Snapshots and Memorabilia: Hidden Archives of Performance*. Bern: Peter Lang.

McGillivray, Glen (2011): The performance archive: Detritus or historical record? In: G. McGillivray (Hg.) 2011a, 11–28.

Mosse, Ramona / Janke, Janina / König, Judith / Stein, Christian / Tecklenburg, Nina (2022): «Viral Theatres' Pandemic Playbook – Documenting German Theatre During COVID-19.» In: *International Journal of Performance Arts and Digital Media* 18 (1): 105–127.

Mosse, Ramona / Tecklenburg, Nina (2023): Asynchron – Hybrid – Phygital. Fragmente einer erweiterten Aufführungsterminologie. In: Friedemann Kreuder / Matthias Warstat (Hg.): *Zukunft der Aufführung: Festschrift für Erika Fischer-Lichte*. Tübingen: Narr Francke Attempto, 287–310.

Peter, Birgit / Payr, Martina (Hg.) (2008): *„Wissenschaft nach der Mode"? Die Gründung des Zentralinstituts für Theaterwissenschaft an der Universität Wien 1943*. Wien: Lit.

Peter, Birgit (2012): Theaterhistorisches Archiv. In: Claudia Feigl (Hg.): *Schaukästen der Wissenschaft*. Wien: Böhlau, 163–166.

Portmann, Alexandra (2020): International Festivals, the Practice of Co-Production, and the Challenges for Documentation in a Digital Age. In: Ric Knowles (Hg.): *The Cambridge Companion to International Theatre Festivals*. Cambridge: Cambridge University Press, 36–53.

Primavesi, Patrick (2020): Theaterwissenschaftliche Forschung und die Methoden des Archivs. In: *Methoden der Theaterwissenschaft*. In: Ch. Balme / B. Szymanski-Düll (Hg.) 2020, 99–115.

Probst, Nora / Pinto, Vito (2020): Re-Collecting Theatre History. Theaterhistoriografische Nachlassforschung mit Verfahren der Digital Humanities. In: Benjamin Wihstutz / Benjamin Hoesch (Hg.): *Neue Methoden der Theaterwissenschaft*. Bielefeld: transcript, 158–179.

Röttger, Kati (2020): Historiografie des Spektakels. In: Benjamin Wihstutz / Benjamin Hoesch (Hg.): *Neue Methoden der Theaterwissenschaft*. Bielefeld: transcript, 133–156.

Sharifi, Azadeh / Skwirblies, Lisa (2022): Ist die deutsche Theaterwissenschaft kolonial? Ein Plädoyer für eine epistemologisch gerechtere Theaterwissenschaft. In: A. Sharifi / L. Skwirblies (Hg.): *Theaterwissenschaft postkolonial/dekolonial: Eine kritische Bestandsaufnahme*. Bielefeld: transcript, 27–59.

Skwirblies, Lisa / Simke, Ann-Christine / Marschall, Anika / Sharifi, Azadeh (2022): Postkolonial an Theatergeschichte arbeiten – ein Plädoyer für das Archiv. In: Theatermuseum der Landeshauptstadt Düsseldorf (Hg.): *Inventur eines Theaterarchivs, Perspektiven auf die Objekte des Schauspielhauses Düsseldorf (Dumont-Lindemann), 1904 bis 1947*. Düsseldorf, o.A., 48–61.

Stark, Gary D. (2009): *Banned in Berlin: Literary Censorship in Imperial Germany, 1871–1918*. New York: Berghahn Books.

Szymanski-Düll, Berenika (2020): Transnationale Theatergeschichte(n): Der biographische Ansatz. In: Ch. Balme / B. Szymanski-Düll (Hg.) 2020, 81–97.

Taylor, Diana (2010): Save As... Knowledge and Transmission in the Age of Digital Technologies. In: *Imagining America 7*. https://surface.syr.edu/ia/7 [14.07.2024].

Thurner, Christina (2014): Leaving and Pursuing Traces 'Archive' and 'Archiving' in a Dance Context. In: Gabriele Brandstetter / Gabriele Klein (Hg.): *Dance [and] Theory*. Bielefeld: transcript Verlag, 241–246.

Thurner, Christina (2017): Traces Between Times. Archive/Archiving and Writing (Dance) History. In: *Scores* Nr. 7: Archives to Come, 24–31.

Wagner, Meike (2020): Theatergeschichte machen. Überlegungen zu einer praxeologischen Theaterhistoriographie. In: Ch. Balme / B. Szymanski-Düll (Hg.) 2020, 59–80.

Walach, Dagmar (2002): Das doppelte Drama oder die Polizei als Lektor. Über die Entstehung der preussischen Theaterzensurbibliothek. In: Martin Hollender u. a. (Hg.): *Die besondere Bibliothek oder: Die Faszination von Büchersammlungen*. München: De Gruyter, 259–274.

Wolfsteiner, Andreas / Trachsel, Ekaterina / Bachmann, Michael / Heinrich, Anselm (Hg.) (2021): *Live Art Data*. Hildesheim: Universitätsverlag.

ESTELLE DOUDET

IV.

Remettre en jeu l'histoire du théâtre
Le cas de la Suisse romande

Riportare in scena la storia del teatro
Il caso della Svizzera francese

Die Geschichte des Theaters neu ins Spiel bringen
Der Fall der französischsprachigen Schweiz

297

RÉSUMÉ

L'histoire du théâtre est un domaine de recherche et de formation dont les méthodologies sont en plein renouvellement dans les universités francophones depuis une vingtaine d'années. En comparant la Suisse romande et la France, cette enquête étudie les différents défis épistémologiques posés par la remise en jeu, à l'université, des spectacles oubliés du passé : textes à traduire, matérialités anciennes à reconstituer, sens et effets à réactiver pour les publics d'aujourd'hui. Elle éclaire en particulier les apports spécifiques des universités romandes dans le domaine de la recherche-création et des nouvelles technologies immersives, à la recherche d'une troisième voie entre archéologie et actualisation.

RIASSUNTO

La storia del teatro è un campo di ricerca e di formazione le cui metodologie sono state completamente rinnovate nelle università francofone negli ultimi vent'anni. Mettendo a confronto la Svizzera francese e la Francia, questo studio esamina le diverse sfide epistemologiche poste dalla ripresa, in ambito universitario, di spettacoli dimenticati del passato: testi da tradurre, materiali antichi da ricostruire, significati ed effetti da riattivare per il pubblico di oggi. In particolare, fa luce sui contributi specifici delle università francofone nel campo della ricerca performativa e delle nuove tecnologie immersive, alla ricerca di una terza via tra archeologia e attualizzazione.

ZUSAMMENFASSUNG

Die Theatergeschichte ist ein Forschungs- und Ausbildungsbereich, dessen Methodologien an den französischsprachigen Universitäten seit etwa zwanzig Jahren in vollem Umfang erneuert werden. Im Vergleich zwischen der Westschweiz und Frankreich untersucht diese Studie die verschiedenen epistemologischen Herausforderungen, die sich aus der Wiederaufführung vergessener Theaterstücke der Vergangenheit an der Universität ergeben: zu übersetzende Texte, zu rekonstruierende alte Materialien, zu reaktivierende Bedeutungen und Effekte für das heutige Publikum. Sie beleuchtet insbesondere die spezifischen Beiträge der Westschweizer Universitäten im Bereich der praxisbasierten Forschung und der neuen immersiven Technologien, auf der Suche nach einem dritten Weg zwischen Archäologie und Aktualisierung.

« Présentisme », « accélération », « modèle de la hâte »[1] : depuis le
début du XXIe siècle, les approches théoriques se sont multipliées
pour définir les nouveaux rapports au temps de nos sociétés. L'orientation massive des régimes d'historicité actuels vers la « tyrannie
du présent »[2] influence nos relations au passé culturel. Celui-ci est
désormais considéré moins comme un réservoir de modèles à suivre
ou à critiquer que comme un ensemble d'événements ayant déjà eu
lieu et qu'il s'agit de remettre en acte. De la sorte, chacun et chacune
d'entre nous peut revivre ce qui s'est passé et enrichir son propre présent par l'expérience sensible de ce qui, dans ces événements, nous
est à la fois distant et proche[3]. Le rapport à l'histoire s'enchevêtre au
désir de mémoire, donnant lieu à des « télescopages de temporalités »[4] stimulants pour les artistes.

Depuis une vingtaine d'années, les mondes des arts plastiques, de
la danse et du théâtre se sont montrés particulièrement sensibles aux
apports de cet *affective and experiential turn*[5], comme en témoignent
par exemple les *reenactments* conçus par le Suisse Milo Rau. Les
créations inspirées par les « archives en acte »[6] du théâtre lui-même
se sont multipliées. Le monde académique, où s'étudie et s'enseigne
l'histoire des arts du spectacle, a participé à ce mouvement en s'intéressant notamment à la reprise de représentations passées[7]. Or la
reprise de l'histoire du théâtre par le théâtre, que je nomme ici remise
en jeu, n'est pas sans défis lorsqu'elle s'opère sur des pièces, des dramaturgies et des contextes éloignés de nous par plusieurs siècles,
voire millénaires. Comment rejouer à nouveau d'anciens répertoires
qui nous parviennent transformés par des décennies de réinterprétations ?[8] Comment, dans le même temps, déjouer la sédimentation des
canons en faisant réémerger des spectacles oubliés ? Enfin, sur quels
aspects historiques le travail de reprise peut-il porter au théâtre : sur
les anciennes conditions de production et de diffusion de telle ou
telle œuvre ; sur les thèmes et les dramaturgies d'autrefois ; sur les
manières dont les publics du passé ont réagi à certains spectacles ?

Remettre en jeu l'histoire du théâtre par le théâtre, un art qui, par
nature, se réalise au présent, est d'évidence un geste complexe. Cette
enquête choisit de l'aborder dans un lieu précis, les universités de

---

1 Cf. F. Hartog 2003; H. Rosa 2005 ; C. Gaudart / S. Volkoff 2022.
2 Cf. J. Baschet 2018.
3 Cf. E. Doudet / M. Poirson 2025.
4 F. Hartog 2021, 72.
5 Cf. V. Agnew 2007.
6 Cf. Y. Potin / P.-L. Rinuy / C. Roullier 2018.
7 Cf. C. Kihm 2010.
8 Cf. S. Braunschwein et al. 2023.

Suisse francophone, et à travers deux questions. La première interroge les défis épistémologiques que pose, à l'université, la remise en jeu des archives du théâtre – terme par lequel on entend ici, au sens large, les vestiges des spectacles du passé lointain (textualités, matérialités, contextes de l'Antiquité au XVIIIe siècle). La seconde vise à cerner, à travers le cas de l'Atelier de recherche créative en histoire des arts du spectacle (ARCHAS) à Lausanne, la position des universités romandes face à leurs voisines françaises dans les domaines de la *practice-based research*[9] et de l'innovation pédagogique en histoire du théâtre.

1. Redonner lieu, voix et vie aux anciens théâtres dans les universités

« Nos amphithéâtres ne sont pas là pour la dissection des cadavres, mais pour la résurrection des morts »[10] : le mot d'ordre lancé par Gustave Cohen aux étudiant.e.s de la Sorbonne en 1933 synthétise le défi qui continue à se poser à celles et ceux qui enseignent l'histoire du théâtre dans les universités. Comment remettre en acte les archives, souvent très lacunaires, de cultures spectaculaires disparues (par exemple, celles des théâtres antiques et médiévaux) ou qui divergent fortement de nos habitudes présentes (les théâtres baroques et classiques des XVIIe-XVIIIe siècles) dans des salles de classe a priori plus propices à la lecture érudite qu'à l'exploration créative ? Redonner lieu, redonner voix, redonner vie : près d'un siècle après Cohen, fondateur du premier groupe de théâtre universitaire institutionnalisé en France[11], ces trois visées demeurent encore celle des entreprises académiques qui souhaitent remettre en scène des sources historiques. Les travaux récents menés dans les universités de la Suisse occidentale n'y font pas exception mais ils présentent quelques spécificités qu'il convient d'interroger.

---

9   On appelle ici *practice-based research* une forme de recherche-création qui implique à parts égales des historien.ne.s et des professionnel.le.s de la scène. Les hypothèses sur l'histoire du théâtre y sont étudiées à travers la pratique du jeu et de la mise en scène, selon des approches allant, selon les cas, de la reconstitution à l'actualisation. Cette méthode est aussi appelée *Performance research, Performance as Research* ou *Performance-based research*, voir E. Dutton 2019.

10 G. Cohen 1956, 436.

11 H. Solterer 2010, 93–123.

1.1 Redonner lieu

Que les universités soient un lieu multiséculaire d'activités théâtrales est un fait connu, dont les origines remontent au modèle pédagogique inventé à l'Université de Paris à partir du XIIIe siècle, source directe de la pédagogie jésuite[12]. Le *modus parisiensis* abordait le théâtre selon deux approches : en l'utilisant pour la formation au latin ; et en l'acceptant en tant qu'activité parascolaire qui permettait aux étudiants – exclusivement des hommes jusqu'au XIXe siècle – de manifester leurs prises de position dans la vie civique. Si l'engagement estudiantin bénéficie aujourd'hui de canaux diversifiés, l'université demeure un lieu crucial pour la didactique des langues anciennes par le théâtre. Fondée à Neuchâtel en 2011, la Compagnie STOA rassemble ainsi chercheur.euses et artistes pour « traduire, dépoussiérer et mettre en scène les œuvres antiques »[13] en intervenant régulièrement dans les écoles et auprès du grand public[14].

Malgré cette longue histoire, peut-on considérer les universités comme des lieux de théâtre au même titre, par exemple, que les scènes commerciales où se produisent des artistes professionnel.les ? Les propositions scientifico-artistiques réalisées à l'université ont un statut instable. Le théâtre universitaire se trouve en tension entre les objectifs de l'institution académique, qui privilégie les enjeux savants de la remise en jeu des archives (par exemple, l'étude historique de telle ou telle dimension d'une culture théâtrale disparue), et les attentes des praticien.nes, le plus souvent intéressé.es surtout par le potentiel d'actualisation thématique et d'expérimentation formelle que recèlent les œuvres anciennes. Cette situation a eu pour conséquence, en France, une académisation tardive du domaine des études théâtrales (ouverture de l'Institut d'études théâtrales à Paris en 1959, reconnaissance de ce champ scientifique par le CNRS en 1965), si on la compare au développement de la *Theaterwissenschaft*, dont Max Hermann a lancé le premier institut en Allemagne en 1923[15]. Là où l'ambition originelle de la *Theaterwissenschaft* était de former les artistes du spectacle, les études théâtrales françaises ont longtemps visé à donner une solide culture de spectateur.ice aux étudiant.es de l'enseignement supérieur, en intégrant l'expérience du plateau aux cursus en sciences humaines[16]. Toutefois, depuis le début du XXIe

---

12 Cf. M. Demeilliez / E. Doudet / M. Ferrand / É. Syssau 2018.
13 Citation extraite du site de la Compagnie STOA.
14 Cf. M. Capponi 2019.
15 Cf. V. Tkaczyk 2018.
16 Cf. È.-M. Rollinat-Levasseur 2019b.

siècle, l'expansion continue des études en arts du spectacle dans les universités hexagonales, appuyée par des dispositifs de formation proposés dès le secondaire[17], a créé de nouvelles porosités entre recherche et enseignement universitaire et pratique artistique. Même si la part des travaux sur les époques les plus anciennes tend à diminuer au fur et à mesure que se multiplient les recherches sur l'histoire des dernières décennies[18], l'élargissement de l'histoire du théâtre à l'histoire des arts du spectacle soutient une forte activité de recherche et de formation par la pratique dans les universités françaises.

La Suisse se différencie sur ce point de la France. On y observe d'une part un certain décalage entre cantons romands et alémaniques quant à l'institutionnalisation académique des études théâtrales. L'*Institut für Theaterwissenschaft*, envisagé dès 1927, a été créé à Berne en 1992, tandis que le Centre d'études théâtrales romand est né à l'Université de Lausanne vingt-six ans après[19]. D'autre part, la répartition des approches et des objectifs de formation entre universités et hautes écoles spécialisées semble actuellement, en Suisse romande du moins, plus nette qu'en France. Les cursus des universités, qui valorisent l'histoire longue du théâtre depuis l'Antiquité, se distinguent de ceux des Hautes écoles spécialisées, qui initient aux métiers de la scène contemporaine. Malgré la présence de théâtres d'importance régionale sur certains campus, à l'exemple de La Grange à l'Université de Lausanne, cette distinction pourrait expliquer pourquoi la *practice-based research* en histoire du théâtre occupe une place encore discrète dans les recherches doctorales et post-doctorales menées dans les universités romandes.

1.2 Redonner voix

« Traduire et jouer des pièces de théâtre »[20] : l'ambition du Groupe de Théâtre Antique (GTA) de l'Université de Neuchâtel souligne que la langue est un autre défi majeur posé par la remise en jeu des spectacles anciens. Leur redonner voix implique de transformer leur langue originelle pour qu'elle fasse sens aujourd'hui. Or une langue

---

17 Depuis 2002, les classes à Projets Artistiques et Culturels en lycée et les Classes à Horaires Aménagés Théâtre en collège proposent des formations théâtrales de 3 à 6 heures par semaine que les élèves suivent en alternance dans leurs établissements et dans les conservatoires partenaires ; M. Demeilliez et alii 2018, 247–264.
18 Cf. M. Denizot 2019.
19 Cf. S. Marinucci 2018.
20 Adam de La Halle 2023, 5.

au théâtre n'est pas faite que de mots : l'expression verbale interagit avec des grammaires gestuelles, des réalités sensibles, des représentations culturelles différentes des nôtres, encore complexifiées par l'épaisseur du temps à travers laquelle elles nous parviennent.

Le défi de la langue est évidemment de taille pour les théâtres de l'Antiquité gréco-romaine, pour lesquels la traduction est une nécessité. Dans ce domaine, les universités romandes marchent sur des traces françaises. De 1936 à la fin des années 1960, le Groupe de Théâtre Antique de la Sorbonne a joué un rôle majeur dans l'intégration des tragédies grecques et latines à la culture vivante des publics[21]. Le GTA neuchâtelois, actif depuis 1990, comme l'association lausannoise TALMA (Textes antiques lus et mis en action) née en 2018, sont également fondés sur la double exigence du respect de l'esprit des sources et de la réinvention de leur lettre[22].

Les choses sont un peu différentes lorsque les archives parlent dans une version ancienne de nos langues contemporaines. Il s'agit alors souvent moins de les traduire que de les moderniser un peu, beaucoup... ou pas du tout, c'est-à-dire d'opérer un travail archéologique à échelle variable dans le temps de la langue mise en spectacle. Ce mouvement de traversée est familier aux spécialistes du théâtre médiéval, un art qui, pour les sources en langue française, est réputé s'étendre du XIIe au XVIe siècle. Si le dialecte de l'Arrageois Adam de La Halle au XIIIe siècle demande à être traduit pour être compris aujourd'hui, il n'en va pas de même des octosyllabes de la *Farce de Janot dans le sac*, découverte dans les Archives de l'État de Fribourg en 1920 et rééditée en 1990[23]. Oralisé, performé, le langage de cette courte pièce comique, datant de la fin du XVe ou du début du XVIe siècle, se laisse saisir sans trop d'effort ; mieux, il invite à la reconnaissance du familier à travers le lointain, dans un jeu de *fort-da* qui participe au plaisir du spectacle. *Janot dans le sac* a été joué publiquement en 1989 par des étudiant.es de l'Université de Fribourg[24]. De 2021 à 2023, dans le canton de Vaud, d'autres farces exhumées des archives fribourgeoises, à l'image de *La Fontaine de Jouvence* et de *La Présentation des joyaux*, sont aussi passées à la scène en version originale, sur l'initiative d'étudiant.es de l'Université de Lausanne.

---

21 Cf. È.-M. Rollinat-Levasseur 2019.

22 Témoignage de Matteo Capponi recueilli le 09/09/2023.

23 *La Farce de Janot dans le sac*, 1990.

24 Témoignage de Simone de Reyff recueilli le 31/08/2023. Je remercie Paola Casella, de l'Université de Zurich, d'avoir partagé avec moi les captations réalisées de ces spectacles en mai 1989.

1.3 Redonner vie

Les membres des universités qui s'attachent à remettre en jeu l'histoire longue du théâtre ont tendance à définir leur travail par l'usage de termes à préfixe itératif (reprise, reconstitution, recréation, résonance), qui suggèrent, à des degrés divers, un rapport au temps travaillé par le retour en boucle. S'y ajoutent des métaphores (retour à la vie, résurrection, *nekuia*[25]) évoquant l'ambition du *revival* mais aussi les questions soulevées par la dimension morte-vivante de certains objets étudiés à l'université. Un troisième défi gît en effet dans le fait qu'on ne redonne pas vie de la manière à un répertoire canonique, qui appartient encore à la culture partagée des publics de 2025, et à des vestiges historiques laissés en marge des processus de patrimonialisation.

Dans le premier cas, le *Nacherleben*, l'événement de survivance[26] grâce auquel des pièces comme celles de Shakespeare ou de Molière gardent leur agentivité, tient à leur capacité de transformation au fil de transmissions successives[27], alimentées à la fois par les recherches universitaires et par les créations contemporaines. La Suisse occidentale accueille nombre d'initiatives conjointes d'artistes et de chercheur.euses qui maintiennent vivant le *Nacherleben* des classiques européens. On relève, pour le seul canton de Vaud, le *Lausanne Shakespeare Festival* (2016–2022) piloté par Kevin Curran[28] et le programme de médiation culturelle *Rire avec Molière ?* (2021–2023), dont les ateliers publics questionnent les mécanismes de l'humour moliéresque en montrant comment ils sont à la fois distants et proches de nos sensibilités[29].

Mais il est aussi des formes de théâtre archivées, « comme on pourrait dire d'une affaire qu'elle est classée et qu'il n'y a plus besoin d'y revenir »[30]. Pour ces spectacles morts car oubliés et jamais rejoués, le retour à la vie dépend essentiellement des interprétations expérimentales qui en sont proposées au sein des universités. Ceci n'exclut pas que des professionnel.les puissent participer à leur recréation et permet aussi d'impliquer d'autres types de performeur.euses. Dans

---

25 « Ce sont [les textes anciens] des morts-vivants et nous sommes les acteurs d'une *nekuia* qui peut prendre différentes formes » (M. Bastin-Hammou / F. Fonio / P. Paré-Rey 2019, 11).

26 Traduction proposée par G. Didi-Huberman 2002.

27 Phénomène nommé transformission dans L. Olivier / M. Séguy 2022, 33–51.

28 Le rayonnement du LSF, remplacé désormais par *L'Atelier Shakespeare* à Lausanne, est complété par des initiatives étudiantes dans d'autres cantons, comme les *Swiss Stage Bards* de Fribourg qui jouent Shakespeare en version multilingue. Témoignages de Kevin Curran et Elisabeth Dutton recueillis les 24 & 18/08/2023.

29 Témoignage de Lise Michel recueilli le 18/08/2023.

30 C. Bouteille / T. Karsenti 2022, 79.

Medieval Convent Drama, un programme du Fonds national suisse dirigé par Elisabeth Dutton, des chercheuses de l'Université de Fribourg ont collaboré avec des religieuses du canton pour remettre en action des spectacles de méditation spirituelle conçus par des nonnes du XVe siècle[31]. Cette entreprise de « *pray-back* »[32] invite à s'interroger sur les enjeux créatifs autant que socio-anthropologiques de tels *revivals*, du Moyen Âge à nos jours.

2. Approches françaises, proposition suisse : le cas de l'Atelier de recherche créative en histoire des arts du spectacle

Ce deuxième volet de réflexion vise à comparer plusieurs méthodes développées en région parisienne pour remettre en jeu les spectacles français des XVIe-XVIIIe siècles et les propositions d'un atelier lausannois qui travaille depuis 2020 à repenser l'approche des premiers théâtres romands (XVe-XVIe siècles).

2.1 Dramaturgie historique appliquée & archéologie expérimentale du théâtre dans les universités françaises

Comment « faire théâtre »[33] aujourd'hui d'archives jamais remises en jeu ? Cette question est au moteur d'un protocole de recherche-création que Charlotte Bouteille et Tiphaine Karsenti, ses conceptrices à l'Université de Nanterre, appellent la dramaturgie historique appliquée[34]. Son premier principe est d'étudier des sources désactivées, c'est-à-dire rarement lues dans les universités et quasiment jamais rejouées sur les scènes commerciales, notamment des pièces oubliées datant des Guerres de religion à la Révolution française, la plupart d'origine parisienne[35]. Une deuxième caractéristique est de s'intéresser aux contextes dans lesquels ces œuvres ont autrefois fait

---

31 *Trois jeux de Chantilly, Musée Condé Ms 613*, 2012.
32 Cf. O. Robinson 2017 ; A. Blanc / O. Robinson 2018 ; E. Dutton / O. Robinson 2019.
33 Expression du metteur en scène M. Cerda citée par F. Cavaillé / T. Karsenti 2020, 138.
34 Cf. C. Bouteille / T. Karsenti 2022.
35 Pièces de 1575–1590 réagissant à la Saint-Barthélemy (2017–2018), théâtre satirique face à la crise de Law en 1720 (2020–2021) ; débats suscités par la tragédie historique en 1789 (2021–2022). Cf. C. Bouteille 2022.

événement et aux dispositifs dramaturgiques qu'elles ont déployés pour nouer une puissante relation avec leurs publics. Les situations privilégiées par la dramaturgie historique appliquée sont donc des contextes de crise religieuse, politique, économique, lors desquels la performance a pu agir comme un révélateur. Cette méthode a pour troisième spécificité de porter sur les effets sensibles et symboliques des anciens spectacles, en considérant qu'ils ne se limitent pas au moment historique des premières (et souvent dernières) représentations, mais qu'ils peuvent résonner jusqu'à aujourd'hui[36]. Dès lors, le télescopage temporel, l'anachronisme, loin d'être jugés des freins à la connaissance historique, sont assumés comme des outils favorisant le travail à parts égales entre académiques, artistes et étudiant.es en arts du spectacle. Un dernier principe est en effet de réfléchir au partage et à la traversée des temps[37] que permet la remise en jeu de l'histoire théâtrale chez celles et ceux qui l'interprètent comme chez celles et ceux qui la regardent. De ce fait, la dramaturgie historique appliquée, attentive aux résurgences des dispositifs relationnels que le théâtre active, s'intéresse moins aux modes de réalisation spécifiques des spectacles d'autrefois.

Techniques vocales et gestuelles de l'acteur.ice, artisanat des costumes, décors et accessoires, fonctionnement des lieux de représentation : ces matérialités passées et les enjeux de leur reconstitution sont au cœur de l'archéologie expérimentale. Inspirée par les recherches qui, depuis un demi-siècle, ont amené au *revival* de la musique baroque, cette démarche parfois qualifiée d'historicisante est actuellement testée en Sorbonne et dans d'autres universités françaises[38]. Son premier objectif est de retrouver – et pour une part de réinventer, beaucoup d'informations manquant – les manières dont, à d'autres époques que la nôtre, les représentations théâtrales ont été fabriquées. Un tel but demande aux chercheur.euses de travailler à partir d'une documentation historique fournie ; en conséquence, les œuvres remises en jeu via cette méthode ont jusqu'ici fait partie des grands classiques français (par exemple, les pièces de Molière, de Racine et de Corneille au XVIIe siècle), ce qui les distingue des sources non patrimonialisées explorées par la dramaturgie histo-

---

36 Témoignage de C. Bouteille recueilli le 12/04/2023 et C. Bouteille / T. Karsenti (2024) ; je remercie les autrices de m'avoir donné accès à cette publication encore inédite.

37 « Pour qu'il y ait contemporanéité [...], il faut qu'il y ait partage des temps entre l'œuvre et ceux qui la regardent » (D. Arasse 2004, 356–357).

38 Par exemple la performance filmée *Valenciennes 1547 3D* réalisée à l'Université de Toulon par Xavier Leroux, Olivier Halévy et Darwin Smith à partir de la *Passion de Valenciennes* de 1547 (2017–2018) ; présentée lors de l'exposition *Pathelin, Cléopâtre, Arlequin. Le Théâtre dans la France de la Renaissance*, Écouen, Musée national de la Renaissance, oct. 2018-janv. 2019.

rique appliquée[39]. Un deuxième principe, exposé par Georges Forestier et Mickaël Bouffard, directeurs du Théâtre Molière Sorbonne, est de proposer aux publics actuels de faire l'expérience dépaysante « d'un type de jeu disparu »[40] en observant le travail vocal et gestuel proposé par des étudiant.es en sciences historiques. Enfin, la démarche archéologique propose de voyager de nos présentes cultures théâtrales vers celles du passé grâce au *reenactment* du jeu ancien, alors que la dramaturgie historique appliquée entend questionner le déplacement de l'événement théâtral d'autrefois vers la possible réactivation de ses effets aujourd'hui. Même si de telles approches sont sans doute moins différentes que ce que suggère cette trop rapide description[41], elles ont pour intérêt de démontrer comment les périodes dites anciennes de l'histoire du théâtre permettent aux universités françaises d'accueillir et de tester de multiples possibilités de recherche-création.

2.2 Spectralités, virtualités, possibles de l'histoire théâtrale romande : les propositions d'ARCHAS

L'Atelier de recherche créative en histoire des arts du spectacle (ARCHAS)[42] est né d'une réflexion sur ces possibilités. Il s'agit d'un atelier de formation pratique intégré depuis 2020 au master d'études théâtrales partagé par les universités romandes et nourri des résultats d'un programme de recherche du Fonds national suisse sur les premières activités théâtrales documentées dans l'actuelle Suisse romande (XVe-XVIe siècle)[43]. ARCHAS a deux objectifs : contribuer au développement des approches de recherche-création dans les cursus académiques suisses et les diversifier en les enrichissant de certaines caractéristiques propres à l'histoire théâtrale romande.

L'actuelle Suisse francophone a eu une histoire théâtrale à plusieurs égards décalée par rapport à celle de la France. Si le XVIIe siècle a rapidement été canonisé dans le royaume comme l'âge d'or

---

39 Le site du Théâtre Molière Sorbonne évoque les projets *Tartuffe* (2016) et *Malade Imaginaire* (2022).

40 G. Forestier, cité sur la page « L'Interprétation historiquement informée » ; https://moliere. sorbonne-universite.fr/ [14/07/2024].

41 Malgré des postures revendiquées comme distinctes, certaines idées leur sont communes, par exemple celle d'un rapport au document historique défini par la mise en résonance, notion reprise d'H. Rosa 2016 ; pour une réflexion à ce sujet, voir M. Bouhaïk-Gironès 2024.

42 Cf. https://wp.unil.ch/archas/ [14/07/2024].

43 N. Wawrzyniak, base de données *Premiers théâtres romands*, projet FNS *Médialittérature*, dir. E. Doudet.

du théâtre français, ce même siècle en Suisse occidentale a été tôt décrit par l'historiographie romande, par contraste, comme un temps vide lors duquel les activités dramatiques auraient été bannies, en particulier des cantons réformés[44]. Même si des travaux récents sur Genève ont nuancé cette analyse[45], il n'en reste pas moins que l'historiographie du théâtre romand n'a aujourd'hui ni la même périodisation ni les mêmes récits explicatifs que celle du théâtre hexagonal. Ceci autorise les académiques suisses à travailler sur des archives en général reléguées aux oubliettes dans les universités françaises : c'est le cas, par exemple, d'un premier 'grand siècle' théâtral (1450–1550), assez bien documenté et historiquement important pour la Suisse occidentale. En privilégiant cette époque[46], ARCHAS s'attache à faire revenir en scène des pièces qui n'occupent qu'une place discrète, voire aucune, dans le récit longtemps franco-centré de l'histoire du théâtre en français[47]. Choix qui le rapproche de la dramaturgie historique comparée, ARCHAS s'intéresse donc à des sources que j'appelle zombies[48] car ces survivances d'un passé apparemment mort n'en sont pas moins dotées d'une capacité de revenance[49].

Une spécificité matérielle de l'archive théâtrale romande influence également le *Sonderweg* d'ARCHAS. Quoique Genève ait été l'un des principaux foyers européens de l'imprimerie au XVIe siècle, les textes dramatiques, notes de mise en scène, comptabilités de représentations ou encore mémoires de spectateur.ices sont demeurées majoritairement manuscrites dans la région romande jusqu'au XIXe siècle. Encore largement inédite, cette documentation nécessite d'importants efforts de mise à disposition. Il s'agit à nouveau d'un trait ambivalent, qui a contribué au peu de visibilité des sources suisses francophones mais qui offre aussi de belles occasions de les remettre en scène une fois publiées. La parution du *Jeu des Trois Rois de Neuchâtel* en 1982 a fait date, en partie grâce au spectacle

---

44 La dimension polémique de cette historiographie comparée est nette dès *La Lettre sur les spectacles* de Rousseau ([1758] 1995).

45 Cf. X. Michel 2015.

46 *Abraham sacrifiant* de Théodore de Bèze, première tragédie d'expression française, jouée à Lausanne en 1550 (2020–2021) ; les rôlets, conservés à Fribourg, de *La Présentation des joyaux* et *La Fontaine de Jouvence*, farces en français et franco-provençal c.1500 (2021–2022) ; *La Maladie de Chrestienté* de Mathieu Malingre et l'essor du théâtre militant réformé à Neuchâtel c.1530 (2022–2023) ; *Le Mystère de Sainte Barbe* et autres pièces mettant en scène saintes et hérétiques à l'époque des chasses aux sorcières dans le sillon alpin c.1480 (2023–2024).

47 À l'exception notable des pièces calvinistes genevoises, dont le rayonnement a été européen au XVIe siècle. Une d'entre elles, *La Comédie du Pape Malade* de Conrad Badius (1561), a servi de base à une recherche-création à Cerisy en 2018. Cf. F. Cavaillé / T. Karsenti 2020.

48 E. Doudet 2020, 7.

49 « [Les œuvres] qui survivent sont celles qui renaissent » (J. Schlanger 2010, 190).

musical qui l'a accompagnée[50]. En 2021–2022, plusieurs mises en scène ont été élaborées par les participant.es d'ARCHAS autour des rôlets des Archives de l'État de Fribourg, le plus important corpus de textes de répétition actuellement conservé pour l'Europe prémoderne. Tout en préparant la mise à disposition en ligne de ces objets exceptionnels[51], ces travaux ont permis de réfléchir aux mutations de l'archive à l'âge numérique. Les rôlets, traces de pratiques scéniques médiévales désormais révolues, circulent en effet dans d'étourdissants boucles de temps. Supports mémoriels utilisés pour les répétitions et le plus souvent destinés à disparaître après le spectacle, ils sont à la fois des indices de ce qui a pu être joué et des possibles pour une performance à venir ; ils suggèrent le travail des farceurs des années 1500 mais ils n'en dévoilent rien ; la numérisation, si elle rend accessibles ces fragments fragiles, ajoute encore à leur dimension virtuelle[52].

Une troisième spécificité tient à la complexité socio-culturelle de la Suisse d'Ancien Régime. Elle a inévitablement influencé le fonctionnement du théâtre, dont les sujets, les modes de production et les contextes de réception historiques résonnent avec des questions encore irrésolues, voire ignorées par l'historiographie traditionnelle. Certaines intéressent directement l'archéologie des représentations : par exemple, comment le développement, relativement tardif en Suisse, de bâtiments dédiés aux spectacles commerciaux et le long succès de pratiques urbaines comme le théâtre scolaire et de société[53] ont-ils contribué à la diversification des lieux et des manières de mettre en scène, non sans impact sur les dramaturgies[54] ? D'autres questions font l'objet de débats toujours actuels : par exemple autour de la pluralité linguistique et culturelle[55], une dimension structurelle de la Confédération, ou encore du regard que les spectacles font porter sur la différence, qu'elle soit religieuse ou de genre[56].

Sources zombie, matérialités virtuelles et questions irrésolues nourrissent les deux principales interrogations qu'ARCHAS adresse

---

50 *Jeu des Trois Rois* 1982, 64. La direction du spectacle était assurée par le chef d'orchestre T. Loosli (1935–2017). Je remercie Alain Corbellari de ses indications sur ce spectacle.

51 Numérisation: Archives d'Etat de Fribourg: https://archives.fr.ch/ark:/58143/gmlfhbqt4vj0. Description en ligne N. Wawrzyniak: https://archives.fr.ch/ark:/58143/7vtqxclb4z0s. [10/01/2025].

52 E. Doudet 2020, 8–12.

53 Cf. B. Lovis 2021 ; E. Doudet 2022.

54 Problématique d'ARCHAS 2020 : « où et comment jouer la tragédie ? »

55 « Comment interpréter, hier et aujourd'hui, l'humour multilingue sur les relations de genre ? », ARCHAS 2021.

56 « Les dramaturgies militantes : art situé, moyens transhistoriques ? », ARCHAS 2022 ; « Regarder et réagir au spectacle de la transgression », ARCHAS 2023.

à l'histoire du théâtre. D'abord, qu'est-il possible de retrouver et que peut-on apprendre des modes de production et de réception des performances du passé ? Cette préoccupation rejoint la démarche historicisante française mais, étant donné les spécificités susdites, elle en déplace nécessairement les enjeux. Par ailleurs, que pouvons-nous réactualiser aujourd'hui de questionnements anciens que nous percevons au prisme d'anciennes dramaturgies à nos yeux exotiques ? La proposition de l'Atelier lausannois est un protocole de recherche créative conçu pour tester à parts égales les apports, les convergences et les écarts de l'archéologie et de l'actualisation dans le domaine de l'histoire du théâtre. L'interstice méthodologique entre ces deux approches y est traité comme un « espace de jeu »[57] – comme on dit qu'une porte joue sur ses gonds –, que vient explorer un travail en trois temps[58].

Une fois les sources choisies pour leur aptitude à cristalliser des questions irrésolues, un premier temps consiste à leur redonner lieu. Les membres d'ARCHAS visitent les archives et, quand c'est possible, les lieux où ont eu lieu les représentations originelles afin de cerner leurs conditions historiques de réalisation. Dans un deuxième temps, voix est redonnée aux œuvres. Des ateliers de lecture à la table permettent d'examiner de près la langue originale des textes. L'appropriation de leur fonctionnement discursif et dramaturgique s'effectue par le biais d'exercices d'écriture (pastiche, traduction ou adaptation). En soutien de ce travail, des tests de mises en voix et en espace sont effectués dans des environnements de réalité virtuelle permettant de se rendre compte des conditions de jeu et de réception d'un spectacle théâtral à l'époque des pièces étudiées. Le dernier temps est le passage à la scène. Des praticien.nes professionnel.les forment à différentes techniques de jeu, passées ou présentes, qui nourrissent les propositions théâtrales des étudiant.es[59]. Je qualifie l'ensemble de recherche créative plutôt que de recherche-création car le travail ne vise pas la création d'un spectacle montré au public, comme c'est généralement le cas en recherche-création, mais à la construction d'un regard réflexif et critique des étudiant.es, des chercheur.euses et des artistes impliqué.es sur les nouveaux outils de l'histoire du théâtre, telles que la *practice-based research* et l'expérimentation dans des mondes virtuels et interactifs.

---

57 Cf. E. Doudet / N. Wawrzyniak 2024.
58 Développé dans E. Doudet 2024.
59 Les metteurs en scène N. Zlatoff et Ch. di Megio et la performeuse Léa K. Meier ont participé à ARCHAS de 2020 à 2023.

En mobilisant les nouvelles technologies, ARCHAS rejoint les méthodologies de l'archéologie expérimentale, où elles sont fréquemment utilisées. Toutefois, il en fait un usage spécifique, conséquence de l'histoire théâtrale qu'il remet en jeu. S'il est possible de modéliser le théâtre du Palais-Royal où Molière et Lully ont fait jouer leurs spectacles[60], il n'est guère envisageable de reconstruire en 3D ce qu'a pu être, par exemple, un théâtre à Lausanne en 1537 puisqu'à cette époque et dans cette région, un tel bâtiment n'était pas encore en usage. Les environnements immersifs d'ARCHAS ne reconstituent donc pas, mais plutôt évoquent, en se fondant sur une importante documentation historique, différentes structures scéniques usuelles à l'époque prémoderne, par exemple d'étroits tréteaux autour desquels se rassemblent quelques badauds ou une grande aire de jeu délimitée par des gradins où se massent plusieurs milliers de personnes. Ils permettent ainsi aux participant.es de comparer différents dispositifs possibles pour mieux comprendre comment les pièces d'autrefois ont pu être conçues et reçues. Surtout, ils invitent à problématiser ce qui 'joue' et ce qui ne 'joue' pas entre ces usages anciens et nos pratiques actuelles du théâtre. Ces réflexions et les propositions de mises en scène qui en découlent sont au cœur d'une formation à la recherche actuellement unique dans les pays francophones, dont l'ambition est tout ensemble grande et modeste : faire et apprendre à faire l'histoire du théâtre autrement.

Bibliographie

Sources

Adam de La Halle : *Le Jeu de la Feuillée, Le Jeu du Pèlerin*. Trad. Alain Corbellari / Marie Canetti / Christelle Godat / Laure Grüner / Mohan Halgrain. Groupe de théâtre antique de l'Université de Neuchâtel 2011–2012. Neuchâtel : Lulu. com, 2023.

Anonyme : *La Farce de Janot dans le sac*. Fribourg, Archives de l'État, Fonds Aebischer Litt. 14. Texte établi par Marie-Claire Gérard-Zai & Simone de Reyff. Genève : Droz, 1990.

Anonyme : *Le Mystère de sainte Barbe en cinq journées*. Paris, BnF, ms. fr. 976. Transcription inédite par Mario Longtin, 2014.

Anonyme : *Offertorium magorum novicastri (Le Jeu des trois rois de Neuchâtel), transcrit par Johannes de Bosco*. Texte établi par André Mandach. Genève : Droz, 1982.

---

60 *Molière et Lully au Palais-Royal* 2021–2022.

Anonyme : rôlet de *La Présentation des joyaux*. Fribourg, Archives de l'État, Fonds Aebischer Litt. 7. 1–3. Texte établi par Paul Aebischer, Fragments de moralités, farces et mystères retrouvés à Fribourg, Romania t.51 n°204, 1925, 518–521.

Anonyme : rôlets de *La Fontaine de Jouvence*. Fribourg, Archives de l'État, Fonds Aebischer Litt. 18.1–3. Texte établi par Paul Aebischer, Quelques textes du XVIe siècle en patois fribourgeois (Deuxième Partie). In: *Archivum romanicum* 7, 1923, 288–305.

Anonyme : *Trois jeux de Chantilly, musée Condé, Ms. 617*. In: *Recueil général de moralités d'expression française* I, 305–650. Texte établi par Estelle Doudet & Alan Hindley. Paris: Classiques Garnier, 2012.

Badius, Conrad : *La Comédie du Pape Malade*. Genève : Conrad Badius, 1561. Texte établi par Enea Balmas & Monica Barsi. In: *La Comédie à l'époque d'Henri II et de Charles IX*, I, 7, 179–273. Florence / Paris : L. Olschki, 1995.

De Bèze, Théodore : *Abraham sacrifiant*. Genève : Conrad Badius, 1550. Texte établi par Marguerite Soulié & Jean-Dominique Beaudin. Paris: Classiques Garnier, 2006.

Malingre, Mathieu : *La Maladie de Chrestienté*. Neuchâtel: P. de Vingle, 1534.

Études

Agnew, Vanessa (2007) : History's affective turn: Historical reenactment and its work in the present. In : *Rethinking History* 11–3, 299–312. DOI : 10.1080/13642520701353108 [04/10/2023].

Arasse, Daniel (2004) : *Histoires de peintures*. Paris : Denoël.

Baschet, Jérôme (2018) : *Défaire la tyrannie du présent. Temporalités émergentes et futurs inédits*. Paris : La Découverte.

Bastin-Hammou, Malika / Fonio, Filippo / Paré-Rey, Pascale (éd.) (2019a) : *Fabula agitur. Pratiques théâtrales, oralisation et didactique des langues et cultures de l'Antiquité*. Grenoble : UGA Éditions.

Bastin-Hammou, Malika / Fonio, Filippo / Paré-Rey, Pascale (2019) : Introduction. In : M. Bastin-Hammou et al., 7–26.

Blanc, Aurélie / Robinson, Olivia (2018) : The Huy Nativity from the Seventeenth to the Twenty-First Century. Translation. Playback and Pray-back. In : *Medieval English Theatre* 40, 66–97.

Bouhaïk-Gironès, Marie (2024) : Faire résonner le document. *Théâtre/Public* 50, 49–50.

Bouteille, Charlotte (2022) : Faire théâtre de la Saint-Barthélemy. Retour sur une expérience pédagogique. In : *Thaêtre* ; https://www.thaetre.com/2022/11/08/faire-theatre-de-la-saint-barthelemy/ [17/04/2023].

Bouteille, Charlotte / Karsenti Tiphaine (2022) : Des formes fossilisées du temps : retour sur des expériences de recherche-création. In : *L'Esprit créateur* 62–2, 75–88.

Bouteille, Charlotte / Karsenti Tiphaine (2024) : Retrouver la résonance. Adresser au présent le théâtre du passé. In: *Gestes de création sous le signe du 're'*, 165–181. Éd. Louise Hervé / Flavie Serrière Vincent-Petit / Chantal Lapeyre. Paris : Hermann.

Braunschwein, Stéphane & alii (2023) : S'approprier, décaler, déterritorialiser ? In : *Le Canon théâtral à l'épreuve de l'histoire. Revue d'historiographie du théâtre* 8–3. https://sht.asso.fr/sapproprier-decaler-deterritorialiser/ [04/10/2023].

Capponi, Matteo (2019) : Ovide dans les classes : traduire, réécrire et jouer les Métamorphoses. In: M. Bastin-Hammou et al., 145–158.

Cavaillé, Fabien / Karsenti, Tiphaine (2020) : Peut-on rejouer le théâtre des Guerres de religion ? Retour sur une expérience de recherche par la pratique théâtrale. In : *Revue d'Histoire du Théâtre* 286, 135–146.

Cohen, Gustave (1956) : Expériences théophiliennes. In: *Études d'histoire du théâtre en France au Moyen Âge et à la Renaissance*. Paris : Gallimard, 423–477.

Demeilliez, Marie / Doudet, Estelle / Ferrand, Mathieu / Syssau, Éric (2018): *Le Théâtre au collège. European Drama and Performance Studies* 11.

Denizot, Marion (2019) : Les Études théâtrales et l'histoire : vers un primat de l'histoire du temps présent. In: *Genèses des études théâtrales en France (XIe-XXe siècles)*. Rennes : Presses universitaires de Rennes, 181–194.

Didi-Huberman, Georges (2002) : *L'Image survivante. Histoire de l'art et temps des fantômes selon Aby Warburg*. Paris : Les Éditions de Minuit.

Doudet, Estelle (2020) : Hantologies médiévales. Les écritures du spectacle face à l'archéologie des média. In : *Le Moyen Âge mort-vivant, Tropics* 9. https://tropics.univ-reunion.fr/1577 [04/10/2023].

Doudet, Estelle (2022) : Le Théâtre, art des villes. Du récit des évolutions à l'exploration numérique des espaces. In : *Littérature urbaine, réalité médiévale ou concept historiographique ?*, éd. Ludmila Evdokimova / Françoise Laurent. Paris : Classiques Garnier, 33–49.

Doudet, Estelle (2024) : Du retour aux origines au futur des avatars. Redonner lieu aux anciens théâtres (XXe-XXIe s.). In : *Le Moyen français* 94 [sous presse].

Doudet, Estelle / Poirson, Martial (2025) : *The Past must go on*. In : *Reenactment, rejouer ou déjouer l'histoire*. Éd. E. Doudet / M. Poirson. Paris : Classiques Garnier [sous presse], 5–17.

Doudet, Estelle / Wawrzyniak Obukovic, Natalia (2024) : Scènes éphémères à l'épreuve du virtuel. In : *Nouvelles études sur les lieux de spectacle de la première modernité*. Éd. Jeff Leichman & Pauline Beaucé. Open Book Publishers . https://doi.org/10.11647/OBP.0400.07 https://serval.unil.ch/fr/notice/serval:BIB_4EA04B61AD3F [10/01/2025].

Dutton, Elisabeth (2019): A Manifesto for Performance Research. In : *The Methuen Drama Handbook to Theatre History and Historiography*. Ed. Claire Cochrane & Joanna Robinson. London : Bloomsbury, 249–260.

Dutton, Elisabeth / Robinson, Olivia (2019) : Drama, Performance and Touch in the Medieval Convent and Beyond. In: *Touching, Devotional Practice and Visionary Experience in the Late Middle Ages*, éd. David Carillo-Rangel / Delfi I. Nieto-Isabel / Pablo Acosta Garcia. New York : Palgrave Macmillan, 43–68.

Gaudart, Corinne / Volkoff, Serge (2022) : *Le travail pressé. Pour une écologie des temps du travail*. Paris : Les Petits Matins.

Hartog, François (2003) : *Régimes d'historicité. Présentisme et expérience du temps*. Paris : Le Seuil.

Hartog, François (2021) : *Confrontations avec l'histoire*. Paris : Gallimard.

Kihm, Christophe (2010) : Typologie de la reprise. In : *Volume!* 7–1, 21–38. DOI : 10.4000/volume.887 [04/10/2023].

Lovis, Béatrice (2021) : Avant-propos. In : *Théâtre et société en Suisse romande de la fin de l'Ancien Régime à l'entre-deux-guerres. Pratiques et enjeux socio-culturels*, Études de lettres 315, 7–14. DOI : https://doi.org/10.4000/edl.3520 [04/10/2023].

Marinucci, Sarah (2018) : Die Gründung des Instituts für Theaterwissenschaft in Bern. In : *Schweizer Theaterwelten, Mimos*, 125–142.

Michel, Xavier (2015) : *Le Théâtre interdit ? La Réglementation des spectacles à Genève entre Calvin et Rousseau*. Genève : Slatkine.

Olivier, Laurent / Séguy, Mireille (2022) : *Le Passé est un événement. Correspondance de l'archéologie et de la littérature*. Paris : Macula.

Potin, Yann / Rinuy, Paul-Louis / Roullier, Clothilde (2018) : *Archives en acte. Arts plastiques, danse, performance*. Saint-Denis : Presses Universitaires de Vincennes.

Rollinat-Levasseur, Ève-Marie (2019) : Le Groupe de théâtre antique de la Sorbonne ou du 'bonheur de rendre vivants, complets, des chefs-d'œuvre'. In : M. Bastin-Hammou et al., 85–102.

Rollinat-Levasseur, Ève-Marie (2019b) : De l'articulation entre la théorie, la pratique et la création: le théâtre de l'Université de Paris (1930–1970). In : *Genèses des études théâtrales en France (XIXe-XXe s.)*. Éd. Catherine Bruyn, Jeanyves Guérin & Marie-Madeleine Mervant-Roux. Rennes : Presses Universitaires de Rennes, 89–117.

Robinson, Olivia (2017) : Performance-based research in the Medieval Convent. In : *European Medieval Drama* 21, 21–41.

Rosa, Hartmut (2005) : *Beschleunigung. Die Veränderung der Zeitstrukturen in der Moderne*. Frankfurt am Main : Suhrkamp.

Rosa, Hartmut (2016) : *Resonanz. Eine Soziologie der Weltbeziehung*. Frankfurt am Main : Suhrkamp.

Rousseau, Jean-Jacques (1995 [1758]) : *Lettre à d'Alembert sur les spectacles*. In : Œuvres complètes V. Texte établi par Bernard Gagnebin & Jean Rousset. Paris : Gallimard.

Schlanger, Judith (2010) : *Présence des œuvres perdues*. Paris : Hermann.

Solterer, Helen (2010) : *Medieval Roles for Modern Times. Theater and the Battle for the French Republic*. Philadelphia : Pennsylvania University Press.

Tkaczyk, Viktoria (2018) : Max Hermann und die Austreibung des Geistes aus der Theaterwissenschaft. In : *Perspektive auf Max Hermann. 100 Jahre Forschungen zur deutschen Theatergeschichte*. Ed. Stephan Dörschel & Matthias Warstat. Berlin : Gesellschaft für Theatergeschichte, 31–42.

Sites

Archives d'Etat de Fribourg, Fonds Aebischer Littérature, rôlets d'acteurs numérisés : https://archives.fr.ch/ark:/58143/gmlfhbqt4vjo. Description en ligne N. Wawrzyniak : https://archives.fr.ch/ark:/58143/7vtqxclb4zos. [10/01/2025].

Atelier de recherche créative en arts du spectacle, Université de Lausanne 2020-, dir. Estelle Doudet : https://wp.unil.ch/archas/ [14/04/2024].

Compagnie STOA, Université de Neuchâtel, https://www.compagnie-stoa.ch/ [04/10/2023].

Lausanne Shakespeare Festival, Université de Lausanne 2016–2022, dir. Kevin Curran : https://lausanneshakes.com/fr/accueil/ [04/10/2023].

Medieval Convent Drama, Université de Fribourg – Fonds national suisse 2016–2020, dir. Elisabeth Dutton : www.medievalconventdrama.org [04/10/2023].

Molière et Lully au Palais-Royal, travail de reconstitution 3D initié par le Théâtre Molière Sorbonne, Sorbonne 2021–2022, dir. Gaëlle Lafage : https://moliere.hypotheses.org/ [04/10/2023].

Premiers théâtres romands, base de données du projet *Médialittérature*, Université de Lausanne – Fonds national suisse 2020–2024, réal. Natalia Wawrzyniak, dir. Estelle Doudet : https://www.dasch.swiss/project/premiers-theatres-romands-(prethero) [14/04/2024].

Rire avec Molière ? Université de Fribourg – Université de Lausanne – Fonds national suisse Agora Project 2021–2023, dir. Claude Bourqui / Danielle Chaperon / Marc Escola : https://wp.unil.ch/moliere22 [04/10/2023].

Swiss Stage Bards, Université de Fribourg 2014– : https://swissstagebards.weebly.com/ [07/10/2023].

Théâtre Molière Sorbonne, Sorbonne 2017–, dir. Georges Forestier / Michaël Bouffard : https://moliere.sorbonne-universite.fr/ [04/10/2023].

Valenciennes 1547 3D, Université de Toulon 2017–2018, dir. Xavier Leroux / Olivier Halévy / Darwin Smith : https://www.passion-de-valenciennes-1547.fr/ [04/10/2023].

ANNE-CATHERINE SUTERMEISTER

V.

Pourquoi soutenir la recherche artistique ?
Quelques réflexions sur les enjeux d'un nouveau dispositif de soutien dans les politiques culturelles

Perché sostenere la ricerca artistica?
Alcune riflessioni sulle sfide di un nuovo meccanismo di sostegno nelle politiche culturali

Warum künstlerische Forschung unterstützen?
Einige Überlegungen zu den Herausforderungen einer neuen Fördermassnahme in der Kulturpolitik

317

Depuis 2020, la pandémie, qui a figé toute la scène culturelle, a contribué à implémenter plus largement les soutiens à la recherche par le biais des politiques culturelles, augmentant d'un maillon la chaine de production usuelle allant de la création à la diffusion en passant par la représentation et la médiation. Si certains dispositifs reprennent, en l'allégeant, le protocole de la recherche traditionnelle (question de recherche, état de l'art, méthode et valorisation prévue), la plupart considère le terme d'une manière large comme une période d'exploration pour les artistes, permettant d'augmenter la qualité réflexive. D'autres demandent une forme de fertilisation croisée avec les sciences. Pour finir, l'arrivée de la recherche parmi les dispositifs de soutien révèle un rééquilibrage des moyens au profit de la qualité et de compétences réflexives. Cet article s'appuie sur une analyse des sources et de certains dispositifs existant en Suisse et en Europe, ainsi que sur les expériences professionnelles de l'auteure, qui a occupé différents postes dans le domaine de la recherche dans les Hautes écoles spécialisées (La Manufacture-Haute école des arts de la scène à Lausanne et HEAD – Haute école d'art et de design à Genève) et dirigé le Service de la culture de l'État du Valais pendant la pandémie COVID-19

RIASSUNTO

Dal 2020, la pandemia, che ha portato l'intera scena culturale a una battuta d'arresto, ha contribuito a una più ampia implementazione del sostegno alla ricerca attraverso le politiche culturali, aumentando di un anello la consueta catena di produzione dalla creazione alla diffusione, passando per la rappresentazione e la mediazione. Mentre alcuni di questi schemi adottano un approccio più leggero al protocollo della ricerca tradizionale (domanda di ricerca, stato dell'arte, metodo e uso previsto), la maggior parte considera i termine in senso lato, come un periodo di esplorazione per gli artisti, consentendo loro di migliorare la loro qualità riflessiva. Altri hanno auspicato una forma di fertilizzazione incrociata con le scienze. In definitiva, l'arrivo della ricerca tra i meccanismi di sostegno rivela un riequilibrio delle risorse a favore della qualità e delle capacità riflessive. Questo articolo si basa su un'analisi delle fonti e dei meccanismi esistenti in Svizzera e in Europa, oltre che sull'esperienza professionale dell'autrice, che ha ricoperto diversi incarichi di ricerca presso scuole universitarie professionali (*La Manufacture – Haute école des arts de la scène di Losanna* e *HEAD – Haute école d'art et de design di Ginevra*) e ha diretto il Dipartimento della Cultura del Canton Vallese durante la pandemia di COVID-19

ZUSAMMENFASSUNG

Seit 2020 hat die Pandemie, die die gesamte Kulturszene erstarren liess, dazu beigetragen, dass die Forschungsförderung über die Kulturpolitik umfassender implementiert wurde, wodurch die übliche Produktionskette von der Kreation über die Aufführung und Vermittlung bis hin zur Verbreitung um ein Glied erweitert wurde. Während einige Programme das traditionelle Forschungsprotokoll (Forschungsfrage, Forschungsstand, Methode und geplante Verwertung) übernehmen und abschwächen, betrachten die meisten den Begriff in einem weiten Sinne als Erkundungsphase für Künstler:innen, in der die reflexive Qualität gesteigert werden kann. Andere fordern eine Form der gegenseitigen Befruchtung mit den Wissenschaften. Insgesamt zeigt die Aufnahme der Forschung in die Fördermassnahmen eine Neugewichtung der Mittel zugunsten von Qualität und reflexiven Kompetenzen. Dieser Artikel stützt sich auf eine Analyse der Quellen und einiger in der Schweiz und in Europa existierender Dispositive sowie auf die beruflichen Erfahrungen der Autorin, die verschiedene Positionen im Bereich der Forschung an Fachhochschulen (*La Manufacture – Haute école des arts de la scène in Lausanne* und *HEAD – Haute école d'art et de design in Genf*) innehatte und während der Pandemie COVID-19 die Dienststelle für Kultur des Kantons Wallis leitete

La recherche artistique est une notion qui s'est déployée depuis la Réforme de Bologne dans les Hautes écoles d'art en Suisse et en Europe. Elle s'est étendue récemment au domaine des politiques culturelles et plus précisément de la promotion culturelle : en effet, la pandémie, pendant laquelle toutes les activités culturelles ont été immobilisées, a servi de catalyseur pour attirer l'attention des collectivités publiques sur la recherche. Comment cette notion est-elle comprise dans le domaine des politiques culturelles par rapport aux définitions appliquées dans les Hautes écoles ? Comment modifie-t-elle l'écosystème culturel établi ? Quels sont censés être ses apports à la vie culturelle ?

La signature de la Déclaration de Bologne, en 1999, a considérablement transformé la notion de recherche en Suisse et en Europe. En effet, avec la mise en place des hautes écoles spécialisées, orientées vers le développement de compétences professionnelles, la recherche académique s'est ouverte à d'autres méthodes et approches, notamment la recherche appliquée, orientée sur la résolution de problématiques issues de la pratique. Dans le domaine des arts, le terme de « recherche-création » s'est rapidement imposé dans l'espace francophone, en parallèle à d'autres notions[1]. De nombreux débats ont eu lieu dès lors dans les hautes écoles d'art pour cerner au mieux les enjeux, les méthodes, les pratiques et les formes de publication ou de valorisation légitimées officiellement par les instances soutenant la recherche[2], notamment le Fonds national pour la recherche scientifique (FNS) et Innosuisse, l'agence pour l'encouragement de l'innovation. D'ailleurs, ces développements reflètent aussi la tendance à l'interdisciplinarité que l'on retrouve dans les politiques scientifiques que culturelles. Derrière ces débats s'esquissaient des questions déterminantes pour la pratique artistique : Comment concilier les processus de création et les méthodes académiques ? Quelle place accorder désormais à l'intuition ? La recherche artistique va-t-elle mener à une académisation, voire une forme de rationalisation de l'art ? Et comment articuler ces activités de recherche avec les activités artistiques habituelles (création, représentations, diffusion) ? Pour les artistes-chercheurs, à la fois engagés dans des projets de recherche dans les Hautes écoles d'art et actifs sur la scène artistique, la difficulté consistait à bien distinguer entre les soutiens provenant des fonds de l'enseignement supérieur et de la recherche, et les soutiens venant des institutions culturelles et des administra-

---

1 Cf. S. Bianchini 2017, 251–268.
2 Cf. notamment l'ouvrage traitant de ce thème général : P. Gosselin 2006 et L. Léchot et al. 2015, 75–84.

tions en charge de soutenir la culture. Alors que dans la pratique, la porosité entre recherche artistique et activités culturelles semble évidente pour de nombreux artistes, une distinction claire – et souvent artificielle – doit être posée lorsqu'on s'adresse aux différentes collectivités concernées, obligeant aussi les artistes à construire des modèles de financement complexes. Par exemple, il n'est pas possible de financer par les fonds de recherche la présentation d'une œuvre élaborée dans le cadre d'un projet de recherche (exposition ou représentation dans un centre d'art ou dans un théâtre).

Cette porosité a néanmoins contribué à diffuser progressivement la notion de recherche dans les milieux culturels, si bien que les fondations et les collectivités publiques actives dans le domaine des politiques culturelles se sont progressivement intéressées à cette catégorie d'intervention : Comment est comprise la notion de recherche dans la politique culturelle en général par rapport à l'approche préconisée dans les Hautes écoles spécialisées ? Que peut apporter le soutien à la recherche dans l'éventail des dispositifs existants pour les artistes et les organisations culturelles ? Les soutiens à la recherche vont-ils modifier l'écosystème des dispositifs de la promotion culturelle ? Quelles compétences peuvent émerger et quels sont les objectifs sous-jacents de ce dispositif ?

La recherche en art financée par l'enseignement supérieur

Il faut brièvement rappeler que la notion de recherche en art, et plus particulièrement dans les arts de la scène, existait bien avant la Réforme de Bologne. S'il est difficile de situer précisément l'apparition de cette notion dans le domaine des arts de la scène, l'idée de lier l'art et la recherche est en tous les cas présente dès la Renaissance, puis le début du XXe siècle, grâce entre autres à l'avant-garde russe[3]. Influencée par l'émergence de la pensée scientifique, la notion de recherche imprègne fortement les processus créatifs de l'époque ; les artistes qui s'inspirent de la science, accordent du temps à l'expérimentation, explorent des méthodes de travail et de création et certifient, sous formes de manifestes ou d'écrits programmatiques, l'originalité de leurs pratiques ; la recherche devient ainsi un moyen

---

3 Cf. notamment les différents volumes de la collection *Les voies de la création théâtrale*, CNRS, Paris.

d'affirmer la légitimité, la rigueur et l'inventivité du travail artistique en s'appuyant sur sa présumée scientificité.

Depuis la Réforme de Bologne, les hautes écoles spécialisées, parmi lesquelles se trouvent les hautes écoles d'art – regroupées dans les domaines « Design et Arts visuels » et « Musique et Arts de la scène » –, doivent faire de la recherche au même titre que les universités. Alors que les universités sont chargées de faire de la « recherche fondamentale », les hautes écoles spécialisées, axées sur la formation professionnelle pratique, ont pour mission spécifiques de faire de la « recherche appliquée » de manière à trouver des solutions innovantes à des problèmes ou besoins identifiés. Le Fonds national suisse (FNS), principal financeur de la recherche dans les Hautes écoles, parle de « recherches orientées vers l'application »[4] ; il cite parmi les principales caractéristiques que le projet a pour mission de répondre à un problème pratique, que la question de recherche provient d'échange avec des praticiens, qu'une application dans la pratique est visée, que ses résultats seront aussi publiés de manière non-académique et disséminés dans le monde non-académique, et enfin, aussi réalisés par des praticiens. Le requérant principal, cependant, doit pouvoir attester d'une carrière académique, point qui s'avère extrêmement sensible dans le domaine des arts.

Pour qu'une recherche puisse être évaluée, le FNS demande un état de l'art de la recherche dans la discipline concernée, l'état des recherches de la personne requérante, un plan de recherche détaillé faisant état des méthodes proposées, d'un calendrier ainsi que de l'impact visé sur la discipline ou le domaine concerné, ainsi que l'impact sociétal du projet subventionné. Depuis Bologne, le FNS a donc clairement intégré la spécificité des HES dans ses critères sans que soit résolue pour l'instant la question du doctorat dans les HES. En effet les Hautes écoles universitaires s'allient seulement avec les Hautes écoles spécialisées pour délivrer des doctorats alors que dans d'autres pays comme l'Autriche, des artistes-chercheurs travaillant dans des écoles d'art reconnues peuvent y obtenir un doctorat. Aucune exception n'est faite en Suisse pour le secteur artistique qui doit donc se plier aux mêmes conditions que les domaines académiques, malgré des méthodes de travail et des pratiques extrêmement différentes[5]. Le défi, pour les artistes, réside dans l'incitation à se décen-

---

4 Cf. Fonds national suisse, https://www.snf.ch/fr/IVQhkSYdL4taqcul/dossier/recherche-fondamentale-orientee-vers-lapplication [29/07/2023].
5 Il faut cependant préciser que le FNS a développé au cours des dernières années des soutiens plus adaptés au secteur artistique, comme les programmes Spark, Sinergia ou les soutiens à la communication scientifique comme Agora.

trer (faire un état de la recherche), de faire émerger des problématiques sur un thème donné et de structurer rigoureusement le projet alors que l'intuition, la subjectivité et les démarches exploratoires prévalent souvent dans l'art.

Comparons brièvement ces critères avec ceux d'un programme élaboré spécifiquement pour la recherche artistique en Autriche, le PEEK (*Programm zur Entwicklung und Erschliessung der Künste*), financé par le *Österreichischer Wissenschaftsfonds*, homologue du FNS. Aucun grade académique n'est demandé au requérant, mais une preuve de son activité dans le domaine de la recherche artistique au cours des cinq dernières années, et seule la localisation du projet au sein d'une institution de recherche autrichienne est demandée. Cependant, les critères de PEEK ressemblent aux exigences du FNS : l'état de la recherche, des hypothèses de recherche, la description de la méthode envisagée, le degré d'innovation et les curricula vitae des participants principaux sont exigés[6]. Sans surprise, le protocole scientifique habituel prévaut dans les dispositifs financés par l'enseignement supérieur, hormis quelques flexibilités accordées pour les fonds comme PEEK spécialement dévolus à la recherche artistique. Les chercheurs-artistes souhaitant faire de la recherche sont donc clairement amenés à revisiter leurs pratiques habituelles en intégrant un état de l'art à la fois pratique et théorique, en formulant des questions de recherche et en explicitant leurs méthodes de travail.

L'apparition de la recherche en art dans les politiques culturelles

En général, la promotion culturelle financée par les fonds publics, telle que définie dans les bases légales (lois, ordonnances, règlements), consiste à soutenir l'offre artistique, soit la chaîne de production artistique allant de la création artistique à la diffusion, en passant par la présentation des œuvres (exposition, spectacle, concerts, publications) ainsi que l'accès à la culture, notamment la médiation et la participation culturelle. Si certaines fondations privées avaient déjà lancé des soutiens à la recherche, notamment en collaboration avec des institutions scientifiques, la pandémie COVID-19, qui a stoppé radicalement toute possibilité de rassembler des œuvres et des publics, a obligé les collectivités publiques à inventer de nouveaux

---

6 Cf. https://www.fwf.ac.at/de/forschungsfoerderung/antragstellung/peek [30/07/2023].

dispositifs qui ne pouvaient pas forcément être présentés aux publics, vu le semi-confinement.

En Valais, le Service de la culture a très rapidement mis en place des bourses de recherche artistique, à hauteur de 30'000.– francs maximum. L'objectif était de soutenir les artistes, brutalement privés de l'essence de leur activité, et de les inviter à explorer des nouvelles facettes de leur univers artistique sur la durée ; les protocoles de base de la recherche devaient aussi les inviter à se confronter à une réflexion plus critique sur leur propre travail et à déployer ainsi de nouvelles qualités artistiques. En conséquence, les critères formulés se sont rapprochés de la recherche artistique : il fallait pouvoir formuler une question de recherche, présenter un état de l'art de la recherche et une méthode, et montrer dans quelle mesure cette recherche allait pouvoir enrichir la carrière artistique de la personne requérante et de son équipe. Les leçons apprises ont été importantes : les projets ont confirmé qu'il n'était pas aisé pour les artistes sans formation scientifique spécifique de devenir du jour au lendemain « chercheuses et chercheurs », et de nombreux projets ressemblaient en fin de compte à des projets de création. Alors que la bourse visait à précisément libérer les artistes du devoir de créer, de produire et de présenter une œuvre, la plupart des projets a cependant abouti à une réalisation, prouvant en quelque sorte que l'objectif initial de se concentrer uniquement sur la recherche n'avait pas forcément été atteint.

D'autres collectivités publiques ont aussi lancé des appels à projets de recherche pendant la pandémie COVID-19, comme Pro Helvetia et le canton de Vaud, par exemple, avec des montants allant jusqu'à 20'0000.– francs et conditionnant ces bourses à une réflexion sur la relance et la reprise des activités post-covid[7]. Dans ces deux cas, on retrouve l'objectif de donner aux artistes et aux organisations culturelles l'opportunité de réfléchir à leurs pratiques, à leurs méthodes de travail. Il est important de souligner que dans les deux cas, les contributions ne doivent pas nécessairement déboucher sur une présentation publique. Ce critère est important : les contributions soutiennent le travail de recherche sans exiger une production en retour, libérant les artistes de la logique de soutien au projet, qui risque d'épuiser sur le long terme la créativité.

Quel rôle prennent alors ces projets de recherche dans le contexte des dispositifs existants ? Dans un entretien, le directeur de la Fondation suisse pour la culture Pro Helvetia, Philippe Bischof, précise

---

7   Rapport d'activités 2021 du Service de la culture de l'État de Vaud, p. 23 ; cf. Pro Helvetia : Contributions à la recherche danse et théâtre.

que les contributions pour les projets de recherche peuvent déboucher sur un processus créatif, mais ne le font pas obligatoirement.

> « Deux approches sont particulièrement intéressantes pour nous : d'une part, les recherches de contenu visant à approfondir les connaissances, les savoirs et les contextes, d'autre part, l'échange de connaissances et le développement méthodologique entre les artistes et les scientifiques ou d'autres experts de domaines non artistiques. Souvent, le résultat est aussi un élargissement du réseau qui peut profiter à court ou moyen terme au développement professionnel. »[8]

L'idée, ici, à travers l'appel à projet *Synergies*[9], est aussi de déployer d'autres compétences méthodologiques et surtout d'encourager le développement de réseaux inter- et transdisciplinaires.

En France, le programme *Chimères* (Création – Hybridation – Immersion – Mobilités : Expérimentations et Recherches en Écritures Scéniques)[10] lancé par le Ministère de la Culture en 2018 s'inscrit de manière évidente dans ce même objectif. Adressé aux artistes provenant de tous les domaines de la création, il encourage l'exploration de formes hybrides, au sens où elles relient les mondes physique et numérique et invitent les artistes à découvrir d'autres champs disciplinaires.

Un rapprochement souhaité avec la science

Des points communs se dégagent de ces différents dispositifs : tout d'abord, si la grande majorité labellise les dispositifs avec le terme de « recherche », une analyse plus précise des descriptions et des critères révèle qu'ils se positionnent très librement par rapport aux protocoles usuels de la recherche scientifique. En effet, les expériences montrent que les processus habituels de la recherche – problématiser une thématique sur la base de son état de l'art, choisir et décrire une méthode, formuler l'impact des résultats attendus sur le champs disciplinaire – exigent une sensibilisation, sinon une formation sérieuse dont ne disposent pas la plupart des artistes – à juste titre d'ailleurs, car cela ne fait dans de nombreux cas pas encore partie de leur formation. Conscients de ces différences, les dispositifs

---

8   Entretien mené par courrier électronique avec Philippe Bischof, directeur de Pro Helvetia, le 24 juillet 2023.
9   Voir Pro Helvetia : *Synergies, soutien aux projets de recherche*.
10 Voir Ministère de la culture, France : *Programme Chimères*.

de soutien se réfèrent souvent librement aux règles de la recherche scientifique : d'une manière générale, ils invitent à une distanciation critique entre le sujet et l'objet, soit entre l'artiste et son travail. Si cette mise en perspective, qui est censée amener une plus-value, peut contribuer à porter des regards plus nuancés sur le travail artistique, elle devient cependant problématique si elle s'érige comme une référence qualitative exemplaire. En effet, qu'advient-il des artistes n'étant pas intéressés par la recherche ? Les compétences de recherche sont-elles en train de s'imposer au détriment des méthodes plus intuitives ? Une vigilance est ici de mise. Ensuite, force est de constater que ces dispositifs rompent de manière fort intéressante avec la nécessité jusqu'ici très ancrée dans les politiques culturelles de nécessairement « publier », au sens latin du terme, soit de rendre public, une œuvre à travers un concert, une exposition ou tout autre médium. Or plusieurs descriptifs de dispositifs insistent précisément sur le fait que les bénéficiaires ne doivent pas produire de résultat, renversant ainsi la logique établie habituelle. Cependant, analysé à l'aune des ressources financières disponibles, l'arrivée d'un dispositif qui n'est pas directement lié à la chaine de production habituelle « création-présentation-diffusion », dans un contexte où les fonds publics ne sont pas en augmentation, renvoie aussi à une redistribution des budgets.

> « Nous souhaitons [...] supprimer la pression exercée par l'encouragement principalement axé sur la production et promouvoir de manière appropriée l'ensemble de la chaîne de création (de l'idée à l'exploitation) »

précise Philippe Bischof[11]. Même si les dispositifs précisent fréquemment qu'il n'y a pas de lien causal entre les soutiens à la recherche et les soutiens à la création, un rééquilibrage a néanmoins lieu, qui encourage le développement qualitatif des projets au détriment de la création.

Enfin, de nombreux dispositifs dits de « recherche » invitent à développer des affinités électives entre l'art et d'autres champs disciplinaires scientifiques comme les nouvelles technologies, mais aussi la sociologie, les sciences de l'environnement, etc. Si des institutions historiques comme *Ars Electronica* à Linz (1979) ou le *Zentrum für Kunst und Medien* (ZKM) de Karlsruhe, lancé en 1989, ont ouvert la voie à des projets fondés sur la rencontre entre les arts et les nou-

---

11 Entretien mené par courrier électronique avec Philippe Bischof, directeur de Pro Helvetia, le 24 juillet 2023.

veaux médias, les dernières années ont vu apparaître une multitude d'initiatives (résidences, bourses, etc.) dédiées aux hybridations des disciplines. Comment faut-il interpréter ces injonctions ? Pourquoi encourager les artistes à se relier à des thématiques plus scientifiques ? Peut-on en déduire une orientation prescriptive, invitant les arts à sortir de la « tour d'ivoire » de l'autonomie artistique ? Qu'advient-il des artistes qui n'ont pas ces intérêts ? De leur côté, les institutions académiques ont rapidement saisi l'intérêt de collaborer avec les arts pour diffuser plus largement leurs idées à travers des œuvres esthétiques aisément communicables. Rappelons que plusieurs institutions centrales dans ce domaine ont été créées par des Hautes écoles pour encourager, à travers les échanges entre artistes et scientifiques, la communication et la diffusion d'idées scientifiques. On songera par exemple au *MIT Lab*, du *Massachusetts Institut for Technology*, conçu en 1985 pour encourager l'application des technologies inventées dans les domaines de la culture et du divertissement, et plus près de chez nous, l'École polytechnique fédérale (EPFL) et l'École cantonale d'art Lab (ECAL) et les EPFL Pavillons à Lausanne.

La recherche : un nouveau filtre qualitatif dans les politiques culturelles ?

Les politiques culturelles sont aujourd'hui en pleine mutation : le *Fair pay*, qui invite à payer de manière adéquate les artistes, et à veiller à leur prévoyance sociale, les problèmes de fréquentation post-covid, qui pointent une offre (trop ?) abondante, l'encouragement à la littératie numérique, une sensibilisation accrue à la diversité, aux questions de genre, les questions liées au changement climatique, pour ne citer que ces thèmes, imprègnent les politiques culturelles et placent les décideurs devant des choix difficiles. Dans ce contexte, l'émergence des soutiens à la recherche montre que le curseur se déplace vers une réflexion qualitative et une mise en récit critique du travail artistique. Que la recherche soit considérée comme une métaphore de l'exploration ou dans sa signification scientifique, elle enjoint dans la plupart des cas l'artiste à se déplacer hors de ses repères habituels. Comme le résume bien un projet développé par la Ville de Vienne,

« un nouveau programme de bourses permet aux artistes de toutes les disciplines de préparer des projets en profondeur, de faire des recherches et de laisser mûrir leurs idées »[12].

Ces descriptions montrent bien, en filigrane, une intention prescriptive de la part des collectivités publiques de se concentrer sur la qualité des projets. Si la recherche au sens métaphorique ouvre de nouvelles opportunités pour les artistes, la recherche invitant au dialogue avec la science témoigne quant à elle d'une volonté de dialogue et de fertilisations croisées évidentes. Considéré sur le plan des politiques publiques, quels sont alors les objectifs visés par les collectivités publiques de ce dispositif ? Qui sont les bénéficiaires directs et quel est l'impact souhaité ? Existe-t-il aussi des tiers défavorisés par ce dispositif ? Si les bénéficiaires directs sont les milieux culturels, et que l'impact final du dispositif vise à augmenter la qualité de la vie culturelle, les tiers défavorisés seront les artistes moins enclins à chercher le dialogue avec d'autres champs disciplinaires et moins motivés par une démarche introspective.

Pour finir, les dispositifs de soutien à la recherche, élaborés dans le cadre de la promotion culturelle, s'inscrivent clairement dans un rééquilibrage des objectifs de politique culturelle : face aux défis actuels, on observe de la part des collectivités publiques une incitation à ce que les artistes se consacrent davantage à la qualité du travail artistique, et qu'ils s'emparent de thèmes scientifiques ou traités par la recherche scientifique pour en nourrir le processus artistique. Si ces dispositifs permettent de relativiser pour certains la pression liée à la nécessité de produire pour être soutenus financièrement, ils pointent aussi le souhait de voir se réduire le nombre de projets artistiques, voire de compenser une offre culturelle qui peine à retrouver ses publics.

---

12 Ville de Vienne, traduit par A.-C. Sutermeister : « Ein neues Programm an Stipendien ermöglicht es Kunstschaffenden aller Sparten, Projekte profund vorzubereiten, zu recherchieren und Ideen auch reifen zu lassen ».

Bibliographie

Sources

Bischof, Philippe : Entretien mené par courrier électronique avec Philippe Bischof, directeur de Pro Helvetia, le 24 juillet 2023.

Ministère de la culture, France : *Programme Chimères*, https://www.culture.gouv.fr/Thematiques/Innovation-numerique/Soutenir-la-creation-numerique-et-l-innovation/La-creation-en-environnement-numerique/Chimeres-les-projets-artistiques [28/07/2023].

Österreichischer Wissenschaftsfonds : Künstlerische Forschung, https://www.fwf.ac.at/de/forschungsfoerderung/antragstellung/peek [30/07/2023].

Pro Helvetia : Contributions à la recherche danse et théâtre ; https://prohelvetia.ch/fr/2020/11/candidatures-recherche-danse-theatre/ [02/08/2023].

Pro Helvetia : *Synergies, soutien aux projets de recherche*, https://prohelvetia.ch/fr/2023/03/synergies/ [14/07/2024].

Rapport d'activités 2021 du Service de la culture de l'État de Vaud ; https://issuu.com/etatdevaud/docs/serac_rapport_activit_2021 [29/07/2023].

Ville de Vienne : https://www.wien.gv.at/regierungsabkommen2020/stadt-der-kultur-und-des-respektvollen-miteinanders/kunst-und-kultur-kultur-metropole-wien/ [02/05/2024].

Littérature

Bianchini, Samuel (2017) : From Instrumental Research in Art to its Sharing: Producing a common, respecting the singular. In Hans Dielemann / Basarab Nicolescu / Atila Ertas (éds.), *Transdisciplinary & Interdisciplinary Education and Research*, Lubbock: TheATLAS, pp. 251–268. https://reflectiveinteraction.ensadlab.fr/from-instrumental-research-in-art-to-its-sharing-producing-a-commons-respecting-the-singular/ [29/07/2023].

Gosselin, Pierre (2006) : *La recherche-création : pour une compréhension de la recherche en pratique artistique.* Montréal : Presses de l'Université du Québec.

Léchot, Lysianne / Greff, Jean-Pierre / Sutermeister, Anne-Catherine (2015) : Les défis de la recherche en art et en design : un cas d'école : la HEAD-Genève. In : *Hermès, la Revue*, no 72. Paris : CNRS, pp. 75–84.

VI.

Theaterpädagogik

MIRA SACK

1.

Forschung im Bereich Theaterpädagogik an der Zürcher Hochschule der Künste

Recherche dans le domaine de la pédagogie du théâtre à la Haute école des arts de Zurich

La ricerca nel campo della pedagogia teatrale alla Scuola universitaria professionale delle Arti di Zurigo

331

ZUSAMMENFASSUNG

Der Beitrag befasst sich mit der noch relativ jungen Disziplin der Theaterpädagogik und verweist auf erste Forschungsprojekte, die in der deutschsprachigen Schweiz lanciert wurden. Inhaltliche und methodische Schwerpunkte werden herausgestellt, aktuelle Entwicklungen aufgezeigt und Forschungspotenziale für eine Weiterentwicklung der Disziplin umrissen.

RÉSUMÉ

L'article traite de la discipline encore relativement jeune de la pédagogie théâtrale et renvoie aux premiers projets de recherche qui ont été lancés en Suisse alémanique. Les points forts du contenu et de la méthode sont mis en évidence, les développements actuels sont présentés et les potentiels de recherche pour un développement de la discipline sont esquissés.

RIASSUNTO

Questo articolo si occupa della disciplina ancora relativamente giovane della pedagogia teatrale e fa riferimento ai primi progetti di ricerca avviati nella Svizzera tedesca. Sottolinea le aree chiave di contenuto e metodologia, evidenzia gli sviluppi attuali e delinea il potenziale di ricerca per ulteriori sviluppi della disciplina.

Theaterpädagogische Forschung ist per se an der Schnittstelle zwischen verschiedenen Disziplinen, Methodologien und Diskursen beheimatet. Da der Gegenstandsbereich Theaterpädagogik künstlerische und soziale Dimensionen des Handelns konstitutiv miteinander verbindet, treffen in der Forschung Fragestellungen ästhetischer Bildung auf gesellschafts- und sozialwissenschaftliche Theorien, theaterpraktische Analysen auf Fragestellungen der Vermittlung oder fachdidaktische Aspekte auf bildungsphilosophische Erörterungen.[1] Die Spannbreite theaterpädagogischer Epistemologie reicht entsprechend von der besonderen Konstitution des Subjekts im Medium Theater und den damit einhergehenden Bildungsprozessen über den spezifischen Wert bestimmter Verfahrensweisen und Anwendungsfelder von Theater bis hin zu einschlägigen Erörterungen ausgewählter Fachdiskurse.

Wurden mit dem Aufkommen von akademischen Studienbereichen für Theaterpädagogik in den 1970er Jahren in Deutschland eher sozialpädagogische und erziehungswissenschaftliche Konzepte mit der Theaterpädagogik verknüpft und forschend entfaltet, hat in der deutschsprachigen Schweiz die Schauspielakademie Zürich eigene theaterpädagogische Ausbildungsstrukturen und -konzepte verfolgt und daran orientierte fachtheoretische Grundlagen entwickelt.[2] Die Anbindung und Gleichstellung der Theaterpädagogik mit Schauspiel und Regie haben in weiten Teilen des Curriculums handwerklich-praktische Fertigkeiten des Theaterspielens in den Vordergrund gestellt und theaterpädagogische Konzepte daraus abgeleitet. Mit der Transformation der Schauspielakademie zur Hochschule für Musik und Theater (HMT; ab 1999) und späteren Zürcher Hochschule der Künste (ZHdK; ab 2007) bekam auch die wissenschaftliche und künstlerisch-wissenschaftliche Forschung ein stärkeres Gewicht und mehr Prominenz. Auf einzelne umfangreichere Forschungsprojekte, die eine dezidierte Nähe zur Theaterpädagogik ausweisen und nennenswerte Drittmittel generieren konnten, gehe ich im Folgenden etwas näher ein.

So hat Liliana Heimberg gemeinsam mit Yvonne Schmidt von 2008–2011 im Rahmen eines vom Schweizerischen Nationalfonds (SNF) geförderten Forschungsprojekts in zwei interdisziplinären Studien Produktionsweisen des Freilichttheaters mit nichtprofessionellen Darsteller:innen analysiert und systematisiert.[3] Dabei stand im Fokus, die «künstlerischen Eigenheiten des Freilichttheaters, aber

---

1 Vgl. M. Sack 2023.
2 Vgl. F. Rellstab 2000.
3 Siehe https://data.snf.ch/grants/grant/129905 [17.07.2024].

auch seine soziale, kulturvermittelnde und wirtschaftliche Relevanz»
zu eruieren und dessen kulturpolitische Dimensionen darzulegen.[4]
Ein Folgeprojekt stellte die Resultate in einen Kontext zu aktuellen
Diskursen aus Theaterpraxis und -wissenschaft.[5] Beide Forschungsarbeiten sind in der Publikation «Freilichttheater – eine Tradition auf
neuen Wegen» gebündelt und zeigen auf, wie Freilichttheater lokales
Wissen mit nationalem und internationalem Know-how verbindet
und so einen Dialog zwischen zeitgenössischen Theaterästhetiken
und tradierten Vorstellungen von Theater anregt.[6]

Angestossen durch die rasante Entwicklung in Tanz und Theater von Menschen mit Behinderung und aufbauend auf ihrem Dis-
sertationsvorhaben hat Yvonne Schmidt 2015, ebenfalls vom SNF
gefördert, das Forschungsprojekt «DisAbility on Stage» lanciert. Im
Zentrum stand dabei die Fragestellung, wie Darsteller:innen jenseits des konventionellen Normativitätsdispositivs im Bereich Tanz
und Theater den herkömmlichen Schauspieldiskurs verändern. Im
Rahmen dieses Forschungsprojekts wurde entsprechend auch nach
einer Neubewertung des Theater- und Tanzschaffens durch die international erfolgreiche Produktion *Disabled Theater* von Jérôme Bel
und dem Zürcher Theater HORA gefragt und dessen Implikationen
für die Entwicklung des Theater- und Tanzschaffens sowie der Aus-
bildungssituation diskutiert. Neben den inhaltlichen Anschlüssen
dieser Studie von Yvonne Schmidt für einen fachwissenschaftlichen,
theaterpädagogischen Diskurs sind insbesondere auch die methodischen Konsequenzen ihrer Forschungsstrategie bemerkenswert.
Schmidt greift hierfür zurück auf Settings aus Ethnografie und Sozial-
forschung und adaptiert diese für den vorliegenden Forschungskon-
text sorgsam und trianguliert mit Ansätzen aus der künstlerischen
Forschung, um der Gefahr zu entgehen, mehr *über* die als *mit* den
Darsteller:innen zu forschen.[7]

Im ebenfalls vom SNF massgeblich geförderten Forschungsprojekt
«Ästhetische Kommunikation im Kindertheater» haben Mira Sack
und die drei Theaterpädagoginnen und Performerinnen der Gruppe
Kompanie Kopfstand Annina Giordano Roth, Julia Bihl und Charlotte
Baumgart zwischen 2009 und 2011 ein umfangreiches Rezeptionsfor-
schungsprojekt durchgeführt.[8] Sie sind der in der Fachwissenschaft
meist vernachlässigten Frage nachgegangen, wie Rezeption im The-

---

4 Vgl. L. Heimberg / Y. Schmidt / K. Siegfried 2015, 8.
5 Vgl. https://data.snf.ch/grants/grant/143724 [17.07.2024].
6 Vgl. L. Heimberg / Y. Schmidt / K. Siegfried 2015, 14.
7 Vgl. Y. Schmidt 2020.
8 Siehe https://www.zhdk.ch/forschungsprojekt/aesthetische-kommunikation-im-kinderthe-
   ater-426786 [28.06.2024].

ater für Kinder verläuft und welche Erlebnisqualitäten damit einher gehen. Im Mittelpunkt der Untersuchung stand der Vergleich von Interaktionen und Reflexionen von Kindern bei drei inhaltlich und formal sehr unterschiedlichen Inszenierungen für junges Publikum. Neben der teilnehmenden Beobachtung wurden auf der methodischen Ebene verschiedene Instrumente für eine qualitative Rezeptionsforschung entwickelt und miteinander in Beziehung gesetzt. Auf der inhaltlichen Ebene wurde untersucht, wie komplexe Erzählweisen, semiotische Praktiken und differente Formen der Partizipation von Kindern gelesen und mit welchen Deutungen sie versehen wurden.[9] Die Erkenntnisse wurden in der interaktiven Installation «Der Zuspieler» im Rahmen des Blickfelder-Festivals der Öffentlichkeit zugänglich gemacht[10] und in der Publikation «Ästhetische Kommunikation im Kindertheater» veröffentlicht.[11]

Das von Carmen Mörsch und Mira Sack lancierte, interdisziplinär angelegte, teambasierte Forschungsprojekt «Kalkül und Kontingenz» hat von 2013 bis 2015 Potenziale kontingenter Situationen im Kunst- und Theaterunterricht beforscht und fachdidaktische Reflexionen auf die Thematik hervorgebracht.[12] Zentral war die Frage nach dem Umgang mit Kontingenz an der Schnittstelle von unterrichtlicher und künstlerischer Praxis, die entlang einer Praxisforschung mit Lehrpersonen, Kunst-, Musik- und Theaterpädagog:innen ergründet und begleitet von einem wissenschaftlichen Team ausgewertet und in der Publikation «Kalkül und Kontingenz» gebündelt wurden.[13] Kontingenz wurde dabei als ein konstitutives Moment sowohl von Kunst als auch von Bildungsprozessen verstanden, das es hervorzurufen, wahrzunehmen und in einer reflektierten Weise aufzugreifen gilt. Zentrale Fragestellungen für die Praxisforschung mit den beteiligten Berufspraktiker:innen umkreisten insbesondere die Verfügbarkeit und Kalkulierbarkeit von unvorhergesehenen Momenten im Unterricht, sowie dessen spielerische Provokation über Figuren des Tricksters und dem bewussten Arbeiten entlang von Widersprüchen in der Praxis. Die aus den experimentell angelegten, theorieinformierten Forschungsprojekten abgeleiteten fachdidaktischen Überlegungen wurden forschungsmethodisch von dem wissenschaftlichen Begleitteam evaluiert und sind in verschiedene Publikationen, Workshops

9   Vgl. C. Baumgart 2012, 35.
10 Siehe https://www.kompaniekopfstand.eu/produktionen/der-zuspieler [28.06.2024].
11 M. Sack / A. Rey 2012.
12 Vgl. https://data.snf.ch/grants/grant/146316 [17.07.2024].
13 Vgl. A. Gruber / A. Schürch / S. Willenbacher / C. Mörsch / M. Sack 2020.

und Lehrveranstaltungen eingegangen beziehungsweise haben dort Anschluss gefunden.

In den vergangenen Jahren haben sich forschungsbasierte Arbeitsweisen in der Theaterpädagogik als erweiterte performative Verfahrensweisen etabliert, die veränderte Probestrategien und neu ausgerichtete konzeptionelle Ausgangslagen hervorbringen. Theater wird dabei weniger als Produkt verstanden, das es unter der Berücksichtigung der besonderen Voraussetzungen von nicht-professionellen Akteur:innen herzustellen und auf ihre Bildungsrelevanz hin zu diskutieren gilt. Betont werden vielmehr stärker gesellschaftliche, pädagogische und soziale Anliegen, die mittels performativer Verfahren ins Zentrum künstlerischer Praktiken gestellt werden können und eine Auseinandersetzung mit je spezifischen Inhalten betonen. Forschungsgegenstände sind entsprechend dezidierter auf Fragen um Kommunikationsprozesse, den Umgang mit postkolonialem Erbe oder dem Zusammenleben im Anthropozän ausgerichtet und in der Regel praxisbasiert angelegt. Gleichzeitig fokussiert im Kontext einer kritischen Theaterpädagogik die performative Vermittlung dialogische Praktiken, die unter anderem in und mit zivilgesellschaftlichen Institutionen wirksam werden. Abgeleitet aus institutionskritischen Perspektiven und angelehnt an Konzepte des Reallabors treffen unterschiedliche Interessengruppen aufeinander, suchen Berührungspunkte und Differenzen, um aus dieser Positionsbestimmung heraus Veränderungsprozesse auf institutioneller Ebene anzustossen. Für Forschungszusammenhänge im Kontext Theaterpädagogik/performative Vermittlung markieren diese dialogischen Praktiken ein wegweisendes Potenzial, da sie es erlauben, sich unmittelbar in gesellschaftliche Transformationsprozesse zu involvieren und soziale Räume mitzugestalten. Die Studierenden des Masterstudiengangs Theaterpädagogik an der ZHdK haben von 2018–2024 beispielhaft hierzu Projektarbeiten realisiert und reflektiert, so dass ein Grundstein für eine zu entwickelnde künstlerisch-wissenschaftliche Forschung im Kontext der performativen Vermittlung gelegt wurde.[14]

Auf internationaler Ebene ist Mira Sack als Co-Gründerin des Netzwerks «Performing Arts in Social Contexts» (PAC) mit federführend für den Austausch unter Hochschullehrenden im Bereich Theaterpädagogik, *Applied Theatre* und Theater als soziale Praxis. Im Herbst 2022 konnte – dank Unterstützung durch den SNF – das erste Jahrestreffen an der Zürcher Hochschule der Künste durchgeführt werden und findet nun im Wechsel von analogen und digitalen For-

---

14 Vgl. hierzu die Masterabschlussarbeiten Theaterpädagogik 2020–2025. Eine Publikation hierüber ist für 2025 geplant.

maten eine kontinuierliche Fortsetzung. Im Zuge dieser Vernetzung finden erste Kollaborationen in Forschung und Lehre statt, die den Austausch über curriculare Konzepte und inhaltliche Bezugspunkte zum Anlass haben. Mittels PAC hat die Internationalisierung der Theaterpädagogik auf tertiärer Stufe einen Rahmen bekommen, den es in den folgenden Jahren weiter aus- und aufzubauen gilt.

Bibliographie

Baumgart, Charlotte (2012): Kindern ein Sprachrohr geben. In: Sack, Mira/ Rey, Anton: *Ästhetische Kommunikation im Kindertheater*. subTexte 07. Zürich: Institute for the Performing Arts and Film, 35–44.

Giordano-Roth, Annina (2018): Die schwarze Spinne. Kollektives Gruselerlebnis vom Feinsten. In: Gilardi, Paola / Abrecht, Delphine / Klaeui, Andreas / Schmidt, Yvonne (Hg.): *Mimos 2018: Theater Sgaramusch*. Bern et al.: Peter Lang, 136–179.

Gruber, Anne / Schürch, Anna / Willenbacher, Sascha / Mörsch, Carmen / Sack, Mira (Hg.) (2020): *Kalkül und Kontingenz. Kunstbasierte Untersuchungen im Kunst- und Theaterunterricht*. München: Kopaed.

Heimberg, Liliana / Schmidt, Yvonne / Siegfried, Kathrin (Hg.) (2015): *Freilichttheater – eine Tradition auf neuen Wegen*. Subtexte 11. Baden: Hier und Jetzt Verlag.

Rellstab, Felix (2000): *Handbuch Theaterspielen*. Band 4: *Theaterpädagogik. Entwicklung – Begriffe – Grundlagen – Übungen – Beispiele – Projekte*. Wädenswil: Verlag Stutz Druck.

Sack, Mira (2023): Theaterpädagogik. In: Hochholdinger-Reiterer, Beate / Thurner, Christina / Wehren, Julia (Hg.): *Theater und Tanz. Handbuch für Wissenschaft und Studium*. Baden-Baden: Rombach, 601–605.

Sack, Mira / Rey, Anton (2012): *Ästhetische Kommunikation im Kindertheater*. subTexte 07. Zürich: Institute for the Performing Arts and Film.

Schmidt, Yvonne (2020): *Ausweitung der Spielzone. Experten, Amateure, behinderte Darsteller im Gegenwartstheater*. Zürich: Chronos Verlag.

ULRIKE HATZER
CLAUDIA HEU
GEORGES PFRÜNDER

2.

Wieso ist hier alles so leise?
Nachdenken über das Projekt
«Playground for Tomorrow»

Pourquoi tout est-il si silencieux ici?
Réflexion sur le projet
« Playground for Tomorrow »

Perché qui è tutto così tranquillo?
Riflessione sul progetto
«Playground for Tomorrow»

339

Der Beitrag ist im Feld des *Applied Theatre* und *Performance in Public Space* verortet. Er basiert auf Versuchsanordnungen, die im Kontext des Masterstudiums *Applied Theatre – künstlerische Theaterpraxis & Gesellschaft* am Thomas Bernhard Institut der Salzburger Mozarteum University von Ulrike Hatzer und Claudia Heu mit Studierenden entwickelt und anschliessend mit Georges Pfründer nochmals auf ihre Inhalte und Zugänge in dialogischer Form vertieft reflektiert wurden. Im Fokus stehen Fragen des co-kreativen und kollektiven Arbeitens, der aktiven Teilnahme an der Gesellschaft und der Irritationsmöglichkeiten institutioneller Gegebenheiten. Auf der Metaebene wird in diesem polyphonen Erzählen und Erinnern reflektiert, wie wir unsere Wissensarchive zu Themen des Performierens in öffentlichen Räumen erweitern können, damit diese wiederum in der Lehre und der Forschung relevant werden.

RÉSUMÉ

Cette contribution se situe dans le champ du théâtre appliqué et de la performance dans l'espace public. Il se base sur des dispositifs expérimentaux qui ont été développés par Ulrike Hatzer et Claudia Heu avec des étudiants dans le cadre des études de master *Applied Theatre – künstlerische Theaterpraxis & Gesellschaft* à l'Institut Thomas Bernhard de l'Université Mozarteum de Salzbourg et qui ont ensuite fait l'objet d'une réflexion approfondie sur leurs contenus et leurs approches sous forme de dialogue avec Georges Pfründer. L'accent est mis sur les questions du travail co-créatif et collectif, de la participation active à la société et des possibilités d'irritation des données institutionnelles. Au niveau méta, ce récit et ce souvenir polyphoniques permettent de réfléchir à la manière dont nous pouvons élargir nos archives de connaissances sur les thèmes de la performance dans les espaces publics, afin que celles-ci deviennent à leurs tours pertinentes dans l'enseignement et dans la recherche.

RIASSUNTO

Il contributo si colloca nel campo del teatro applicato e della *performance* nello spazio pubblico. Si basa su modalità sperimentali sviluppate da Ulrike Hatzer e Claudia Heu con studenti del programma di Master *Applied Theatre – künstlerische Theaterpraxis & Gesellschaft* presso l'Istituto Thomas Bernhard dell'Università Mozarteum di Salisburgo e successivamente approfondite con Georges Pfründer in termini di contenuti e approcci in forma di dialogo. L'attenzione si concentra sulle questioni del lavoro co-creativo e collettivo, della partecipazione attiva nella società e delle possibilità di irritare le condizioni istituzionali. A un livello meta, questa narrazione polifonica e il ricordo riflettono su come possiamo ampliare i nostri archivi di conoscenze sui temi della *performance* Nello spazio pubblico, in modo che queste diventino a loro volta rilevanti nell'inseg namento e nella ricerca.

«We need portraits of presence, not discourse of disappearance...
Archives and documentations are not defined
by their attempt to rescue things from oblivion,
but are provocations rendered a-new into present reality
each time someone encounters them.»

(Peter Hulton 2009, 341)

Dieser Beitrag soll Impulse zur fruchtbaren Befragung geben, wie sich akademische Programme in den Feldern von *Applied Theatre* und Theaterpädagogik in hierarchisch veruneindeutigten Erkundungsräumen irritieren und erweitern lassen. Im Sinne des Zitats von Peter Hulton verstehen wir diesen Text als eine mehrperspektivisch verwobene Erinnerungsarbeit, die unsere Archive des Wissens bereichern soll. So wollen wir auch Möglichkeiten für neu orientiertes und positioniertes Wirken in akademischen Institutionen schaffen. Als Herausforderung lädt dieser Text die Lesenden zur produzierenden Auseinandersetzung mit co-kreativen Prozessen in akademischen Institutionen ein.

In der Strukturierung dieser vielstimmigen Projektuntersuchung beziehen wir uns auf Erfahrungen aus dem kollektiven Projekt «als alle Ohren hören konnten»: im Gesprächsaustausch während dessen Entwicklung, in den Präsentationen und in den nachfolgenden Schreibphasen kam der Artikel für die Zeitschrift *Schultheater* zustande. Der vorliegende Text ist das Resultat einer ähnlich polyphonen und kollektiven Arbeitsmethode, die sich in ihrer Abfolge so darstellen lässt: Notizen, Journaleinträge und Arbeitsgespräche waren zentrale Teile der dialogischen, künstlerischen Zusammenarbeit und dienten als Materialien für den Schaffungsprozess von «Playgound for Tomorrow»; die öffentliche Präsentation wurde als Co-Kreation von Claudia Heu und Ulrike Hatzer mit zwei Studierenden realisiert und verantwortet und produzierte in ihrer Anlage wiederum Bilder und Texte; Georges Pfründer war in Zeugenschaft das Auge von aussen und notierte eigene Impressionen. In einem zweitägigen Workshop versuchten wir danach zu dritt, die verschiedenen Stränge des Projekts einzufangen und einander mit Hilfe von Zeichnungen darzubieten. Nach einer ersten skizzierten Verschriftlichung der Kernideen brachten die projektbeteiligten Studierenden – Lilija Tchourlina und Ábel Kotormán[1] – ihre Perspektiven und Erfahrungen ein und ihre

---

1 Eine weitere Studierende – Christina Giurgea – war in der ersten Phase des Projekts mit involviert.

Sichtweisen auf das Projekt und den Text wurden wiederum Teil der Darstellung. Diese komplexe und zeitaufwendige Vorgehensweise erschien uns notwendig, um die Vielschichtigkeit eines möglichst genauen und im Prozess bleibenden Erinnerns abzubilden.

Wir wünschen uns diesen Text als Katalysator für kollegiale Fachgespräche, in denen normierte Positionen befragt und überprüft werden können. Hier soll auch konkret werden, wie das Schaffen von Archiven als emergente und involvierte Praxis verstanden werden kann, um damit nicht nur genaues Erinnern zu ermöglichen, sondern auch Echoräume für neue Erkenntnisse zu schaffen.

Von wo aus

Das im Juni 2023 abgeschlossene Projekt «Playground for Tomorrow» zeigt exemplarisch, wie im Rahmen einer Institution – hier im Masterprogramm *Applied Theatre – künstlerische Theaterpraxis & Gesellschaft* am Thomas-Bernhard-Institut der Mozarteum University Salzburg – eine künstlerische Arbeit entstehen kann, die sich gewohnten Lehr- und Lernanlagen (Mentor:innen-Studierenden-Situation) widersetzt und dem Projekt entsprechende dialogische Formen von Zusammenarbeit erprobt.

Als Vorschlag im Raum stand ein co-kreativer Prozess, in dem die Beteiligten reflektieren, was kollektiv werden kann im Verlauf einer Arbeit; dies mit der radikalen Offenheit anzugehen, nichts zu wissen und trotzdem gemeinsam im Raum zu bleiben; in verschiedenen Formen Assistenz zu leisten, aber auch Autor:innenschaft für bestimmte Versuchsanordnungen zu übernehmen; als Zeug:innen der Prozesse zu wirken und Dokumentieren als einen gemeinsam getragenen Auftrag zu verstehen, der Teil eines künstlerischen Prozesses ist; Arbeitsrituale, die mit Beteiligten erfunden wurden, mitzutragen und weiter zu beleben.

Rahmung des Projekts

In vorbereitenden Gesprächen setzten Claudia Heu und Ulrike Hatzer Schwerpunkte zur thematischen und pragmatischen Rahmung des Dokumentationsprojekts; eine Rahmung, innerhalb derer sich alle Beteiligten mit grösstmöglicher Offenheit auf Versuchsanordnungen einlassen konnten.

Spiel als Praxis: Spiel als Zugang und Herausforderung und Spielplatz als Verortung dieser Herausforderung: Es geht darum, das Spielen ernst zu nehmen und sich dem Spielen so zuzuwenden, dass im spielerischen Inszenieren von «Als-ob-Situationen» (Derrida) etwas hin zu Zukunftsentwürfen entstehen kann. Entlang den Betrachtungen von Huizinga, Jahrmann, Sutton-Smith u.a. soll Spiel als ein Instrument des forschenden Befragens der Welt eingesetzt werden; im Tun soll sie als veränderbar zur Darstellung kommen. Heu und Hatzer sagen: «Beim Spielen versuchen wir etwas, von dem wir die Voraussetzungen und Bedingungen noch nicht kennen.» Spielen fordert höchste Risikobereitschaft ein. Spiel wird verstanden als eine Einladung zur Praxis: nicht bei möglichen Hypothesen und Szenarien zu verweilen, sondern im Tun etwas zu entdecken.

Verortet spielen: Salzburg soll Spielplatz dieser Projektanlage sein, denn in dieser Stadt studieren und lehren die Projektbeteiligten, hier ist auch die Institution verortet. Diese Stadt besitzt ihre eigenen Narrative, verfügt über sichtbare und unsichtbare Geschichten, hat Entwicklungen durchlebt, wovon Spuren bleiben, die neu aufgedeckt werden können.

Kollektiv als Praxis: In der Einladung zum Spiel schon enthalten und als Moment gezielter Aufmerksamkeit auf das Potenzial des Lernens wird das Kollektiv nochmals identifiziert: Gemeinsamkeit soll in der produzierenden Praxis erprobt werden. Die Beteiligten sollen in unterschiedlichen, immer wieder wechselnden Rollen einander unterstützend Setzungen für mögliche Versuchsanordnungen schaffen. Damit verbunden ist die Einladung, die Frage des Kollektivs weiterzudenken: wie kann ich – im Interesse eines Projekts – ein Gegenüber unterstützen, was kann geschehen, wenn ich für ein Projektteil in die (An)Leitung gehe, und wann kann/soll ich diesen *Lead* wieder abgeben, wie können wir gemeinsames Zögern aushalten, was kann Autor:innenschaft alles beinhalten?

Das Buch *On Tyranny: Twenty Lessons from the Twentieth Century* von Timothy Snyder mit Illustrationen von Nora Krug dient als Referenz und Inspirationsquelle und wird als dramaturgischer Akteur in den Arbeitsprozess eingeladen. Die Publikation legt Zusammenhänge zwischen den Zeiten offen, wie auch im Klappentext dargestellt: «[...] teach twenty lessons on resisting modern-day authoritarianism. Among the twenty are a warning to be aware of how symbols used today could affect tomorrow.» Es geht darum, aus der nahen Vergangenheit – dem zwanzigsten Jahrhundert – für eine Zukunft zu lernen und das grade jetzt, da wir mit der Gegenwart gar nicht zufrieden sein können. Darin enthalten ist eine Einladung an alle Lesenden, aktiv zu werden.

Aktivismus, gedacht als gesellschaftliches Handeln, soll als künstlerisch-ethisches Prinzip die Erkundung von öffentlichen Räumen informieren und lenken. Ausgehend von ihren künstlerischen Arbeiten verstehen Heu und Hatzer Aktivismus als ein Anliegen, das aus einer geteilten gesellschaftlichen Verantwortung erwächst. Dies soll nicht irgendwelchen besonders politisch involvierten Menschen überlassen – also ausgelagert und an spezielle Expert:innen und Initiativen delegiert – werden, sondern muss Sache von uns allen bleiben. Um konkret handlungsfähig zu werden gilt es, wie das auch Snyder tut, Aufmerksamkeit für scheinbar kleine Dinge aufzubauen, Unterbrüche in Abläufe hineinzuschmuggeln und mit choreografierten Pausen Alltagsgeschehen zu stören. In kleinen Gesten soll dies konkretisiert werden, denn – so die Projekthypothese – diese enthalten das Potenzial für neues Wahrnehmen der Umgebung und können so politisches Agieren anfachen. Die Diversität verschiedener Positionen, aber auch verschiedener Fähigkeiten und Einschränkungen sind dabei essenziell, damit Aktivismus sich in Mehrstimmigkeit entfalten kann. Mit diesen rahmenden Prinzipen begann die forschende Projektarbeit, die sich über drei Monate erstreckte.

Konkretes zum Projekt

In den ersten fünf Tagen haben sich die Beteiligten – jeweils für drei Stunden – ihre eigenen Arbeiten bzw. Arbeitszugänge gegenseitig vorgestellt. Die Form des Teilens war ganz offen. Nach jedem Input gab es Feedbacks und ein Sammeln, was den einzelnen wichtig war, was wirklich resoniert hat. Diese *Findings* wurden aufgeschrieben und sichtbar in den Raum gehängt. Aus diesem gemeinsamen Prozess kristallisierten sich unter anderem das Spiel, die kleinen Gesten und bereits das Nachdenken über einen *Playground* für zukunftstaugliche Praktiken heraus.

Begonnen wurde täglich entweder mit einer gemeinsamen körperlichen Praxis, oder mit dem Austesten von Spielvarianten bzw. Interventionen, die im Prozess des Erprobens relevant wurden. Bei den wöchentlichen «Check-ins» ging es um Feedbacks zum gemeinschaftlichen Prozess und um Reflexionen zu den Rollen, Vorstellungen und Herausforderungen aller Beteiligten. Wesentlich war, dass das Kollektiv aus sehr unterschiedlichen Positionen heraus agierte – von der Institution her gedacht, aber auch in Bezug auf die verschiedenen Biografien als Kunstschaffende. Dies galt es immer wieder transparent zu machen. Wichtig war auch die erklärte Intention, ausgewählte Momente aus dem Schaffensprozess mit einer Öffentlichkeit im Rahmen des Festivals «SommerSZENE Salzburg» teilen zu wollen.

Photo: Cristina Giurgea   Photo: Lilija Tchourlina   Photo: Cristina Giurgea

Diese wenigen strukturierenden Setzungen erlaubten es allen Mitspielenden, sich in verschiedenste Richtungen zu bewegen und unterschiedlichste Szenarien zu versuchen. Das offene Verständnis von Gemeinsamkeit ermöglichte es, immer wieder Ideen zusammenzubringen und individuell versuchte Verirrungen produktiv werden zu lassen. Heu und Hatzer beschreiben diesen Prozess als ein ungesichertes – zumeist individuelles – Eintauchen und dann irgendwann als ein gemeinsames Auftauchen und Luft holen. In diesem Moment des Auftauchens konnten die Fundstücke präsentiert und kontextualisiert werden, konnten Themen und Zugänge im Austausch immer wieder neu fokussiert werden.

In all diesen Bewegungen wurde – dank dramaturgischen Rückkoppelungen an Timothy Snyder – zentrale Aufmerksamkeit den kleinen Gesten geschenkt, die im öffentlichen Performieren konkrete Möglichkeiten eröffneten, mit der Stadt in einen Dialog zu treten. Das hiess zum Beispiel, einer scheinbar vorgegebenen Hektik Ruhe entgegenzustellen und Lärm mit Stille zu begegnen, um so Zwischentönen Raum zu verschaffen. Erkundet wurde: Welche Bedingungen müssen geschaffen werden, damit wir besser hinhören können? Welche neuen Distanzen müssen wir zu Soundquellen suchen, welche Aufmerksamkeit, auch in der Zeit, müssen wir zur Verfügung stellen? Die resultierenden Gesten wirken bescheiden, ja fast unmerklich. Die kanadische Performerin und Kulturtheoretikerin Erin Manning versteht die kleine Geste als eine pragmatische Aktion, die sich nur in der Praxis realisiert und in ihrer Erscheinung spekulativ wirkt – denn hier kann etwas passieren, was die Grenzen des Events überschreitet und neue, nicht beabsichtigte Erfahrungen beinhaltet. Für Manning ist die «minor gesture» ein Ort der Dissonanzen und der Inszenierung von Störungen, die ihrerseits die Erfahrungshorizonte zu erweitern vermögen (Manning 2016, p. 8). So wirkt die kleine Geste auch politisch: in ihr erhalten neue Begegnungsmöglichkeiten Raum und es entfalten sich unvermittelt neue und überraschende Ausdrucks- und Lebensformen, die über ein «ich» hinausweisen.[2]

So ging es immer auch um Praxis: um eigenes Tun, aber auch darum, was ein Projekt mit uns macht. In dieser Praxis handelte es sich darum, entlang von Snyders Texten neue Gesten zu setzen und sich anzueignen, zu denen schliesslich eingeladen werden konnte, sie mit zu praktizieren und sie weiterzudenken, zu verändern, zu befragen.

Im Prozess auf Spuren kommen

Das Projekt handelt von Inspiration im eigentlichen Sinne: Es ging darum, die Stadt mit all ihren Geschichten einzusaugen in die Archive der Spielenden. Diese Archive wiederum sollten den Spielraum speisen und – im Spiel aktiviert – mögliche Imaginationen evozieren, dass die Zukunft eben nur dann spielbar wird, wenn wir Geschichten sorgfältig erkennen und aus ihnen heraus Möglichkeitsräume eröffnen. Hatzer spricht in diesem Kontext von der Erprobung von Realutopien, gerade wenn kleine Gesten in einem gemeinsamen Aktionsraum zusammenkommen. Archive entwickelten sich im Proberaum bzw. Basisraum der Spielenden.

Hier wurde sichtbar, welche Ideen entworfen, weggeworfen und/oder neu konstelliert als Spuren eines Prozesses sichtbar blieben und wie eine Sammeltätigkeit, die immer situiert und aus der Logik von Gesprächen nachvollziehbar war, zur Produktion führte. Es war den Projektbeteiligten ein Anliegen, diese Archive den Besucher:innen zugänglich zu machen.

Aktivismus – Innehalten und kleine Gesten

Die Projektbeteiligten suchten mit diesem Projekt in verschiedenen Suchbewegungen Formen von Handeln konkret werden zu lassen. Mit präzisen Handlungen und Einladungen zum Mit-Handeln woll-

---

2   E. Manning 2016, p. 21.

ten sie ein vielfältiges Repertoire von Aktivismus testen und dies als emergentes Phänomen erfahrbar machen. Dies geschah in kleinen Gesten, die für alle machbar waren – nicht nur für die im Projekt Involvierten, die sich als Spielende über längere Zeit engagierten, sondern auch für alle Miteingeladenen.

Für Lilijana Tchourlina war es wichtig, sich Zeit zu nehmen für das Beobachten des Geschehens, für das Verstehen des Kontexts und für ein «In-sich-Ankommen», um davon ausgehend zu einer möglichen Bewegung zu kommen. Claudia Heu sah als wesentliche Voraussetzung fürs Aktiv-Werden die Distanzierung zum und das Beobachten von alltäglichem Geschehen, damit eine Antwort darauf erfolgen kann und so neue Perspektiven geschaffen werden. «Denn», so Heu, «man kann ja nur aktiv werden, weil man etwas erkannt hat, durch genaues Hinschauen bemerkt hat, 'was ist' – erst dann kann man auf das, was ist, eine Antwort setzen/geben.»

Diesen Moment des Innehaltens sehen Heu und Hatzer als notwendige und wichtige Transitsituation, aus der sich ästhetisch-performierende Gesten entfalten können. Im Moment des Innehaltens tauchte für Ábel Kotormán der Impuls auf, eine Einladung zu formulieren, um mit Menschen in Bewegung zu kommen, sich mit ihnen auf etwas einzulassen, zum Beispiel gemeinsam ein Buch zu lesen oder frische Luft zu schnuppern. Für Lilija Tchourlina galt zentral, dass es im Aktiv-Werden darum geht, als Resonanzkörper präsent zu werden – im sorgenden Umgang mit Menschen sich von ihnen berühren zu lassen, und dank fundamentalen Erfahrungen dann in eine überzeugte Position eines künstlerischen Mit-Handelns zu kommen.

Von der Notwendigkeit der Genauigkeit

In jeder Einladung zum Handeln im öffentlichen Raum muss «etwas» zur Verfügung gestellt werden, das als prägnante Rahmung den Menschen hilft, sich auf eine Situation, eine Aktion einzulassen. Diese Präzision ist gleichzeitig ein In-Szene-Setzen, um einer Situation eine Theatralik zu verleihen, die sich von der Umgebung minimal differenziert. Der künstlerische Akt, wie leicht und minimal er sich auch versteht, bietet sich so als Eingangstor ins Imaginieren, ins Fiktionale an.

Das erfordert maximale Sorgfalt in der Planung: Was für ein Stuhl, wo steht er genau, in welchem Abstand zum nächsten? Wie soll die Einladungskarte gestaltet werden, damit sie sich auch in der Hand so genau richtig anfühlt? Welche konkreten Gesten einer Einladung zum «Sich-mit-Einlassen» braucht es, damit die Geschichten ihren Verlauf nehmen können? Welche Art des Abschlusses, welches Bedanken ist adäquat?

Wichtig ist hier anzumerken, dass es in diesem Projekt ums Entdecken von kleinen, unfertigen Geschichten, von Nebengeschichten, von vergessenen Geschichten ging, die wiederum weitere Geschichten zu triggern vermochten, und somit Narrationen, aber auch eingefahrene Choreografien der Stadt zur Sichtbarkeit bringen konnten.

Wohin es führen soll: Freiheit zu erproben. Freiheit – entlang von Henri Bergson und Erin Manning gedacht – steht hier nicht für eine Freiheit, die wir uns herbeiwünschen; noch ist sie verbunden mit Intention und Agens. Sie entzieht sich jeder einfachen Einbindung in Kausalketten und Determiniertheiten. Vielmehr steht sie für eine ergebnisoffene Haltung des Ins-Handeln-Kommens, dafür, mannigfaltige Bewegungen zu wagen und damit die Voraussetzungen zu schaffen, dass unverhofft etwas geschehen kann. Dieses Etwas verlangt unsere ungeteilte Aufmerksamkeit, damit es sein volles Potenzial entfalten kann. Freiheit steht dafür, wie ein Geschehen sich in Komplexität ausdrücken kann.

Quasi als Spiegel für die gesamte Projektentwicklung kann der Einladungstext für die performativen und interaktiven Produktionen vom 21. bis zum 23. Juni gelesen werden. Da heisst es:

> «Wenn die Praktiken von heute die Grundlage für das Leben morgen sind, sollten wir unbedingt unsere Handlungen hinterfragen und Salzburg in ein Forschungs- und Übungsumfeld verwandeln: in einen Spielraum, in dem wir unsere alltäglichen Handlungen für das Leben von heute und morgen erproben; Blickkontakt, poetische und pragmatische Gesten, Körperpolitiken für kommende Zeiten – gute wie schlechte. Denn: mehr als alles andere ist das Üben an der Zukunft eine Praxis.»

«Playground for Tomorrow» – FrühVorstellungen und SpätVorstellungen

Die FrühVorstellungen begannen um 4:40 Uhr, die SpätVorstellungen um 20:15 Uhr. Die Uhrzeit beeinflusste natürlich die Stimmung, die Atmosphäre. Ansonsten aber waren der morgendliche und der abendliche Ablauf identisch. Treffpunkt war die Staatsbrücke bei den Abramović-Stühlen. Hier bekamen die Teilnehmenden folgende Einführung und Handlungsanweisungen:

Auf dieser Brücke haben sich Menschen getroffen, um den Mond zu bestaunen.
Einige Leute mussten bezahlen, um diese Brücke zu überqueren.
Einige mussten täglich um 17 Uhr die Altstadt über diese Brücke verlassen.
Einige mussten diese Brücke unter Zwangsarbeit bauen.

Heute, am 21. Juni 2023, werden wir auf dieser Brücke sitzen
und gemeinsam über einen neuen Tag nachdenken.

Betrachten Sie alles, was auftaucht, als Teil der Kontemplation,
seien es Autos, Vögel, Passant:innen, Betrunkene oder Einsatzwagen.
Schließen Sie gerne die Augen, lauschen Sie der Stadt oder lassen Sie Ihren Blick
frei schweifen.
Das Warten auf den Morgen [bzw. auf den Abend] wird in Stille sein.
Nach etwa 40 Minuten beende ich es mit einem Dankeschön.

Hier sind Ihre Sitzplatznummern.
Ziehen Sie ein Ticket,
danach nehmen Sie einen Stuhl,
gehen auf die andere Seite der Brücke;
dort finden Sie Ihre Nummer,
wo Sie Ihren Stuhl abstellen können.
Setzen Sie sich hin,
nehmen Sie sich Zeit,
entspannen Sie sich
und beginnen Sie über den neuen Tag nachzudenken.

Photo: Johanna Mayrhofer

Photo: Johanna Mayrhofer

Photo: Johanna Mayrhofer

Zum Abschluss dieses gemeinsamen Innehaltens wurde Tee getrunken. Danach wurden die Besucher:innen eingeladen, in zwei Gruppen auf je einer Seite des Flusses hin zu einem Ort zu spazieren, wo sie Hocker vorfanden, die in einer Distanz von etwa 10 Metern voneinander beidseits am Ufer so platziert waren, dass die Situation eines direkten Gegenübers vorstellbar wurde, getrennt durch den Fluss.

Photo: Johanna Mayrhofer

Sie wurden eingeladen, dies in Stille zu tun. Auf jedem Hocker lagen eine leere Postkarte, ein Stift und folgende Handlungsanweisungen bereit:

Schau auf die andere Seite des Flusses.
Schau die Person an, die
Herz zu Herz, Wirbelsäule zu Wirbelsäule
zu Dir sitzt.

Lass Dir Zeit.

Betrachte die Person.
Schau sie Dir «her»,
so dass Du ihr Antlitz
quasi einatmen kannst.
– Und lass Dir Zeit.

Nimm die Person in Dein System auf
und behalte sie so sorgfältig im Kopf,
dass Du sie nicht verlieren wirst,

selbst wenn Du abgelenkt bist,
durch einen Hund,
eine:n Spaziergänger:in,
ein Geräusch.

Lass Dir Zeit.

Schreib eine Postkarte an Dein Gegenüber.
– Und lass Dir Zeit.

Steh auf, wenn du fertig bist.

Warte, bis Dein Gegenüber,
auf der anderen Seite des Flusses,
ebenfalls aufsteht.

Lasst Euch Zeit.

Geht gemeinsam zur Brücke,
betretet die Brücke,
trefft Euch in der Mitte der Brücke.

Tauscht Eure Postkarten in Stille,
tauscht das Ufer, tauscht die Sitzplätze.

Nehmt Platz, wenn Ihr angekommen seid.
Lasst euch Zeit.

Lest die Postkarte.

Schaut Euch an und
schaut Euch noch einmal an.

Lasst Euch Zeit.

Photo: Johanna Mayrhofer

Photo: Johanna Mayrhofer

Danach wurden alle Teilnehmenden in den Basisraum von «Playground for Tomorrow» eingeladen, um dort gemeinsam zu essen, zu trinken und auszutauschen.

«Playground for Tomorrow» – einige weitere Programmpunkte

— Einführung in den *Playground*, in unsere Arbeit und unsere Archive:
Wir laden Sie ein, gemeinsam mit uns in den *Playground* einzutauchen. Wir teilen den Arbeitsprozess und die Erfahrungen mit Ihnen. Fühlen Sie sich frei, die verschiedenen Möglichkeiten und Ressourcen des Archivs zu entdecken.
— *Which book would you save:*
Gemeinsam schaffen wir auf dem Residenzplatz, nahe der Gedenkstätte der Bücherverbrennung in Salzburg vom 30. April 1938, ein Archiv der geretteten Bücher für morgen.
— *Who you gonna call* / wen werden Sie anrufen:
Sie bekommen einen Euro und rufen jemanden an. Vorher können Sie eine Frage aus unserer Liste auswählen. Ein Euro reicht für etwa 3 Minuten. Wen rufen Sie an?
— Boote bauen / *Build boats*:
Salzburg braucht eine Werft. Salzburg braucht Boote. Salzburg braucht Veränderung. Wir bauen Boote wie Botschaften, markieren damit die Stadt und ihre Möglichkeiten.
— *Playground* spezial: Eintauchen in den Almkanal – Schwimmen in der Salzach:
Nachdem Lukas Ployer und Horst Lechner 2017 das Buch *Flussraum Salzach – Transformation zur Lebensader* verfasst haben, sind sie nun zu Gast im *Playground* und laden uns alle ein, gemeinsam sinnliche Qualitäten in natura zu erleben.

Photo: Claudia Heu

Photo: Ulrike Hatzer

Photo: Johanna Mayrhofer

Erkenntnisse und Erfahrungen – aus den Perspektiven der Projektinitiierenden

Heu und Hatzer: Eine Kernfrage, die von Anfang an als Triebfeder für alle Arbeitsphasen relevant war: Wie unterwandern wir die Rollen, die uns zugeschrieben werden – uns zwar oft schützen, aber auch abhalten von Entdeckungsreisen?

> **Heu**: Als Mentorinnen zeigen wir uns nicht, setzen uns nicht aus. Es geht da vor allem um ein Anleiten aus gesicherter Distanz: Vielleicht solltest du so oder so arbeiten, das sollte nochmals überprüft werden etc.

Hatzer: Sich auf einen co-kreativen Prozess einlassen heisst für uns: Wir stellen keine fertige Arbeit beispielhaft in den Raum. Vielleicht kommen wir mit einem Gegenstand, zum Beispiel einem Hocker und laden Mitspielende ein, etwas damit zu tun; vielleicht erzählen wir, was wir grad ausprobiert haben, vielleicht sind wir euphorisch oder nachdenklich, vielleicht sind wir auf einer Spur, ohne jedoch eine Gewissheit zu haben. Wir müssen also gemeinsam etwas erringen, was wir jetzt noch nicht kennen. Wir machen unsere Ideen, mit denen wir in einem ungesicherten JETZT arbeiten, kritisierbar. Wir sind in einer Austauschsituation, die von allen ein aufmerksames Hören, ein Mit-Lernen einfordert.

> **Heu:** Aus der Mentorinnen-Rolle zu treten heisst in diesem Fall auch ganz konkret, ein Gegenüber schwimmen zu lassen, nicht einzugreifen, sondern die Verantwortung als eine geteilte wahrzunehmen. Die autonome Geste des Nachfragens soll als gegeben gelten und allen Mitspielenden gleichermassen zustehen. Erst nach der expliziten Einladung und Anfrage soll sich ein Gespräch entwickeln.

Heu und Hatzer: Dass jede Person mit unterschiedlichen ästhetischen Erfahrungen in dieses Projekt eintritt, ist Voraussetzung für ein künstlerisches Gelingen und muss von allen Beteiligten als eine Chance verstanden werden, damit es zu einer wirkungsvollen Co-Produktion kommen kann. Hier hilft auch das Bild einer Ästhetik, die erst in der Assemblage zum Schwingen kommt, einer Ästhetik des Staunens – dass hier noch etwas möglich werden kann, was jede:r Einzelne sich gar nicht hätte vorstellen können. Das Ringen um adäquate Formen der Darstellung verlangt von allen Beteiligten die Fähigkeit zu verhandeln und kann nur dann gelingen, wenn der Wunsch nach einer gemeinsamen Darstellung eine Zielsetzung bleibt, die alle von

Anfang bis zum Ende teilen. Die Fragen nach der Autor:innenschaft einzelner Projektteile bleibt davon allerdings unberührt. So sehr es richtig ist, dass das Kollektiv eine eigene Ästhetik hervorbringt, so sehr stimmt es auch, dass die gegenseitige künstlerische Anerkennung, der Respekt vor dem Vermögen der Co-Kreateur:innen eine wesentliche Grundlage dafür ist. Es ist durchaus nicht widersprüchlich, wenn wir Macher:innen sehr genau wissen, hinter welchem Projektteil wessen Autor:innenschaft steckt, wer also wen fragt, falls es zu einem Zitieren einer Praxis in der eignen geht, es war vielmehr die Voraussetzung für eine vertrauensvolle Zusammenarbeit und wird die Basis für ein freimütiges Weiterarbeiten über die grosse Öffnungsphase des Projekts im Juni 2023 hinaus sein.

Erkenntnisse und Erfahrungen – Lilija Tchourlina und Ábel Kotormán

Für die beiden Studierenden – Lilija Tchourlina und Ábel Kotormán – war das Ankommen und ein Sich-Einlassen in das co-kreative Projekt mit viel Stolpern verbunden. Sie versuchten dabei, folgende Fragen mit sich und miteinander zu verhandeln: Welches Distanz-Nehmen von institutionell geeichtem Wissen ist notwendig, damit eine kollektive Arbeit in diesem Projektkontext überhaupt realisierbar wird? Welche neuen Nähen müssen in diesem präzisen situativen Kontext erfunden werden hin zu den Mit-Akteur:innen, die vor und nach dem Projekt auch Machtpositionen innerhalb der Institution vertreten?

Es galt, aus der Logik eines institutionell geregelten Studierenden-Alltags hinauszutreten, einer Logik, innerhalb welcher das geradlinige Erfüllen von Aufgaben zentrale Bedeutung besitzt und die Studierenden antizipierend zu planen lernen, wie eine effiziente Beweisführung im Prozess hin zum erfolgreichen Abschluss durchzuführen ist. In dieser für das Projekt essenziellen Bewegung des sich Loslösens, des Ver-Lernens galt es also, sich eine autarke Position zu verschaffen, und dabei nichtsdestotrotz die grössere Rahmung von institutionellen Gegebenheiten, die vor und nach dem Projekt die Realität konstituieren, nicht auszublenden. Dies verursachte eingangs Unsicherheiten, möglichen ungesagten Erwartungen nicht zu entsprechen.

Im Prozess von Gesprächen, von gemeinsamem Handeln und einander Zeigen künstlerischer Arbeiten eröffneten sich konkrete Gestaltungs-Spielräume für das Projekt. Äusserst hilfreich waren dabei die prototypischen Versuche, die sich als Arbeitsmethode sehr bewährt haben: Von der ersten Idee ging es gleich zu einer skizzenhaften Umsetzung – dabei konnte niederschwellig entdeckt werden, ob sie weiteres Potenzial in sich birgt, oder ob sie, zumindest für den Moment, zur Seite gelegt werden soll. In diesem prototypischen Arbeiten enthalten ist das Spekulative, das in einer Handlung Ausdruck und Form findet. Diese Handlung, als vorbildlich oder prototypisch verstanden, dient als Ausgangspunkt für weitere Untersuchungen. Ein solches spekulatives Tun wird erst dann produktiv, wenn wir als Voraussetzung unseren Kräften der Imagination vertrauen: Wir nehmen in einem Moment ungeteilter Aufmerksamkeit die Vorstellung eines möglichen Differenten oder noch nicht Anwesenden in einer gegebenen Umgebung so ernst, dass wir daran glauben, ihr mit den uns zur Verfügung stehenden Handlungen zu einer machtvollen Präsenz zu verhelfen.

Für Lilija Tchourlina und Ábel Kotormán war die Prämisse der kollektiven und co-kreativen Arbeit massgebend, denn hier ging es darum, mit verschiedenen Rollen und Gestaltungsregistern zu spielen. Scheinbar widersprüchlich erschien die Aufforderung, gemeinsam etwas zu entwickeln und dann, mit den entstehenden Projektideen, die sich wie Inseln in unterschiedlichen Dynamiken und in je eigener Produktionslogik entfalteten, in situativ unterschiedlichen Konstellationen mitzuwirken (Regie zu führen, zu agieren, zu assistieren). Beide sprachen in diesem Zusammenhang auch über die für sie zentrale Entdeckung, was eine Generosität im Kontext eines ergebnisoffenen Projekts bedeutet, die sich noch vieldeutig schillernd, aber gleichzeitig schon realistisch darstellt. Gerade das Sichtbar-Machen und gemeinsame Verhandeln der wichtigsten Ressource – der Zeit – erschien beiden Beteiligten als ungemein wichtiges Momentum ihres Lernprozesses. Für Lilija Tchourlina hiess das immer auch, dass dieser Faktor mit sehr viel Emotionalem verbunden war: Ich nehme mir Zeit, weil ich hier wichtig bin; meine Unterstützung zentral relevant für das Gelingen des Unterfangens wird; ich mich hier ernst genommen fühle; mein Beitrag hier zählt. Und gleichzeitig auch anzuerkennen: ich muss Sorge zu mir tragen, wenn ich an meine Grenzen stosse.

Wichtig erschien beiden die Setzung, am Ende der Projektdauer etwas öffentlich zu zeigen und dies nicht als ein starr fixiertes Produkt zu verstehen, sondern als ein grosszügiges und verwundbares Teilen verschiedenster Erfahrungen aus einem Prozess.

Projekt-Fazit

Co-kreative Prozesse haben kein natürliches Ende, weil sie in jedem Schritt von Anfang an auf «Zuwachs» ausgerichtet sind. Sie zielen nicht nur auf ein Ergebnis, etwa auf eine öffentliche Veranstaltung hin, sondern fokussieren bereits im Beginnen auf ein zweites Hauptthema, nämlich das der Öffnung für Co-Kreierer:innen als Mit-Künstler:innen, als Mit-Denker:innen, als Mit-Macher:innen bis hin zu dem hier vorliegenden Schritt des Mit-Reflektierens als Co-Kreation und Weiterführung des Projekts im vorliegenden Text.

Die Weiterführung findet als Innehalten statt und impliziert ein Zurückdenken, um die im Prozess entstandenen Ideen als mögliche Weggefährten hin in eine weitere Zukunft einzuladen, sie also als weiter gestaltbar zu imaginieren.

Irritation oder momentane Suspension eines institutionellen Rahmens mit dem und durch das Projekt öffnet auf Seiten der Studierenden ein Bewusstsein über normierte Vorstellungen von Anforderungsrastern und erlaubt ein Erfinden von denkbaren Handlungsoptionen und wirkmächtigen Rollen im Kontext eines Masterstudiums. Neue Spielräume wurden erprobt, Potenzial zur Weiterentwicklung geschaffen, das Masterstudium selbst so zu einem Archiv interpretiert, aus dem heraus Kontinuitäten für künstlerische Praktiken über das Studium hinaus passieren können.

Über dieses Archiv hinaus bleibt beiden ins Projekt Einladenden – Heu und Hatzer – zusätzlich die weiterhin offene Frage, wie ein Raum genügend luftig konzipiert sein muss bzw. wie sehr er gehalten sein soll, um (un)geplante Dynamiken ebenso freizusetzen wie das Innehalten und Konzentrieren auf Momente der Kreation, der Begegnung, aber auch des – hoffentlich produktiven – Scheiterns. Dabei ist das Scheitern nicht nur auf die Aspekte des Projekts bezogen, die zunehmend einer breiteren Öffentlichkeit zugänglich waren, sondern auch auf jene andere Frage, nämlich die nach der Möglichkeit einer konstruktiven Unterwanderung der klassischen Setzung von Lehrenden und Studierenden, Mentor:innen und Mentees, gesichertem Wissen und solchem, das vorgeblich erworben werden soll in einem universitären Setting.

Als «produktiv gescheitert» lassen sich die Momente grösster Unsicherheit auf allen Seiten im Zusammenwirken denken, wo niemand mehr eine sichere Wissens- oder Erfahrungsquelle sein kann, wo kein «How to» abgerufen werden kann, sondern nur noch auf beharrliches und zuversichtliches Weitermachen zurückgegriffen werden kann. In diesen porösen Zuständen fanden co-kreative Entfaltungen statt, als

Momente echter Solidarität, im Sinne eines gleich verteilten Risikos. Diesen Raum zu halten, diese Phasen buchstäblich auszuhalten und mit künstlerisch-forschenden Praktiken zu füllen und damit offenzuhalten für weitere Entwicklungen: das bedeutet es, wenn wir von «Raum halten» sprechen. Hier kommt Erfahrungswissen ins Spiel, das Claudia Heu und Ulrike Hatzer auf der Position der erfahreneren Künstler:innen sicher mehr zur Verfügung stand und steht. Diesen «Vorsprung» transparent zu machen, zu kommunizieren und damit als weitere Ressource zur Verfügung zu stellen, war ein wichtiger Faktor der Produktivität im vorgeblichen Scheitern bzw. in fragilen Momenten der gemeinsamen Arbeit. Auf einer solchen Basis kann es gelingen, im Tun «safe spaces» – als zeitliche Abschnitte in einem Projekt – herzustellen und zugleich das Risiko der räumlichen und mitgestalterischen Offenheit permanent voranzutreiben.

Im Vergrössern dieses co-kreativen Kreises steht auch jedes Mal die Frage im Raum, wie dieses Mit-Denken und -Antworten auch im Projekt selbst Resonanzen erzeugen kann und es weiter verändert und gestaltet. Den scheinbaren Erfahrungsvorsprung der «Senior artists» gilt es kreativ so zu nutzen, dass sie sich zu den weiteren Stimmen gesellen und in der Mehrstimmigkeit dialogisch Teil werden von einem kollektiv Gesamten, das nur dank dieser anerkannten Heterogenität produktiv werden kann.

Von der Institution aus gedacht wird relevant, dass ein herbeigewünschter künstlerischer, kollektiver Prozess nur dann stattfinden kann, wenn der Freiheitsraum für alle Beteiligten stimmig ausgehandelt ist, und wenn die daraus folgenden Erkenntnisse so zurück in die institutionelle Auswertungsmaschine gespeist werden, dass diese in ihrem Selbstverständnis vielleicht kurz ins Stocken gerät.

Abschliessend

Beim detaillierten Beschreiben eines Projekts geht es uns um einen – in den hektischen Kontexten des akademischen Alltags beinahe unmöglichen, aber für die Bildungsarbeit essenziellen Moment des Innehaltens. In Gesprächen und im Schreiben wird nochmals aktiviert und in Bilder gebracht, was dieses Projekt auszeichnete.

Den vorliegenden Text verstehen wir als eingewoben ins Projekt «Playground for Tomorrow» und zugleich als exemplarischen Entwurf, wie wir Forschung in unseren Feldern zu interpretieren und leben suchen. Der Text, als Teil des Projekts, folgt der Motivation und der Form «applied, implied and replied». Er ist angewandt im

Sinn einer Einladung zu weiterem Handeln. Er impliziert, denn im dialogischen Denken und Schreiben wird der Versuch unternommen, den inhaltlichen Strömungen auf die Spur zu kommen, die sich oft erst im Prozess erschliessen. In der Aufforderung zum Antworten fokussiert er die Aufmerksamkeit auf ein Aktiv-Werden und – damit verbunden – auf ein Auftreten in der Öffentlichkeit, das als politischer Akt verstanden wird. Wie im Eingangszitat beschrieben geht es auch darum, einen Beitrag zu den Archiven im Feld von *Applied Theatre* / Theaterpädagogik zu schaffen, in welchem die Komplexität von kreativen Prozessen beschreibend sichtbar wird.

Wir entdecken in diesem produzierenden Innehalten ein riesiges Potenzial für die Weiterbildung: Indem wir in Kollektiven – mit den verschiedenen Distanzen der Produzierenden, Begleitenden, Beobachtenden – einen vielschichtigen Blick auf ein in der Erinnerung aktiv nachwirkendes Objekt werfen, bleiben wir auch im Mit-Hören, Mit-Denken, Mit-Sprechen, Mit-Schreiben in einer gemeinsamen Bewegung des Lernens. Räume für ein Unterfangen von kollektivem Innehalten zu schaffen, sie ästhetisch und in einer Polyphonie zu gestalten, ist für uns ein Anliegen, das wir gemeinsam weiterzuentwickeln suchen.

Podcast Practicing Futures

Video Playground Documentation

Bibliographie

Derrida, Jacques (2001): *Die unbedingte Universität*. Frankfurt am Main: Suhrkamp.

Huizinga, Johan (1956): *Homo Ludens: Vom Ursprung der Kultur im Spiel*. Hamburg: Rowohlt.

Hulton, Peter (2009): Book review of *Documentation, Disappearance and the Representation of Live Performance* by Matthew Reason. In: *Studies in Theatre & Performance* 29.3, 340–342.

Jahrmann, Margarete (2011): *Ludics for a Ludic Society: The Art and Politics of Play*. Plymouth: The University of Plymouth.

Manning, Erin (2016): *The Minor Gesture*. Durham: Duke University Press.

Snyder, Timothy (2021): *On Tyranny: Twenty Lessons from the Twentieth Century*, illustrated by Nora Krug. New York: Random House.

Sutton-Smith, Brian (2001): *The Ambiguity of Play*. Boston: Harvard University Press.

MICHAEL GRONEBERG

3.

L'apprentissage-création à l'université
Un exemple philosophique

L'apprendimento creativo all'università
Un esempio filosofico

Kreatives forschendes Lernen an der Universität
Ein Beispiel aus der Philosophie

363

RÉSUMÉ

Cette contribution présente une approche pédagogique appelée « Les Maîtres de la Caverne » qui utilise, entre autres, la mise en scène de contenus philosophiques ou scientifiques dans la formation universitaire. Elle défend l'importance de la création, en particulier de l'incarnation par le jeu sur scène, dans l'apprentissage de théories. Elle suggère également de considérer le théâtre universitaire, du moins un certain type, comme espèce de théâtre à part entière.

RIASSUNTO

Questo contributo presenta un approccio pedagogico chiamato «Les Maîtres de la Caverne» (I Maestri della Caverna) che utilizza, tra l'altro, la messa in scena di contenuti filosofici o scientifici nella formazione universitaria. Sostiene l'importanza della creazione, in particolare dell'incarnazione attraverso la *performance* sul palcoscenico, nelle teorie dell'apprendimento. Suggerisce inoltre che il teatro universitario, almeno di un certo tipo, dovrebbe essere considerato come un tipo di teatro a sé stante.

ZUSAMMENFASSUNG

Dieser Beitrag stellt einen pädagogischen Ansatz namens «Les Maîtres de la Caverne» («Die Meister der Höhle») vor, der unter anderem die szenische Darstellung von philosophischen oder wissenschaftlichen Inhalten in der universitären Ausbildung nutzt. Er tritt für die Bedeutung des kreativen Schaffens, insbesondere der Verkörperung durch das Spiel auf der Bühne, beim Erlernen von Theorien ein. Er schlägt ausserdem vor, das universitäre Theater, zumindest eine bestimmte Art davon, als eigene Art von Theater zu betrachten.

Si le terme *Theaterpädagogik*, bien établi dans les discours germanophones, désigne un vaste champ aux sous-significations variées, allant de la formation des professionnell.e.s du théâtre à la pédagogie qui utilise le jeu théâtral comme outil pédagogique dans un grand éventail d'endroits (prisons, écoles, éducation religieuse, politique, idéologique ou scientifique),[1] cette contribution présente l'utilisation de la scène dans l'enseignement universitaire dans une sorte d'apprentissage-création qui, pour un.e étudiant.e, constitue toujours une recherche-création au niveau personnel. Si l'approche ici présentée est située dans un département universitaire de philosophie, le public visé est d'une part plus large – tous les étudiant.e.s de l'université – et son principe est applicable à toute étude universitaire.

Comme le montre la contribution d'Estelle Doudet dans ce volume, les mises en scène théâtrales sont utilisées à des fins pédagogiques dans les universités depuis leur création au Moyen Âge, par exemple à Paris aux XIIIe siècle, d'abord en théologie et pour l'apprentissage des langues anciennes. Ce type de théâtre était déjà en usage depuis le Haut Moyen Âge (*Frühmittelalter*, c. 789) dans les écoles des monastères et de cathédrales, l'objectif n'étant pas seulement la pratique de la langue latine mais aussi l'apprentissage de comportements recommandables, et les concepts de ce type de théâtre pédagogique sont dans ce cas, comme en général, liés aux institutions qui les utilisent.[2] Si la pédagogie théâtrale est ainsi systématiquement présente dans l'enseignement supérieur depuis plus d'un millénaire, il en va de même pour les tentatives de la reformer.[3]

Actuellement, l'usage du théâtre à l'université est multiple mais dépasse le simple but de soutenir l'apprentissage des étudiant.e.s ou leurs recherches personnelles. Estelle Doudet met en évidence ce que les mises en scène actuelles de mises en scène du passé peuvent apporter à la recherche historique sur le théâtre du passé ; la participation d'étudiant.e.s à ces projets fortifie sans doute leur apprentissage théorique, linguistique et de recherche. L'anthropologie et l'archéologie expérimentales utilisent également des mises en scène pour mieux comprendre le passé, que ce soit en confrontant les Celtes et les Romains sur un champs de bataille ou en actualisant la cuisine grecque ou médiévale. De nos jours, s'ajoutent à ces expériences en chair et os celles de la mise en scène virtuelle, par la reconstruction architecturale d'une scène antique, comme le théâtre de Dionysos

---

1 Voir Ch. Nix et al. 2012. Malgré la grande diversité des approches pédagogiques discutées dans ce volume, le sujet du présent article n'est pas couvert.
2 M. Jahnke 2012, 37–38.
3 Cf. M. Jahnke 2012, Ch. Nix 2012.

dans *Assassin's Creed Odyssey* de 2018, mais aussi par la recréation de personnages sous forme d'avatars.[4]

Si l'utilisation des mises en scène aux universités est donc multiple, je me concentrerai ici sur leur application à l'apprentissage de la philosophie et des sciences. D'une part, les articles d'Andreas Kotte et d'Éric Eigenmann soulignent bien le besoin et l'utilité de la pratique théâtrale pour les étudiants en études théâtrales ou en littérature, afin de faire l'expérience vécue qui complémente les perspectives théoriques sur les textes étudiés. N'oublions pas que l'université a toujours eu pour vocation de former des personnes complètes, de donner non seulement une formation théorique, mais aussi une formation de caractère avec tout ce que cela apporte en termes d'attitudes, de capacités d'organisation et de gestion, de travail en équipe etc., pour résumer avec un mot à la mode actuellement : par le développement de compétences transversales, ce qui se fait dans les projets de mise en scène conçus, organisés et réalisés par les étudiants eux-mêmes.

Aujourd'hui, presque chaque département universitaire de langues et littératures a sa propre troupe de théâtre et crée même parfois des structures qui vont plus loin, comme le *Lausanne Shakespeare Festival* avec des ateliers de travail permettant aux étudiants de se présenter devant un grand public,[5] ou les adaptations pour la scène de textes anciens en latin ou en grec, ce qui permet aux étudiant.e.s de ces langues un apprentissage ludique.[6] Chaque université a besoin de mettre à disposition au moins une salle de répétition et des lieux pour les représentations. L'université de Lausanne a construit sur son campus, dans une ancienne grange, son propre théâtre, mis à disposition de ses chercheurs et enseignants, où les approches pédagogiques peuvent croiser la recherche scientifique et la recherche-création.[7]

Ce n'est pas le lieu dans cet article d'énumérer tous les projets qui utilisent le théâtre comme outil pédagogique, ni d'évoquer les recherches pédagogiques universitaires. Je voudrais simplement présenter une approche pédagogique qui, selon moi, a ou pourrait avoir une portée générale, en me basant sur l'observation de trois faits : 1. l'importance sous-estimée de l'appropriation créative des contenus théoriques, y compris 2. l'incarnation corporelle par le jeu théâtral

---

4 Voir la présentation « Jeu antique et jeu vidéo » de Matthieu Pellet et Matteo Capponi au colloque « Le corps acteur dans le théâtre grec antique » (26–27 oct. 2023) à l'Université de Lausanne – publication prévue dans M. Capponi / P. Voelke 2025.

5 Voir le Lausanne Shakespeare festival : https://lausanneshakes.com/en/home/ [22/07/2024].

6 Voir la compagnie STOA de Neuchâtel, fondé en 2011 ou TALMA, fondé à l'université de Lausanne, en 2018. Cf. M. Capponi 2019.

7 Cf. https://www.grange-unil.ch/ [22/07/2024].

dans l'apprentissage universitaire ; et enfin 3. l'existence d'un type de théâtre qui échappe à la distinction habituelle entre théâtre amateur et professionnel.

Le besoin sous-estimé de l'appropriation créative de théories

Il n'est pas surprenant que les étudiant.e.s qui s'intéressent au théâtre veuillent aussi jouer les pièces sur lesquelles i.e.ls doivent réfléchir théoriquement. Mais on s'étonné parfois que les étudiant.e.s en philosophie développent le désir d'incarner la philosophie, notamment à travers des mises en scène. Mais si l'on considère qu'en philosophie, il n'existe pas de hautes écoles spécialisées auxquelles la formation pratique est déléguée (la philosophie n'est pas seule à cet égard, elle partage ce trait avec la plupart des domaines scientifiques), il est peut-être moins étonnant que ceux qui ont une soif de pratique philosophique et qui viennent malgré tout à l'université avec son accent sur la théorie, cherchent la pratique dans des projets de création.

L'auteur, qui enseigne la philosophie depuis 1991, d'abord avec un accent en philosophie analytique, puis en philosophie antique, et plus tard entre toutes les chaises et toutes les chaires, a toujours offert à ses étudiant.e.s la possibilité de préparer des travaux sous forme de dialogues, de films ou de mises en scène, dans le but, outre la reconstitution des pensées du passé, de les prendre comme base pour le développement de leur propre pensée. Ainsi, en 2007, un groupe d'étudiant.e.s de l'université de Münster en Allemagne a créé un dialogue entre Socrate et Nietzsche, bien basé dans les textes, qui a finalement été joué et filmé. Un autre étudiant a présenté le dire-oui nietzschéen à la vie avec toute sa souffrance, dans une chanson qu'il a lui-même composée, jouée et chantée. Si ces approches ont été tolérées par les collègues en philosophie, toujours avec un regard plus ou moins sceptique, c'est à l'Université de Lausanne, grâce à son encouragement de projets d'innovation pédagogique et à l'ouverture d'esprit de ses dirigeant.e.s au niveau de la direction et de la Faculté des lettres, qu'il a été possible de proposer cette pédagogie de manière continue.[8] Inspiré par l'approche dialogique de Platon en matière de transmission et d'apprentissage de la pensée, ce projet

---

8 D'abord un projet FIP en 2010, la faculté des lettres a soutenu une pérennisation de l'approche avec le résultat de la création d'un poste en 2013, d'abord à 50 % pour promouvoir « l'implantation des contenus académiques qui y sont enseignés dans des modes d'expression artistique » (appel à postulation).

a été baptisé « Les Maîtres de la Caverne » – imaginez qu'ils sortent vers la lumière pour redescendre encore et encore pour aller chercher d'autres personnes qui aimeraient monter. Si les dialogues de Platon suggèrent une mise en scène pour mieux les comprendre,[9] ce n'est pas évident pour d'autres philosophes, voire pour des théories scientifiques, mais c'est possible. En particulier, ces projets permettent de donner vie à des théories et des pensées abstraites. Le format choisi est ouvert et établi lors de discussions avec l'enseignant.e, s'il s'agit de l'auteur ou d'un.e collègue de peu importe quelle discipline universitaire. Au fil des années, on a vu ce qui suit : écriture de dialogues et de pièces de théâtre ; mise en scène de tels dialogues et pièces ; performances ; danse ; joutes oratoires ; vidéos, documentaires et de fiction ; composition musicale ; peinture ; dessin ; bande dessinée ; jeux de rôle ; jeux de table ; musée virtuel ; … la liste reste ouverte.[10] L'approche pédagogique est soutenue par une association universitaire homonyme et par un service[11] offert aux collègues qui souhaitent offrir à leurs étudiant.e.s les mêmes possibilités d'apprentissage par la création – souvent craignant de ne pas pouvoir les accompagner sur le côté « formel » ou « artistique ».

Voici quelques expériences importantes de cette approche :

— Si la validation de crédits ECTS par une création nécessite un travail théorique sérieux (lecture, interprétation, analyse, …), les qualités esthétiques du résultat n'entrent pas en compte pour la note – car même si l'étudiant.e évolue au niveau créatif, ce n'est pas l'objectif de la formation universitaire. Même si la création n'aboutit pas (ce qui est rare mais peut arriver, p.ex. en raison des tensions personnelles ou créatives au sein d'un groupe), un journal de bord individuel documentant l'ensemble du processus de création et toutes les réflexions théoriques

---

9 C'est avec la mise en scène « Salut Socrate » du *Banquet* de Platon que cette approche a commencé prendre des racines à l'Université de Lausanne. Un volume présentant cette adaptation à la scène, basé sur une nouvelle traduction et une série transdisciplinaire d'articles, était préparé en parallèle à la mise en scène présenté en mai 2010 au festival Fécule au théâtre La Grange de Dorigny (M. Groneberg 2010).

10 Voir le site de « la Caverne » : https://www.asso-unil.ch/caverne/ [19.07.2024]. Un certain nombre de jeux développés par les étudiants est offert aux écoles vaudoises via le service universitaire de l'*Éprouvette* (voir p.ex. https://www.eprouvette-unil.ch/recherche/?_thmatiques=philosophie [19.07.2024] où est encore offert le jeu « Le mythe d'Er » développé par la Caverne). Les étudiants apportent ensuite ces jeux aux élèves pour leur donner une approche ludique à la philosophie.

11 L'équipe est constituée de l'enseignant, de trois assistant.e.s étudiant.e.s à 10 % et des étudiant.e.s de l'association qui participent par intérêt. Un certain budget permet d'inviter des professionnels des arts et couvre une partie des coûts de production, l'autre partie vient de fondations.

et pragmatiques constitue une base suffisante pour que l'enseignant.e évalue l'apport à la création de chaque étudiant.e.

— L'apprentissage par la création demande plus d'énergie et de temps que la rédaction d'un travail traditionnel théorique, dans la mesure où un tel travail peut parfois même valider plusieurs cours ou séminaires. L'approche apporte un apprentissage plus profond qui n'est non seulement théorique mais qui mobilise tous les aspects du caractère de l'étudiant.e (cf. « compétences transversales »).

— Alors que, depuis la réforme de Bologne, il n'arrive pratiquement jamais qu'un.e étudiant.e suive un cours sans que cela ne lui rapporte des crédits ECTS, c'est la normalité dans les projets créatifs.

— Il est préférable de laisser le choix, au sein d'un même cours, entre la rédaction d'un texte théorique et la création. Il ne s'agit pas de forcer la créativité mais d'offrir un espace dans lequel les étudiant.e.s peuvent assouvir leur soif de savoir en utilisant, en déployant et en développant leurs talents. Ceux et celles qui se manifestent bénéficient alors d'un double suivi et soutien professionnel : du côté théorique par l'enseignant et du côté formel, par des professionnel.e.s invité.e.s de l'art concerné (l'œil extérieur).

— La décision d'un.e étudiant.e de s'engager dans une telle recherche-création demande une certaine confiance dans l'enseignant.e et son équipe. A cet égard, des réunions conviviales préalables, permettant d'échanger sur les attentes et souhaits de tous, sont très utiles au début du semestre.

— La présentation devant un large public – envisagée comme *possible* pourvu que non seulement le travail théorique de fond mais aussi la qualité esthétique de la création le permettent – ajoute un ingrédient motivationnel non-négligeable.

— La collaboration avec les professionnel.le.s de l'art s'avère extrêmement bénéfique. Elle complémente l'assurance d'une certaine qualité esthétique du travail accompli, mais plus important : elle confère du sérieux aux étudiant.e.s-créateurs – ils sont pris au sérieux aussi au niveau de la création et sont responsabilisé.e.s quant aux résultats présentés.

— En comparaison avec d'autres formats, les mises en scène ont le double avantage de permettre le travail en équipe et de pouvoir accueillir une large variété de formes d'art telles que la vidéo, la danse, la musique, la projection d'images etc., ce qui permet de créer une œuvre complexe sur la base de contributions individuelles très diverses.

Donner corps à la pensée

L'importance de la création est une chose, l'importance du travail avec le corps dans le jeu théâtral en est une autre.[12] Le besoin de donner corps à la pensée me parait évidente en philosophie qui est parfois très abstraite. Or, le principe de l'individuation est le corps. Chacun-e de nous est à la fois un être humain (la généralité), avec tout ce que cela implique, et individu unique – nous sommes tendus entre l'universel et le singulier. C'est une chose de participer, par son esprit, à l'universel. Incarner cet universel, par son corps, à sa manière singulière, est une tâche supplémentaire, plus dure mais aussi plus fertile et plus durable. La philosophie ou la science, universelle, se négociée dans l'incarnation, par le jeu des participant.e.s, dans des mises en scène ou dans une écriture de plateau. Comme le dit Omar Porras, chaque acteur apporte avec son propre corps une certaine musique qui peut être étrangère à cet universel, et l'universel, le texte, doit être mis à l'épreuve par toutes les individualités qui tentent de l'incarner.[13] Ces processus permettent de mieux assurer la compréhension de l'universel, de savoir si l'on ne s'est pas trompé, mais aussi de découvrir des variations possibles.

Mentionnons encore l'aspect de la voix qui elle aussi est corporelle. Lire un texte est une chose, le dire à haute voix en est une autre, d'autant plus quand on l'apprend par cœur et qu'on le joue. La mémorisation pour le jeu permet de révéler les facettes d'un texte, de le faire éclore et fleurir et de découvrir les détails et les profondeurs qui passent souvent inaperçus lors d'une lecture uniquement « mentale ».

Le troisième type de théâtre

Les créations doivent toujours être bien fondées dans une recherche préalable du contenu, une bonne et précise lecture des textes, parfois par la préparation d'une nouvelle traduction.[14] En ce sens, les créations qui en résultent sont peut-être « amateurs » au niveau formel de la mise en scène ou du jeu théâtral, mais pas au niveau

---

12 Dans un sens plus ou moins comparable, R. Shusterman (2007, 2018) défend récemment une « soma-esthétique », soulignant l'importance d'activités physiques comme le yoga ou la danse pour la philosophie, sans pourtant inclure le jeu théâtral.

13 O. Porras 2011, 58–63 ; cf. M. Groneberg 2014, 226 sq.

14 Voir M. Groneberg 2010.

théorique. Bien entendu, les créations sont accompagnées par des professionnel.le.s : s'il y a une composition musicale, on invite un compositeur pour donner un feedback ; s'il y a peinture, on invite un peintre aussi actif dans l'enseignement de son art. En ce qui concerne les mises en scène et le jeu d'acteur, on fait aussi appel à des professionnels. Pendant une année entière, Coline Ladetto a dirigé la mise en scène d'une pièce avec deux groupes d'étudiant.e.s qui ont enfin joué en parallèle avec des comédien.ne.s professionnel.le.s. Michel Toman, avec son expérience de longue date en dramaturgie, écriture de textes, mise en scène et jeu théâtral donne régulièrement un feedback très apprécié aux créateurs. Giampaolo Gotti de l'Accademia Dimitri est venu appliquer sa méthode de la mise en scène de Platon dans un travail avec nos étudiant.e.s. Ce ne sont là que quelques exemples. À cela s'ajoute le fait que parfois se trouvent parmi les enseignant.e.s universitaires des personnes comme Roelof Overmeer qui ont fait du théâtre de cette manière pendant toute leur vie, avec plus ou moins de contacts avec les milieux professionnels. Ce qui s'accumule et se transmet de cette manière n'est certes pas professionnel, et les productions peuvent se permettre de rester en dessous d'un niveau professionnel, avec des maladresses, des imperfections et des blancs que l'on ne pardonnerait pas si aisément avec le sourire à une production professionnelle. Mais ces créations acquièrent souvent une certaine qualité qui m'amène à dire qu'il faut considérer ce type de théâtre universitaire comme une troisième espèce entre le théâtre amateur et le théâtre professionnel. Ou plutôt pas « entre », car il ne s'agit pas seulement d'un entre-deux sur un axe de professionnalisme, mais d'autre chose : malgré les défauts qui resteront toujours visibles dans les résultats, il s'agit de créations portées et inspirées par des personnes ayant un fort potentiel d'interprétation et de réflexion – c'est ce qu'ils sont censés faire tout le temps, pendant que leur corps se fige. De plus, elles poursuivent, dans leurs créations, une pensée et une recherche qui peuvent se permettre d'ignorer toutes les considérations commerciales et les codes des marchés de l'art en question. Ces créations n'ont pas besoin d'un succès médiatique ou financier, et l'étudiant.e ne doit pas être inséré.e ou penser à s'insérer dans le monde professionnel de l'art qu'i.e.l utilise. Cette qualité a été remarquée par un éditeur de livres en ce qui concerne les poèmes des étudiant.e.s, par un galériste par rapport aux dessins et les peintures d'un autre qu'il a exposé,[15] et par

---

15 Voir « Les insolentes » (créé dans un séminaire sur Michel Foucault) et d'autres œuvres d'Andrea Barciela dans l'exposition « Plonk & Replonk » à Vevey en 2016 : https://www.guide-contemporain.ch/evenements/plonk-replonk-andrea-barciela-lac-vevey/ [22/07/2024].

les spectateur.e.s parfois très avisé.e.s concernant les spectacles des étudiant.e.s. C'est dans cette recherche-création, au croisement d'une recherche et une pensée motivées avec la liberté d'expression, dans un espace à la fois ludique et sérieux, où l'on peut expérimenter le medium de son choix, que se revèle parfois une qualité toute particulière. Je ne suis plus surpris que de nombreuses œuvres de cette sorte trouvent ainsi un large public.[16]

En conclusion, je pense qu'il est intéressant et important de thématiser, dans des recherches futures, ce troisième type de théâtre qu'est le théâtre universitaire, et en particulier le type ici décrit (la même qualité se trouve dans d'autres formes d'art, et indépendamment de la discipline principale de l'étudiant.e) ; mais aussi de l'utiliser davantage dans des collaborations entre universités et hautes écoles des arts. Cela aidera peut-être à stabiliser à plus long terme de telles approches aux universités, où la dynamique institutionnelle a la tendance à les absorber. En effet, bien qu'elles soient hautement bienvenues et louées, au moment actuel où le programme Doc.ch de financement des doctorant.e.s est supprimé, les sections sont trop tentées de transformer tout poste « de luxe » en postes pour la relève « académique » – dans le mauvais sens du terme qui réduit les activités universitaires à la théorie pure, en particulier en philosophie.

---

16 Parmi les centaines de projets des 14 ans passés et les dizaines de représentations régulières de pièces au festival Fécule sur le campus de l'Université de Lausanne, voici quelques exemples de productions de la Caverne qui sont allés plus loin : « Le Café des voyageurs », dirigé par Coline Ladetto, était présenté au festival Fri-Scènes à Fribourg en 2015 (dans la distribution masculine) et à Sion; la vidéo de Nino Fournier « Portrait de la jeune fille en danseuse » était montré au festival *FILE – Electronic Language International Festival* à Sao Paolo en 2015 ; la pièce écrite et mise en scène par Grégory Thonney « La pièce » était publiée et jouée au Théâtre de la Colombe à Lausanne en 2017 ; trois projets de la saison 2023/2024 autour du *Phèdre* de Platon ont été montré à l'université de Patras lors d'une journée consacrée à Platon le 14 mai 2024. Voir https://www.asso-unil.ch/caverne [15/01/2025].

Bibliographie

Bastin-Hammou, Malika / Fonio, Filippo / Paré-Rey, Pascale (éd.) (2019) : *Fabula agitur. Pratiques théâtrales, oralisation et didactique des langues et cultures de l'Antiquité*. Grenoble : UGA Éditions.

Capponi, Matteo (2019) : Ovide dans les classes : traduire, réécrire et jouer les Métamorphoses. In : M. Bastin-Hammou et al., 145–158.

Capponi, Matteo / Voelke, Pierre (éd.) (2025) : *Le corps acteur dans le théâtre grec antique = Cahiers du Théâtre Antique 8*. Université de Franche-Comté : PUFC (sortie prévue en automne 2025).

Groneberg, Michael (dir.) (2010) : « Salut Socrate ! ». Le Symposion *de Platon adapté pour la scène. Nouvelle traduction. Commentaires. Contributions,* Université de Lausanne : Centre de traduction littéraire.

Groneberg, Michael (2014) : Omar Porras und die Spitzbubentruppe : Gesamtkunstwerker des heiligen Feuers. In : *Mimos 2014*. Bern / Berlin : Peter Lang, 216–232.

Jahnke, Manfred (2012) : Skizze einer Vorgeschichte der Theaterpädagogik vom 10. Jahrhundert bis zum Ende des 19. Jahrhunderts. In : Ch. Nix et al., 36–44.

Nix, Christoph / Sachser, Dietmar / Streisand, Marianne (dir.) (2012) : *Theaterpädagogik* (= *Theater der Zeit. Lektionen 5*). Berlin : Verlag Theater der Zeit.

Nix, Christoph (2012) : Theaterpädagogik oder Müssen wir nicht erst einmal die herrschende Pädagogik infrage stellen ? In : Ch. Nix et al. 2012, 45–52.

Porras, Omar (2011): Entretiens avec Omar Porras. In: *Omar Porras*. Paris : Actes Sud-Papiers, 19–78.

Shusterman, Richard (2018) : *Aesthetic Experience and Somaesthetics*. Leiden/ Boston : Brill.

Shusterman, Richard (2007) : *Conscience du corps. Pour une soma-esthétique*, trad. de l'anglais par Nicolas Vieillescazes. Paris : Éclat.

www.ingramcontent.com/pod-product-compliance
Ingram Content Group UK Ltd.
Pitfield, Milton Keynes, MK11 3LW, UK
UKHW051420270526
12721UKWH00014B/1134